JEAN-PAUL SARTRE

Das Sein und das Nichts

Klassiker Auslegen

Herausgegeben von
Otfried Höffe
Band 22

Otfried Höffe ist Leiter der Forschungsstelle Politische Philosophie an der Universität Tübingen.

Jean-Paul Sartre

Das Sein und das Nichts

Herausgegeben
von Bernard N. Schumacher

2., bearbeitete Auflage

DE GRUYTER

Titelbild: Jean-Paul Sartre, um 1940, Cinetext GmbH, Frankfurt/M.

ISBN 978-3-05-005675-3
e-ISBN (PDF) 978-3-05-006452-9
e-ISBN (EPUB) 978-3-11-038061-3

Library of Congress Cataloging-in-Publication Data
A CIP catalog record for this book has been applied for at the Library of Congress.

Bibliografische Information der Deutschen Nationalbibliothek
Die Deutsche Nationalbibliothek verzeichnet diese Publikation in der Deutschen Nationalbibliografie; detaillierte bibliografische Daten sind im Internet über http://dnb.dnb.de abrufbar.

Ein Unternehmen von Walter de Gruyter GmbH, Berlin/Boston
Druck und Bindung: Hubert & Co. GmbH & Co. KG, Göttingen
♾ Gedruckt auf säurefreiem Papier
Printed in Germany

www.degruyter.com

FSC www.fsc.org MIX Papier aus verantwortungsvollen Quellen FSC® C016439

Inhalt

Zitierweise und Siglen

Werkzitate werden mit Hilfe von Abkürzungen nachgewiesen. Die Seitenangaben beziehen sich jeweils zuerst auf die deutsche Übersetzung, gefolgt von der Angabe in Klammern für das französische Original, zum Beispiel: *Freiheit* 159 (292). Bei den Stellenangaben für *Das Sein und das Nichts* verweist die erste Abkürzung auf die Stelle im deutschen Text und die zweite auf die im französischen Original, zum Beispiel: *SN* 49; *EN* 37.

Jean-Paul Sartre

EN	L'Être et le Néant. Essai d'ontologie phénoménologique, Paris, Gallimard, 1943.
SN	Das Sein und das Nichts. Versuch einer phänomenologischen Ontologie, Nachwort von T. König, deutsche Übersetzung von T. König und H. Schöneberg, Reinbek, Rowohlt, (Gesammelte Werke: Philosophische Schriften I), 1991.
Baudelaire	Baudelaire, deutsche Übersetzung von T. König, Reinbek, Rowohlt, 1978. Französisch: Baudelaire, Paris, Gallimard, 1963.
Cahiers	Cahiers pour une morale, Paris, Gallimard, 1983. Deutsch: Aufzeichnungen zu einer Moral. Aus dem Nachlass, Reinbek, Rowohlt, in Vorbereitung (Gesammelte Werke, Philosophische Schriften VIII).
Ekel	Der Ekel, in: Romane und Erzählungen. Gesammelte Werke, Bd. I, deutsche Übersetzung von U. Aumüller und A. Spingler, Reinbeck, Rowohlt, 2000. Französisch: La Nausée, Paris, Gallimard, 1938, 1994.
Emotionen	Skizze einer Theorie der Emotionen, in: Die Transzendenz des Ego: philosophische Essays 1931–1939, deutsche Übersetzung von U. Aumüller, T. König, B. Schuppener, Reinbek, Rowohlt, 1994, 255–321. Französisch: Esquisse d'une théorie des émotions, Paris, Librairie générale française, 2000.
Existentialismus	Der Existentialismus ist ein Humanismus, in: Der Existentialismus ist ein Humanismus und andere philosophi-

	sche Essays 1943–1948, deutsche Übersetzung von V. von Wroblewsky, Reinbek, Rowohlt, 1994, 117–55. Französisch: L'existentialisme est un humanisme, Paris, Nagel, 1946.
Fliegen	Die Fliegen. Die schmutzigen Hände, Reinbek, Rowohlt, 1961, 1972. Französisch: Huis clos suivi de Les mouches, Paris, Gallimard, 1947, 1978.
Freiheit	„Die cartesianische Freiheit", in: Der Existentialismus ist ein Humanismus und andere philosophische Essays 1943–1948, deutsche Übersetzung von H. G. Brenner und G. Scheel, Reinbek, Rowohlt, 1994, 99–116. Französisch: „La liberté cartésienne", in: Situations I, Paris, Gallimard, 1947, 314–35.
Genet	Saint Genet, Komödiant und Märtyrer, deutsche Übersetzung von U. Dörrenbacher, Reinbek, Rowohlt, 1982. Französisch: Saint Genet, comédien et martyr, Paris, Gallimard, 1952.
Geschlossen	Geschlossene Gesellschaft, Reinbek, Rowohlt, 1991. Französisch: Huis clos, Paris, Gallimard, 1945.
Idee	Eine fundamentale Idee der Phänomenologie Husserls: Die Intentionalität, in: Die Transzendenz des Ego: philosophische Essays 1931–1939, deutsche Übersetzung von U. Aumüller, T. König, B. Schuppener, Reinbek, Rowohlt, 1994, 33–7. Französisch: „Une idée fondamentale de la phénoménologie", in: Situations I, Paris, Gallimard, 1947, 31–5.
Idiot	Der Idiot der Familie, deutsche Übersetzung von T. König, Bd. 4, Reinbek, Rowohlt, 1978. Französisch: L'Idiot de la famille, Paris, Gallimard, 1971.
Imaginäre	Das Imaginäre. Phänomenologische Psychologie der Einbildungskraft, deutsche Übersetzung von H. Schöneberg und L. Alfes, Reinbeck, Rowohlt, 1971, 1994. Französisch: L'imaginaire. Psychologie phénoménologique de l'imagination, 1940, Paris, Gallimard, collection ‚Idées', 1978.
Imagination	Die Imagination, deutsche Übersetzung von U. Aumüller, T. König und B. Schuppener, Reinbek, Rowohlt, 1971, 1994. Französisch: L'imagination, 1936, Paris, Presses Universitaires de France, collection ‚Quadrige', 1989.

Interview	An Interview with Jean-Paul Sartre (12–19 Mai 1975), in: P. A. Schilpp, (Hrsg.), The Philosophy of Jean-Paul Sartre. LaSalle (Ill.), Open Court, 1981, 3–51.
Judenfrage	Überlegungen zur Judenfrage, Reinbek, Rowohlt, 1994. Französisch: Réflexions sur la question juive, Paris, Paul Morihien, 1946.
Kritik	Kritik der dialektischen Vernunft. 1. Band. Theorie der gesellschaftlichen Praxis, deutsche Übersetzung von T. König, Reinbek, Rowohlt, 1978. Französisch: Critique de la raison dialectique. Tome 1. Théorie des ensembles pratiques, Paris, Gallimard, 1960, 1985.
Methode	Fragen der Methode, deutsche Übersetzung von V. von Wroblewsky, Reinbek, Rowohlt, 1986. Französisch: Questions de méthode, in: Critique de la Raison dialectique, Bd. I, Paris, Gallimard, 1960.
Selbstbewusstsein	Selbstbewusstsein und Selbsterkenntnis. Die Seinsdimension des Subjektes, deutsche Übersetzung von M. Fleischer und H. Schöneberg, Reinbek, Rowohlt, 1994, 216–64. Französisch: „Conscience de soi et connaissance de soi", in: Bulletin de la Société Française de Philosophie, 1948 (12), 49–91.
Situations	Situations, Paris, Gallimard, 1947 ff.
Tagebücher	Tagebücher: September 1939–März 1940. Reinbek, Rowohlt, 1996 (auf der Grundlage der erweiterten Ausgabe, Paris, Gallimard, 1995). Französisch: Les carnets de la drôle de guerre (1939–1940), Paris, Gallimard, 1995.
Transzendenz	Die Transzendenz des Ego. Skizze einer phänomenologischen Beschreibung, in: Die Transzendenz des Ego. Philosophische Essays 1931–1939, deutsche Übersetzung von U. Aumüller, T. König, B. Schuppener, Reinbek, Rowohlt, 1994, 39–96. Französisch: La Transcendance de l'Ego, 1936, Paris, Vrin, 1988.
Wörter	Die Wörter, deutsche Übersetzung von H. Mayer, Reinbek, Rowohlt, 1965. Französisch: Les Mots, Paris, Gallimard, 1964.

Vorwort

Jean-Paul Sartre (1905–1980) ist unbestritten eine herausragende Gestalt der zeitgenössischen Philosophie, dessen Werk *Das Sein und das Nichts* zu den Klassikern der philosophischen Literatur gehört. Eine aufmerksame Lektüre seines Werkes bringt neues Licht in eine Vielzahl von Fragen, mit denen sich die zeitgenössischen Philosophen befassen, zum Beispiel die Fragen in Bezug auf das Kriterium der Identität der Person, die Existenz anderer Geisteswesen, die Person als ein moralischer Handlungsträger, den Unterschied zwischen einer Person und einer Sache, den Tod als ein Übel, die logische Möglichkeit der Existenz der Person unabhängig von ihrem Körper, den Unterschied zwischen dem Bewusstsein und dem Selbstbewusstsein etc.

Sartre macht in diesem grundlegenden Werk eine scharfsinnige Analyse verschiedener grundlegenden Themen wie die Beziehung von Freiheit und Sein, die ontologische Unterscheidung der beiden unvereinbaren Bereiche des Für-sich und des An-sich, des Subjektes und des Objektes, das präreflexive Cogito, die menschliche Kontingenz und der Versuch, diese zu transzendieren, die Angst, die Scham, der Blick des Andern, die Unaufrichtigkeit, der Aufruf zur Authentizität und die Konstitution des Menschen als Entwurf.

Dieser einführende kooperative Kommentar zu *Das Sein und das Nichts* legt ausschliesslich Originalbeiträge auf dem neuesten Stand der internationalen Sartre-Forschungen vor. Ein solcher Band hätte ohne das geduldige Engagement von verschiedenen Autoren nie entstehen können. Deswegen bin ich Ihnen auf ganz besondere Weise dankbar. Das vorliegende Werk ist die Frucht der Bemühung aller Autoren. Ebenso danke ich Peter Mosberger, der sich sehr kompetent und mit großem Einsatz der deutschen Übersetzung von vier Beiträgen – Peter Caws, Thomas Flynn, Ronald E. Santoni und Alain Renaut – gewidmet hat. Mein Dank richtet sich auch an Otfried Höffe für seine Hinweise und seine Zusage, den Band in seiner Reihe zu konzipieren sowie an Juan Francisco Franck für die Herstellung des Verzeichnisses und an Prisca Hovaç-Zurrón für die sorgfältige Lektüre. Ebenso danke ich Herrn Dammaschke vom Akademie Verlag für die ausgezeichnete Zusammenarbeit und für seinen Beitrag zur Veröffentlichung dieses Bandes.

Bernard N. Schumacher

Philosophie der Freiheit: Einführung in *Das Sein und das Nichts*

Jean-Paul Sartre (1905–1980) ist unbestritten eine herausragende Gestalt der zeitgenössischen Philosophie, dessen Werk *Das Sein und das Nichts. Versuch einer phänomenologischen Ontologie* zu den Klassikern der philosophischen Literatur (Flynn 2002; Macho 1995, 7) gehört. Als der bedeutendste Philosoph der Nachkriegszeit hat Sartre eine ganze Generation von Denkern geprägt. Er rückt an die erste Stelle, behauptet sich dort und etwa fünfzehn Jahre lang gibt er in der intellektuellen Welt den Ton an. Ungeachtet zahlreicher Versuche, ihn herabzuwürdigen, ungeachtet des „totalen Hasses“ (Levy 2000, 49), der ihm entgegengebracht wurde, aller Verachtung, allem Neid über seinen Erfolg und den vielen Anfechtungen und leidenschaftlich geführten Debatten, die seine philosophischen Positionen auslösten, zum Trotz, ist Sartre der französische Autor, ja für manche, der Denker weltweit, der im XX. Jahrhundert am meisten studiert wird. Sein Denken unterliegt weder dem Wandel der Zeit noch der Mode, welche ihn viele Jahre lang zu dem französischen Intellektuellen machte, zu der „absolutesten intellektuellen Autorität, die man bisher gesehen hat“ (Renaut 1993, 12; Lévy 2000, 17). Noch heute ist er ein „‚Gewissen Frankreichs‘, an dem man kaum vorbei kommt“ (Petit 2000, 1).

1 Reaktionen auf *Das Sein und das Nichts*

Während die Veröffentlichung von *Das Sein und das Nichts* 1943 in Paris unter der deutschen Besatzung eher geringe Beachtung fand, steht dieses philosophische Werk schon sehr bald für den französischen Existentialismus und löst weltweit vom Lob bis zur Ablehnung heftige Reaktionen aus.

Zwei gegensätzliche Haltungen mögen dies veranschaulichen: „Eines Tages im Herbst des Jahres 1943", schrieb Michel Tournier (1964), „fiel mir ein Buch in den Schoss wie ein Meteor: *Das Sein und das Nichts*. Auf einen Moment der Verwunderung folgte der Prozess des Wiederkäuens. Dieses Werk war kompakt, spröde, von einer unwiderstehlichen Kraft, voller feinem Scharfsinn und enzyklopädischer Breite, ein technisches Meisterwerk von intuitiver diamantreiner Schlichtheit. Schon wurden in der Presse die Stimmen des antiphilosophischen Mobs laut. Es gab keinen Zweifel, uns war ein neues Denksystem gegeben worden. Wir jubelten." Im Gegensatz dazu bemerkt Ferdinand Alquié in einer Rezension von *Das Sein und das Nichts* (1966, 106), dass Sartre „nicht an die Philosophie glaubt. Er ist ein Antiphilosoph beziehungsweise der Philosoph einer philosophiefeindlichen Generation. Er gehört zu jenen, die wie Pascal und Kierkegaard, die Weisheit verachten und sich über die Vernunft lustig machen". Gabriel Marcel (1964), der zweifelsohne anerkennt, dass das philosophische Werk Sartres als solches – und *Das Sein und das Nichts* im besonderen – „von einem aussergewöhnlich beweglichen und scharfen Geist zeugt", sieht in dessen Autor einen Sophisten, dem er „schlimmste intellektuelle Unaufrichtigkeit" und „zynische Wahrheitsverachtung" bescheinigt. Maurice Merleau-Ponty (1945, 344) fasst in knappen Worten zusammen, dass „Sartres Werk" für viele „eher ein Gift ist, vor dem man sich hüten muss, als eine Philosophie, über die es sich zu diskutieren lohnt".

Auch heute noch, zwanzig Jahre nach dem Tod des französischen Philosophen, sind einige Zeitgenossen der Meinung, dass Sartre „sich über die Vernunft lustig macht" und dass *Das Sein und das Nichts* es nicht wert sei, von einem Philosophen, der seines Namens würdig ist, gelesen zu werden. *Das Sein und das Nichts* gilt einigen als Beispiel für eine nicht ernst zu nehmende Philosophie, sogar für eine Nicht-Philosophie. Andere denken, dass man heute keine Philosophie mehr im Stile Sartres machen könne, da wir im postmetaphysischen Zeitalter philosophieren, was bedeutet, dass wir „den Illusionen der Metaphysik entronnen" sind (Renaut 1993, 244). Andere wiederum vertreten die Ansicht, Sartre sei der Letzte gewesen, der geglaubt habe, die Philosophie müsse „sagen, was Leben, Tod, Sexualität sei, ob Gott existiere oder nicht, was Freiheit sei" (Michel Foucault, Magazine littéraire, Februar 1968, zitiert in Renaut 1993, 8).

Dann gibt es Philosophen, die dem Sartreschen Denken mangelnde Schärfe vorwerfen, sie beschreiben es als unklar und redundant. Der französische Philosoph hat eine Vorliebe für indirekte Argumentationsspiralen. Typisch für sein philosophisches Werk ist nach Peter Caws (1979, 3; s. a. seinen Beitrag im vorliegenden Band) der Verlauf „von einem straff durchdachten Beginn zu einem weitschweifigen, unstrukturierten, abrupten Ende", wobei Caws das Werk jedoch als eine beeindruckende Glanzleistung bezeichnet. In einer neueren Veröffentlichung unter dem Titel *Introduction to Phenomenology* könnte Dermot Moran (2000) am Ende seiner Sartre-Präsentation nicht deutlicher sein, wenn er sagt: „*Das Sein und das Nichts* ist übermässig lang, weitschweifig wiederholend, das Werk ermangelt jeder Struktur, ist voller rhetorischer Schnörkel, Paradoxen und offen zu Tage tretender Widersprüche" (390) oder „Sartres Ansichten sind ein Mischmasch von Ideen, die auf eigentümliche Weise zu einem System zusammen gehämmert wurden und die nie die Verfeinerung erlangten, zu der ihnen eine akademische Bildung verholfen hätte" (356). Es wurde ihm auch vorgehalten, „sein Stil sei oft nachlässig und nicht zu Ende gedacht, oberflächlich und unsystematisch" (Aronson und Hoven 1991, 20).

Auch wenn das Sartresche Denken in *Das Sein und das Nichts* gelegentlich redundant, unscharf oder stellenweise auch widersprüchlich ist und Sartres Terminologie auf den ersten Blick fremd und schwer verständlich erscheinen mag, so zeichnet sich dieser Klassiker der Philosophie jedoch in den Augen vieler Sartre-Kenner „durch Originalität, gedankliche Schärfe und präzise Argumentation und Interpretation" (Gutwirth 1970, 278) aus, so ist die Argumentation des Autors doch „solide aufgebaut und stellt einen wahren Fortschritt in der Philosophie dar" (Seel 1995, 13; Catalano 1980). *Das Sein und das Nichts* ist – wie kürzlich unter anderen von Arthur Danto (1987, 9), Gregory McCulloch (1994) und Kathleen Wider (1997) zutreffend bemerkt – keineswegs gekennzeichnet durch etwaige mangelnde logische Kohärenz, was das einzige Kriterium wäre, um eine Philosophie als absurd oder sinnlos zu bezeichnen. Die Schwachpunkte in Sartres Werk liegen nicht auf der Ebene der Kohärenz, sondern sie bestehen in der Unfertigkeit des philosophischen Gedankengebäudes.

Die zahlreichen Angriffe auf *Das Sein und das Nichts* – die sich auch auf das als dumm und ungeschickt bezeichnete Verhalten Sartres in einigen seiner politischen Stellungnahmen beziehen – haben zuweilen ein Ausmass an Ungerechtigkeit angenommen, das Spuren hinterlassen hat. Eine Grundhaltung ist immer noch die, den Philosoph Sartre zu ignorieren, verleumden, herabzusetzen. Trotz der umfangreichen Sekundärliteratur steht *Das Sein und das Nichts* nur selten auf den Lehrplänen der Universitäten, die einen Zweifel an der „akademischen Professionalität" des Autors hegen und in ihm vielmehr „einen Essayisten und Schriftsteller, aber philosophischen Dilettanten" (Seel 1995, 13) sehen. Um mit Ronald Santoni (1995, XV) zu sprechen: „Jean-Paul Sartres Philosophie ist eine Philosophie, auf die sich zu viele Philosophen, Akademiker und Laien berufen, die aber viel zu wenige lesen – zumindest ernsthaft lesen“. In die gleiche Kerbe schlägt Thomas Busch (1990, XIII) mit der Feststellung, „Sartres Philosophie ist von Anfang an häufig missverstanden worden. Fünfundvierzig Jahre nach der Veröffentlichung von *Das Sein und das Nichts* wird das Werk immer noch missverstanden“, und David Detmer (1988, 1) bemerkt, dass „Sartres Philosophie immer noch (...) nicht richtig verstanden wird“. Thomas Anderson (1979, 5) ist der Auffassung, dass „nur wenigen Philosophen unseres Jahrhunderts eine solch regelmässige Verzerrung und Verfälschung ihres Denkens widerfuhr wie ihm“. Das vorliegende Werk möchte unter anderem zu einem besseren Verständnis von *Das Sein und das Nichts* beitragen und sich jenen anschliessen, die sich, mit Rouger (1986, 13) gesprochen, für eine Rehabilitation Sartres einsetzen sowie für die Rückkehr zum Subjekt, das verschiedene Philosophen bereits für tot erklärt hatten.

Entgegen der Behauptung, *Das Sein und das Nichts* werde zu einem „Museum, dem Gruppen von Studenten und Professoren regelmässig einen Besuch abstatten, nicht etwa um dort nach noch verborgener Wahrheit zu suchen, sondern um der Schönheit willen, die in der Kohärenz der versammelten Objekte zum Ausdruck kommt“ (Renaut 1993, 247) und entgegen dem Einwand, der Leser von heute empfinde „eine seltsame Abneigung“ (246) gegen das Werk, kann man beobachten, dass die Philosophie Sartres derzeit durch viele Philosophen des europäischen Kontinents wie auch durch die angelsächsischen Analytiker, deren unmittelbares Interesse unter anderem der Bedeutung der Sartreschen Philosophie für die Philosophie des Geistes gilt (s. beispielsweise Danto 1986; McCulloch 1994; Morris 1976; Wider 1997), zu neuer Blüte erweckt wird und einen neuen ausserordentlich dynamischen Aufschwung erlebt. Die aufmerksame Lektüre von *Das Sein und das Nichts* bringt neues Licht in eine Vielzahl von Fragen, mit denen sich diese Philosophen befasst haben, so zum Beispiel die Fragen nach dem Kriterium für die Identität der Person, für die Existenz anderer Geisteswesen, die Person als einem moralischen Handlungsträger, dem Unterschied zwischen einer Person und einer Sache, dem Bewusstsein und dem Selbstbewusstsein, dem Tod als einem Übel, der logischen Möglichkeit der Existenz der Person unabhängig von ihrem Körper etc. Der Versuch, das Denken des französischen Philosophen als ein Monstrum der Vergangenheit abzutun, erwächst aus einer vorgefassten Definition von Philosophie. Die oben erwähnten Behauptungen, wir seien „den Illusionen der Metaphysik entronnen“ oder die Philosophie sollte nicht mehr „sagen, was Leben, Tod etc. sei“, entsprechen nicht der geographischen Wirklichkeit der zeitgenössischen Philosophie. Diese kennt vielmehr verschiedene Strömungen – wie beispielsweise die angelsächsische analytische Philosophie – welche den metaphysischen und ontologischen Fragestellungen erneut einen wesentlichen Platz einräumen und die sich mit grossem Interesse existentialistischen Themen widmen.

Das Sein und das Nichts, „das wichtigste [philosophische] Werk“ (Flynn 2002), „das bedeutendste theoretische-philosophische Buch“ (Gadamer 1988, 41) von Sartre ist ein bemerkenswerter philosophischer Beitrag sowohl im Hinblick auf die Systematik als auch die Geschichte der Philosophie. Das Werk ist eine phänomenologische Ontologie in Form einer originellen argumentativen Auseinandersetzung hauptsächlich mit den drei grossen ‚H‘ der deutschen Philosophie: mit Georg Wilhelm Friedrich Hegel, Edmund Husserl und Martin Heidegger (s. Seel 1995, 13; Schroeder 1984; Grene 1983), und schöpft dabei aus der überlieferten französischen Philosophie, für die repräsentativ René Descartes steht, den Sartre als einen der klassischen Philosophen der menschlichen Freiheit betrachtet. Als Vertreter der analytischen Philosophie fasst Arthur Danto (1986, 7) Sartres Philosophie folgendermassen zusammen: „Spannweite und Erfindungsreichtum, architektonische Kühnheit und logische Verbindlichkeit, dialektische Kraft und menschliche Relevanz und die Totalität der Sicht, das sind die Eigenschaften des Sartreschen Systems, derentwegen es in die höhere, in die höchste Kategorie gehört, an die Seite der Systeme von Platon, Descartes, Spinoza und Kant, Hegel und Russell; und damit habe ich die meisten schon genannt, die sich mit ihm messen könnten“.

2 Die grossen philosophischen Quellen von *Das Sein und das Nichts*

Der rasche Erfolg von *Das Sein und das Nichts* liegt zum Teil sicher in der Reaktion auf den Idealismus der akademischen französischen Philosophie begründet und in dem wachsenden Interesse an einer konkreten, realistischen Philosophie. Diese wurde unter anderen von Charles Peirce und William James entwickelt – deren Bestreben es war, den psychologischen Ansatz der Introspektion zu überwinden – und sie wurde schon in einem Werk von Jean Wahl aus dem Jahre 1932 unter dem Titel *Vers le concret* vorgestellt, für das Sartre grosse Bewunderung hegte. Man erinnere sich auch daran, welches Interesse Raymond Aron bei dem jungen französischen Philosophen weckte mit einem Gespräch in einem Café zu Beginn des Jahres 1933 über die Phänomenologie als die Möglichkeit des Philosophierens auf der Grundlage des Konkreten mittels der Beschreibung des Gegebenen einer Situation, in der sich das Subjekt befindet, nach dem

Modus des Gegebenen und mit der Beschränkung auf die reine, exakte Beschreibung dessen, was erscheint, also des Phänomens. Simone de Beauvoir (1989, 118 [141]) berichtet ausführlich von dieser Episode der Entdeckung der Phänomenologie, die genau dem entsprach, womit Sartre gedanklich befasst war: „Wir verbrachten gemeinsam einen Abend im ‚Bec de Gaz' in der Rue Montparnasse. Wir bestellten die Spezialität des Hauses: Aprikosen-Cocktail. Aron wies auf sein Glas: ‚Siehst Du, *mon petit camarade*, wenn Du Phänomenologe bist, kannst Du über diesen Cocktail reden, und es ist Philosophie!' Sartre erbleichte vor Erregung; das war genau, was er seit Jahren wünschte: man redet über den nächstbesten Gegenstand, und es ist Philosophie."

Sartre fühlte sich von dieser neuen Methode, dieser neuerlichen Hinwendung zu den Dingen und dem Argument der Beschreibung des Erscheinenden, sehr stark angezogen, und er entwickelte es in *Das Sein und das Nichts* meisterlich weiter mit seiner detaillierten Analyse des Bewusstseins, der Angst, der Unaufrichtigkeit, der Scham, der konkreten Beziehungen zu Anderen und des Körpers. Dieser durch Aron eröffnete erste Kontakt mit der Phänomenologie Husserls – die berühmten Pariser Vorlesungen Husserls von 1929, die später unter dem Titel *Méditations cartésiennes* veröffentlicht wurden, hatte Sartre nicht gehört – veranlasste den jungen Philosophen zur Lektüre von Emmanuel Lévinas Dissertation mit dem Titel: *La théorie de l'intuition dans la phénoménologie de Husserl*. Doch mit den Texten selbst des Vaters der Phänomenologie beginnt Sartre sich erst bei seinem Besuch am Institut Français in Berlin 1933/34 zu beschäftigen, wo er unter anderem die *Ideen zu einer reinen Phänomenologie und phänomenologischen Philosophie* las. Die Frucht seiner Studien war der 1936/37 in *Recherches Philosophiques* (Nr. 6, 85–123) veröffentlichte Artikel mit der Überschrift „Die Transzendenz des Ego. Skizze einer phänomenologischen Beschreibung". Sartre lehnt jede Art von Essentialismus des Ich ab, das heisst, er leugnet die Existenz eines Ich als das Zentrum und den Ursprung für das Bewusstsein des Subjekts. Das transzendentale Ich wäre, wie er sagt, der Tod des Bewusstseins. Das Ego lässt sich nicht im Innersten des Subjekts finden, sondern ist das Ergebnis eines Bildes, das das Subjekt sich von sich macht, beziehungsweise das die andern sich von ihm machen. Sartre möchte zeigen, dass es nicht möglich ist, dem Bewusstsein den Seinsmodus einer Sache zu geben. Das Bewusstsein ist präpersonal und ist durch die Intentionalität charakterisiert, die das Subjekt auf etwas anderes als es [das Bewusstsein] selbst orientiert. Sartre möchte das Bewusstsein von allem befreien, was irgendeiner Art von innerstem Kern, einem transzendentalen Subjekt oder einer kartesianischen Substanz ähnelt.

Sartre setzt seinen Schwung fort und verfasst 1935/36 *Die Imagination*, die 1936 bei Alcan herausgebracht wird, *Das Imaginäre*, das erst 1940 erscheint, und den Beitrag „Eine fundamentale Phänomenologie Husserls: die Intentionalität", die 1939 in der *Nouvelle Revue française* veröffentlicht wird. Und während er die wichtige Rolle des Vaters der Phänomenologie für die Entwicklung seines Denkens zwar hervorhebt, nimmt er doch, wenn auch freundlich, Abstand von ihm. Er beginnt ernsthafte Vorbehalte gegen ihn zu formulieren, so wirft er dem Begründer der Phänomenologie vor, er neige zum Kantischen Idealismus und es gelinge ihm nicht, dem Solipsismus zu entgehen (*SN* 428 f.; *EN* 291). In *Das Sein und das Nichts* bemerkt er beispielsweise, dass Husserl „selbst seiner ersten Intuition nicht immer treu gewesen ist" (*SN* 28; *EN* 24), oder dass „Husserl ängstlich auf der Ebene der funktionalen Beschreibung geblieben [ist]. Daher ist er niemals über die blosse Beschreibung der Erscheinung als solcher hinausgegangen [...], er verdient trotz seinem Abstreiten eher Phänomenist als Phänomenologe genannt zu werden" (*SN* 163; *EN* 115). In seinem berühmten Vortrag vor der *Société Française de Philosophie* vom 2. Juni 1947 zu dem Thema „Selbstbewusstsein und Selbsterkenntnis" führt Sartre aus: „Wir haben bei Husserl [...] eine fortschreitende Erhellung und eine bemerkenswerte Beschreibung der Wesensstrukturen des Bewusstseins, aber nie eine Erörterung [...] des ontologischen Problems, was das Sein des Bewusstseins ist. [...] Ebenso bleibt übrigens das Problem des Seins der Welt [...] ganz unentschieden. [...] wir kommen von der phänomenologischen époché her nie zur Welt zurück." (*Selbstbewusstsein* 224 [55]). In seinen Schriften der Dreissiger- und Vierzigerjahre entwickelt Sartre dem entgegen eine Phänomenologie des Bewusstseins und behandelt beispielsweise einige seiner Hauptthemen, die man auch später in *Das Sein und das Nichts* wiederfinden wird, in seinem berühmten Roman *Der Ekel* aus dem Jahr 1938. (Siehe Busch 1990; Coorebyter 2000; Fell 1965; Mouillie 2000; Priest 2000; Rouger 1986; Schilpp 1981; Schroeder 1984; Seel 1971, 1995; Theunissen 1977).

Auf die zweite grosse philosophische Quelle, aus der der Autor für sein Werk *Das Sein und das Nichts* schöpft, verweist der Untertitel dieses Werkes, ‚Versuch einer phänomenologischen Ontologie'. Dies ist die Philosophie Heideggers, deren Bekanntschaft Sartre ebenfalls zum ersten Mal in Berlin machte, wo er sich zunächst recht oberflächlich mit einem Teil von *Sein und Zeit* zu beschäftigen begann. Nochmals wird er sich dann dem deutschen Philosophen nähern mit der Lektüre der berühmten Antrittsrede Heideggers an der Universität Freiburg im Breisgau *Was ist Metaphysik?* in der französischen Übersetzung von Henri Corbin. Doch erst in den

Jahren der Besatzungszeit 1940–41 wird Sartre sich gründlicher mit dem Heideggerschen Werk *Sein und Zeit* auseinandersetzen, das deutliche Spuren in seiner Argumentation in *Das Sein und das Nichts* hinterlassen hat. Dennoch kann man entgegen einigen Kritikern bei Sartres Werk nicht von einem Plagiat der Heideggerschen Existenzanalyse reden. (Siehe Fell 1979; Haar 1980; Haarscher 1985; Schroeder 1984; Theunissen 1977; Seel 1971, 1995). Zwar ordnet Sartre seine Analyse dem Bereich der phänomenologischen Ontologie zu, doch widmet er den ethischen und anthropologischen Fragen gleichfalls grosse Aufmerksamkeit, indem er sich detailliert mit der Analyse des Menschen in Situation beschäftigt. Eine solche Analyse gehört für Heidegger in den Bereich des ontischen Denkens.

Die dritte philosophische Quelle, die *Das Sein und das Nichts* speist, ist die Philosophie Hegels. Sarte war ihr während seiner Universitätsjahre nicht begegnet und das, obwohl ihr Jean Wahl, Jean Hypollite und Alexandre Kojève in seinen berühmten Hegel-Vorlesungen an der École Pratique des Hautes Études von 1933 bis 1939 grosse Beachtung schenkten. Erst kurz vor Beginn des Krieges beginnt Sartre, sich direkt mit Hegel zu beschäftigen, dessen Denken ihn im Folgenden nachhaltig beeinflussen wird. Aus der Hegelschen Philosophie entnimmt er die Lehre von der Negation und von dem Bewusstsein als Negativität sowie die Dialektik des An-sich, Für-sich und An-sich-für-sich. (Siehe Fry 1988; Hartmann 1963; Marcuse 1965; Schroeder 1984; Seel 1995).

3 Einige grundlegende Themen in *Das Sein und das Nichts*

Auf den 1072 Seiten von *Das Sein und das Nichts* präsentiert Sartre eine historische und systematische Synthese der Frage nach dem Sein mit Hilfe einer – wie es im Untertitel heisst – phänomenologischen Ontologie, die die Seinsmodi der Seinsstrukturen, das heisst ihre Phänomenalität beschreibt. Charakteristisch für das Sartresche Werk *Das Sein und das Nichts* ist vor allem seine Kontraposition zum Determinismus und von daher auch seine *Philosophie der Freiheit*, die vor dem Hintergrund einer Phänomenologie des Bewusstseins und einer Analytik der Endlichkeit entwickelt wird. Diese Philosophie der Freiheit verlangt vom Subjekt ein hohes Mass an Eigenverantwortlichkeit und Authentizität in seinem täglichen Tun. Sartre unternimmt in diesem grundlegenden Werk eine scharfsinnige Analyse verschiedener grundlegender Themen wie die Beziehung von Freiheit und Sein, die ontologische Unterscheidung der beiden unvereinbaren Bereiche des Für-sich und des An-sich, des Subjektes und des Objektes, das präreflexive Cogito, die menschliche Kontingenz und der Versuch, diese zu transzendieren, die Angst, die Scham, der Blick des Andern, die Unaufrichtigkeit, der Aufruf zur Authentizität und die Konstitution des Menschen als Entwurf.

Das Für-sich und das An-sich

Der ‚Dualismus' zwischen dem Für-sich und dem An-sich, die Möglichkeit, das Sein und das Nichts zu verbinden, ist ein wesentliches Thema in Sartres Werk. Seine Einleitung mit dem Titel „Auf der Suche nach dem Sein" stösst den Leser direkt hinein in die Debatte über den Abgrund zwischen dem bewussten Sein – dem *Für-sich* –, das als unmittelbar mit der Negativität verbunden beschrieben wird und zu verstehen ist als die Fähigkeit zur Differenzierung und Veränderung, als Nicht-Identität und Freiheit einerseits, und andererseits dem Sein, das an sich ist – dem *An-sich* –, das beschrieben wird als sich selbst gegenüber im Dunkeln liegend, als massiv, bewegungslos, als reine Positivität, reines Sein, als Synthese seiner selbst mit sich selbst, identisch mit sich selbst, nicht zeitlich, jenseits von Negation und Affirmation, von Möglichkeit und Unmöglichkeit, kurz als ein Zuviel. „Das Für-sich, das das zu sein hat, was es ist, das heisst, das das ist, was es nicht ist, und das nicht das ist, was es ist" (*SN* 1055; *EN* 711). Es unterscheidet sich fundamental vom An-sich, „das das ist, was es ist" (*SN* 1055; *EN* 711). Die menschliche Realität ist somit, wie wir gleich sehen werden, eine Existenz ohne bestimmte Essenz. Indem es nicht ist, was es ist, ist das Bewusstsein das Nicht-sein von Essenz; indem es ist, was es nicht ist, ist das Bewusstsein das Projekt von Essenz.

Der Kantischen Differenzierung zwischen Phänomenon und Noumenon stellt Sartre die Aufdeckung der transphänomenalen Dimension des Seins durch die phänomenologische Beschreibung einiger Phänomene des Seins wie beispielsweise die Langeweile, die Angst, den Ekel oder die Scham gegenüber. Dieses Sein ist nicht identisch mit dem Noumenon Kants, also mit einem Etwas, das hinter dem Phänomenon verborgen wäre, sondern es ist coextensiv zum Phänomen selbst. Die phänomenologische Ontologie will eine Verbindung schaffen zwischen dem Phänomen des Seins, das das ist, was erscheint, und dem Sein des Phänomens, das transphänomenal ist und das „die Bedingung jeder Enthüllung [ist]: es ist das Sein-zum-Enthüllen und nicht enthülltes Sein" (*SN* 16; *EN* 15). Das Sein ist kein Subjekt, das vom Phänomen, durch das es erscheint, verschieden ist. Das Sein des Phänomens geht jedoch nicht in einem Phänomen des Seins auf. Das Sein des Phänomens, wie auch das Bewusstsein – das erkennende Sein – das jedem Bewusstsein von sich selbst vorausliegt und es ermöglicht, ist transphänomenal. Sartre führt die grundlegende Unterscheidung zwischen dem *setzenden Bewusstsein* eines Objekts, das dem Bereich der Intentionalität angehört, und dem *nicht-setzenden Bewusstsein* ein, das auf nicht kognitive Weise seiner selbst bewusst ist, das heisst, es kann sich selbst nicht als Objekt intentionalisieren. Dieses würde tatsächlich ein anderes Bewusstsein voraussetzen, das sich des ersten Bewusstseins bewusst wäre, und so fort. Das Bewusstsein seiner selbst begleitet notwendig jeden setzenden oder intentionalen bewussten Akt. Das Bewusstsein ist folglich von doppelter Beschaffenheit: Setzend in Bezug auf ein Objekt und nicht-setzend in Bezug auf ein Bewusstsein. Das präreflexive Bewusstsein ist die Ursache seiner selbst, es begründet sich selbst. Es erfasst sich selbst als Bewusstsein des Seins und als Bewusstsein, dass es nicht ist, dessen es sich bewusst ist, als Bewusstsein, nicht sein eigener Grund zu sein. Das Für-sich, das durchgehend das ist, was es nicht ist, ist durch einen Mangel gekennzeichnet und durch ein Herausgerissen-sein aus der Welt, wodurch das Sein sich nichtet. Es enthüllt sich selbst als das Sein, das nicht ist. Im ersten Kapitel des ersten Teils mit der Überschrift ‚Der Ursprung der Verneinung' beschreibt Sartre das Für-sich als, „das Sein, durch das das Nichts zur Welt kommt" (*SN* 80; *EN* 59). Durch diesen Akt der Negation des An-sich erkennt das Für-sich seine Freiheit angesichts der unbestimmten Vielfalt des Möglichen. Indem es sich aus der Immanenz des Seins herausnimmt, entwirft sich das Für-sich frei auf die Zukunft, auf seine Möglichkeiten. Durch diese Projektion unterscheidet es sich von den Dingen.

Im Gegensatz zum An-sich, das ist, was es ist, ist das Für-sich seinem Wesen nach zeitlich, das heisst, es hat zu sein. So gleitet das Nichts in die Beziehung zwischen meinem zukünftigen Sein und meinem gegenwärtigen Sein: „Ich *bin* nicht der, der ich sein werde. Zunächst bin ich es nicht, weil Zeit mich davon trennt. Ferner weil das, was ich bin, nicht der Grund dessen ist, was ich sein werde. Schliesslich weil überhaupt kein aktuell Existierendes genau das bestimmen kann, was ich sein werde. Da ich jedoch schon das bin, was ich sein werde (sonst wäre ich nicht interessiert, dieser oder jener zu sein), *bin ich derjenige, der ich sein werde, nach dem Modus, es nicht zu sein.* Über mein Schaudern werde ich auf die Zukunft hin getragen, und es nichtet sich, insofern es die Zukunft als möglich konstituiert" (*SN* 95–6; *EN* 69).

Sartre kommt im ersten Kapitel des zweiten Teils mit dem Titel ‚Die unmittelbaren Strukturen des Für-sich' auf seine Theorie der Negation zurück, indem er ausführt, „das Für-sich als Grund seiner selbst ist das Auftauchen der Negation. Es begründet sich, insofern es *an ihm selbst* ein gewisses Sein oder eine Seinsweise negiert. Was es negiert oder nichtet, ist, wie wir wissen, das An-sich-sein. Aber nicht ein beliebiges An-sich-sein: Die menschliche Realität ist vor allem ihr eigenes Nichts. Was sie als Für-sich an ihr selbst negiert oder nichtet, kann nur *Sich* sein. Und da sie in ihrem Sinn konstituiert ist durch diese Nichtung und diese Anwesenheit dessen in ihr, was sie als Genichtetes nichtet, ist es das verfehlte *Sich als An-sich-sein*, das den Sinn der menschlichen Realität ausmacht. Insofern die menschliche Realität in ihrem ursprünglichen Bezug zu sich nicht das ist, was sie ist, ist ihn Bezug zu sich nicht ursprünglich und kann seinen Sinn nur von einem ersten Bezug erhalten, der *Null-Bezug* oder Identität ist. Das Sich, das das wäre, was es ist, lässt das Für-sich als etwas erfassen, was nicht das ist, was es ist; die in der Definition des Für-sich negierte Beziehung – die als solche zunächst gesetzt werden muss – ist eine ihm selbst als dauernd abwesend gegeben Beziehung des Für-sich nach dem Modus der Identität. Der Sinn dieser subtilen Störung, durch die der Durst sich entgeht und nicht Durst ist, insofern er Durstbewusstsein ist, ist ein Durst, der Durst wäre und der es heimsucht. Was das Für-sich verfehlt, ist das Sich – oder Sich-selbst als An-sich" (*SN* 188; *EN* 131–2). Der Versuch, gleichzeitig An-sich und Für-sich zu sein, also Gott zu sein, der als Substanz gewordenes Bewusstsein beschrieben wird, als Substanz, die Grund ihrer selbst geworden ist (*SN* 987, 190 f.; *EN* 664, 133 f.), erweist sich als widersprüchlich und illusorisch. Das Für-sich ist charakterisiert durch den fortwährenden Entwurf, sich selbst als Sein zu begründen, ein Entwurf, der sich als fortlaufendes Scheitern erweist (*SN* 1059–60; *EN* 714). „Eine nutzlose Passion" (*SN* 1052; *EN* 708) nennt Sartre am Ende des vierten Teils seines Werkes die menschliche Realität, die definiert ist durch dieses Projekt der Transformation eines Für-sich in ein An-sich-für-sich, dieses Projekt der Selbstenteignung mit dem Ziel der Seinsbegründung und somit das An-sich zu konstituieren, das sich jeder Kontingenz entzieht, da es sein eigener Grund ist, die *ens causa sui* (*SN* 1052; 1063–4, 190 f.; *EN* 708, 717, 133 f.).

Die Angst und die Unaufrichtigkeit

Das Bewusstsein, seine eigenen Zukunft im Modus des Nicht-seins zu sein, ist, was mit dem Begriff „Angst" beschrieben wird (*SN* 96; *EN* 69). Die Angst zeigt, dass das Für-sich immer neu gemacht werden muss, dass es keine Vor-Existenz besitzt und dass es grundsätzlich frei ist. Das Für-sich trennt sich fortlaufend von sich durch einen verneinenden Bruch. „Das Für-sich hat kein Sein, weil sein Sein stets auf Distanz ist […], denn es macht sich explizit für-sich als das Sein nicht seiend" (*SN* 243; *EN* 167). Die Angst drückt auch das Wissen um das Für-sich als dem Ursprung der Werte und der Sinnbehaftung der Dinge aus. Der Mensch hat sich meisterlich darauf eingestellt, der Angst auf verschiedenerlei Wege zu entfliehen, beispielsweise durch sein Festhalten an einer menschlichen Natur oder durch die *Unaufrichtigkeit*, die Sartre ausführlich beschreibt. Die durch die Angst aufgedeckte Freiheit ist kontingent, das heisst, die Freiheit ist nicht ihr eigener Grund. Sie ist eine Notwendigkeit, was bedeutet, „ich bin verurteilt, frei zu sein" und dass „wir nicht frei sind, nicht mehr frei zu sein" (*SN* 764; *EN* 515). Die Angst ist das Bewusstsein, nicht anders zu können, als frei zu sein. Die Freiheit zielt aus dem Zustand eines Mangels heraus auf eine Totalität, auf die Verwirklichung der Möglichkeiten des Für-sich.

Die Freiheit und die Ablehnung einer menschlichen Natur

Die Sartresche Freiheit ist keinen Bedingungen unterworfen, absolut autonom, liegt jeder Bestimmung voraus und ist primär im Verhältnis zu jeder anderen Aktualisierung der menschlichen Fähigkeiten, sie ist der Ursprung, aus dem die Phänomene hervorgehen. Sie *ist* „das Sein des Menschen" (*SN* 84; *EN* 61), „der Stoff meines Seins" (*SN* 762; *EN* 514). Nicht der Mensch hat Freiheit, er *ist* Freiheit. „Die menschliche Freiheit geht dem Wesen des Menschen voraus und macht dieses möglich, das Wesen des menschlichen Seins steht in seiner Freiheit aus. Was wir Freiheit nennen, ist also unmöglich *vom Sein* der ‚menschlichen-Realität' zu unterscheiden. Der Mensch ist keineswegs *zunächst*, um *dann* frei zu sein, sondern es gibt keinen Unterschied zwischen dem Sein des Menschen und seinem ‚*Frei-sein*'" (*SN* 84; *EN* 61). Da sie sich nur in einer bestimmten Situation ausüben lässt, projiziert die Freiheit das Für-sich in das *Zukommende*, wo ihr Lebensentwurf – der nichts anderes als die Fülle des An-sich-für-sich ist – sich jedoch nicht verwirklicht, denn der Tod negiert den Sinn der freien Projektion der Möglichkeiten des Für-sich.

Sartres Schlussfolgerung stützt sich auf das Axiom, dass die Vergangenheit ihren Sinn aus der Gegenwart und die Gegenwart ihren Sinn aus der Zukunft bezieht. Erst das *Zu-kommende* verleiht dem freien Tun der Gegenwart und der Vergangenheit des Für-sich Bedeutung. Das Für-sich ist somit „sich selbst *zukünftig*" (*SN* 923; *EN* 621). „Man selbst sein, heisst, zu sich selbst kommen" (*SN* 925; *EN* 622), das ist die Struktur der Selbstheit. Vom Ende her erhellt sich das, was ist, oder umgekehrt, das Tun der Vergangenheit und der Gegenwart empfängt seinen Sinn aus dem Tun in der Zukunft. Jenes (das Tun der Vergangenheit/Gegenwart) verweilt in der Schwebe, bis dieses (das Tun in der Zukunft) ihm Sinn verleiht. „Das, was ist, erhält also seinen Sinn nur, wenn es auf die Zukunft hin *überschritten* wird" (*SN* 858; *EN* 578). Der Sinn eines freien Tuns des Für-sich ist weder durch einen andern noch naturgegeben, sondern wird vom Für-sich selbst bestimmt, das frei wählt und allein entscheidet, welche Bedeutung es seiner Vergangenheit geben will. Auf gleiche Weise wirkt sein zukünftiges Tun sinngebend auf seine Gegenwart. Das aktuelle freie Verhalten eines Für-sich in der Gegenwart ist auf paradoxe Weise völlig bewusst und durchscheinend (präreflexives Cogito) und zugleich gänzlich verhüllt durch die freie Determination, die es abwarten muss, bis sein Zukünftiges seine Gegenwart mit Sinn belegt. Das Für-sich ist somit wesentlich ein Warten, das sich in einer Abfolge von „Erwartungen von Erwartungen, die selbst auf Erwartungen warten" (*SN* 925; *EN* 622) ausdrückt. Diese Erwartungen tendieren auf einen letzten Ruhepunkt – der zu erreichen unmöglich ist –, wo alle Probleme gelöst wären: Die Fülle des An-sich-für-sich, wo das vergangene Leben in Vollkommenheit wiedergegeben und die Kurve des Lebens endgültig festgelegt wären. Solange das Für-sich lebt, ist es in der Lage, die Bedeutung seines freien Tuns der Vergangenheit zu ändern und seinem vergangenen Tun immer wieder neu Sinn zu verleihen. Erst mit dem Auftritt des Todes, der dem Zufall unterliegt und sich der freien Wahl des Für-sich entzieht, wird die freie Projektion des Für-sich in die Zukunft (in einem nicht mehr zu verändernden Moment der Gegenwart) endgültig gestoppt. Das tote Für-sich kann seinem Tun rückwirkend keinen Sinn mehr geben, dies wird den Überlebenden überlassen. Der Tod trägt somit für Sartre das Kleid der Absurdität, denn er bedeutet nicht nur das Ende aller Entwürfe und widerspricht nicht nur dem grundlegenden Streben des Für-sich nach einem An-sich-für-sich, sondern nimmt dem Für-sich auch und vor allem die Fähigkeit, seinem freien Tun der Vergangenheit – aus der Zukunft rückwirkend – Sinn zu verleihen (siehe Schumacher 2004).

Eines der grundlegenden Themen in *Das Sein und das Nichts* ist die *Absage an eine* ein für alle Mal festgelegten *menschliche Natur*, die dem Subjekt auferlegt und der dieses unterworfen wäre. Eine solche Natur würde die absolute Freiheit des Für-sich aufheben, das dem Diktat seiner Natur folgen würde. „Das Sein, das das ist, was es ist", das heisst, das eine der Freiheit vorliegende Natur besitzt, „kann nicht frei sein" (*SN* 765; *EN* 516). Um dem Determinismus zu entkommen, verleiht Sartre der Freiheit den Vorrang vor der menschlichen Natur, der sie auch vorliegt. Er widerspricht nicht nur François Mauriac, bei dem Personen zu Sachen werden, indem er ihnen ein a-priori Wesen zuerkennt (*Situations*, t. I, 47 f.), sondern auch Marcel Proust, dem er vorwirft, dazu beigetragen zu haben „den Mythos von der menschlichen Natur zu verbreiten" (*Situations*, t. II, 20). Auf diese Unvereinbarkeit von menschlicher Natur und Freiheit geht Sartre in einem Abschnitt von *Das Sein und das Nichts* ein, wo er mit Gottfried Wilhelm Leibniz die Frage untersucht, ob Adam wirklich frei war, den Apfel zu nehmen oder nicht. Er lehnt die Leibnizsche Lösung ab, denn wenn die menschliche Natur dem Gedanken Gottes entstammt, wäre das Handeln des Menschen nicht frei, folglich wäre es nicht verantwortlich, weil „durch das Wesen Adams strikt notwendig gemacht": „Aber das Wesen Adams ist für Adam selbst ein *Gegebenes*: Adam hat es nicht gewählt, er hat nicht wählen können, Adam zu sein. Folglich trägt er keineswegs die Verantwortung für sein Sein. [...] Für uns dagegen ist Adam keineswegs durch ein Wesen definiert, denn das Wesen kommt bei der menschlichen-Realität nach der Existenz. Er ist durch die Wahl seiner Zwecke definiert [...]. Denn für uns stellt sich das Problem der Freiheit auf der Ebene der Wahl Adams durch ihn selbst, das heisst der Bestimmung des Wesens durch die Existenz" (*SN* 811–2; *EN* 546–7). Nur wer hinsichtlich seiner Natur vollständig undeterminiert ist, sie somit nicht von einem andern empfängt, kann wirklich frei sein. Mit seiner Gleichsetzung von Determinismus und einer gegebenen menschlichen Natur behauptet Sartre, der Mensch sei entweder völlig frei oder gänzlich determiniert. Jede andere Alternative schliesst er aus: „Der Mensch kann nicht bald frei und bald Sklave sein: Er ist gänzlich und immer frei, oder er ist nicht" (*SN* 766; *EN* 516).

Der Mensch – dessen Existenz seinem Wesen vorausgeht und die sich zuletzt als „eine nutzlose Passion" (*SN* 1052; *EN* 708) erweist – macht sich, formt sich während seiner ganzen Existenz in dem Masse, wie er handelt, wie er in Situation ist, sich engagiert und indem er sich seiner Freiheit bedient. Also ist, so Sartre, die Freiheit der Ursprung der menschlichen Natur. In *Ist der Existentialismus ein Humanismus?* führt unser Philosoph aus, dass der Mensch „zunächst nichts ist. Er wird erst dann, und er wird so sein, wie er sich geschaffen haben wird. [...] Der Mensch, er ist lediglich, allerdings nicht lediglich wie er sich auffasst, sondern wie er sich will, und wie er sich nach der Existenz auffasst, nach diesem Elan zur Existenz hin; der Mensch ist nichts anderes als das, wozu er sich macht. [...] Der Mensch ist zunächst ein sich subjektiv erlebender Entwurf [...] nichts existiert vor diesem Entwurf [...] und der Mensch wird zuerst das sein, was er zu sein entworfen haben wird" (*Existentialismus* 120–1 [22–3]). Im Rahmen seines Programms des authentischen Humanismus verneint Sartre, dass der Mensch ein bestimmtes Wesen habe, denn dies würde ihn festlegen. Der Mensch ist nicht, was er ist, sondern er ist für sich nur in der Perspektive eines Noch-nicht und erfasst sich als ein Nichts, also als ein Sein, von dessen Vervollständigung er weit entfernt ist. Die Authentizität liegt in der Verhinderung jeglichen Versuchs, das Subjekt auf eine einzigartige Essenz einzuengen.

Der Ekel

Während die Angst auf Freiheit verweist, enthüllt der *Ekel* die menschliche *Faktizität*. Diese drückt aus, dass das Für-sich reine Kontingenz ist, ohne Rechtfertigung, ohne Grund einer bestimmten Situation ausgeliefert, für die es nicht verantwortlich ist, und verlassen, denn es ist nicht der Grund seines Entwurfs in die Welt. Auch wenn das Für-sich die Situation, in die es geworfen ist – also den Körper, den Ort und die Zeit, kurz, seine Beschaffenheit als Mensch –, nicht selbst gewählt hat, ist es dennoch verantwortlich für den Sinn, den es den Tatsachen und seinem Tun gibt. Im Rahmen einer bestimmten Situation und einer menschlichen Beschaffenheit obliegt es dem Für-sich, dem, was es konstituiert, einen Sinn zu verleihen, das heisst, es ist gewissermassen verantwortlich für seine Faktizität.

Die auf einen Anderen verweisende Scham

Nachdem sich Sartre mit der Angst und dem Ekel beschäftigt hat, geht er auf die *Scham* ein, die auf das Bewusstsein von der Gegenwart eines anderen Für-sich verweist. In dem berühmten Abschnitt über den Akt des Voyeurismus zeigt er, wie das Für-sich sich der Existenz des Bewusstseins eines Andern bewusst ist, und darüber hinaus, wie die Struktur des Für-sich die Existenz des Andern in sich selbst einschliesst. Meine durch den Blick eines Andern hervorgerufene Erfahrung der Scham enthüllt mir das nichtsetzende Bewusstsein eines Ich, das ich bin, die Existenz des Andern, die mich zu einem Objekt macht, das ich nicht erkennen kann, und die Erfahrung meiner selbst als ein Für-Andere. „So ist ursprünglich das Band zwischen meinem unreflektierten Bewusstsein und meinem angeblickten-*Ego* ein Band nicht des Erkennens, sondern des Seins. Ich bin, jenseits aller Erkenntnis, die ich haben kann, dieses Ich, das ein Anderer erkennt. Und dieses Ich, das ich bin, bin ich in einer Welt, die der Andere mir entfremdet hat" (*SN* 471; *EN* 319). Einige Seiten weiter fügt Sartre hinzu, „mein Sündenfall ist die Existenz des anderen" (*SN* 474; *EN* 321). Der Blick des Andern objektiviert mich und beraubt mich der Welt. Ich bin nicht mehr Herr der Situation. Die Beziehung zwischen den Für-sich ist nach Sartre vom Ursprung her konfliktgeprägt. Ich stehe in meinem Sein in Abhängigkeit von der Freiheit des Andern, der mich als Mittel für einen Zweck benutzen kann, den ich nicht kenne. „So konstituiert mich das Gesehenwerden als ein wehrloses Sein für die Freiheit, die nicht meine Freiheit ist. In diesem Sinn können wir uns als ‚Knechte' betrachten, insofern wir Anderen erscheinen. [...] Ich bin in dem Mass Knecht, in dem ich in meinem Sein abhängig innerhalb einer Freiheit bin, die nicht die meine ist und die gerade die Bedingung meines Seins ist. Insofern ich Objekt von Werten bin, die mich qualifizieren, ohne dass ich auf diese Qualifikation einwirken oder sie auch nur erkennen kann, bin ich in Knechtschaft. Zugleich bin ich *in Gefahr*, insofern ich das Instrument von Möglichkeiten bin, die nicht meine Möglichkeiten sind, deren blosse Anwesenheit jenseits meines Seins ich nur vermuten kann und die meine Transzendenz verneinen, um mich als ein Mittel auf Zwecke hin konstituieren zu können, die ich nicht kenne. Und diese Gefahr ist kein Zufall, sondern die permanente Struktur meines Für-Andere-Seins" (*SN* 481–2; *EN* 326). Das Für-Andere-Sein ist faktische Notwendigkeit. Der Versuch des Andern, mich zu objektivieren und mich der Welt zu berauben, erfährt seine Umkehrung durch die Wiedereroberung meiner selbst, indem ich den Andern objektiviere, indem ich die Möglichkeiten in tote Möglichkeiten umwandle, indem ich ihn als Mittel unter Mitteln ansehe. „Der Andere wird das Instrument, das sich durch seinen Bezug zu allen anderen Instrumenten definiert" (*SN* 522; *EN* 353). Die konkreten Beziehungen wie Liebe, Hass, Gleichgültigkeit etc. sind Ausdruck des Versuchs, die Freiheit des Andern zu beeinflussen. Die Analyse der Existenz des Andern und besonders des fundamentalen Phänomens des Blicks setzt voraus, dass das Für-sich als ein in einem Körper inkarnierten Wesen lebt, den Sartre aus drei verschiedenen Blickwinkeln betrachtet: Der Körper als Sein-für-sich, das seine Faktizität enthüllt, als Körper-für-Andere, so wie er anderen erscheint, als Bewusstsein von meinem Körper, wie er für Andere ist.

Das Sartresche Verständnis des Menschen, der grundlegend engagiert, in Situation und auf gewählte Ziele ausgerichtet ist, wird von einer ethischen Forderung begleitet. Sartre betont die Notwendigkeit der persönlichen Verantwortung für das, was das Subjekt tut, unabhängig von den Umständen, in denen es sich befindet. Es ist aufgerufen, nicht blosses Produkt dessen zu sein, was andere aus ihm machen, sondern sich in einer entfremdeten Welt zu erobern. Das Handeln des Menschen impliziert eine freie persönliche Wahl und Authentizität. Das handelnde Wesen verinnert seine Daseinsbedingung, seine Geschichte, seine Erfahrungen und seine biologischen Grenzen und es entäussert sie frei in Form von Entwürfen, die diesen Bestimmungen Sinn verleihen. Neben der Betonung des verantwortlichen und authentischen Handelns hebt Sartre nachdrücklich hervor, dass man den Menschen nicht als Sache sehen könne, da er von Grund auf frei sei. Als ein in seiner Zeit höchst engagierter Philosoph unterstreicht Sartre die Inkarnation der Person durch ihren Körper in der Welt, die er das Sein in Situation nennt. Dabei hebt er immer wieder auf die Dimension der Freiheit ab, den Dreh- und Angelpunkt seines Denkens, die durch eine absolute Autonomie charakterisiert ist, welche dem Subjekt bezeigt, dass es der Ursprung des Sinn der Welt und der Werte ist.

Literatur

Alquié, Ferdinand 1966: Solitude de la raison, Paris, Le terrain vague.

Anderson, Thomas C. 1979: The Foundation and Structure of Sartrean Ethics, Lawrence (KS), Regents Press.

Aronson, Ronald und Hoven, Adrian van den (Hrsg.) 1991: Sartre Alive, Detroit, Wayne State University Press.

Beauvoir, Simone de 1989: In den besten Jahren, Reinbeck, Rowohlt. Französisch: La force de l'âge, Paris, Gallimard, 1960.

Busch, Thomas W. 1990: The Power of Consciousness and the Force of Circumstances in Sartre's Philosophy, Bloomington, Indiana University Press.

Catalano, Joseph S. 1980: A Commentary on Jean-Paul Sartre's Being and Nothingness, Chicago, University of Chicago Press.

Coorebyter, Vincent de 2000: Sartre face à la phénoménologie. Autour de ‚L'intentionnalité' et de ‚La transcendance de l'Ego', Bruxelles, Ousia.

Danto, Arthur C. 1987: Jean-Paul Sartre, deutsche Übersetzung von U. Enzensberger, Göttingen, Steidl.

Detmer, David 1988: Freedom as Value. A Critique of the Ethical Theory of Jean-Paul Sartre, La Salle (Il.), Open Court.

Fell, Joseph P. 1965: Emotion in the Thought of Sartre, New York, Columbia University Press.

Fell, Joseph P. 1979: Heidegger and Sartre. An Essay on Being and Place, New York, Columbia University Press.

Flynn, Thomas 2002: „Jean-Paul Sartre (1905–1980), Being and Nothingness. The Prodigious Power of the Negative", in: Jorge Gracia, Gregory Reichberg und Bernard N. Schumacher (Hrsg.), *Classics of Western Philosophy*, Oxford, Blackwell.

Fry, Christopher 1988: Sartre and Hegel. The Variations of an Enigma in ‚L'Être et le Néant', Bonn, Bouvier.

Gadamer, Hans-Georg 1988: „Das Sein und das Nichts“, in: König Traugott (Hrsg.), Sartre. Ein Kongress, Reinbek, Rowohlt, 37–52.
Grene, Marjorie 1983: Sartre, Washington, Center for Advanced Research in Phenomenology and University Press of America.
Gutwirth, Rudolf 1970: La phénoménologie de Jean-Paul Sartre. De ‚L'Être et le Néant‘ à la ‚Critique de la Raison dialectique‘, Bruxelles/Toulouse, Editions Scientifiques Erasme/ Editions Privat.
Haar, Michel 1980: „Sartre and Heidegger“, in: Hugh Silverman and Frederick Elliston (Hrsg.): Jean-Paul Sartre. Contemporary Approaches to His Philosophy, Pittsburgh (Penn.), Duquesne University Press, 168–87.
Haarscher, Guy 1985: „Sartre et Heidegger: à propos d'un malentendu“, in: Revue Internationale de Philosophie, 39, nr. 152–3, 56–71.
Hartmann, Klaus 1983: Grundzüge der Ontologie Sartres in ihrem Verhältnis zu Hegels Logik. Eine Untersuchung zu ‚L'Être et le Néant‘ (1963), in: Die Philosophie Jean-Paul Sartres. Zwei Untersuchungen zu ‚L'Être et le Néant‘ und zur ‚Critique de la raison dialectique‘, Berlin, Walter de Gruyter.
Husserl, Edmund 1988: Cartesianische Meditationen, Eugen Fink (Hrsg.), Dordrecht, Kluwer.
Husserl, Edmund 1913, 1980: Ideen zu einer reinen Phänomenologie und phänomenologischen Philosophie. Allgemeine Einführung in die reine Phänomenologie, Tübingen, Niemeyer.
Kojève, Alexandre 1947: Introduction à la lecture de Hegel. Leçons sur la phénoménologie de l'esprit, Paris, Gallimard.
Lévinas, Emmanuel 1930: La théorie de l'intuition dans la phénoménologie de Husserl, Paris, Alcan.
Lévy, Bernard-Henri 2000: Le siècle de Sartre. Enquête philosophique, Paris, Grasset.
Macho, Thomas H. 1995: Sartre, München, Diederichs.
McCulloch, Gregory 1994: Using Sartre. An Analytical Introduction to early Sartrean Themes, London, Routledge.
Marcel, Gabriel 1964: „Prise de position“, in: Les Nouvelles Littéraires, 29 octobre, 42, nr. 1939.
Marcuse, Herbert 1965: „Existentialismus. Bemerkungen zu Jean-Paul Sartres ‚L'Être et le Néant‘, in: Kultur und Gesellschaft 2, Frankfurt am Main, Suhrkamp, 49–85.
Merleau-Ponty, Maurice 1945: „La querelle de l'existentialisme“, in: Les Temps modernes, Nr. 2, November, 344–56.
Moran, Dermot 2000: Introduction to Phenomenology, Routledge, London.
Morris, Phyllis Sutton 1976: Sartre's Concept of a Person. An Analytic Approach, Amherst, University of Massachusetts Press.
Mouillie, Jean-Marc 2000: Sartre. Conscience, Ego et Psychè, Paris, Presses Universitaires de France.
Petit, Philippe 2000: La cause de Sartre, Paris, Presses Universitaires de France.
Priest, Stephen 2000: The Subject in Question. Sartre's Critique of Husserl in The Transcendence of the Ego, London, Routledge.
Renaut, Alain 1993: Sartre, le dernier philosophe, Paris, Grasset.
Rouger, François 1986: Le monde et le moi. Ontologie et système chez le premier Sartre, Paris, Klincksieck. Méridiens.
Santoni, Ronald 1995: Bad Faith, Good Faith, and Authenticity in Sartre's Early Philosophy, Philadelphia, Temple University Press.
Schroeder, William R. 1984: Sartre and his Predecessors. The Self and the Other, London, Routledge & Kegan Paul.

Schilpp, Paul A. 1981: The Philosophy of Jean-Paul Sartre, La Salle (Ill.), Open Court.
Schumacher, Bernard N. 2004: Der Tod in der Philosophie der Gegenwart, Darmstadt, Wissenschaftliche Buchgesellschaft.
Seel, Gerhard 1971: Sartres Dialektik. Zur Methode und Begründung seiner Philosophie unter besonderer Berücksichtigung der Subjekts-, Zeit- und Werttheorie, Bonn, Bouvier, Verlag H. Grundmann.
Seel, Gerhard 1995: La dialectique de Sartre, deutsche Übersetzung von E. Müller, Ph. Muller und M. Reinhardt, durchgesehen und erweitert vom Autor, Lausanne, L'Âge d'Homme.
Theunissen, Michael 1977: Der Andere. Studien zur Sozialontologie der Gegenwart, Berlin, Walter de Gruyter.
Tournier, Michel 1964: „La revanche de l'autodidacte“, in: Les Nouvelles Littéraires, 29 octobre, 42, nr. 1939.
Wahl, Jean 1932: Vers le concret. Etudes d'histoire de la philosophie contemporaine, Paris, Vrin.
Wider, Kathleen V. 1997: The Bodily Nature of Consciousness. Sartre and Contemporary Philosophy of Mind, Ithaca, Cornell University Press.

2

Paul Janssen

Die Genesis des Seins des intentionalen Bewusstseins (9–45)

1 Vorbemerkung

Eine Durchsicht der Einleitung von *Das Sein und das Nichts* ist leicht zu erstellen. Die Phänomene und ihre Weise zu „sein“ verweisen auf ein Sein, das nicht in die Phänomenalität aufgeht, und nicht in ihr aufgeht; das es also nicht nur gibt, sofern es sich in Phänomenen manifestiert. Ein solches Sein scheint „hinter“ den Phänomenen zu liegen. Fasst man die Phänomene jedoch ontologisch nicht angemessen, so lässt sich nicht zum Sein dieses Sinnes gelangen. Man verheddert sich dann in einem Monismus des Phänomens oder bleibt im Dualismus von Phänomenalität und Sein hängen. Man muss sich in den Phänomenen dem Phänomen des Seins zuwenden, um aus ihm zu entnehmen, wie es mit dem Sein steht. Tut man das, so wird Sein als transphänomenal auffällig. Das Seinsphänomen nötigt also zur Überschreitung der Phänomenalität. Ist das Sein in seiner „Nicht-Phänomenalität“ beschreibbar? Geschieht das in der (phänomenologischen) Ontologie Sartres?

Durch eine Interpretation der von Husserl aufgenommenen Struktur des intentionalen Bewusstseins (des Bewusstseins qua „Bewusstsein-von-etwas“) gelangt Sartre zu dem, was er als Sein bezeichnet. Er findet das transphänomenale Sein aufseiten des Bewusstseins (sofern es präreflexiv und nicht-thetisch ist) einerseits und auf der Seite der Strukturstelle des „Etwas“, in die alles, was es welthaft gibt, einrücken kann andererseits. Sartre handelt diese Arten von Sein zunächst unter den Titeln „Sein des Percipere“ und „Sein des Percipi“ ab. Er liefert dann einen ontologischen Beweis für seine Seinsthese, um mit Ausführungen zum Sein des Phänomens (das An-sich-sein genannt wird) zu schliessen. Dabei kommt der

Zusammenhang der beiden nicht miteinander kommunizierenden und gleich wohl sich implizierenden Arten von Sein (des Seins des Phänomens und des Seins des Bewusstseins) zur Sprache. Die Eigenart des An-sich-seins schliesst es aus, dass sich von ihm her die Ontologie aufbauen lässt. Der „Logos" des Seins lässt sich nur vom Sein des Bewusstseins her entfalten, das allerdings durch das An-sich-sein als sein (des Bewusstseins) Nicht-Sein wesenhaft infiziert ist. Das aber setzt eine bestimmte Fassung des Seins des Bewusstseins voraus, das ja traditionell die phänomenalisierende Instanz ist, das aber bei Sartre aufgrund des ihm durch das An-sich-sein zugestossenen Nicht-Seins dazu verdammt ist, gegen diese merkwürdige, ihm eignende „Phänomenalität" anzukämpfen, um ins Sein zu gelangen.

Es sei hier nicht behauptet, dass alle inhaltlichen Ausführungen von *Das Sein und das Nichts* in diejenigen „Konstruktionen", die in der Einleitung vorgetragen werden, reibungslos hineinpassen. Ob und inwieweit das Gesamtwerk eine in sich stimmige Einheit bildet, das muss allererst geprüft werden. Zu dieser Frage kann in verschiedener Weise Stellung genommen werden. Für mein begrenztes Thema, das allen im Werk entwickelten Gehalten vorweggeht, ist es interessant, dass Sartre in der „Konklusion" des Schlusses von *Das Sein und das Nichts* noch einmal nachdrücklich auf seine anfänglichen Unterscheidungen zurückkommt, um Anfang und Ende des Werks zusammenzuschliessen. Alle ontologischen Gehalte sind demnach in die einleitend entwickelte Grundbegrifflichkeit einzubehalten. So soll es wenigstens dem Autor zufolge sein. Die phänomenologische Ontologie Sartres unterscheidet sich grundsätzlich von den Denkweisen und den Begrifflichkeiten der Überlieferung. Indem Sartre sich gegen Überliefertes abstösst, aber auch aus ihm schöpft, nötigt ihn sein eigenes Vorhaben dazu, die Tradition, die deutsche Phänomenologie eingeschlossen, misszuverstehen.

2 Das Problem der Phänomenalität und des Seins

Modernes Denken huldigt Sartre zufolge einem Monismus des Phänomens. Darin liegt ein Fortschritt, sofern dieser Phänomenalismus einige unbefriedigende Dualismen überwunden hat. Aber das ist nur um den Preis einer Reduktion gelungen. Es wurde das (als seiend) Existierende auf die Erscheinungen reduziert, die es manifestieren. Diese Reduktion ist zum Scheitern verurteilt, so urteilt Sartre. Man wird durch sie das Sein nicht los.

Im ersten Abschnitt der Einleitung trägt Sartre einige Dualismen vor und kritisiert deren Unzulänglichkeit, weil in ihnen sich immer wieder das „Sein, das nicht erscheint", der Erscheinung entgegensetzt, so dass sich wieder Dualismen erzeugen. Aber jeder Rückgriff auf noumenales Sein ist „hinterweltlerisch" (vgl. *SN* 11 f.; *EN* 13 f.).

Es sei einiges Inhaltliches erwähnt. Die Unterscheidungen von Innerem und Äusserem, von Vordergrund und dem Eigentlichen, das hinter ihm liegt, sind in der Moderne, z. B. in den Wissenschaften, als untauglich fallen gelassen worden, das Seiende in seinem Sein gegen nur Phänomenales abzugrenzen. Es gibt Zusammenhänge von Erscheinungen (z. B. den physikalischen Wirkungszusammenhang), die auf kein Sein angewiesen sind.

Lässt sich mit der Unterscheidung von Potenz und Akt in der Frage nach dem Bezug von Phänomen und Sein weiter kommen? Hinter dem aktuellen Sein (z. B. des Bewusstseins) liegt kein potenzhaftes Sein. Es geht ihm kein wesenhaftes Möglichsein voraus, dessen faktische Verwirklichung ein einzelhaft-aktuelles Seiendes wäre. Die bei Husserl noch weiter lebende Wesensphilosophie wird von Sartre abgelehnt.

Landet man mit der Ansetzung von Reihen von Erscheinungen nicht in einem neuen, noch unerwähnten Dualismus: Dem von Endlichem und Unendlichem? Einzelerscheinungen als endliche verweisen auf einen unendlichen Erscheinungszusammenhang, der niemals erscheinen kann. Und doch ist jedes Glied der Reihe seiend. So tut sich mit dem Begriffspaar endlich – unendlich wiederum ein Dualismus auf, in dem die ganze Reihe der Erscheinungen sich als transzendent dem Erscheinen entzieht. Liegt in ihr ein nicht-erscheinendes Sein? Oder ist sie, sofern in ihr nur das Wesen der Erscheinung liegt, nicht von einem Sein getragen?

Die angedeuteten Möglichkeiten, die Phänomene zu verstehen und sie evtl. auf Sein hin anzusprechen, bleiben aporetisch. Von ihnen aus lässt sich nicht zu der von Sartre intendierten phänomenologischen Ontologie gelangen. Aber: „Wenn das Wesen der Erscheinung ein ‚*Erscheinen*' ist, das sich keinem *Sein* mehr entgegensetzt, gibt es ein legitimes Problem des *Seins dieses Erscheinens*" (*SN* 14; *EN* 14). Wie muss sich das Phänomen in diesem Fall zeigen? Oder sollte besser gesagt werden: Wie muss das Phänomen in diesem Fall genommen werden? Sartre hält, wie es scheint, – in philosophischer Voreingenommenheit – daran fest, dass Phänomen schlechthin Seinsphänomen ist, so dass eine Zuwendung zum Phänomenalen nicht von der Seinsfrage entlastet – obwohl rein monistische oder dualistische Ansichten nicht in Frage kommen.

Lässt sich behaupten, dass bei Husserl und Heidegger, den beiden Gewährsleuten Sartres, Sein im Phänomenalen „aufgeht"? In welchem Sinne?

Im Sinne des Bedingtseins durch ein transzendentales phänomenalisierendes Bewusstsein? Oder im Sinne eines lichtenden Hervorgehens für ein erkenntnisfähiges Wesen? Geht bei den beiden deutschen Phänomenologen Sein nicht so in die Offenbarkeit für […] auf, dass es sich im Erkennen in einer Entsprechung zu Bewusstsein und Dasein aufschliesst, dass es sich Sartrescher Diktion zufolge darin erschöpft, sich zum Erscheinen zu bringen[1]. Dann aber würde das so aufgegangene Sein seiner dem Bewusstsein oder dem Dasein gemässen Aneignung nicht den Widerstand entgegensetzen, der sich darin ankündigt, dass es Nicht-Bewusstsein ist, wie Sartre vorgreifend im ersten Abschnitt der Einleitung andeutet: „Die Realität dieser Tasse besteht darin, dass sie da *ist* und dass sie ich *nicht ist*" (*SN* 12; *EN* 13).

Sollte es nicht unter modernen wissenschaftsphilosophischen Gesichtspunkten eine Erkenntnis der Phänomene geben, die nicht an der Sartreschen Seinsfrage ausgerichtet ist? Es müsste dann ein in seinem phänomenalen Sein erkanntes Phänomen vom Seinsphänomen unterschieden werden. Der Begriff des Phänomens wäre als doppeldeutig zu nehmen. Sich erkennend am Phänomen-sein zu orientieren wäre gleichbedeutend damit, das Phänomen nicht als Seins-phänomen zu sichten. Ist es z. B. für die Physik, sofern sie sich mit der gesetzmässigen Abhängigkeit der Erscheinungen voneinander befasst, erforderlich, auf das sich im Phänomen enthüllende Sein einzugehen? Ist, dies zu tun, nicht eine von der objektivwissenschaftlichen Erkenntnis zu trennende Aufgabe der philosophischen Ontologie, für die der Bezug der Erkenntnis zum Sein ein Problem ist, welches die Naturwissenschaft nicht hat. Sartre visiert dagegen in einer universal ontologischen Einstellung *das* Phänomen daraufhin an, dass und wie sich in ihm Sein enthüllt. „Denn das Sein eines Existierenden ist genau das, als was es *erscheint*. So gelangen wir zur Idee des *Phänomens*, wie man sie zum Beispiel in der ‚Phänomenologie' Husserls oder Heideggers antreffen kann, zum Phänomen oder Relativen-Absoluten" (*SN* 10; *EN* 12).

Orientiert man sich, wie oben angedeutet, in einer wissenschaftlichen Erkenntnis innerhalb des Phänomen-seins, so setzt man den Erscheinungen kein Sein entgegen. Man interessiert sich gar nicht für eine solche Entgegensetzung und die ihr vorausliegende philosophische Fragestellung nach dem Bezug von Phänomen und Sein. Sartre verfährt dagegen so, als wäre das Phänomen einfachhin und schlechthin Phänomen von Sein, als

1 Sartres Vereinheitlichung und Vereinnahmung der beiden deutschen Phänomenologen, indem er sie z. B. gegen Kant ausspielt, bedarf einer ständigen Prüfung.

wäre es das Wesen des Phänomens, Sein erscheinen zu lassen, ohne dass sein „ist" durch Phänomenalität modifiziert wäre. Sartre traktiert die Seinsfrage als eine Welt und Mensch betreffende Sachfrage; d. h. so, als sei sie nicht geschichtlich bedingt oder interpretativ/operativ manipulierbar, weil es für sie keinen geschichts- und interpretationsunabhängigen Referenz- und Selbigkeitsbezug gibt. Aber kann man ohne Interpretationen, Wertungen und Entscheidungen von so etwas Philosophischem wie dem Sein handeln?

Seine eigene Weise, das Sein zu suchen und zu finden, bereitet Sartre im zweiten Abschnitt der Einleitung folgendermassen vor: Wenn das Erscheinen von Erscheinungen nicht mehr einem Sein entgegengesetzt ist, so dass also für die Seinssuche kein Ort mehr ausserhalb des Erscheinens bleibt, dann muss nach dem Sein des so fixierten Erscheinens gefragt werden.

Sartre nimmt einen neuen Anlauf, um von Phänomenalem aus an das von ihm gesuchte Sein heranzukommen.

Lässt sich der Übergang von existierenden einzelnen Objekten zum Seinsphänomen vergleichen mit dem Überschritt vom einzelnen Rot auf sein Wesen hin? Zur Wesensallgemeinheit erhobene Qualitäten von einzelnen Objekten sind etwas, als was sich das Objekt enthüllt. Sie gehören zur Reihe seiner Erscheinungen, betreffen aber nicht sein Sein, wie wir bereits aus dem ersten Abschnitt wissen. Sein läge sonst im allen gemeinsamen Wesen. „Das Objekt *besitzt* nicht das Sein, und seine Existenz ist weder eine Partizipation am Sein noch irgendeine andere Art von Beziehung. Es *ist*, das ist die einzige Art, seine Seinsweise zu definieren" (*SN* 15; *EN* 15). Objekt zu sein, Eigenschaften zu haben – und so zu existieren – das ist nicht diejenige Einheit von Sein und Existieren, von der Sartre an anderen Stellen der Einleitung handelt. „Das Existierende ist Phänomen, das heisst, es zeigt sich selbst als organisierte Gesamtheit von Qualitäten an. Sich selbst und nicht sein Sein" (*SN* 16; *EN* 15). So zu existieren gehört dem Phänomen-sein zu, von dem oben gesprochen worden ist. Darin liegt nicht das Sein, das die Bedingung jeder Enthüllung durch die Erkenntnis ist (vgl. *SN* 16; *EN* 15).

Man sieht: Es besteht die Gefahr, bei der Frage nach dem Sein des Phänomens doch wieder im Phänomen-sein hängen zu bleiben und damit die ontologische Problematik zu verfehlen. Um einem solchen Fehler vorzubeugen, betont Sartre: „Sicher kann ich diesen Tisch oder diesen Stuhl auf sein Sein hin überschreiten und die Frage nach dem Tisch-sein oder dem Stuhl-sein stellen. Aber in diesem Augenblick wende ich die Augen von dem Phänomen-Tisch ab, um sie auf das Phänomen-sein zu richten, das nicht mehr die Bedingung jeder Enthüllung ist – sondern das selbst ein Enthülltes ist, eine Erscheinung, und das als solche seinerseits ein Sein benötigt, auf dessen Grundlage es sich enthüllen könnte“ (*SN* 16; *EN* 15).

Erst jetzt, nach diesen umwegigen Vorbereitungen, trägt Sartre die erste entscheidende Konsequenz seiner Gedankengänge vor. Das Sein des Phänomens ist nicht auf das Phänomen des Seins zu reduzieren. Das Phänomen des Seins ist ontologisch zu nehmen. Sein mag Sein-zum-Enthüllen sein; es selber aber ist nicht-enthüllt. Es ist die (vorgelagerte) Bedingung jeder Enthüllung. Alles sich am existierenden Objekt Enthüllende – auch das existierende Objekt selber als sich enthüllendes – ist auf ein Sein angewiesen, auf dessen Grundlage es sich enthüllen kann. Das gilt auch für das Phänomen-sein. Man ist versucht, als Ergebnis festzuhalten, das Wort Sein bedeutet etwas, das von jedem (Abhängigkeits-)Bezug auf Enthülltsein (Phänomen-sein) unterschieden ist.

Die Phänomene können (in der ihnen eigentümlichen Weise zu sein) in Begriffen gefasst werden. Die (begrifflich verfasste) Erkenntnis kommt aber an das Sein, das sich in den Phänomenen „ankündigt“, nicht heran. Sie bleibt im Phänomenzusammenhang stecken. Aber deswegen kann sie auch nicht die Suche nach dem Sein befriedigen. Erst im Seinsphänomen muss demnach ein Ungenügen liegen, das dazu nötigt, es zum Sein hin zu überschreiten. Sartre vergleicht diese Situation mit der des ontologischen Gottesbeweises, der von begrifflich Gedachtem aus sich nötigt, zum Sein überzugehen, wie es von jenem begrifflich Gedachten unterschieden ist; allerdings so unterschieden, dass es dem Gedachten und dem Denken erst seine Möglichkeiten eröffnet – wovon bei Sartre keine Rede sein kann –, so dass es zu einem dem Sein angemessenen Denken kommt, ohne dass das Sein deswegen Phänomen-sein wäre. Sartre drückt das von ihm Gemeinte, das von nun an die Basis für alle weiteren Gedankenentwicklungen sein wird, folgendermassen aus: „Als Phänomen [als Seinsphänomen] verlangt es nach einer transphänomenalen Grundlage. Das Seinsphänomen verlangt die Transphänomenalität des Seins. Das heisst weder, dass sich das Sein *hinter* den Phänomenen versteckt findet [...] – noch, dass das Phänomen ein Erscheinen ist, das auf ein besonderes Sein verweist [...] Die bisherigen Überlegungen implizieren, dass das Sein des Phänomens, obwohl dem Phänomen koextensiv, der Phänomenalität entgehen muss – nämlich nur insoweit zu existieren, als es sich offenbart – und dass es folglich über die von ihm gewonnene Erkenntnis hinausgeht und sie begründet“ (*SN* 16–17; *EN* 16). Wie ist transphänomenales Sein, das vom Phänomen des Seins gefordert wird, verfasst? Wenn das Sein des Phänomens sich so zeigt, dass es nicht nur ist, sofern es dem Bewusstsein zugänglich ist, dann muss es der Bedingung der Phänomenalität entgehen und als solches erfasst werden können. Kann das anders vonstatten gehen, als dass die in der Intentionalität verbundenen Typen von Sein sich nur in einer negierenden Abstossung aneinander gekettet finden, indem einer von ihnen dafür aufkommt, dass der andere als Phänomen ihm sein nicht-phänomenales Sein „indiziert"?

3 Das Sein des Bewusstseins

Nachdem Sartre vom Phänomen des Seins aus das ihm zugrundeliegende transphänomenale Sein gefunden hat, teilt er das Sein in zwei Seinstypen auf. Diese Aufgliederung ergibt sich aus der Struktur des intentionalen Bewusstseins: Es gibt erstens das Bewusstsein in seiner Art von Sein, und es gibt zweitens das (welthafte) Etwas in seinem Sein, von dem Bewusstsein Bewusstsein ist. Über die philosophische Sinngebung des so Unterschiedenen ist mit dieser Aufgliederung noch nichts ausgemacht.

Das Bewusstsein wird „präreflexives cogito", auch „Sein des percipere" genannt. Auf einer späteren Stufe der Gedankenentwicklung wird Sartre vom Für-sich-sein im Unterschied zum An-sich-sein sprechen. Wie deren Bestimmung zu den von Sartre eingangs getroffenen Unterscheidungen steht, kann erst später deutlicher werden. Begriffe wie Seinsarten, Seinstypen u. ä. erwecken den Eindruck, sie setzten Differenzen „im" Sein voraus. Sie sind problematisch. Das von Sartre Gemeinte lässt sich im Endeffekt nur esoterisch-spekulativ ausdrücken. Das Problem seiner angemessenen Formulierung bleibt bis zum Ende des Beitrags virulent. Von dieser Formulierung hängt die genaue Fassung des Sartreschen Grundgedankens ab.

Definiert man das Bewusstsein durch die Vermöglichkeit des selbst-reflexiven und setzenden Erkennens, so lässt sich das Sein des Bewusstseins durch die erkennende Selbstzuwendung auszeichnen. Löst sich dann nicht das Sein des Bewusstseins darin auf, in selbst-reflexiver Identifizierung erkannt zu werden. Dann wäre die Einheit von (Selbst-)Erkenntnis und Sein als Auszeichnung des Subjekts vorrangig gegenüber einem dieser Einheit ermangelnden blossen Sein von welthaft Seiendem, das sich erkennen lässt, ohne sich selbst zu erkennen. Als Ursprung seiner Erkennbarkeit ist dann das Bewusstsein nicht jenseits der Phänomenalität, sondern deren Ursprung. Bei Sartre heisst es dagegen: „Das Bewusstsein ist nicht ein besonderer Erkenntnismodus, genannt innerster Sinn oder Erkenntnis von sich, sondern es ist die transphänomenale Seinsdimension des Subjektes" (*SN* 19; *EN* 17).

Gegen diese These Sartres ist an eine Fassung des Seins des Bewusstseins zu erinnern, wie sie sich z. B. bei Husserl findet. Sartre macht sich nicht den neuzeitlich subjektivitätsphilosophischen Gedanken zu eigen, das Bewusstsein seinem Sein nach durch die unmittelbare Geeintheit von selbst-reflexivem Wissen und Sein unter dem Vorrang des Seins auszuzeichnen, das sich als absolut gegeben schauen lässt im Unterschied zu allen welthaften noematischen Intenta, die nur eine andere Art von Gegebenheit zulassen, welche für die Bestimmung ihrer Weise des (nur phänomenalen) Seins bestimmend ist. In diesem Gedanken liegt keineswegs, dass das Bewusstsein ist, insofern es sich selbst reflexiv erkennt – so, als wäre sein Sein gleichbedeutend damit, erkannt zu sein; so, als läge sein Sein im Phänomen-sein.

Um das transphänomenale Sein des Bewusstseins nachzuweisen, greift Sartre auf eine von ihm in ganz eigentümlicher Weise aufgefasste Intentionalität des Bewusstseins zurück, die Husserl fremd ist. Ist Bewusstsein – sozusagen als „Seinseinheit" genommen – „Bewusstsein-von-etwas" qua einem transzendenten Objekt, dann geht es ohne jeden Einschlag von Reflexivität in dieser Hingegebenheit auf, durch die es von sich so abgelenkt ist, dass sich keine reflexive Unterbrechung und Störung ergibt. Und darin liegt sein Sein beschlossen. Die unmittelbare Geradehineinstellung des Bewusstseins auf ein „Anderes seiner" wird von Sartre also nicht zurückbezogen auf eine Beschreibung, in der sie aufgedeckt ist und die daher erlaubt, Bewusstsein als eine synthetische Bezugseinheit zu nehmen, der das intendierte perzipierte Etwas der Eigenart des Bewusstseins gemäss zugehört: als Phänomen. Die gerade apostrophierte Bezugseinheit enthält nach Sartre vielmehr zwei disparate, inkommensurable Arten von Sein, die durch eine eigenartige, allererst zu besprechende Sorte von „nicht" getrennt und gleichwohl zusammengehalten sind. In dem, was Husserl Geradehineinstellung nennt – welche nur die Ausgangsbasis für (transzendental-)philosophische, selbstreflexive Seinsbestimmungsoperationen ist –, liegt für Sartre ein Seinsbestimmungsmoment, das nicht reflexiv verwandelt werden darf.

Die nicht-thetische, präreflexive Eigenart des Bewusstseins darf nicht missverstanden werden. Eine gewisse Selbstbezüglichkeit des Bewusstseins qua Bewusstsein-von wird von Sartre akzeptiert. Aber er lehnt die aus der Transzendentalphilosophie und dem Idealismus bekannten Auffassungen des Selbstbewusstseins ab, da er deren Einschätzung der Selbstreflexivität und ihrer Bedeutung für das Sein des Bewusstseins nicht teilt. Die Ansetzung einer sich aufgrund der Selbstreflexivität ergebenden Einsicht in eine ausgezeichnete Identität von Subjekt und Objekt im Falle des Selbstbewusstseins verstösst nach Sartre gegen den intentionalen Charakter des Bewusstseins. In seinem Sein bleibt das Bewusstsein zwar Bewusst-sein-von und in eins Bewusstsein dieses Bewusst-seins-von. Diese Doppelung, durch welche das Bewusstsein mit sich unmittelbar zusammengeschlossen und geeint ist, beinhaltet zwar Bewusstsein von Bewusstsein aber keine Erkenntnis des Bewusstseins durch Bewusstsein, in der das erste Bewusstsein durch ein zweites zum (Wissens-)Gegenstand gemacht worden wäre; denn dann könnte das zweite Bewusstsein wiederum zum Gegenstand eines sich auf es richtenden Bewusstseins werden. Eine solche Selbsterkenntnis des Bewusstseins führte in das epistemologische Dilemma eines unendlichen Regresses. Aus dem Sein des Bewusstseins sind alle Akte des Bewusstseins, die es selber betreffen, fernzuhalten. Es ist als ganz „den gegenständlichen Etwas-Polen" hingegeben und in dieser Bezugshingegebenheit ist es vorgängig nicht-setzendes Bewusstsein von sich selbst; auch dann, wenn es in Bezug auf sich selbst wie in Bezug auf ein welthaftes Etwas vergegenständlichend setzt. „Alles, was es an Intention in meinem aktuellen Bewusstsein gibt, ist nach draussen gerichtet, auf die Welt. [...] jedes objektsetzende Bewusstsein ist gleichzeitig nichtsetzendes Bewusstsein von sich selbst" (*SN* 21; *EN* 19). Die Selbstreflexion des Bewusstseins wird erst durch das nicht-reflexive Bezugs-Sein des Bewusstseins ermöglicht. Wissen von etwas ist primär Nicht-Wissen, dass man weiss. Das soll die Voraussetzung des cartesianischen cogito sein, das sich in einem reflexiven Wissen um sich mit sich zu seinem Sein zusammenschliesst (vgl. *SN* 22–3; *EN* 20). Indem das Bewusstsein z. B. beim wahrgenommenen Etwas des Wahrnehmens ist, ist es als wahrnehmendes seinem Sein nach Bewusstsein. Sofern es um sich als wahrnehmend weiss und durch dieses Wissen in eine Distanz zu dem ans wahrgenommene Etwas verausgabten Bewusstseins-Sein getreten ist, ist es seines Seins verlustig gegangen.

„Wir verstehen jetzt, warum das erste Bewusstsein von Bewusstsein nicht setzend ist: es ist ja eins mit dem Bewusstsein, von dem es Bewusstsein ist. Es bestimmt sich zugleich als Wahrnehmungsbewusstsein und als Wahrnehmung" (*SN* 23; *EN* 20).

Im Sein des Bewusstseins liegt eine gewisse Zirkularität vor. Aus ihr muss die als seiend setzende Selbst-Erkenntnis herausgehalten werden, so dass es nicht zur Auszeichnung des Bewusstseins als Selbstbewusstsein kommen kann, das prämundan und weltüberlegen ist, indem es sich selber seinem Sein nach reflexiv vermittelt. Um die Gefahr von Missverständnissen für seine Konzeption des Seins des Bewusstseins zu vermeiden, schlägt Sartre vor, nicht mehr „Bewusstsein-von-sich", sondern „Bewusstsein-(von)-sich" zu schreiben.[2]

2 „Aber wir können diesen Ausdruck nicht länger verwenden, weil das ‚*von sich*' noch die Idee von Erkenntnis weckt. (Wir werden von jetzt an das ‚von [de]' in Klammern setzen, um anzuzeigen, dass es nur einer grammatischen Regel entspricht" (*SN* 23; *EN* 20).

Zum Schluss seiner Bestimmungen des Seins des Bewusstseins greift Sartre folgende Gedanken auf, die uns aus der Überlieferung vertraut sind, denen er aber neue Bedeutungen gibt. Bewusstsein existiert durch sich. Es geht ihm keine ihm verliehene passive Existenz als das, worin es sein Sein hat, voraus. Eine solche Erklärung, die durch eine traditionell verstandene Kontingenz des Bewusstseins nötig wird, liegt nahe. Sartre weist zur Verdeutlichung dieser Gefahr auf den Gottesbeweis a contingentia mundi hin (vgl. *SN* 27; *EN* 23). Jener Beweis macht sich einen Kontingenzbegriff zu Nutze, der dem von Sartre später entwickelten entgegengesetzt ist. Dieser besagt nämlich Erklärungsunfähigkeit und Erklärungsunbedürftigkeit. Bewusstsein geht aus nichts anderem als aus Bewusstsein hervor; z. B. nicht aus Unbewusstem oder aus Physiologischem. Sartre nennt derartiges „nicht-bewusste Gegebenheiten" (*SN* 27; *EN* 23). Demnach wäre etwa Physiologisches ein nicht-bewusst Gegebenes. Da das Bewusstsein-(von)-sich als Seinseinheit von „Bewusstsein-von (unmittelbar eingestelltem intentionalem)-Bewusstsein" es mit sich zu bringen scheint, alles in erscheinendes und seiendes Etwas aufzuspalten, gibt es für es (der Möglichkeit nach) kein Nicht-Bewusstes. Physiologisches müsste demzufolge als in das Bewusstsein hineinfallendes bewusstes Etwas angesprochen werden, das nicht zur genetischen Erklärung des Bewusstseins herangezogen werden dürfte. Nähme man es dagegen als transphänomenal Seiendes auf der Seite des Etwas, mit dem Bewusstsein intentional zusammengespannt ist, so wäre es als Nicht-Sein von Bewusstsein überhaupt nicht mit dem Bewusstsein zusammenzubringen. Könnte das Bewusstsein dann zur menschlichen Realität und ihrer naturhaften Seite gehören?

Der dritte Abschnitt der Einleitung schliesst mit Sätzen, die das erarbeitete Ergebnis noch einmal resümieren und mit der Überlieferung in einen Zusammenhang bringen. Das Sein des Bewusstseins entzieht sich dem Erkennen. Es wahrt den Vorrang vor allem, was bezüglich seiner durch Erkenntnis geleistet werden kann. Die These bleibt abgestützt durch dubiose Überlegungen, die teilweise gegen die Tradition gerichtet sind: Das Sein des Bewusstseins löst sich nicht in Erkanntsein auf, dessen Sein zugleich mit dem Sein des Erkennens bestimmungsbedürftig wäre, aber als grundlos befunden werden müsste, weil Bewusstsein als Bewusstsein-(von)-sich intentionale Bezugseinheit ist, die ohne ihr transphänomenales Etwas bestandsunfähig wäre.

Das gefundene Sein des Bewusstseins ist für Sartre ein Absolutum – ein Absolutes an Existenz, das der Erkenntnis und damit der Relativierung durch die Erkenntnis entgeht. Es besteht darin, dass es sich als die völlige

Leere von Welt erfährt, die sich in ihm zum „Erscheinen" bringt. „Aber gerade weil es reine Erscheinung ist, weil es eine völlige Leere ist (da die ganze Welt ausserhalb seiner ist), wegen dieser Identität von Erscheinung und Existenz an ihm kann es als das Absolute betrachtet werden" (*SN* 27; *EN* 23).

4 Das Sein des Percipi

Im Rahmen der Intentionalität sind wir von den Erscheinungen aus auf das Sein des Bewusstseins verwiesen worden, das sich jedem selbst-getätigten Akt entzog. Nun hat dieses Sein die Seite des Percipere an sich – des bewusst-Habens – in einem universellen Sinne, der alle Bewusstseinsmodi umfasst, die im Anschluss an Descartes Cogitationes genannt werden. Aufgrund des cogitare phänomenalisiert das Bewusstsein und raubt durch Relativierung dem intendierten-cogitierten Etwas das Sein. Dem Bewusstsein tritt das Etwas als Perceptum entgegen. Es hat nahe gelegen, das Sein des Etwas in die Percipierbarkeit zu legen. „Esse est percipi", wie es in der berühmten Formel Berkeleys heisst, die seinen Idealismus in Bezug auf die Welt andeutet, zu dem aber als Pendant die Setzung von geistigen Wesen als wahrer, nicht-phänomenaler Seinseinheiten gehört. Beide Auffassungen sind für Sartre indiskutabel. Verweist das Seinsphänomen (auf der Seite des Etwas) nicht ebenfalls auf ein Sein; und zwar auf ein Sein, das nicht vom Idealismus aufgedeckt worden ist; auf das Sein des Phänomens eines neuen „Sinnes"?

Es bleibt der Sartre leitende Satz in Kraft, dass das Sein nicht im Erkanntsein aufgeht, dass also Sein etwas besagt, was von allem, was ihm gemäss der Eigenart eines phänomenalisierenden Bewusstseins zukommen kann, unterschieden gehalten werden muss, weil es sonst in die Abhängigkeit von bewusstem Sein geraten würde. Damit würde sich gleichzeitig das auf ein seiendes Etwas gerichtete Bewusstsein (in eine absolut gesetzte Immanenzsphäre) auflösen.

Zur Demonstration seiner These vom Sein, das dem Percipi zugrunde liegt, geht Sartre von der Annahme aus, dass das Perzipiert-werden bedeute, relativ zu sein auf das Perzipieren des Bewusstseins. Perzipiert zu werden widerfährt dann dem Etwas des intentionalen Bewusstseins passiv. Aber sowohl relativ zu sein wie passiv zu sein setzen voraus, dass es etwas gibt, was in diesen (kategorialen) Bestimmtheiten steht. Existieren (im Sinne von Sein) besagt dagegen, erleidbaren Beeinflussungen vorauszuliegen. Diejenigen Beziehungen, die zwischen Passivität und Aktivität vorliegen, werden von Sartre am Bewusstsein exemplifiziert. Aber dabei zeigt sich eben, dass die Passivität nur Beziehung eines Seins zu einem anderen Sein ist und daher nicht zur Bestimmung des Seins als solchen taugt, wie es sich im Seinsphänomen des Percipi enthüllen soll. Das Percipere kann das im Perceptum sich enthüllende Sein nicht zu einem passiv erleidenden affizieren. Spontane Aktivitäten des Bewusstseins können nicht auf das Sein des Etwas einwirken, wie auch umgekehrt auf das Bewusstsein nicht vonseiten des seienden Etwas eingewirkt werden kann. Wäre Bewusstsein für anderes Sein schöpferisch, so müsste es einem transzendenten Nichts Sein verleihen (vgl. *SN* 29 f.; *EN* 25 f.).

In diesem Zusammenhang kommt Sartre auf Husserls Einführung der Hyle (des Stoffes) in die Noesis-Noema-Struktur zu sprechen. Er weist eine solche Konstruktion, in das aktive Bewusstsein ein passives hyletisches Moment einzufügen, zurück. Als Bewusstseinsmoment müsste die Hyle sich in ein seiner selber durchsichtiges bewusstes Sein auflösen. Sie verlöre dadurch aber ihre gegen das bewusste Sein resistente Opazität, die vom transphänomenalen Etwas zeugt. So hat Husserl nur ein zwischen Bewusstsein und (sinnenhaft-dinghaftem) Etwas stehendes hybrides Gebilde konstruiert, das sich in der Intentionalität nicht auffinden lässt.

Relativ zu sein ist eine für den Sartreschen Begriff von Sein nicht zulässige Bestimmung. Dagegen ist es der Husserlschen Bestimmung von Phänomenalität sehr wohl angemessen, Phänomene dadurch zu definieren, dass sie ihrem Sein nach auf das absolute Sein des Bewusstseins relativ sind und im Sinne Sartres kein eigenständiges eigenes Sein aufweisen (vgl. Husserl 1950, § 49 f., 118 ff.). Diese Auffassung ist eine Konsequenz aus Husserls Verständnis der Intentionalität des Bewusstseins. Demnach hätte Husserl das Seinsphänomen und das Sein des Phänomens verfehlt? Aber beides gibt es in der Philosophie Husserls nicht.

M. E. gilt für Husserl und Sartre, dass die Begriffe Relativität und Relationalität zur Kennzeichnung der Binnenstruktur der Intentionalität nicht taugen. Intentionalität wird von beiden Denkern zur Klärung des Weltursprungs und damit auch zum „Aufgang“ der Bedeutung von Seiend und Sein genutzt. Begriffe, die das Seiend und Sein voraussetzen, haben ihren legitimen Ort erst in der kategorialen Artikulation von Seiend und Sein. Die Fassung des einzigartigen Bezuges, der in der Intentionalität herrscht, bereitet bei Husserl wie bei Sartre Schwierigkeiten.

Die bisherigen Überlegungen waren vorbereitender Art. Die ontologisch radikale Fassung dessen, worauf Sartre hinaus will, ergibt sich erst aus dem Folgenden.

5 Der ontologische Beweis

Das transphänomenale Sein auf der Seite des durch das Bewusstsein phänomenalisierten Etwas ist noch nicht aus der Wesensart des intentionalen Bewusstseins selber, so wie Sartre sie versteht, „bewiesen" worden. Es ist die Transphänomenalität des Seins des Bewusstseins selber, die nichts anderes übrig lässt, als die Transphänomenalität des Seins des Phänomens anzusetzen. Sartre spricht von einem „ontologischen Beweis", den er zu diesem Zwecke führen will.

Er geht von der schon häufiger angeführten Formel für das intentionale Bewusstsein aus und behauptet, sie könne in zweifachem Sinne aufgefasst werden: 1. Bewusstsein ist konstitutiv für das Sein seines Objektes. 2. Bewusstsein ist nicht-konstitutiv für das Sein seines Objektes. Es ist Bezug zu einem transphänomenalen, transzendenten Sein. Aber Bezug ist es immerhin. Wir wissen bisher noch nicht genau, was das besagen soll. Die erste Auffassung soll sich selber aufheben. Intentionales Bewusstsein steht einem Etwas gegenüber, das nicht Bewusstsein ist. Vorgreifend schärfer formuliert: Dem Sein des Bewusstseins steht (ein) Sein qua Nicht-Sein des Bewusstseins gegenüber; als ein Nicht-Sein, das das Sein des Bewusstseins negiert. Diese merkwürdige Negation sollte noch nicht unmittelbar mit irgendeinem positiv bestimmten Etwas (z. B. Dinghaftem) in Verbindung gebracht werden.

Sartre diskutiert das Gemeinte mittels der Begriffe Anwesenheit und Abwesenheit. Zum Sein gelangt man nur über die Ansetzung von Abwesenheit für das Bewusstsein. Von den phänomenal anwesenden „Eindrücken" (ihren Gliedern und Reihen) her, wie sie sich als Fülle dem Bewusstsein präsentieren, lässt sich nicht zur gleichzeitigen Präsenz von ihnen allen gelangen, wie wir schon gehört haben. Ihre Grundlage, die ihnen ihren Bezug auf Sein sichern würde, bleibt immer absent, kommt nie zu einer geschauten Selbstgegebenheit. Und da jedes erscheinende Glied (existierend) seiend ist, sind sie alle als dem Sein nach absent zu indizieren – als durch das Bewusstsein und für das Bewusstsein nichtseiend. „So ist das Sein des Objekts ein reines Nicht-sein. Es definiert sich als ein *Mangel*. Es ist das, was sich entzieht, was prinzipiell nie gegeben sein wird, was sich in sukzessiven, flüchtigen Profilen darbietet" (*SN* 34–5; *EN* 28). Was besagt Mangel? Gibt es einen Seinsmangel? Es kann „einem Seienden" etwas mangeln. Das, was mangelt „ist" etwas, und dasjenige, dem mangelt, „ist" auch etwas. In dieser Weise benutzt Sartre den Ausdruck Mangel nicht. Er spricht vielmehr von einem als Nicht-Sein qualifizierten Mangel an Sein, der dem Sein des Phänomens nicht eignet, der sich vielmehr dem Bewusstsein als sein eigenes Nicht-Sein aufdrängt. Sofern dieses an ein Sein qua Nicht-sein-seiner-selbst gekettet ist, ist es, wie später deutlich wird, diesem sein Sein negierenden Sein so verfallen, als ermangelte es seiner. Im Hintergrund dieser ontologischen Redeweise Sartres steht der später auftretende Gedanke, dass es ein Seinsmangel ist, welcher das Bewusstseinswesen Mensch dazu nötigt, für sein eigenes Sein in Freiheit und Verantwortung aufzukommen. Dass dieses Wesen sein Sein zu sein hat, rückt es in die Nähe der Daseinsanalyse, die sich in Heideggers *Sein und Zeit* findet. Mit dieser ist jedoch der Gedanke völlig unverträglich, dass die Tätigung des eigenen Seins durch ein ihr entgegengesetztes Nicht-Sein ihrer von seiten eines „welthaften Etwas" ernötigt sein soll.

Sartre formuliert einige Male „genetisch-ontologisch" in aller Schärfe sein Verständnis der Seins-Nicht-Seinsverhältnisse der Intentionalität: „Das Bewusstsein ist Bewusstsein *von* etwas: das bedeutet, dass die Transzendenz konstitutive Struktur des Bewusstseins ist; das heisst, das Bewusstsein entsteht als auf ein Sein *gerichtet*, das nicht es selbst ist" (*SN* 35; *EN* 28). Kurz darauf heisst es, dass sich Bewusstsein qua „Bewusstsein-von" als Enthüllung eines Seins hervorbringen muss, das es nicht selbst ist. (Vgl. *SN* 36; *EN* 29). Dieses „Nicht-Bewusstsein-sein-Sein" soll sich darbieten, wenn das Bewusstsein das Sein des Phänomens (als es selber implizierend) intuiert, ohne dass zwischen ihm und jenem Sein irgendein Bezug der Begründung, der Abhängigkeit, des Einflusses bestehen soll. All derartiges ist von dem, was Sartre mit der ontologischen Genesis meint, fernzuhalten. Was bleibt, um einen Bezug zwischen beidem zustande zu bringen?

Man beachte den folgenden Punkt, der zu Missverständnissen führen kann. Die das Sein des Bewusstseins betreffende Genesis erweckt den Anschein, als sei das Sein des Phänomens (als ein Objektives) gegenüber dem Sein des Bewusstseins (als einem Subjektiven) vorgängig, „dass sich als bereits existierend darbietet, wenn es es offenbart" (*SN* 36; *EN* 29). Muss das nicht der Fall sein, wenn das Bewusstsein sich seinem Sein nach im „Rückstoss" von einem Sein hervorbringt, das sein eigenes Nicht-Sein besagt? Eine endgültige ausführliche Antwort auf diese Frage steht noch aus. Aber der Begriff der Vorgängigkeit des Einen vor dem Anderen wird sich im Endeffekt als deplaziert erweisen, weil er auf diejenige „Seinseinheit", welche die Seins-Nicht-Seins-Verhältnisse der Intentionalität bilden, nicht passt.

Vertiefen wir uns weiter in die fragwürdige Zentralthese der Sartreschen Ontologie, deren befriedigende Formulierung nicht nur Sartre Schwierigkeiten bereitet.

Das Sein des Bewusstseins muss sich qualifizieren, da es sonst nichts ist (vgl. *SN* 34–5; *EN* 28). Sich zu qualifizieren ist Seinsbestimmtheit des Bewusstseins nur, sofern es enthüllende Intuition des Seins ist, dessen „Sinn“ ihm als sein eigenes Nicht-Sein einleuchtet. Zu ihm transzendiert Bewusstsein. Es ist sein Transzendentes. Kann ihm das so erschlossene Transzendente das sein eigenes Sein mit-bestimmende Nicht-Sein „implantieren“? Ist dieses dann nicht von einem Sein des Bewusstseins übergriffen?

In einem normalen Sinn des Wortes setzt „sich zu qualifizieren“ zu sein voraus. Aber in unserem Kontext kann es sich nicht darum handeln, dass das Sein sich sozusagen eigenschaftlich qualifiziert. Vom Sein sind selbstverständlich eigenschaftliche Bestimmungen fernzuhalten. Bei der hier zur Debatte stehenden Qualifikation muss es sich um etwas dem Sein des Bewusstseins Innewohnendes handeln, das durch ein Nicht-Sein des Seins des Bewusstseins inzitiert wird – unter der Voraussetzung, dass Bewusstsein zu dem transzendiert, was sich ihm als sein Sein mit-bestimmendes Nicht-Sein offenbart.

Ein solches Verhältnis könnte sich nicht einstellen, wenn das Sein des Phänomens sich dem Bewusstsein als existierend Seiendes darböte und sich erkennend aufschliessen liesse, ohne das Bewusstsein ins Nicht-Sein zu stürzen.

Dem Sein des Phänomens kommt es nicht zu, zu qualifizieren und zu enthüllen. Rückt es nicht nur durch diese bewusstseinsontologischen „Tätigkeiten“ als Seins-Nicht-Seins-Moment in das Sein des Bewusstseins ein? Sollte es etwa, abgesehen davon, dass dies geschieht, ein Sein qua An-sich-sein aufweisen?

Am Ende vom fünften Abschnitt akzentuiert Sartre den Begriff der Implikation um die Zusammengehörigkeit des Seins des Bewusstseins und des Seins des Phänomens zu charakterisieren. Der Begriff der Implikation wird dabei in einem logisch nicht diskutablen Sinn benutzt. Eine Implikation des Einen im Anderen soll vorliegen, obwohl das Eine dadurch bestimmt ist, das Andere nicht zu sein. Eines ist, indem es das Andere als dasjenige, was es nicht ist, von sich ausschliesst. Sein Sein ist also im Herzen seiner selbst ein Nicht-Sein. Dieses Nicht-Sein aber ist das Sein dessen, woraufhin das Bewusstsein transzendiert; so transzendiert, dass es im Transzensus sein Sein hat. Die Implikation betrifft von der Seite des Bewusstseins aus das Sein des Phänomens, das sich als nicht konstituierbar offenbart, das aber gleichwohl das Sein des Bewusstseins (mit-)bedingt. Es der Erkenntnis zugänglich zu machen und es dadurch dem Bewusstsein gemäss zu machen, besagte, es zu verfehlen und damit zugleich den Seinscharakter des Bewusstseins zu verfehlen.

Sartre glaubt, zur Bestätigung dessen, was er Bewusstsein nennt, auf Heideggers Bestimmung des Daseins zurückgreifen zu können. Demnach wäre das Dasein ein Sein, dem es in seinem Sein um sein Sein geht. (Es ist an dieser Stelle des Werks noch nicht einsichtig, mit welchem Recht das intentionale Bewusstsein so gekennzeichnet wird.) Sartre vervollständigt Heideggers Definition für seine Zwecke folgendermassen: „Das Bewusstsein ist ein Sein, dem es in seinem Sein um sein Sein geht, insofern dieses Sein ein Anderes-sein als es selbst impliziert" (*SN* 37; *EN* 29). Diese Formulierung ist sowohl für Heidegger wie für Sartre unglücklich. Das Wort „anderes" drückt das Gemeinte nicht präzise aus. Es handelt sich vielmehr um die das Sein des Bewusstseins betreffende Nichtung durch ein Sein, das aufgrund dieser Nichtung „Seinsmoment" des Bewusstseins ist, mit ihm ontologisch synthetisch geeint ist. Das Wort „anderes" in diesem Kontext zu benutzen legt sich für Sartre nahe, weil er von verschiedenen Arten des Seins zu sprechen pflegt. Das verführt dazu, dem einen und dem anderen Sein „das Sein" überzuordnen. Aber eine solche Denkweise passt nicht zur Konzeption der Sein und Nicht-Sein implizierenden Einheit des intentionalen Bewusstseins, dessen „Anderes seiner" sein eigenes Seinsmoment ist.

6 Das An-sich-sein

Sartre schliesst die Einleitung zu seiner Ontologie mit Charakterisierungen des eine bestimmte Art von Sein fordernden Seinsphänomens, in dem sich ein bestimmter „Sinn" von Sein erschliesst. In diesem Sinn enthüllt sich das hier thematische Sein als An-sich-sein. Die Vorüberlegungen Sartres zur Bestimmung des An-sich-seins sind merkwürdig. Ich gehe hier kurz auf sie ein, um den Sinn des Seins qua An-sich gegen andere Verstehensmöglichkeiten von Sinn von Sein abzuheben.

„Es gibt kein Sein, das nicht Sein einer Seinsweise wäre und das man nicht über die Seinsweise erfasste, die es gleichzeitig manifestiert und verhüllt. Dennoch kann das Bewusstsein das Existierende immer überschreiten, nicht auf sein Sein hin, aber auf den *Sinn* dieses Seins" (*SN* 37–8; *EN* 30). Den Überstieg des Existierenden auf den Sinn seines Seins hin bezeichnet Sartre im Anschluss an Heidegger als Überstieg des Ontischen zum Ontologischen. Dieses manifestiert sich also in nichtphänomenalisierter Weise als der Sinn des Seins, das dem Seinsphänomen zugrunde liegt (vgl. *SN* 38; *EN* 30). Wie steht der Sinn dieses Seins zum Sein, dessen Sinn es sein soll? Ist er das ontologische Explikat dessen, was vorontologisch-ontisch im intentionalen Bewusstsein vorliegt? Es dürfte Schwierigkeiten bereiten, den Sinn von Sein qua An-sich-sein in der „Ontik" des intentionalen Bewusstseins wiederzufinden, wenn man diesem mit Heidegger ein ontisch-existentielles Seinsverstehen zuschriebe. Könnte es nicht Sinn von Sein ganz anders entwerfend verstehen, als es der Sinn des Seins qua An-sich zulässt? Wird es dem „in der Welt seienden" menschlichen, entwurfsangewiesenen Bewusstsein Sartres nicht ähnlich ergehen – trotz anders lautender ontologischer Behauptungen Sartres zur „Seinseinheit" von Für-sich und An-sich?

Sartre formuliert gegenläufig zur deutschen Phänomenologie: „Dennoch ist es das Merkmal des Seins eines Existierenden, sich dem Bewusstsein nicht *selbst*, leibhaftig, zu enthüllen; man kann ein Existierendes nicht seines Seins berauben, das Sein ist die immer anwesende Grundlage des Existierenden" (*SN* 37; *EN* 30). An leibhaftiger Selbstgegebenheit bemisst sich für Husserl die Bedeutung von Sein. Für Heidegger ist existieren gleich mit Sein „verstehend" in die Offenheit zu bringen, weil darin die Bedeutung von Sein liegt; weil sein Sinn darin liegt, aufzugehen als Sein des Seienden, das mit Welthaft-Naturhaftem (in einem bezeichnenden Sprechen) identifiziert werden kann, ohne dass die Gefahr einer Phänomenalisierung bestände. Was steht dann im Wege, dass es zur Onto-Logik des Seins gehört als Seinsgrund das Seiende in seiner Seinsverfassung für das Erkennen aufzuschliessen? Es wird im folgenden immer deutlicher werden, wie es für Sartre zum Sinn des Seins gehört, dass dieses verhüllt ist, indem es als dem Bewusstsein trotz seiner „Implikation" im Bewusstsein-von unzugänglich verschlossen ist. Muss das so sein, weil „Existierendes" andernfalls seines Seins beraubt würde? Ein solcher Gedanke ist Husserl und Heidegger fremd.

Es handelt sich zunächst darum, den Sinn des Seins des Phänomens zu fixieren. Der Sinn des Seins vom Seinstypus des Bewusstseins soll später aufgeklärt werden. Das Sein vom Seinstypus des Bewusstseins erhält den Titel Für-sich-sein. Dieses soll dem Sein des Seinstypus des transphänomenalen Etwas qua An-sich-sein „entgegengesetzt" sein, wie Sartre vorläufig sagt, ohne das Problem der Kennzeichnung der beiden Seinstypen durch Entgegensetzung aufzuwerfen. Kann sich der Sinn dieses Seins als nicht-sinnhaft, als „sinnleer" erweisen, weil Bewusstsein in ihm für sich keinen Sinn findet, weil dem An-sich-sein zuzustreben und sich mit ihm zu vereinen, seine Auslöschung besagen würde? Sind Menschen Wesen, die sich dagegen durch die Produktion von Sinn, welchen das Sein nicht hergibt, aufbäumen?

Sartre fasst den Sinn des Seins des Phänomens in drei Kennzeichnungen zusammen: 1. das Sein ist an sich; 2. das Sein ist, was es ist; 3. das Sein ist. Er erläutert diese Kennzeichen in mannigfachen Wendungen. Diese sind grösstenteils von negativer Art. In ihnen werden Begriffe so traktiert, dass ihr Gebrauch dubios wird, weil sie ihre wesentlichen Merkmale verlieren. In dieser Weise sind sie als Entgegensetzungen gegen das Sein des Bewusstseins konzipiert. Da sie oft ursprünglich zur Bestimmung des Bewusstseins (qua Verstand) erdacht worden sind, ist es nicht verwunderlich, dass sie auf das An-sich-sein als Gegenkonstrukt zum Bewusstsein nicht passen.

Versuchsweise wird der Begriff der Affirmation auf das Sein angewandt. In seiner Bedeutung liegt eine Differenz zum Affirmierten. Sein ist nicht selbst-affirmativ, und es entzieht sich jeder Affirmation, wenn es als es selber genommen wird. Versucht man in Bezug auf es das Begriffspaar Noesis-Noema anzuwenden, so zeigt sich: Die Art von Immanenzverhältnis, die zwischen Noesis und Noema besteht, liegt in ihm nicht vor. Sein ist das, was in sich jene „minimale“ Differenz, die dem Immanent-sein eignet, sofern es einem Anderen immanent ist, nicht zulässt. Werden an das Sein Bestimmungen herangetragen, durch die es sich als differenziert erweist, so gehen diese auf Kosten des Bewusstseins, das phänomenalisierend das Sein nicht ergreifen kann.

Sartre greift an dieser Stelle des Textes zu einer Formulierung, die für den „Un-Begriff“ von Sein qua An-sich-sein aufschlussreich ist. „Alles geschieht so, als ob eine Seinsdekompression erforderlich wäre, um die Affirmation *von* sich aus dem Sein heraus zu befreien“ (*SN* 41–2; *EN* 32). In Anbetracht der Eigenart des An-sich-seins kann so etwas nur im Irrealis des „wie wenn“ gesagt werden. Unter dieser Voraussetzung stehen manche der in diesem Abschnitt auftretenden Begriffe.

Es soll eine Seinsdekompression stattgefunden haben. Lässt sich das nicht nur im Nachhinein von demjenigen Sein aussagen, in dem die Seinsdekompression eingetreten ist? Ist es dadurch vom Sein ausgeschlossen: als Nicht-Sein; so, dass es am Sein keinen Halt und keinen Grund finden kann? Wäre das nicht ähnlich argumentativ-wertlos, ja mirakulös wie die von Sartre bekämpften theologischen Theoreme? Unmetaphorisch gesprochen sind die Sartreschen Überlegungen mit der folgenden Konsequenz gleichbedeutend: „On“ (Sein) besagt, dass für Sagen, Denken, Erkennen kein aufschliessender Zugang zum Sein selber besteht, durch den sich Negationen und damit Differenzen und Vielheit im Sein auftun könnten. Diese Selbstbegrenztheit eines intentionalen sprach- und denkfähigen Wesens soll ihm zwar einerseits durch das An-sich-sein widerfahren, aber da vom An-sich-sein in Bezug auf es gar nichts ausgeht, muss es sich diese Selbstbegrenztheit andererseits als seine ontologische Verfassung selber zusprechen, wodurch sich eine radikal dualistische Ontologie erzeugt, deren einer Teil nicht onto-logisch aufgeschlossen werden kann, so dass der andere Teil von den Erleidnissen und Taten eines (vom „Sein" und vom „Wesen" her) unbestimmten Menschenwesens handelt, für die der Begriff ontologisch nicht mehr passt – weil es um Freiheit, Moral, Politik, Psychoanalyse geht.

Dieselben Schwierigkeiten und Aporien drängen sich angesichts der zwei anderen Eigenarten des An-sich auf.

Das Sein an-sich verweist nicht auf sich selber. Es wird einseitig vom Seinsphänomen, das dem Bewusstsein offensteht, auf es verwiesen. Im Gegensatz zu dem „Riss" im Sein, durch den das Sein des Bewusstseins als reflexionsfähig und damit als nicht in sich identisch hervorgeht, ist es kompakt von sich erfüllt, und in sich mit sich identisch und eins. Sartre wählt für das Gemeinte die Kennzeichnung „das Sein ist, was es ist". Das „was" in dieser Kennzeichnung ist offensichtlich nicht im Sinne eines platonischen „Wasseins" (Wesens) gemeint, das zur Ansetzung von sachhaltig Allgemeinem in Pluralität führt. Sein ist in sich durch Denken nicht aufschliessbare Identität. Es ist Einssein, von dem alles Denken abprallt, und insofern steht es im Gegensatz zu den in der Reaktion gegen Parmenides einsetzenden abendländischen Konzeptionen der Geeintheit von Vielheit und Einheit im Sein (des Seienden).

Die Identität des Seins-an-sich ist einerseits nicht mit dem Identitätssatz als Prinzip aller analytischen Urteile zusammenzubringen. Sie kennzeichnet ja eine Region des Seins. „Es handelt sich hier also um ein regionales und als solches synthetisches Prinzip" (*SN* 42; *EN* 33). Ein regionales Prinzip des Seins ist begrenzt durch ein andersartiges: Das des ihm entgegengesetzten Seins, das sich an „Wesen" exemplifiziert, die ihr Sein zu sein haben. Zwischen beiden sollte doch eigentlich synthetische Geeintheit bestehen. Aber davon ist hier noch nicht die Rede. Statt dessen strapaziert Sartre den Begriff der Synthese.

Als regionales synthetisches Prinzip besagt Identität Opazität und Massivität des Seins. Diese schliessen wiederum jede differentielle, in Urteilen artikulierbare Aufgliederung des Seins aus. Sie lassen es nicht zu, dass das Sein sich „ur-teilt". Sie lassen die sog. Synthese so dicht werden, dass sie „Synthese von sich mit sich" ist. „Daraus ergibt sich evidentermassen, dass das Sein in seinem Sein isoliert ist und dass es keinen Bezug zu dem unterhält, was nicht es ist" (*SN* 43; *EN* 33). Sartres Versuch, den analytischen Identitätssatz und die Synthese auf das An-sich-sein zu beziehen, ist mit den überlieferten Fassungen dieser beiden Begriffe unverträglich, da diese an der urteilsmässigen Aufschliessung des Seins orientiert sind.

Es versteht sich, dass das Sein dem Werden entzogen ist und dass Sein und Werden auch nicht aufeinander bezogen sind; denn allem Werden liegt, unalteriert, nicht nur Sein zugrunde; Werden ist selber im Sein. Die volle Positivität des Seins kann Zeitlichkeit nicht berühren, weil diese in den Zeitmodi Negativitäten und Differenzen mit sich bringt, die nicht in das Sein eindringen. Das ist ein Grund, das Sein des Etwas nicht mit der zeitlich strukturierten Welt in eins zu setzen. Das heisst aber auch: Im Sein können keine Tassen, Tische, Tintenfässer auftreten. Sind sie Existierendes-Seinsphänomenales „ausserhalb des Seins" (und des Seienden)? Die Welt geht, wenn es so ist, allererst aus dem Zeitlichsein des Bewusstseins auf. In Heideggers Sprechweise wäre dann der Sinn von Sein an die Zeitlichkeit gebunden.

Lässt die Seinsart des Bewusstseins es zu, dass sich bei ihr das opake Sein des An-sich-seins einstellt? Würde dieser Fall nicht die Vernichtung des Für-sich-seins besagen, von der dieses, wenn es das Sein eines sterblichen Wesens wäre, im Gedanken an seinen Tod eine Vorahnung hätte. Anders fällt die Sachlage aus, wenn das Für-sich-sein in Bezug auf jenes andere Sein sein Sein hat. Dann muss in der Tat zur Kennzeichnung seines Seins auch jenes An-sich-sein als sein Nicht-Sein herangezogen werden. „Wir werden sehen, dass sich das Sein des *Für-sich* [...] definieren lässt als das seiend, was es nicht ist, und als nicht das seiend, was es ist" (*SN* 42; *EN* 33). Von diesem „unganzen Ganzen" lässt sich als vom Sein des Bewusstseins sprechen, dem gemäss die Welt (alles, was existiert) ausfällt, ohne deswegen in ein alles „nicht" umgreifendes „Sein" hinein phänomenalisiert zu sein.

In der letzten Kennzeichnung des Seins wird die Frage nach seiner Modalität aufgeworfen. Das „Ist" des Seins ist bezugslos gegenüber Möglichkeit und Notwendigkeit. Sein Sein darf also auch nicht mit einem Sein qua Wirklichsein (Existenz o. ä.) in Zusammenhang gebracht werden, das mit den beiden anderen Modalitäten durch relevante Unterschiede zusammenhängt. Das ältere philosophische Ideal, auf ein einheitliches Prinzip des Seienden oder des Seins, das notwendiger Grund ist, zurückzugehen, ist zugunsten des „Fundes" einer „absoluten" Kontingenz verlassen. Das Sein an-sich weist die Idee der Begründbarkeit von sich ab. Und als solches tritt es dem Bewusstsein entgegen.

Möglich zu sein, Sein-Können, Vermöglichkeit gehören auf die Seite des Für-sich-seins. Also sollte es auf der Seite dieses Seins auch ein diesen Modalcharakteren entsprechendes Sich-Verwirklichen und Wirklichsein geben, das selbstverständlich nie blosses Sein sein kann. Sofern eine objektivierende Welterkenntnis in Betracht gezogen wird, so wird auch diese vom Für-sich-sein aus durch eine Differenz von Möglichsein und Wirklichsein gekennzeichnet werden können. Verstände man Heideggers Vorhandenheit als (dinghaftes) An-sich-sein, so wäre Vorhandenheit eine Seinsart, die sich dem Dasein verdankt, das auf Sein hin versteht und entwirft. Aber An-sich-sein verdankt sich nicht einem Seinsentwurf des Bewusstseins.

Dem Sein nach kann nichts Existierendes-Seiendes von einem anderen Seienden, das existierend versteht abgeleitet werden. Das Sein qua An-sich-sein ist absolut kontingent, es ist völlig indifferent gegenüber der Idee eines absoluten Seinsgrundes. „Das äussert das Bewusstsein – in anthropomorphen Begriffen –, wenn es sagt, das Sein sei *zu viel*, das heisst, dass es das Sein absolut von *nichts* ableiten kann, weder von einem anderen Sein noch von einem *Möglichen*, noch von einem notwendigen Gesetz. Ungeschaffen, ohne Seinsgrund, ohne irgendeinen Bezug zu einem anderen Sein, ist das An-sich-sein zu viel für alle Ewigkeit" (*SN* 44; *EN* 34).

Das Bewusstsein, das sich so äussert, ist in erster Linie das von Sartre erdachte – keineswegs phänomenologisch beschriebene – Bewusstsein, dessen Verfassung er in seinen philosophisch-konstruktiven Gedanken Verbindlichkeit zu verschaffen sucht. Für das Selbst- und Weltverständnis von Menschen, die nicht phänomenologisch-ontologisch im Sinne Sartres denken, gibt das An-sich-sein nichts her. Für sie ist es „zu wenig" ergiebig. Aufgrund seiner absoluten Kontingenz ist es überschüssig-überflüssig. Verleitet das Menschen dazu, es in einem anderen Sinne zu transzendieren als das intentionale Bewusstsein Sartre zufolge zum An-sich-sein transzendiert?

Vom An-sich-sein aus, sofern es als Seinsregion isoliert für sich genommen wird, kann die Untersuchung nicht fortschreiten. Es liesse nur deren Abbruch zu. Seine Beziehungen zu dem aus ihm heraus-ge-rissenen Für-sich-sein sind es, die den Ausbau der phänomenologischen Ontologie ermöglichen. Ihre Analyse hat es nur noch mit den Verhältnissen des Für-sich-seins zu tun, in die hinein das An-sich-sein sich als Nicht-seins-Moment auswirkt.

Das ist nach Sartre in der menschlichen Realität der Fall. „Unter diesem Gesichtspunkt ist das Bewusstsein etwas Abstraktes, denn es enthält in sich selbst einen ontologischen Ursprung in Richtung auf das An-sich, und andererseits ist das Phänomen auch etwas Abstraktes, da es dem Bewusstsein ‚erscheinen' muss. Das Konkrete kann nur die synthetische Totalität sein, von der das Bewusstsein wie auch das Phänomen lediglich Momente bilden. Das Konkrete ist der Mensch in der Welt mit jener spezifischen Vereinigung des Menschen mit der Welt, die zum Beispiel Heidegger ‚In-der-Welt-sein' nennt" (*SN* 50; *EN* 38–9). Die konkrete Vereinigung äussert sich in einem zu Wertsetzungen nötigenden, aber unaufhebbaren Seinsmangel, als welcher sich das An-sich-sein im Nicht-seienden Bewusstseins „auswirkt"; was nicht mit Heideggers Rede vom Sein kompatibel ist.

Der Übergang der Einleitung in die Durchführung der Ontologie im Ausgang vom Sein des intentionalen Bewusstseins qua Ursprung des welthaft Seienden bedarf einer Analyse. Diese kann ein Grundproblem der Sartreschen Ontologie aufdecken, das sich vor allem an ihrem Ende wieder aufdrängt. Darüber zu handeln ist hier nicht mehr der Ort.

Es sei abschliessend nur noch vorverweisend notiert.

Es soll Äusserungen Sartres zufolge die existentielle Psychoanalyse sein, die dem Menschen das wahre Ziel seines Suchens aufdeckt – in dem er dasjenige Sein fände, das ihm endgültige Ruhe geben könnte: Die auslöschende, unmögliche „synthetische Verschmelzung" von An-sich und Für-sich. Gilt diesem Ziel die den Menschen definierende Leidenschaft? Unterliegt er also aufgrund seiner ontologischen Verfassung der schrankenlosen Dominanz des Todestriebes, dem keine andere Kraft entgegenwirkt? Aber Sartres Philosophie ist doch – auch schon in *Das Sein und das Nichts* alles andere als eine Lehre der Lebens- und Weltverneinung. Gefällt er sich hier nur in der Pose des freiheitsbesessenen Wertschöpfers, der zugleich alle durch Seinsmangel bedingten Wertschöpfungen durch die Passion, das An-und-Für-sich erreichen zu wollen, wiederum negiert?

Weiss eigentlich Sartre in *Das Sein und das Nichts* schon, was er will, d. h. wofür er sich als sein-könnendes Möglichkeitswesen entscheiden will – ohne auf seine ontologische Verfassung Rücksicht zu nehmen? Wenn man nur die Ontologie zu Rate zieht, gilt, was Sartre provokativ am Schluss von *Das Sein und das Nichts* formuliert; nämlich „dass alle menschlichen Aktivitäten äquivalent sind – denn sie zielen alle darauf ab, den Menschen zu opfern, um die *causa sui* auftauchen zu lassen – und dass alle grundsätzlich zum Scheitern verurteilt sind. So läuft es auf dasselbe hinaus, ob man sich einsam betrinkt oder Völker lenkt" (*SN* 1071; *EN* 721). Wenn an diesem ontologischen Endpunkt eine Moral o. ä. ihren Anfang nehmen soll, so besagt das in einer völligen Abkehr von Husserl und Heidegger: Die Ontologie endet in der Unbestimmtheit all den Fragen gegenüber, die das gute und gerechte, an „positiven Werten" orientierte menschliche Leben angehen, von dem aus bestehende Lebensverhältnisse kritisch beurteilt werden können. Wenn jedoch menschliche Lebensentwürfe in einem nicht Sartreschen Sinn des Wortes sinnhaft sein sollten, so müssten sie die

Idee des Zusammenfalls von An-sich und Für-sich von sich (und ihrem Gott) fernhalten, da dieser mit einer Sinn vernichtenden Auslöschung ihres Für-sich identisch wäre.

Man kann vielleicht das, was Sartre meint, in einem schlichten, wenig philosophischen Sinn folgendermassen fassen: Mit der Evolution des lebendigen Sprachwesens Mensch hat sich etwas erzeugt, das einen „Sinn“ (von Sein) nötig hat, den die Welt, aus der es hervorgegangen ist, nicht aufweist. Diese Differenz kann dieses Wesen nur sich selber zuschreiben. Ihren „Grund“ kann es weder der Welt noch einem Gott zusprechen. Dieser antimetaphysischen und antitheologischen Grundtendenz von Sartres frühem Hauptwerk wird heute wohl jedermann zustimmen. Aber ihre Akzeptanz lässt sich ohne den Ballast der ontologischen Seins-Nicht-Seins-Bezüge vollziehen.

Literatur

Heidegger, Martin 1986[16]: Sein und Zeit, Tübingen, Max Niemeyer.

Husserl, Edmund 1950: Ideen zu einer reinen Phänomenologie und phänomenologischen Philosophie, Buch I, Haag, Nijhoff.

Janssen, Paul 1992, Vom Sinn und Unsinn einer Einheit von Sein und Nichts. Anlässlich einer erneuten Lektüre von Sartres Das Sein und das Nichts, in: Journal of the Faculty of Letters (JTLA), The University of Tokyo, Vol. 17, 1992, 57–78.

Janssen, Paul 2008: Edmund Husserl. Werk und Wirkung, Freiburg in Breisgau, Alber.

3

Peter Caws

Der Ursprung der Negation (49–118)

„Der Ursprung der Negation“ bildet das erste Kapitel des ersten Teils von Jean-Paul Sartres *Das Sein und das Nichts*. Doch das erste Kapitel des ersten Teils ist nicht der Anfang des Buches. Der Boden für die Begegnung mit der Negation ist durch eine Einführung – „auf der Suche nach dem Sein“ vorbereitet worden; eine Untersuchung, deren Resultate am Anfang unseres Kapitels wie folgt zusammengefasst werden: „Unsere Untersuchungen haben uns mitten in das Sein geführt. Aber sie sind zugleich in eine Sackgasse geraten, denn wir haben zwischen den beiden von uns entdeckten Seinsregionen keine Verbindung herstellen können“ (*SN* 49; *EN* 37).

Diese „zwei Regionen des Seins“ werden am Ende der Einführung als solche, die zwei Arten von Sein enthalten, charakterisiert: Jene, die sind, was sie sind, und jene, die *haben zu sein*, was sie sind. Man könnte denken, sagt Sartre, der Ausdruck „Sein ist, was es ist“ sei einfach analytisch, eine Identitätsaussage. Weit gefehlt: Dieser Ausdruck „bezeichnet [...] eine besondere Region des Seins: die des Seins *an sich*. Wir *werden* sehen, dass sich das Sein des Für-sich im Gegensatz dazu definieren lässt als das seiend, was es nicht ist, und als nicht das seiend, was es ist. Es handelt sich hier also um ein regionales und als solches syntaktisches Prinzip. Ausserdem muss die Formel: das Sein an sich *ist* das, was es ist, derjenigen entgegengestellt werden, die das Sein des Bewusstseins bezeichnet: dieses nämlich, wir werden es sehen, *hat das zu sein*, was es ist. Das gibt uns Aufschluss über die besondere Bedeutung, die man in dem Satz, das Sein *ist* das, was es ist, dem ‚ist‘ geben muss. Sobald Wesen existieren, die das zu sein haben, was sie sind, ist das Faktum, das zu sein, was man ist, keineswegs ein rein axiomatisches Merkmal: es ist ein kontingentes Prinzip des Seins an sich“ (*SN* 42; *EN* 33).

Das „Für-sich" ist so schon in diesem frühen Stadium als das Sein gekennzeichnet, durch das die Negation in die Welt kommt, nicht nur aufgrund dessen, was Sartre als „regionalen" und „synthetischen" Charakter der Seinsattributionen bezeichnet – wenn es zwei Regionen des Seins gibt, dann kann ein gegebenes Sein in der einen, aber nicht zugleich in der anderen sein – sondern auch, weil der Seins-Modus des Für-sich die Negation seiner selbst zu sein hat, wie Sartre sagt: Nicht zu sein, was es ist; zu sein, was es nicht ist.

Das Ziel des Kapitels über den Ursprung der Negation ist bescheidener: Es geht einfach darum, den *Modus* des Eintritts der Negation in die Welt festzusetzen. Sartre beginnt mit zwei Fragen: „1. Was ist das synthetische Verhältnis, das wir In-der-Welt-sein nennen? 2. Was müssen der Mensch und die Welt sein, damit das Verhältnis zwischen ihnen möglich ist?" (*SN* 50; *EN* 38). Zu beachten ist, dass „Mensch" und „Welt" in der zweiten Frage vom undifferenzierten „In-der-Welt-sein" der ersten ableitbar sind – was als eine künstliche Beziehung aufgefasst werden kann, bevor wir ein klares Verständnis ihrer Relata haben. In-der-Welt-sein ist unser ursprünglicher Zustand, kognitiv gesprochen; es ist das, *als* was wir zu Bewusstsein kommen. Aber unsere Situation verlangt von uns zu handeln, so dass In-der-Welt-sein objektiv fassbare Modi des Verhaltens einschliesst, von denen jeder „gleichzeitig den Menschen, die Welt und das Verhältnis zwischen ihnen darbieten" (*SN* 50; *EN* 38) kann. Durch die Untersuchung dieser Verhaltensmodi können wir vielleicht die Antwort auf Sartres zwei Fragen finden. Und der Verhaltensmodus, den er zuerst zu prüfen beschliesst, ist genau jener der *Befragung*.

Unmittelbar klar ist, dass eine Befragung eine Offenheit in Bezug auf die Möglichkeit einer Antwort einschliesst – einer Antwort, die überdies entweder eine Bejahung oder Verneinung, ein „Ja" oder ein „Nein" sein kann. Der Fragende weiss nicht, was es sein wird (sonst hätte es keinen Sinn, die Frage zu stellen): „Es existiert also für den Fragenden die permanente, objektive Möglichkeit einer negativen Antwort" (*SN* 52; *EN* 39). Somit erscheinen drei Formen des Nicht-seins: Erstens, wegen der Ungewissheit des Fragenden, das Nicht-sein des Wissens im Menschen; zweitens, wegen der Natur seiner Ungewissheit, die Möglichkeit des Nicht-seins im transzendenten Sein; und drittens, weil die Antwort auf die Frage „so und nicht anders" sein kann, das Nicht-sein der Beschränkung.

Die permanente Möglichkeit einer negativen Antwort eröffnet einen neuen ontologischen Raum – er offenbart sich selbst als: „Die permanente Möglichkeit des Nicht-seins ausser uns und in uns" (*SN* 53; *EN* 40). So haben wir nicht mehr nur länger mit den Beziehungen zwischen „menschlichem Sein" und Sein an sich, sondern auch mit jenen zwischen Sein und Nicht-sein, sowie zwischen menschlichem Nicht-sein und transzendentem Nicht-sein zu tun. Hier würden wir erwarten, dass sich Sartre auf das „Für-sich-sein" beruft, da wir gesehen haben, dass dessen Sein, was es nicht ist und dessen Nicht-sein, was es ist, dessen Nicht-länger-sein und dessen Sein-müssen die eigentliche Basis für Sartres Einführung der zwei Regionen des Seins („menschlich" und „transzendent") bilden (wobei „transzendent" kein besonderes metaphysisches Gewicht hat, sondern einfach all das bedeutet, was nicht im Menschlichen eingeschlossen ist und so die „Welt"-Seite des „In-der-Welt-seins" übersteigt). Das „pour soi" erscheint jedoch überhaupt nicht in diesem Kapitel; seine Einführung war vorwegnehmend („nous verrons [...]"). Die zwei Regionen sollen das Produkt der Aufspaltung des „In-der-Welt-seins" in „(menschliches) Sein" und „Welt" sein, und die Vollendung dieser Spaltung ist eben die Aufgabe der Negation. Menschliches Sein ist noch nicht mit seiner eigenen Ontologie beschäftigt, sondern zu diesem Zeitpunkt nur mit seiner alltäglichen Verwicklung in seiner Welt; und gerade hier droht die Negation.

Zuerst scheint sie dies auf ziemlich unschuldige Weise zu tun: Negation ist einfach eine Qualität von gewissen Urteilen, und das Nichts – welches Sartre hier mit einem Grossbuchstaben als „[le] Néant" einführt – wird aus diesen Urteilen ableitbar sein, indem es repräsentiert, was den Urteilen gemeinsam ist. Am Ende können alle Urteile über Dinge in der Welt affirmativ formuliert werden: Ich habe keine 1500 Francs, ist nur eine verkürzte Redeweise für a) Ich habe 1300 Francs und b) Ich *dachte*, ich hätte 1500. So wird das Nichts keine eigene Realität haben: „Das Nichts als begriffliche Einheit der negativen Urteile kann nicht die geringste Realität haben ausser der, die die Stoiker ihrem *lecton* [sic in *SN*] verliehen" (*SN* 55; *EN* 41). Ist das eine akzeptable Sicht? fragt Sartre rhetorisch. Anders ausgedrückt, sagt er, stelle sich folgende Frage: Ob Negation als eine Struktur eines propositionalen Urteils am Ursprung des Nichts sei („néant" diesmal mit einem kleinen „n"), oder ob das Nichts als eine Struktur des Realen am Ursprung der Negation sei. Wenn ersteres gilt, dann lassen sich solche Elemente des Nicht-seins, wie sie im täglichen Leben auftreten, auf Subjektivität zurückführen; sie existieren allein nach der Art des stoischen *lekton* oder des husserlschen *noema*.

Nach diesen zwei kurzen Hinweisen kehrt Sartre nicht mehr zum *lekton* zurück, und das ist schade, weil dieser Verweis sehr suggestiv ist. Die Stoiker waren der Auffassung, dass, wenn wir zum Beispiel sagen „Cato spaziert", drei bestimmte Arten von Entitäten beteiligt seien. Erstens die Äusserung selbst, zweitens ihr Referent; in diesem Fall Cato, der spazieren könnte oder nicht; ja der sogar existieren könnte oder nicht (das, was wir sagen, darf falsch oder legendenhaft sein). Und drittens – zusätzlich und unabhängig davon – das, worauf die Äusserung uns aufmerksam macht, was sie, so wie sie dasteht, aus all den anderen Dingen, an die wir hätten denken können, herausgreift, nämlich *den spazierenden Cato*. Dieses Herausgreifen verschafft diesem Gegenstand den Namen *lekton*; das, *woraus* es herausgegriffen wird, ist das ganze Mobiliar unserer tatsächlichen und möglichen (oder sogar unmöglichen) Welten. Ich baue hier ein wenig auf der stoischen Doktrin auf; das *lekton* wurde als eine formale Kategorie, analog dem fregeschen *Sinn*, behandelt, aber ich möchte vor allem seine ontologische Wichtigkeit, insbesondere für die Geisteswissenschaften, betonen. Sartre könnte für das Nichts einen Platz im ontologischen Reich gefunden haben, das auch Gott, das Gesetz, das Geld und andere so unentbehrliche Objekte der menschlichen Aufmerksamkeit enthält. Alle diese Objekte sind tatsächlich echte Objekte für Subjekte, sogar wenn sie Subjekte erfordern, um Objekte zu sein. Sartre hat unrecht, wenn er vorschnell den Schluss zieht, dass das *lekton* und das *noema* „sich auf reine Subjektivität zurückführen lassen". Reiner Subjektivität ist schwer beizukommen, und sie erzeugt nichts durch sich selbst: Wir erfassen sie in erster Linie nur als einen Pol des In-der-Welt-seins.

Der Ausdruck, der eben auftauchte, als ob er unbewusst Teil meiner eigenen Argumentation wäre – „erzeugt nichts durch sich selbst" – liesse sich lesen als „erzeugt durch sich selbst nichts", und das würde Sartre noch auf einem anderen Weg die Antwort auf seine Frage geben. Der ontologische Aufstieg von der Existenz zur Geschichte, der seine ganze Arbeit leitet, beginnt mit einem spontanen Aufwallen des Seins, das er (aber nur an ein, zwei Stellen – es ist nicht eine Idee, die er ausführlich entwickelt) das „Durch-sich" (par soi) nennt (*Imagination* 210 [125–6]). Warum dieser für sein Schema notwendige Begriff für Sartre problematisch ist, liegt daran, dass das Durch-sich prä-personal sein muss, und er glaubt, das bedeute, es müsse *allgemein*, nicht individuiert sein. Aber, wie ich schon an anderer Stelle hervorgehoben habe (Caws 1979, 60): Wenn ich nicht weiss, wer ich war, bevor ich mir der Welt in meiner gegenwärtigen Person bewusst wurde, ist das nicht deshalb so, weil ich denke, jemand anders gewesen zu sein, und es hilft nichts, zu denken, ich sei selber allgemeines Bewusstsein gewesen. Ich sehe keinen Grund, warum das Durch-sich nicht in jedem Individuum separat auftauchen sollte, (vermutlich auf der Basis biologischer Individuation und neurophysiologischer Entwicklung, obwohl Sartre an Erklärungen dieser Art nicht interessiert gewesen wäre), und warum es nicht das Nichts als die Möglichkeit seiner Annihilation, seiner Rückkehr zum Grund, von dem es sich zuerst erhoben hatte, mit sich bringen sollte.

Diese Punkte zu entwickeln würde jedoch weit über meine gegenwärtige Aufgabe hinausgehen. Sartre lehnt es auf alle Fälle ab, die Möglichkeit zu verfolgen, dass das Nichts von Subjekten in ihren negativen Urteilen erzeugt wird: Einerseits, sagt er, entsteht es nicht nur in Urteilen, sondern auch in Haltungen, und andererseits werden die Fragen, die das Nichts evozieren, nicht immer anderen Leuten gestellt (die das Subjektive wieder hineinbringen könnten), sondern können der Welt selbst gestellt werden, die ihre eigenen Formen des Nicht-seins verbirgt; zum Beispiel, wenn etwas *zerbrechlich* ist: „Und was ist die Zerbrechlichkeit, wenn nicht eine gewisse Wahrscheinlichkeit von Nicht-sein für ein unter bestimmten Umständen gegebenes Sein?" (*SN* 57–8; *EN* 43). In der Diskussion von Erdbeben und Stürmen, die dieser Passage unmittelbar vorausgeht, meint Sartre, dass Dinge nur von einem interessierten Standpunkt aus als zerstört oder zerbrochen angesehen werden könnten – alles liesse sich positiv beschreiben: „Es gibt nach dem Gewitter nicht *weniger* als vorher. Es gibt *anderes*" (*SN* 57; *EN* 42–3). Doch die Existenz dieser Perspektive impliziert schon „ein begrenzendes Abtrennen eines Seins im Sein, was [...] schon Nichtung ist" (*SN* 57; *EN* 43), und was durch sie erfasst wird, ist in Wirklichkeit der Fall: „Die Zerstörung, obwohl sie dem Sein durch den Menschen geschieht, [ist] ein *objektives Faktum* und nicht ein Denken" (*SN* 58–9; *EN* 44).

Negation überrascht dann das Nicht-sein im Herzen des Seins. Um die Diskussion zu beenden, bringt Sartre sein berühmtes Beispiel von der Entdeckung einer *Abwesenheit*: Er soll seinen (imaginären?) Freund Pierre um vier Uhr im Café treffen – doch Pierre ist nicht da. Das Café ist voll – es hat Kellner, die Gläser und das Geschirr machen den üblichen Lärm, die Leute reden und rauchen natürlich, aber diese Fülle des Seins ist unbedeutend im Verhältnis zu Pierres Abwesenheit. Das Café ist ein Boden, auf dem die Figur von Pierre herausragen sollte – aber *es* ist nicht *er*, und *er* ist nicht *da*. „Was dem Urteil: ‚Pierre ist nicht da' als Grundlage dient, ist also genau das intuitive Erfassen einer zweifachen Nichtung" (*SN* 61; *EN* 45). Hier wird nun nicht einfach mit einem logischen Operator gespielt. Wir könnten das auch: Paul Valéry ist nicht im Café, auch nicht der Herzog von Wellington und so weiter, aber ihre Abwesenheit macht nicht den intuitiven und wirklich inneren Eindruck, wie jene von Pierre. Dieses Voraussetzen als abwesend sieht Sartre als eine Art Annihilation; es manifestiere sich, sagt er, eine Kraft der Negation, Existenz zu verweigern, die nicht dadurch, dass sie eine blosse logische Kategorie sei, erklärt werden könne.

Negation muss, denkt Sartre, das Nichts anzapfen, ein Nichts, das die erforderliche Macht festhält. Es kann nicht ein heideggersches *Nichts* sein, da das *Nichts* gemäss Heidegger nichts anderes kann als *nichten*. Das Französische, anders als das Englische oder das Deutsche, scheint diese positive Kraft der Negation dadurch anzuerkennen, dass es unabhängige Begriffe für das hat, was Sartre das „Nichts der Dinge" und das „Nichts der Personen" nennt. Während das Englische und das Deutsche die zusammengesetzten Begriffe „nothing" und „nobody", *nichts* und *niemand* haben, hat das Französische die freistehenden *rien* und *personne*. Das Nichts muss *sein*, um die Kraft der existentiellen Verweigerung zu besitzen, es muss einen Weg finden, sich am Sein zu beteiligen – oder, um es anders zu formulieren, es muss ein Sein geben, durch welches das Nichts zu den Dingen kommt. Dieses Sein wird sein *eigenes* Nichts enthalten müssen.

In der Geschichte der westlichen Logik ist die Negation hauptsächlich als formaler Operator behandelt worden. So gesehen, erscheint Sartres Postulierung eines Seins, das nicht ist, was es ist, und das ist, was es nicht ist, einfach unsinnig. Aber diese Geschichte wird dem Begriff nicht gerecht. Wie würde die Negation aussehen, wenn sie als philosophisches Konzept von den Beschränkungen der formalen Logik befreit wäre? Ein naheliegender Schritt wäre, ihren Status in der *dialektischen* Logik zu betrachten, und das tut Sartre als nächstes. Die dialektische Negation folgt nicht der formalen Regel, dass die doppelte Negation der Bejahung äquivalent ist – im Gegenteil; sie kann zu etwas ganz Neuem führen. Die dialektische Logik, wie wir sie kennen, hat ihre Ursprünge bei Hegel, doch ist sie von Engels und nachfolgenden dialektischen Materialisten zu der vertrauten Triade von Affirmation, Negation und Negation der Negation ausgearbeitet worden. Die Negation der Negation ist die *Aufhebung* des Widerspruchs zwischen der Affirmation und ihrer Negation. Widerspruch bedeutet hier Opposition und Negation bedeutet Differenz – aber vermutlich nicht irgendeine Differenz. Wieviel Differenz braucht es für eine dialektische Negation? In der formalen Behandlung des Themas ist *jede* Differenz (jede Distinktion oder Bestimmung) in dieser oder jener Hinsicht eine Negation, in Übereinstimung mit dem spinozistischen Grundsatz: *Omnis determinatio est negatio*; aber das ist so, weil es immer möglich ist, komplexe Prädikate in einfache aufzubrechen, bis die detaillierten Züge der gegebenen Beschreibungen, die einander eigentlich widersprechen, isoliert worden sind.

Die Äquivalenz von *negatio* und *determinatio* bedeutet, dass das negierte Element in einer dialektischen Sequenz sein korrespondierendes negierendes Element benötigt, um seine eigene Bestimmung aufrechtzuerhalten –

denn die Elemente in einer solchen Sequenz können nicht isoliert voneinander betrachtet werden. Das ist der Punkt bei Hegel, den Sartre unter die Lupe nehmen möchte. Der Grundsatz muss insbesondere für die grosse Dialektik von Sein und Nicht-sein gelten. Daraus folgt, dass für Hegel nicht eines von beiden gegenüber dem anderen den Vorrang hat: Reines Sein wäre reine Abstraktion und damit äquivalent zu absoluter Negation; diese wiederum ist äquivalent zu Nicht-sein. Der Unterschied zwischen Sein und Nicht-sein, sagt Hegel, sei nur eine Ansichtssache; sie seien untrennbar miteinander verknüpft, so *„dass es nirgend im Himmel und auf Erden etwas gebe, was nicht beides, Sein und Nichts, in sich enthielte“* (mit Emphase zitiert in *SN* 66; *EN* 49 – und vermutlich die Quelle von Sartres Titel; vgl. G. W. F. Hegel, Logik I, Erstes Buch, Erster Abschnitt, Erstes Kapitel, C, Anmerkung I, Werke, Suhrkamp, Frankfurt a. M. 1969–71, Band 5, 86). Sartre ist davon nicht überzeugt; es würde bedeuten, sagt er, dass zu sein nur eine Eigenschaft unter anderen Eigenschaften von dem wäre, was existiert (wie z. B. nicht-sein), wohingegen für ihn gilt: „Das Sein ist nicht ‚eine Struktur unter anderen‘, ein Moment des Gegenstandes, es ist eben die Bedingung aller Strukturen und aller Momente“ (*SN* 66; *EN* 49).

Es überrascht vielleicht, Sartre die formale Logik in seinem Streit mit Hegel benutzen zu sehen, doch das tut er tatsächlich. Aristoteles nennt Aussagen, die die Art des oben diskutierten Unterschieds als minimale Bedingung für dialektische Negation enthalten, *Gegensätze* – sie können nicht beide wahr sein, obwohl beide falsch sein können. Sein und Nichts, denkt Sartre, können zueinander nicht in dieser Beziehung stehen: „Nach hegelscher Art das Sein dem Nichts gegenüberstellen, wie die These der Antithese heisst eine logische Gleichzeitigkeit zwischen ihnen voraussetzen. So tauchen gleichzeitig zwei Gegensätze auf wie die beiden Endglieder einer logischen Reihe. Aber man muss hier darauf achten, dass allein die Gegensätze diese Gleichzeitigkeit besetzen können, weil sie gleichermassen positiv (oder gleichermassen negativ) sind. Aber das Nichtsein ist nicht konträr zum Sein, es ist zu ihm kontradiktorisch. Das impliziert ein logisches Später des Nichts gegenüber dem Sein, da es das zunächst gesetzte und dann negierte Sein ist“ (*SN* 67–8; *EN* 50).

„Kontradiktorisch“ kann hier nicht dialektische Kontradiktion bedeuten. Sein und Nichts sind für Hegel gleichermassen leer, „eines so leer wie das andere.“ Aber nein, sagt Sartre; leer zu sein heisst, leer *von* etwas zu sein. „Doch das Sein ist leer *von* jeder Bestimmung ausser der Identität mit sich selbst; aber das Nicht-sein ist leer *von Sein*“ (*SN* 69; *EN* 51). Sein geht mit anderen Worten dem Nicht-sein voraus und ist seine Grundlage, in dem Sinn, dass das Nicht-sein die Wirksamkeit, die es hat, aus dem Sein zieht. Das Nicht-sein *verfolgt* das Sein: Wenn das Sein verschwinden würde, wäre das Ergebnis nicht Nicht-sein, weil das Nichts sich mit ihm auflösen würde: „Nicht-sein gibt es nur an der Oberfläche des Seins" (*SN* 70; *EN* 52).

Peter Kemp vertritt die Ansicht, Sartre habe Hegel hier missverstanden. Die „logische Gleichzeitigkeit" von Sartres Argument deutet zwar einen konkreten Gegensatz an, aber: „Sartre hat nicht bemerkt, dass das reine Sein und das reine Nichts *abstrakte* und nicht konkrete Momente des hegelschen Werdens sind" (Kemp 1970, 293; Eigenübers.). Dies gilt jedoch nur, wie Kemp zugesteht, für den Hegel der *Logik*, nicht für den Hegel der *Phänomenologie des Geistes*. Im letzteren Werk sagt Hegel tatsächlich, dass, *wenn ein Gegensatz einmal aufgehoben ist*, es schwierig sei, von einer Einheit der gegensätzlichen Begriffe zu sprechen, während man ihre Bedeutung „ausser ihrer Einheit" (Hegel 1952, 34) benutzt. Aber auf der konkreten Ebene können wir eine solche *Aufhebung* des Seins und des Nicht-seins nicht annehmen, und Sartres Argument für den Vorrang des ersten vor dem zweiten ist noch möglich – obwohl das an sich nicht garantiert, dass das Argument gültig ist.

In der Tat scheint der gewöhnliche Sprachgebrauch von „leer" eine schwache Basis für Sartres Argument zu sein. Das französische *vide* kommt letztendlich vom lateinischen *vacuus*, was eher ein positiver als ein ausschliessender Begriff zu sein scheint. Das bedeutet nicht, dass das Argument sich nicht durchführen liesse – Sartre könnte sogar einen ähnlichen, eindrücklicheren Fall konstruieren, indem er argumentierte, es müsse etwas geben, damit dieses etwas leer sein könne, sogar wenn dieses etwas nur ein Standpunkt wäre, von dem aus eine mögliche Begegnung mit dem Sein stattfinden könnte. Dies könnte die Rolle des *Für-sich* sein, oder des heideggerschen *Daseins*, das Sartre in einem Abschnitt über die „phänomenologische Konzeption des Nichts" weiter diskutiert. Wie wir gesehen haben, hat das Nichts für Heidegger keine positiven Attribute, nur negative: Es existiert nicht, es „nichtet", und das stellt eine Verbesserung gegenüber Hegel dar, wie ihn Sartre liest. Sartres Kummer ist, dass das heideggersche Nichts auf eine andere Weise gleich stark ist wie das Sein – nicht durch hegelsche Indifferenz, sondern durch einen ebenso ursprünglichen wenn nicht sogar fundamentaleren Status. Die leibnizianische Frage in *Was ist Metaphysik?* – warum soll es überhaupt etwas geben, warum nicht vielmehr nichts? – scheint das Sein in seiner Beziehung zum Nichts als Grund in die Kontingenz abzudrängen. Wie es Sartre ausdrückt: „Allein im Nichts kann man das Sein überschreiten. Gleichzeitig ist vom Gesichtspunkt des Jenseits der Welt das Sein als Welt organisiert, was einerseits bedeutet, dass das Dasein [réalité-humaine] entsteht als auftauchen des Seins im Nichtsein, und andererseits, dass die Welt im Nichts ‚aussteht'. Die Angst ist die Entdeckung dieser zweifachen, fortwährenden Nichtung" (*SN* 73; *EN* 63).

Offensichtlich kann für Sartre die Produktion von Angst nicht schon an sich ein Argument gegen etwas sein, sondern seine Angst und auch sein Nichts unterscheiden sich, wie wir sehen werden, von Heideggers Verständnis. Das heideggersche Nichts scheint gewichtig *neben* oder *jenseits* der Welt zu stehen, doch ist es schlecht dafür gerüstet, irgendeine Rolle *in* der Welt zu spielen, und gerade das ist wesentlich für Sartre: „Wenn ich *jenseits* der Welt im Nichts auftauche, wie kann dieses weltjenseitige Nichts diese kleinen Lachen von Nicht-sein begründen, denen wir jeden Augenblick innerhalb des Seins begegnen?" (*SN* 75; *EN* 55). Nicht nur offenbart sich das Nichts in alltäglichen Erfahrungen, wie bei jemandes Abwesenheit, sondern auch die banalsten Aspekte unserer Welt können es verkörpern – zum Beispiel impliziert schon die Vorstellung von der Distanz zwischen zwei Punkten, die durch eine Linie verbunden sind, eine Negation im doppelten Sinn: als Trennung der Punkte und als Begrenzung der Linie. Die Linie, die Punkte, die Distanz und die Begrenzung werden alle zusammen erfasst, und die Negation – wie es Sartre in einem brillanten Bild festhält – fungiert als der Zement, der die Einheit dieser Gestalt verwirklicht. Die Welt ist voll solcher Negativitäten oder *négatités*, wie sie Sartre nennt, nicht nur Abwesenheit und Distanz, sondern auch Änderung, Andersheit, Ekel, Bedauern, Zerstreuung etc.; „Realitäten, [...] die in ihrer inneren Struktur von der Negation bewohnt sind als einer notwendigen Bedingung ihrer Existenz" (*SN* 78; *EN* 57). (Der Begriff der „inneren Struktur" wird an ein oder zwei anderen Stellen beiläufig verwendet, obwohl ihn Sartre meines Wissens anderswo nicht weiter entwickelt. Es unterstützt meine Behauptung, dass er einen wichtigen Beitrag zur strukturalistischen Bewegung geleistet haben könnte [vgl. Caws 1992]).

Kehren wir nun zum Problem vom Ursprung des Nichts zurück. Es muss innerhalb der Welt erscheinen (in Sartres Worten: Es muss *„intramundan"* sein im Kontrast zu seinem *„extra-mundanen"* Status bei Heidegger), aber es muss eine Vermittlung geben, die das Erscheinen veranlasst. Durch sich selbst kann es weder sein noch nihilieren. Es kann nur entliehenes Sein haben: „Das Nichts ist nicht, das Nichts ‚*wird geseint* [*est été*]'; das Nichts nichtet sich nicht, das Nichts ‚wird genichtet'" (*SN* 80; *EN* 58). (*Est été* ist nicht üblich: Das Partizip *été* hat normalerweise das Hilfsverb *avoir*. *Être*, als Hilfsverb signalisiert eine reflexive oder passive Form). Um das Nichts in die Welt zu bringen, muss die Vermittlung (was immer sie ist) ein Sein sein; doch eines, das, wie früher bemerkt, *sein eigenes* Nichts hat – oder, noch besser, das sein eigenes Nichts *ist*. Indem wir zu der Vorstellung des Befragens oder Verhörens zurückgehen, bekommen wir einen Hinweis darauf, von welcher Art das Sein sein muss. „Das Sein, durch das das Nichts in die Welt kommt, ist ein Sein, in dem es in seinem Sein um das Nichts seines Seins geht: *das Sein, durch das das Nichts zur Welt kommt, muss sein eigenes Nichts sein*" (*SN* 81; *EN* 59). Wie kommt das? Wie wir früher gesehen haben, lässt jeder Akt des Befragens die Möglichkeit einer negativen Antwort zu. Sartre gibt dieser Möglichkeit nun eine neue metaphysische Wendung. Ausser wenn die Antwort (zusammen mit allem anderen) eng determiniert ist – eine Position, die er zu Recht unverständlich findet – argumentiert er: „Insofern der Fragende gegenüber dem Befragten so etwas wie einen nichtenden Abstand einnehmen können muss, entgeht er der Kausalordnung der Welt, löst er sich vom Leim des Seins" (*SN* 82; *EN* 59).

Wie im Falle Kants, dessen „reiner rationale Wille" von einem nichtmenschlichen Wesen ausgeübt werden *könnte*, aber in der Praxis auf ein menschliches beschränkt ist, stellt sich schliesslich auch Sartres „Fragender" als menschlich heraus. Die Quelle der Negation in der Welt ist, nicht überraschend, der Mann (oder die Frau) – nicht wegen ihrer Urteile, sondern wegen ihres Seinsmodus. Für das Erscheinen des Menschen in der Welt benützt Sartre den geologischen Begriff der *Surrektion*, der Aufwölbung oder der Erhebung. „So bewirkt das Auftauchen des Menschen im Milieu des Seins, das ihn ‚umschliesst', dass sich eine Welt enthüllt. Aber das wesentliche und ursprüngliche Moment dieses Auftauchens ist die Negation. So haben wir also das erste Ziel dieser Untersuchung erreicht: der Mensch ist das Sein, durch das das Nichts zur Welt kommt" (*SN* 83; *EN* 60). Dieses zweite „so" mag zu einfach erscheinen – die gezogene Schlussfolgerung wird weniger argumentativ begründet als vielmehr behauptet. (Sartres philosophische Texte schreiten jedoch oft auf diese Weise voran: Neue Elemente werden in ein architektonisches Schema eingepasst, dessen Hauptlinien eher schon im voraus klar bestimmt, als aus früheren Elementen, durch einen Prozess entdeckenden Argumentierens, abgeleitet worden sind. Diese Art des Vorgehens ist natürlich nicht nur Sartre eigen, und seine Arbeit auf diese Weise zu beschreiben, bedeutet nicht, sie zu schmälern.) Die Aussage ist nun implizit hypothetisch und führt zu einer weiteren Frage: Wenn das Nichts durch den ‚Menschen' in die Welt kommt, wie muss dann der Mensch konstituiert sein, um dies möglich zu machen?

Sartres Antwort auf diese Frage leitet sich, wie er sagt, von Descartes her, der seinerseits den Stoikern folgte: „Dieser Möglichkeit der menschlichen-Realität, ein Nichts abzusondern, von dem sie isoliert wird, hat Descartes, nach den Stoikern, einen Namen gegeben: Freiheit" (*SN* 84; *EN* 61). Charakteristischerweise gibt er für diese Behauptung keinen Beleg an, aber in Bezug auf Descartes entwickelt er den Punkt wenigstens an anderer Stelle: „Die cartesianische Freiheit" in *Situations I* ist Teil einer Einleitung in das Denken Descartes', die ursprünglich in *Labyrinthe* (Genf 1945) erschien. In diesem Artikel unterscheidet Sartre zwei Bedeutungen von Freiheit bei Descartes, „je nachdem, ob er die dem Menschen eigene Fähigkeit des Begreifens und Urteilens betrachtet oder ob er nur die Autonomie des Menschen gegenüber dem streng geordneten System der Ideen retten will" (*Freiheit* 101 [317]. Descartes' Urteilsfreiheit scheint direkt von seiner Begegnung mit der Negation in der Form eines poetischen Fragments – *Est et Non* – im dritten seiner Träume in der Nacht vom 10. November 1619, herzurühren, das er (laut Baillet) als vom Geist der Wahrheit herkommend interpretierte und das ihm die Augen für „die Wahrheit *und die Falschheit* in den menschlichen Kenntnissen und in den weltlichen Wissenschaften", geöffnet haben soll (Descartes 1963, 58, Eigenübers., Hervorhebung durch Autor). Sartre baut seine Ideen darauf auf – frei, wie es seine Gewohnheit ist. Er weist darauf hin, dass Gott es nur mit der Wahrheit zu tun haben könne; Falschheit sei der Bereich des Menschen. Menschen haben die Freiheit, Falschheit abzulehnen; das ist ihr Weg zur Wahrheit. Aber diese Verweigerung ist ein Fall von etwas Allgemeinerem – sie lokalisiert den Menschen in einer existentiellen Situation, die weder *Est* noch *Non* ist. Das ist die zweite Bedeutung der cartesianischen Freiheit, die Sartre in einer bemerkenswerten Passage evoziert: „Der Mensch als reine Negation, als reiner Aufschub des Urteils kann sich nämlich jederzeit aus einer falschen und trügerischen Natur zurückziehen, indem er regungslos bleibt wie jemand, der den Atem anhält; er kann sich sogar von allem zurückziehen, was an ihm Natur ist: von seinem Gedächtnis, von seinen Vorstellungen, von seinem Körper. Sogar aus der Zeit kann er sich zurückziehen und in die Ewigkeit des Augenblicks flüchten [...] angesichts des *Seins*, das ganz und gar in Klammern gesetzt ist, ist er nichts mehr als ein blosses *Nein* ohne Körper, ohne Erinnerung, ohne Wissen, ohne Person" (*Freiheit*, 110 [327]).

Diese existentielle Freiheitsposition definiert das Menschliche, aber kann es nicht in seinem Wesen definieren: „Das Wesen des menschlichen Seins steht in seiner Freiheit aus. Was wir Freiheit nennen, ist also unmöglich *vom Sein* der ‚menschlichen-Realität' zu unterscheiden. Der Mensch ist keineswegs *zunächst*, um *dann* frei zu sein, sondern es gibt keinen Unterschied zwischen dem Sein des Menschen und seinem ‚Frei-sein'" (*SN* 84;

EN 61). Und Freiheit ist ein unsicheres Geschäft, weil sich, sagt Sartre, die menschliche Realität nicht der Welt entwinden könne (*s'arracher*, *se désengluer*), ausser es sei konstitutiv ein Sich-selbst-entwinden. Wie er später sagen wird, ist das menschliche Sein ein *Entwurf*, ein Vorwärts-Werfen; in jedem Augenblick ist es nicht mehr, was es war und noch nicht, was es sein wird. Dieser temporale Charakter lässt sich nicht als einfache Kausalbeziehung repräsentieren, was eine „Fülle des Seins“ wäre, die keinen Raum für Negation liesse. Es hat, könnten wir sagen, einen sprunghaften oder periodisch auftretenden Aspekt: Wir ruhen, wir ziehen uns zurück, wir springen vorwärts: Es ist so, „dass das menschliche Sein zunächst mitten im Sein ruht und sich dann durch ein nichtendes Abrücken von ihm losreisst“ (*SN* 85; *EN* 62). Ein unbequemes Leben: Ein Teil des Elends, das es erzeugt, rührt von der Tatsache her, dass wir, dem Sein entrissen oder von ihm losgelöst, nichts haben, an das wir uns festhalten oder gegen das wir kämpfen können. Ein Bewusstseinsmoment folgt unvermeidlich dem anderen, aber: „Was das Vorherige vom Nachherigen trennt, ist gerade *nichts*. Und dieses nichts [rien] ist absolut unüberwindlich, eben weil es nichts ist; denn in jedem zu überwindenden Hindernis steckt etwas Positives, das sich als etwas zu Überwindendes darbietet. Aber in dem Fall, der uns beschäftigt, würde man vergebens einen zu brechenden Widerstand, ein zu überwindendes Hindernis suchen“ (*SN* 89; *EN* 64–5). Das ist konstitutive Freiheit und die Wurzel und Bedingung der aktiven Freiheit. Wir sind uns ihrer in der Angst bewusst.

Angst angesichts der Freiheit, Angst angesichts des Nichts – Kierkegaard und Heidegger: Sie sind für Sartre die zwei Seiten derselben Medaille. Weder Kierkegaard noch Heidegger lokalisieren jedoch Angst genau dort, wo es Sartre tut. Für ihn ist sie ein Produkt meiner gegenwärtigen Konfrontation mit meinem zukünftigen Sein; nicht wegen der Möglichkeiten, die es erwartet, nicht wegen seiner möglichen Annihilation, sondern weil ich nicht sicher sein kann, wer ich sein werde, wenn ich dieses Sein geworden bin. Nichts wird mich verpflichten, auch in Zukunft meinem gegenwärtigen Entwurf treu zu bleiben. Das Nichts schlüpft zwischen mein gegenwärtiges und mein zukünftiges Sein: Ich bin nicht derjenige, der ich sein werde, nicht nur, weil Zeit vergangen sein wird, sondern auch, weil das, was ich jetzt bin, nicht einmal als feste Basis für das, was ich dann sein werde, in Betracht gezogen werden kann. Keine gegenwärtige Existenz kann bestimmen, was ich sein werde, weil jede Bestimmung von der Freiheit übertrumpft werden kann. Sicherlich bleibe ich dennoch ich selbst? Ja, sagt Sartre: „Da ich jedoch schon das bin, was ich sein werde (sonst wäre ich nicht interessiert, dieser oder jener zu sein), *bin ich derjenige, der ich sein werde, nach dem Modus, es nicht zu sein.* […] Das Bewusstsein, seine eigene Zukunft nach dem Modus des Nichts-seins zu sein, ist genau das, was wir *Angst* nennen" (*SN* 96; *EN* 69).

Angst ist also Freiheitsbewusstsein. Sicher bin ich frei, in der Zukunft zu tun, was zu tun wünschen ich mir nun bewusst bin – aber ich bin auch frei zu tun, was nicht zu tun wünschen ich mir nun bewusst bin, oder was ich nun zu tun wünsche, ohne mir dessen bewusst zu sein (obwohl Sartre im letzten Fall suggeriert, dass die Vorahnung von monströsen Motiven tief in unserem Innern mehr eine Sache der Furcht, als der Angst sei). Handlungsmotivation ist nicht eine Funktion des Bewusstseins; wir können uns unserer Motivationen, doch gleichzeitig auch ihrer Wirkungslosigkeit bewusst sein – sie sind vom Bewusstsein getrennt, sagt Sartre, durch eine Schicht von Nichts, oder besser: Bewusstsein trennt sie von sich selbst durch dieses Nichts, sich selbst dabei als „Transzendenz in der Immanenz" konstituierend, sich selbst seiend und doch über sich hinausgehend. „Aber man sieht, dass dieses Nichts [néant], das die Bedingung jeder transzendenten Negation ist, nur von zwei anderen primären Nichtungen her aufgeklärt werden kann: 1. das Bewusstsein *ist nicht* sein eigenes Motiv, insofern es *leer* von jedem Inhalt ist. Das verweist uns auf eine nichtende Struktur des präreflexiven *Cogito*; 2. das Bewusstsein ist gegenüber seiner Vergangenheit und seiner Zukunft wie gegenüber einem Selbst, das es nach dem Modus des Nicht-seins ist. Das verweist uns auf eine nichtende Struktur der Zeitlichkeit" (*SN* 100; *EN* 72).

Diese zwei nichtenden Strukturen korrespondieren eng mit dem, was Marcos Lutz-Müller – einer der wenigen Philosophen, der einzige vielleicht, der ein ganzes Buch der Negation bei Sartre gewidmet hat – Selbstnegation und Seinsnegation nennt. Lutz-Müller beschränkt seine Abhandlung natürlich nicht auf das hier betrachtete Kapitel und bringt die Rolle des Für-sich frei in die Genese der Negation mit ein. Wenn das Für-sich, wie er sagt, „nicht nur für die präreflexive Selbstbezogenheit des Bewusstseins, sondern auch für seine Intentionalität" stehe, dann müsse es „diese eigentümliche Einheit von Intentionalität und Selbstgegebenheit als Seinsnegation und Selbstnegation" (Lutz-Müller 1976, 135) dialektisch zusammendenken. Ich kann im Rahmen dieses Artikels Lutz-Müllers Argument nicht Gerechtigkeit widerfahren lassen, doch halte ich auch seine (damit zusammenhängende) Unterscheidung zwischen „innerzeitlicher Negativität" und „vorzeitlicher Negativität" – erstere der Ort der Angst und letztere derjenige der Unaufrichtigkeit – für nützlich (Lutz-Müller 1976, 116 ff., 123 ff.). Alles in allem zieht er die Schlussfolgerung – wiederum auf der Grundlage einer viel ausgedehnteren Lektüre – dass Negation für Sartre in zwei Hauptformen erscheine: „Die erste Negationsform, die am Modell der Intentionalität und als deren ontologische Radikalisierung gedacht wird, lässt sich als ‚phänomenologische' charakterisieren, und die zweite, die am Modell des existentialen Entwurfs auf die Möglichkeiten und auf die je eigene Totalität der Existenz gedacht wird, lässt sich als ‚dialektische' charakterisieren" (Lutz-Müller 1976, 137). Von der Warte unseres Kapitels aus entspricht nun die phänomenologische Form dem momentanen und die dialektische Form dem temporalen Bewusstsein.

Sartre entwickelt das Thema der Angst (*angoisse*) ziemlich ausführlich und beschliesst (nach einer Betrachtung über die Rolle der Werte im freien Handeln) das Kapitel mit einer Darstellung der Strategien, zu denen wir greifen, um ihr zu entkommen. Das Unbehagen an der Angst entsteht aus dem unausweichlichen Schwindelgefühl vor der existentiellen Freiheit, und wir fliehen vor ihr – oder versuchen es zumindest – in die Beruhigung einer essentiellen Selbst-Identität. Nicht, dass wir nicht wünschen, frei zu sein, aber wir fühlen uns unwohl gegenüber den Implikationen dieser neuen Antinomie der Freiheit – wir möchten weder von unserer Vergangenheit genötigt noch von unserer Zukunft verraten werden. „Was ich hier zu fliehen versuche, ist eben meine Transzendenz, insofern sie mein Wesen trägt und überschreitet" (*SN* 112; *EN* 80). Eine Beruhigungsstrategie könnte sein, ein zweites Selbst zu erfinden, das dem geängstigten Selbst zugrundeliegen und dieses tragen würde, das quasi eine Ad-hoc–Person und der verantwortliche Urheber unserer Handlungen wäre. Diese „Fiktion" (laut Sartre) wird von Bergson durch seine Theorie des „Tiefen-Ich" [„Moi profond"], wie es Sartre ohne Zitatnachweis nennt, aufrechterhalten; ich bin mir *dessen als* ein Selbst bewusst, das zu ertragen weiss, das gut organisiert ist, verantwortlich handelt usw. (Vgl. Bergson 1911, 97–103, wo er von „das fundamentale Ich" [„le moi fondamental"] und „die tiefen Schichten des Ich" [„les couches profondes du moi"] spricht). Das Problem ist, dass dieses Tiefen-Ich mehr wie mein Vater ist als wie ich; seine Handlungen sind auf beruhigende Weise vertraut, aber es sind nicht *meine* Handlungen: „So hat Bergson durch eine Projektion der Freiheit – die wir in uns erfassen – in einem psychischen Gegenstand, der das Ich ist, dazu beigetragen, unsere Angst zu verbergen, aber auf Kosten eben des Bewusstseins. Was er so konstituiert und beschrieben hat, ist nicht unsere Freiheit, so wie sie sich selbst erscheint: *es ist die Freiheit eines Anderen*" (*SN* 114; *EN* 81).

Wenn ich das Schwindelgefühl, ich selbst zu sein, nicht aushalte, kann ich jemand anders sein – das ist die Strategie der *Unaufrichtigkeit* oder *Unwahrhaftigkeit* (*mauvaise foi*). Auch das ist eine Form von Negation:

„Dieses nichtende Vermögen nichtet die Angst, insofern ich sie fliehe, und nichtet sich selbst, insofern *ich sie bin, um sie zu fliehen*. Das ist das, was man Unaufrichtigkeit [mauvaise foi] nennt" (*SN* 146; *EN* 82). Ich möchte gern auf meine eigenen Kräfte der Nichtung verzichten, deren Besitz solche Angst hervorbringt. Aber am Ende kann ich nicht vor mir selbst fliehen – das äusserste, was ich tun kann, ist, mir selbst auf verschiedene Weise „voranzustehen". An dieser Stelle beruft sich Sartre auf die Vorstellung der *ekstasis*, welche, sagt er, so weit gehe, wie die Analyse der Negation uns trage. „Wir haben also zwei menschliche Ekstasen vor uns: die Ekstase, die uns in das An-sich-sein wirft, und die Ekstase, die uns in das Nicht-sein engagiert" (*SN* 116; *EN* 82). Die menschliche Situation erstreckt sich auf der einen Seite dem Sein, auf der anderen Seite dem Nichts entgegen; aber dieses Sich-erstrecken ist unbestimmt – frei in anderen Worten. Nun besteht die Aufgabe darin, die „empirische Freiheit" zu erforschen: Was tun Menschen eigentlich in ihrer Situation? Wenn die Antwort ist, wie sie es in den meisten Fällen zu sein scheint, dass sie sich unaufrichtig verhalten, dann lautet die zu stellende Frage: Wie ist Unaufrichtigkeit möglich? Denn als ihr eigener Entwurf kann sie nicht erfolgreich sein: Im Zustand der Unaufrichtigkeit bin ich immer noch ich selbst, und im Augenblick, wo ich sie umfasse, hat die Unaufrichtigkeit keine temporale Dimensionalität. Genauso wie das in der Einleitung diskutierte präreflexive *Cogito* das momentane Bewusstsein des Bewusstseins ist, wäre Unaufrichtigkeit das momentane Bewusstsein der Bewusstseinsverweigerung, eine Art postreflexives *Cogito* vielleicht. Der Unterschied ist, dass es im präreflexiven Fall noch keine Spur von Negation gibt, wohingegen Negation in diesem angeblichen postreflexiven Fall konstitutiv ist („angeblich" deshalb, weil es ihr nicht gelingt, über die Reflexion hinauszugelangen, so sehr sie es auch möchte). „Wenn die Unaufrichtigkeit möglich sein soll, müssen wir also in ein und demselben Bewusstsein die Einheit des Seins und des Nicht-seins antreffen können, das Sein-um-nicht-zu-sein. […] Was also muss das Bewusstsein in der Instantaneität des präreflexiven *Cogito* sein, wenn der Mensch unaufrichtig sein können soll?" (*SN* 118; *EN* 83–4).

Mit dieser Frage beendet Sartre sein Kapitel – ein Kapitel, das rückblickend, in Bezug auf das, was seine Argumentation erreicht hat, ein gutes Stück kürzer hätte sein dürfen. Es weist die charakteristische überladene Unmittelbarkeit und übertriebene Entschiedenheit des sartreschen Diskurses auf. Sartre scheint geschrieben zu haben, wie er sprach: Fliessend, ohne zu zögern – ein Meister der französischen Sprache auf dem Höhepunkt seines Könnens, dem wir den offenbar sorglosen und inkonsistenten Umgang mit aufeinander sich bezogenen Begriffen wie Negation, nichts (klein geschrieben), Nichts (gross geschrieben), Nicht-sein usw. zu verzeihen geneigt sind, weil er in grossen Massstäben arbeitet, und weil die Aussagekraft dessen, wovon er spricht, insgesamt klar genug herüberkommt. Für eine gewisse übereilte Ungeschliffenheit im Argument entschädigt ein *plaisir du texte*, das wir als Lesende empfinden und das, wir sind uns dessen sicher, auch Sartre als Schriftsteller gefühlt haben muss. Es bleibt nur noch zu fragen: Wie steht es um das Schicksal dieses Arguments während der vergangenen fünfzig Jahre?

Ich habe mich oben auf Marcos Lutz-Müllers sorgfältige Studie bezogen; diese gleicht insofern den meisten anderen Arbeiten zu Sartre, als sie sich hauptsächlich auf eine Darstellung des Gedankengangs und auf ergänzenden Ausführungen konzentriert. Leute, die über Sartre schreiben, scheinen in zwei Kategorien zu fallen: Es gibt einerseits jene, die im wesentlichen eine Sympathie für sein Projekt hegen und dazu tendieren, wie ich es zuvor andeutete, nachsichtig zu sein, wenn der Autor von seinem Enthusiasmus mitgerissen wird (Sartre wäre der Alptraum eines Lektors, aber niemand scheint es gewagt oder auch nur gewollt zu haben, ihn den Exaktheitsanforderungen der Manuskriptbearbeitung zu unterwerfen, die sich so oft fatal auf den Stil auswirken); andererseits gibt es jene, die das Werk von Anfang an empörend finden. Diese Gruppe versammelt viele Kritiker aus dem analytischen Lager, für die die Logik des Für-sich – sein Nicht-sein, was es ist, sein Sein, was es nicht ist – das Projekt schlichtweg der Unverständlichkeit anheimgibt. Es hätte wenig Sinn, ihre Angriffe im Detail zu beschreiben, aber es lohnt sich vielleicht, eine Verteidigung von John Yolton zu erwähnen, einem Philosophen, dessen Schriften ihn zu einem Mitglied eben dieser Partei stempeln. Sartre war (von Van Meter Ames 1951) für seine Hypostasierung des Nichts kritisiert worden, aber diese Kritik wurde seiner Metaphysik nicht gerecht: „Es gab keinen trügerischen Gebrauch von substantivierten Nomen, die für Entitäten stehen, die nicht existieren, da die unrealisierten Zwecke einer gezielten Aktivität, das gefühlte Bewusstsein bedeutender Abwesenheiten, welche eine so beherrschende Rolle in Sartres Metaphysik spielen, eine sehr reale Existenz in einer phänomenalen Welt haben. Die verschiedenen Formen, in denen das Nichts diese Welt betritt, sind alles Manifestationen, Bewusstseine für einen Geist, und das genügt, um sie für Sartre real zu machen" (Yolton 1951, 555, Eigenübers.). Eine widerwillige Einräumung vielleicht – Yolton macht deutlich, dass er Sartre nicht positiv unterstützt und ihn nur gegen unfaire Kritik verteidigt – aber dessen ungeachtet willkommen im Kontext allgemeinen angelsächsischen Missverstehens.

Eine andere Linie der Kritik, auf die schon hingewiesen wurde, zielt auf die Frage ab, ob Sartres Hegelverständnis zulänglich sei. In diesem Zusammenhang ist, neben Peter Kemp, Klaus Hartmann als Hauptvertreter zu berücksichtigen, der auf dieses Thema ein ganzes Buch verwendet hat (Hartmann 1963). Hartmann denkt, dass die Frage der Negation hier ein zentrales Problem darstelle: „Während die autobiographischen Bemerkungen in der *Critique de la raison dialectique* darauf hindeuten, dass Hegel für Sartre als intellektuelles Instrument zum Verständnis des Marxismus attraktiv war, müssen wir mit Blick auf die thematische Abfolge von Sartres Arbeiten erkennen, dass Hegel in erster Linie als der Philosoph eingeführt wird, der eine Doktrin über die Negation und über das Bewusstsein als Negativität anbietet" (Hartmann 1966, XVI, Eigenübers.). Hartmann ist sogar noch kritischer als Kemp gegenüber Sartres Lesart des ersten Kapitels von Hegels *Wissenschaft der Logik*, in einem Mass, dass Sartre von Kemp gegen ihn in Schutz genommen wird: „Es scheint uns, dass Hartmann Sartre nicht völlig gerecht wird" (Kemp 1970, 294, Eigenübers.). Die Details der Differenzen zwischen Sartre, Hartmann und Kemp aufzuzählen, würde mich zu weit führen, und in einem wichtigen Sinn scheint es mir auch nicht notwendig zu sein. Sartres Beziehung zu seinen Vorgängern – nicht nur zu Hegel, sondern auch zu Descartes, Husserl und Heidegger – hat etwas von der Eigenart des Unterlassens oder Missdeutens, die Harold Bloom hervorragenden Dichtern in ihrer Behandlung jener, die sie beeinflusst haben, zuschreibt; ihre Arbeit involviert immer *„einen Akt der kreativen Korrektur, die wirklich und notwendig eine Fehlinterpretation ist"* (Bloom 1995, 30). Wenn wir diese Vorstellung auf das Verhältnis zwischen „hervorragenden Philosophen" anwenden, und diese Qualität Sartre und Hegel zugestehen, dann ist es einfach gleichgültig, ob Sartre Hegel treu ist oder nicht. Wenn er Hegel zitiert, dann nimmt er etwas, das er will, von dem, was er in Hegel zu finden glaubt (wir können nicht annehmen, dass die Missdeutung vorsätzlich ist). Und sogar, wenn es nicht wirklich in Hegel stecken sollte (aber wer kann schon sagen, was wirklich in Hegel ist?) – was macht es, er will es doch und wird es für seine eigenen Zwecke brauchen.

Das ist nun keine Entschuldigung für schlechte Gelehrsamkeit bei Philosophen – aber Sartre gab nie vor, ein Gelehrter der Philosophie zu sein. *Das Sein und das Nichts* hält sich am Ende des Jahrhunderts erstaunlich gut als fester und beständiger Anker von Sartres Werk. Und es ist bemerkenswert, wie viele Kritiker, die es auf philosophische Schwächen hin sondiert haben, es am Schluss doch preisen. Ein letztes Beispiel: In einer scharfsinnigen Prüfung von Sartres Argument für eine ursprüngliche Macht der Negation insistiert Paul Ricœur (von Sartre ziemlich abweichend) auf der primären Rolle des Affirmativen: „In jedem Streit über das Reale, darüber, wie ein Wert in die Welt hinein sich erhebt, ist eine Affirmation des Seins enthalten" (Ricœur 1955, 322, Eigenüb.). Doch nach einigen Seiten Kritik kommt Ricœur zum Schluss: „Die sartresche Analyse verlangt nicht nach einer Widerlegung, sondern eher nach einer Art kritischer Erneuerung, die sie rechtfertigt und über sie hinausgeht" (ebd.). Eine solche kritische Erneuerung ist, nehme ich an, auch das Ziel der gegenwärtigen Neulektüre von *Das Sein und das Nichts* im Rahmen dieses Buches.

Aus dem Englischen übersetzt von Peter Mosberger.

Literatur

Ames, Van Meter 1951: „Reply to Mr. Natanson", in: Journal of Philosophy, XLVIII, 99–102.

Bergson, Henri 1911: Les données immédiates de la conscience, Paris, Félix Alcan, achte Auflage.

Bloom, Harold 1995: Einflussangst. Eine Theorie der Dichtung, Basel, Stroemfeld/Nexus (The Anxiety of Influence. A Theory of Poetics, Oxford, Oxford University Press, 1973).

Caws, Peter 1979: Sartre. London, Routledge and Kegan Paul.

Caws, Peter 1992: „Sartrean Structuralism?", in: Christina Howells (Hrsg.), The Cambridge Companion to Sartre, Cambridge, Cambridge University Press, 293–317.

Descartes, René 1963: Œuvres philosophiques de Descartes, textes établis, présentés et annotés par Ferdinand Alquié, tome 1, 1618–1637, Paris, Garnier.

Hartmann, Klaus 1963: Grundzüge der Ontologie Sartres in ihrem Verhältnis zu Hegels Logik, Berlin, Walter de Gruyter.

Hartmann, Klaus 1966: Sartre's Ontology. A Study of Being and Nothingness in the Light of Hegel's Logic, Evanston, Northwestern University Press. (Hartmanns eigene Übersetzung des vorhergehenden Titels.)

Hegel, Georg Wilhelm Friedrich 1952: Phänomenologie des Geistes, Johannes Hoffmeister (Hrsg.), Hamburg, Felix Meiner Verlag, sechste Auflage.

Kemp, Peter 1970: „Le non de Sartre à la logique de Hegel", in: Revue de Théologie et de Philosophie, troisième série, XX, 289–300.

Lutz-Müller, Marcos 1976: Sartres Theorie der Negation, Frankfurt am Main/Bern, Peter Lang und Hubert Lang.

Ricœur, Paul 1955: Histoire et vérité, Paris, Seuil. (Geschichte und Wahrheit, München, List, 1974.)

Yolton, John W. 1951: „The Metaphysics of En-soi and Pour-soi", in: Journal of Philosophy, XLVIII, 548–56.

4

Ronald E. Santoni

„Unaufrichtigkeit" – Klärung eines Begriffs in *Das Sein und das Nichts* (119–160)

Sartres Kapitel über „Unaufrichtigkeit" in *Das Sein und das Nichts* stellt eine der wichtigsten, einflussreichsten und existentiell herausforderndsten Analysen in seinem philosophischen Werk dar. Sartres ganzes Philosophieren wird beherrscht von einem Interesse an der menschlichen Neigung zur Unaufrichtigkeit – von der Herausforderung durch sie und von der Möglichkeit ihrer Überwindung. Dieses Anliegen initiiert nicht nur, sondern dominiert auch oft seine phänomenlogischen Untersuchungen, seine politischen Analysen, seine existentielle Psychoanalyse, seine Biographien und – vielleicht am Signifikantesten – seine autobiographische Selbstprüfung in *Die Wörter*. Mit Ausnahme des Freiheitsbegriffs hat möglicherweise kein anderes Thema von Sartres Philosophie mehr, wenn auch nicht immer kompetente Diskussionen und Antworten provoziert. Zu oft haben sich um Sartre bemühte Studierende – und bisweilen sogar Lehrende – auf zu allgemeine Weise mit diesem zentralen Kapitel beschäftigt; haben sich hauptsächlich auf die einnehmenden Beispiele konzentriert, ohne den Details und den Komplexitäten seiner ziemlich verwirrenden Analyse die notwendige Aufmerksamkeit zu schenken.

Ich werde daher in der Auseinandersetzung mit Sartres Kapitel über „Unaufrichtigkeit" weder dessen komplexe noch dessen problematische Aspekte übergehen. Tatsächlich werde ich, aus Respekt gegenüber meiner Aufgabe wie auch aus Achtung vor meinen Lesern, zuerst vor allem eine konzise Analyse oder *explication de texte* jener Teile des Textes geben, die ich für die wichtigsten und wegweisenden halte. Damit hoffe ich, zumindest die Umrisse des ontologischen und epistemologischen Rahmens zur Verfügung stellen zu können, aus dem das Unaufrichtigkeits-Problem erwächst. Ich möchte daneben auch kurz einige Überlegungen zu Sartres

Begleit-Konzepten ‚Ehrlichkeit' und ‚Aufrichtigkeit' anbringen, die laut Sartre die phänomenologische Struktur und das Ziel der Unaufrichtigkeit teilen. Eine weitere Absicht ist, einige von Sartres kontroversen oder sogar kontraintuitiven Behauptungen in diesem Kapitel anzufechten und, obwohl nur kurz, Verbesserungen oder Rekonstruktionen vorzuschlagen, die seine Analyse geniessbarer und robuster machen würden. Zum Schluss werde ich einige Probleme sichtbar machen, die nicht nur kritische Gegenstimmen zu manchen meiner früheren Behauptungen[1] provoziert haben, sondern auch weiterhin für Dissens unter Sartre-Spezialisten sorgen.

1 Unaufrichtigkeit als ‚Sich-selbst-belügen'

Zuerst gilt es zu sagen, dass Sartre das Phänomen der Unaufrichtigkeit nach seiner Diskussion des „Ursprungs der Negation" in Angriff nimmt; nach seiner einführenden Reformulierung des Bewusstseins als einem „Sein, dessen Natur sich des Nichts seines Seins bewusst ist". Der Mensch ist nicht nur das Sein, durch das die konkreten Negationen oder Negatitäten (z. B. Abwesenheiten oder Mängel) in der Welt aufgedeckt werden; er ist auch derjenige, der „sich selbst gegenüber negative Haltungen" (*SN* 119; *EN* 86) einnehmen kann. Um diese zu unterscheidende Möglichkeit der Selbst-Negation zu illustrieren, beschliesst Sartre „eine bestimmte Haltung […] [zu untersuchen], die für die menschliche Realität wesentlich […] und zugleich so ist, dass das Bewusstsein seine Negation, statt sie nach aussen zu richten, gegen sich selbst kehrt" (*SN* 120; *EN* 86). Diese Haltung ist für Sartre diejenige der *Unaufrichtigkeit*, und auf diesen spezifischen Typus der Selbst-Negation konzentriert er seine Aufmerksamkeit.

In einem vorbereitenden Schritt, der seine übrige Analyse leiten und zugleich in Frage stellen wird, anerkennt Sartre, dass Unaufrichtigkeit eine „Lüge gegen sich selbst" sei – jedoch mit einem wichtigen Vorbehalt: Es gelte nämlich, die negative Haltung des Sich-selbst-belügens von der negativen Haltung des „Lügens im allgemeinen" (oder des Belügens von anderen) oder der Falschheit zu unterscheiden. „Das Wesen der Lüge", so Sartre, „impliziert […], dass der Lügner über die Wahrheit, die er entstellt, vollständig im Bilde ist. Man lügt nicht über das, was man nicht weiss". Im Belügen von anderen, z. B. bei Falschheit, intendiere man zu täuschen und

1 Ich denke dabei insbesondere an Fragen zu meinen zahlreichen Artikeln über Aspekte dieses Themas, und zu meinem Buch *Bad Faith, Good Faith, and Authenticity in Sartre's Early Philosophy*, die von britischen und amerikanischen Kommentatoren aufgeworfen wurden.

versuche weder diese Absicht noch die „Transluzidität des Bewusstseins“ (*SN* 120–1; *EN* 86) zu verstecken. Die Lüge ist ein „Transzendenzverhalten“ (*SN* 122; *EN* 87). Durch die Lüge behauptet das Bewusstsein seine Existenz als eine vor anderen verborgene und profitiert für seine eigenen Ziele „von der ontologischen Dualität des Ich und des Ich des Andern“ (*SN* 122; *EN* 87).

Aber wenn Unaufrichtigkeit bedeutet, sich selbst zu belügen, kann die Situation dafür nicht dieselbe sein wie jene für das Belügen von anderen, obwohl Unaufrichtigkeit die Struktur der Falschheit zu teilen scheint; so kann z. B. die unaufrichtige Person „eine angenehme Unwahrheit als Wahrheit hin [...] stellen. [...] Aber alles ist dadurch verändert, dass ich in der Unaufrichtigkeit mir selbst die Wahrheit verberge“ (*SN* 122; *EN* 87). Hier gibt es keine ontologische Dualität zwischen dem „Täuschenden“ und dem „Getäuschten“. Im Gegenteil; für Sartre zieht Unaufrichtigkeit „die Einheit eines *einzigen* Bewusstseins“ nach sich: Derjenige, der lügt und derjenige, dem die Lüge erzählt wird, sind ein und derselbe. Unaufrichtigkeit wird der menschlichen-Realität nicht aufgedrängt; sie kommt nicht von ausserhalb; man wird nicht mit ihr infiziert. „Das Bewusstsein affiziert sich mit Unaufrichtigkeit“. Da Sartre auch „von der totalen Transluzidität des Bewusstseins“ spricht (*SN* 123; *EN* 88), gilt darüber hinaus: „Wer sich mit Unaufrichtigkeit affiziert, muss Bewusstsein (von) seiner Unaufrichtigkeit haben“ (*SN* 123; *EN* 87), denn alles Bewusstsein ist notwendigerweise selbstbewusst. Andernfalls hätte man ein „Bewusstsein, das von sich selbst nichts wüsste, ein unbewusstes Bewusstsein – was absurd ist“ (*SN* 20; *EN* 18). An einer anderen Stelle von *Das Sein und das Nichts* erfahren wir, dass die menschliche-Realität [= Freiheit, R. S.] versucht, Angst – „das reflexive Erfassen der Freiheit durch sie selbst“ (*SN* 108; *EN* 77) – vor sich selbst zu verbergen. Wir versuchen, unserer Angst zu *entfliehen*, „indem wir versuchen, uns von aussen her als *Anderen* oder als ein *Ding* zu erfassen“ (*SN* 114; *EN* 81). Aber ich kann „einen bestimmten Aspekt meines Seins nur dann ‚nicht sehen‘ wollen, wenn ich über den Aspekt, den ich nicht sehen will, genau im Bilde bin“ (*SN* 115; *EN* 82). Meine Flucht vor der Angst – vor meinem reflexiven Erfassen der Freiheit oder dem Nichts, das ich bin – soll aus *Unaufrichtigkeit* geschehen, da, obwohl ich fliehe, als ob ich nicht darum wüsste, ich doch nicht umhin kann, dem Wissen, dass ich fliehe, auszuweichen: „Ich bin, was ich zu verbergen wünsche.“ Der Versuch, vor der Angst zu fliehen, ist nur ein Weg, sich ihrer bewusst zu werden (*SN* 115; *EN* 82). Das ist das Herzstück von Sartres Ontologie der Unaufrichtigkeit. Zusammengefasst: Der Entwurf von Sartres Unaufrichtigkeit impliziert des Bewusstseins selbst-referentielles, präreflexives „Erfassen (von) dem Bewusstsein, dass es sich in Unaufrichtigkeit *verwirklicht*" [Hervorhebung von R. S.] (*SN* 123; *EN* 87). Und wir brauchen keine weiteren Details, um die Tiefe von Sartres Problem zu ermessen: Wenn Unaufrichtigkeit, im Gegensatz zur Falschheit, ein Sich-selbst-belügen ist – wie er, Nietzsche folgend (vgl. Kaufmann 1954, 640), zuerst suggeriert – wenn sie [die Unaufrichtigkeit] in einem einzigen Bewusstsein sowohl den Täuschenden als auch den Getäuschten vereint, und wenn sie sich ihrer Intention sowie ihres Täuschungsprojekts bewusst ist, wie ist sie dann überhaupt möglich?

Tatsächlich weiss Sartre um das Problem und ist deswegen besorgt. Wenn das „Sein des Bewusstseins" das „Seinsbewusstsein" ist – „wie kann also die Lüge bestehen, wenn die Dualität, die sie bedingt, aufgehoben ist? [...] Denn man wird zugeben, dass, wenn ich absichtlich und zynisch versuche, mich zu belügen, ich bei diesem Unternehmen vollkommen scheitere, die Lüge zurückweicht und sich unter meinem Blick auflöst; sie wird von hinten zerstört, eben durch das Bewusstsein, mich zu belügen" (*SN* 123; *EN* 88). Anders ausgedrückt: Wenn die angeblich Sich-selbst-belügende „im Besitz" der Wahrheit ist und sich auch der Wahrheit bewusst ist, die sie vor sich zu verbergen sucht, dann würde ihr Täuschungsversuch mit Sicherheit scheitern und vergeblich sein. Doch auch wenn Sartre an diesem Punkt das scheinbar unvermeidliche Misslingen jedes Versuchs, sich selbst zu belügen, anerkennt, bewegt ihn das nicht dazu, seiner vorläufigen Vorstellung von der Unaufrichtigkeit abzuschwören. Er meint, hier liege „ein verschwimmendes Phänomen vor, das nur in seiner eigenen Unterschiedenheit existiert." Unaufrichtigkeit sei *metastabil*; abrupte Übergänge seien charakteristisch für sie; sie sei eine „sehr prekäre" „psychische Struktur", die zwischen *Aufrichtigkeit* und *Zynismus* „ununterbrochen oszilliert". (Muss ich nicht im Zustand der Aufrichtigkeit sein, so fragt er, um meine Unaufrichtigkeit zu erkennen?) Weder verwirft Sartre in diesem Stadium die Unaufrichtigkeit, noch beansprucht er, sie zu verstehen. Er ist jedoch bereit zu sagen, dass sie der „normale Aspekt des Lebens" für eine „sehr grosse Zahl von Personen" sein könne (*SN* 124; *EN* 88).

Sartre anerkennt, dass das Problem, mit dem er sich konfrontiert sieht, viele – und insbesondere Freud – dazu geführt hat, an das Unbewusste zu appellieren. Aber, wie wir gesehen haben, beharrt Sartre aufgrund seiner Auffassung von der „totalen Transluzidität" oder Offenheit des Bewusstseins darauf, dass alles positionale Bewusstsein von etwas gleichzeitig nichtpositionales Selbstbewusstsein sei. Er weist deshalb Freuds psychoanalytische Theorie als einen Erklärungsweg für die Selbsttäuschung oder die Unaufrichtigkeit zurück. Wie kann zum Beispiel der Zensor entscheiden, was unterdrückt oder zensuriert werden soll, „ohne sich bewusst zu sein, dass [er] [...] unterscheidet“ (*SN* 128; *EN* 91) – z. B. ohne sich nicht-positional bewusst zu sein, dass er dieses wählt? So muss das Selbstbewusstsein des Zensors „Bewusstsein (davon) sein, Bewusstsein des zu verdrängenden Triebs zu sein, aber gerade, *um nicht von ihm Bewusstsein zu sein*“ (*SN* 129; *EN* 91–2). Was ist das anderes als Unaufrichtigkeit? Um die Unaufrichtigkeit zu erklären und zu beseitigen, hat die psychoanalytische Theorie „ein autonomes unaufrichtiges Bewusstsein“ hervorgebracht (*SN* 127–9; *EN* 91–2). Sartre zieht daraus den Schluss, sein Problem bleibe von der psychoanalytischen Alternative „unberührt“ (*SN* 132; *EN* 93). Die psychoanalytische Vorstellung von einer „Lüge ohne Lügner“ (*SN* 126; *EN* 90) verletze sowohl die psychische Einheit als auch die Transluzidität des Bewusstseins. Und eine „unendlich grosse Zahl von Fällen unaufrichtiger Verhaltensweisen“ (*SN* 132; *EN* 93) spreche gegen die psychoanalytische Erklärung.

Kaum weiter gekommen und noch nicht fähig, Details über das Verständnis des Unaufrichtigkeits-Mechanismus anzugeben, ist Sartre trotzdem von der Allgegenwart der Unaufrichtigkeit überzeugt und stellt als nächstes eine Frage, die in anderer Form zu Beginn des Kapitels über „Unaufrichtigkeit“ seine Untersuchung zur Möglichkeit des Abstreitens oder Negierens hervorbrachte: „Was muss der Mensch in seinem Sein sein, wenn er unaufrichtig sein können soll?“ (*SN* 120, 132; *EN* 85, 94).

Sartres Antwort kommt unverzüglich und sachbezogen. Seine phänomenologische Beschreibung des transitorischen und ausweichenden Verhaltens einer koketten Frau, die die nahen (und erwarteten) sexuellen Vorstösse in der Schwebe belässt (*SN* 132–5; *EN* 94–5), scheint ihm einen grundlegenden Einblick in den inneren Mechanismus und in die ontologischen Voraussetzungen der Unaufrichtigkeit zu geben. Im Sinne seiner in der „Einleitung“ getroffenen fundamentalen und zentralen Unterscheidung zwischen dem Sein Für-sich und dem Sein An-sich, d. h. zwischen einem Sein, „das ist, was es *nicht* ist, und das *nicht* ist, was es ist“ (z. B. *SN* 138; *EN* 97) auf der einen Seite und einem Sein, welches „ist, was es ist“ auf der anderen – behauptet Sartre nun, die menschliche-Realität sei „zugleich eine *Faktizität* und eine *Transzendenz*“ – d. h. sie sei sowohl ein „Gegebenes“ „was es ist“, als auch die Möglichkeiten im Kern ihrer Freiheit („was es nicht ist“). Die Kokette nützt die „metastabile doppelte Eigenschaft“ von Transzendenz-Faktizität zu ihrem Vorteil aus und stellt damit „eines der Basisinstrumente der Unaufrichtigkeit“ (*SN* 137; *EN* 97) zur Schau. Sie ist sich der Absichten ihres Begleiters und der Möglichkeit der „ersten Annäherung“ bewusst, aber sie beschliesst, nur das „Respektvolle“,

„das Diskrete“ zu erkennen, und „will nicht sehen“, was sich schliesslich mit der Zeit aus seinem gegenwärtigen Benehmen entwickeln könnte. Sie reduziert die Handlungen ihres Begleiters auf das, was sie sind, auf den Seins-Modus des An-sich oder des Dings, und betrachtet sie als aufrichtig oder wahr – so wie zum Beispiel ein Tisch rund ist. Darüber hinaus ist sie sich der Begierde, die sie weckt, bewusst, doch sie reinigt sie von allen erniedrigenden oder verführerischen Gefühlen, indem sie sie allein als „reine Transzendenz“ anerkennt; „sie weigert sich, sie [die Begierde] für das zu nehmen, was sie ist“. Sie lässt sich von ihm ihre Hand halten, wie wenn sie ein von ihr getrenntes Ding wäre, wird aber in diesem Moment zugleich „ganz Intellekt“. Sie versichert sich selbst, dass sie diese transzendierende Möglichkeit *ist* – intellektuell – in der Art, eine Sache zu sein (Faktizität), während sie gleichzeitig die auf sie gerichtete Begierde ihres Begleiters als eine „transzendente“ geniesst – d. h. als etwas ihm Mögliches, als *nicht seiend, was sie ist*. (Natürlich lehnt sie es auch ab, worauf ich schon hingewiesen habe, die impliziten Möglichkeiten in seiner „ersten Annäherung“ zu erkennen.) Trotz ihrer durchscheinenden Selbstbewusstheit versucht sie, die *Faktizität* in *Transzendenz* zu verwandeln und die *Transzendenz* in *Faktizität*. Sie spielt „Wippschaukel“ mit diesen zwei Aspekten, indem sie die „Doppel-Eigenschaft“ oder „Ambiguität“ ihres Seins ausnützt. Kurz, sie versucht nicht nur das „Nette“ im freien Benehmen ihres Begleiters „festzunageln“, sondern auch ihre eigenen transzendierenden intellektuellen Möglichkeiten (schliesslich ist sie nicht nur Körper oder was auch immer!), während sie gleichzeitig die Begierde ihres Begleiters hervorruft. Sie ist im Zustand der *Unaufrichtigkeit*; denn wenn sie ein Sein ist, welches *nicht* ist, was es *ist*, und welches ist, was es *nicht* ist, dann kann sie nicht „ganz Intellekt“ sein im Modus des An-sich, so wie ein Tintenfass ein Tintenfass ist: Sie *ist* frei und so ohne Identität oder Selbst-Koinzidenz. Wie Sartre viel später in *Das Sein und das Nichts* sagt: „Der Mensch ist frei, weil er nicht sich ist [...]. Das Sein, das ist, was es ist, kann nicht frei sein“ (*SN* 765; *EN* 516).

Nun haben wir zusätzlich zu unserem grösseren Einblick in Sartres Verständnis von Unaufrichtigkeit auch eine grundlegendere Antwort auf Sartres Frage, was das Sein der Menschen sein müsse, wenn sie zur Unaufrichtigkeit fähig sein sollen. „Die Möglichkeitsbedingung der Unaufrichtigkeit ist, dass die menschliche-Realität in ihrem unmitelbaren Sein, in ihrer Innenstruktur des präreflexiven Cogito das ist, was sie nicht ist, und nicht das ist, was sie ist“ (*SN* 153; *EN* 108). Wäre die menschliche-Realität nicht so konstituiert, könnte der schwankende Austausch mit abrupten Übergängen zwischen *Transzendenz* und *Faktizität* weder versucht noch erreicht werden. Wäre der Mensch nur „was er [oder sie] ist" (z. B. *sein An-sich*), wäre Unaufrichtigkeit „für immer unmöglich" (*SN* 139; *EN* 98): Wir könnten nicht in das selbstzerstörerische Unternehmen der Flucht vor unserer Freiheit involviert werden; wir könnten nicht mehr unsere Transzendenz als eine Faktizität ausgeben; wir könnten nicht mehr Zuflucht zu Identitäten und Möglichkeiten nehmen, uns auf etwas „festnageln", was wir waren, sind, oder möglicherweise in Zukunft sein werden. Kurz: Wir könnten nicht in „ein ständiges Entwischspiel" (*SN* 137; *EN* 97) verwickelt werden, das wir innerhalb der Doppeleigenschaft Transzendenz/Faktizität, innerhalb von Für-sich/An-sich, innerhab der zweideutigen „Natur" unseres Seins spielen.

Sartre verhilft uns zu einem besseren Verständnis einiger ontologischer Bedingungen für unsere ausweichenden oder selbsttäuschenden Versuche, vor unserer Freiheit oder unserem „Nichts" (oder „fehlendem Sein") zu fliehen und unangenehme Wahrheiten über uns selbst vor uns zu verstecken oder falsch zu deuten. Aber er hat uns noch nicht gezeigt, wie das *Sein* der menschlichen-Realität erlaubt, „sich selbst zu belügen". Wie können die Wechselwirkungen zwischen den „zwei Aspekten" oder der „Doppel-Eigenschaft" der menschlichen-Realität innerhalb eines Täuschungsplans der Transluzidität des Bewusstseins entgehen, bzw. wie können sie unter diesen Bedingungen erfolgreich stattfinden?

2 Glaube, Überzeugung und Überredung

Sartre spricht dieses Thema sehr direkt im schwierigen und äusserst wichtigen Abschnitt „Der ‚Glaube' der Unaufrichtigkeit" (*SN* 154–60; *EN* 108–11) an. Meiner Einschätzung nach verdient dieser Abschnitt des Kapitels die Priorität gegenüber der „Ehrlichkeit", dem „Zynismus" und der „Aufrichtigkeit" – drei (neben anderen) sehr bedeutenden Themen, die im gegenwärtigen Kontext nicht ignoriert werden können. Sartre weist schnell darauf hin, dass das „wahre Problem" der Unaufrichtigkeit seine Ursache in der Tatsache habe, dass Unaufrichtigkeit ein Glaube und nicht eine Gewissheit sei. Wir haben es nicht mit *Gewissheit* („dem intuitiven Besitz des Gegenstandes"), sondern mit *Überzeugung* – „dem Übereinstimmen des Seins mit seinem Gegenstande" – zu tun, wenn der Gegenstand entweder „nicht gegeben" oder [beachte!] „undeutlich gegeben ist" (*SN* 154; *EN* 108). Epistemologisch gesehen, verwandelt sich so das Problem in die Frage, ob und wie es möglich ist – unter der Voraussetzung, dass man sich der Versuche zu lügen bewusst ist – die an sich selbst gerichteten angeblichen Lügen zu glauben, ohne die „psychische Einheit“, auf der Sartre beharrt, zu zerstören.

Was erneut dargestellt werden muss, ist, dass das Bewusstsein „sich selbst“ mit Unaufrichtigkeit „affiziert“; man versetzt sich sozusagen in den Zustand der Unaufrichtigkeit, wie man sich in den Zustand des Schlafs versetzt. „Man muss ja bedenken, dass der Unaufrichtigkeitsentwurf selbst unaufrichtig sein muss; [...] [er] ist eine unaufrichtige Entscheidung über die Natur des Glaubens“ (*SN* 154–5; *EN* 108). Die Unaufrichtigkeit ist sich „ihrer Struktur bewusst“; es beginnt mit einem Bewusstsein davon, dass die menschliche-Realität (= bewusste Freiheit) metastabil ist, dass sie *ist*, was sie nicht ist und *nicht ist*, was sie ist; dass sie immer „in Frage steht“ oder auf Distanz zu sich selbst. Mit diesem Bewusstsein erkennt das Unaufrichtigkeits-Bewusstsein, dass jeder Glaube auch „sein eigenes Sein in Frage stellt“, dass alles Glauben ein Nicht-Glauben einschliesst, dass es keinen „vollkommenen“ oder „reinen“ Glauben gibt – denn ein solcher Glaube wäre selbstzerstörerisch. Wie es Sartre ausdrückt: „Glauben heisst, wissen, dass man glaubt, und wissen, dass man glaubt, ist nicht mehr glauben“: Vollkommener Glaube widerspricht der sich *verflüchtigenden* Natur des Bewusstseins. Aufgrund dieser Intuition will das Unaufrichtigkeits-Bewusstsein die Zerstörung jedes Glaubens – „ihm widersprechende Überzeugungen“ eingeschlossen; es „entscheidet“, dass „Nicht-Überredung die Struktur von jeder Überzeugung“ ist, und beschliesst, sich mit einer ungenügenden Beweiskraft zu begnügen. Die Unaufrichtigkeit „zeichnet sich vollständig ab in dem von ihr gefassten Beschluss, *nicht zuviel zu verlangen*, sich für befriedigt zu halten, wo sie kaum überzeugt ist, und ihre Übereinstimmungen mit ungewissen Wahrheiten durch Entschluss zu erzwingen“ (*SN* 155; *EN* 109). Mit anderen Worten: Das Unaufrichtigkeits-Bewusstsein – immer durchscheinend selbstbewusst – findet sich im voraus damit ab, nicht vom Beweis „erfüllt“ zu sein, zu akzeptieren, „überredet“ worden zu sein, wenn es noch nicht vollständig überredet ist, wenn es erst „nicht-überzeugende Beweise“ hat. Die Unaufrichtigkeit profitiert von der Natur des Glaubens und von der Selbstzerstörung durch das *Faktum* des Bewusstseins, indem sie sich aufgrund von schwachen Beweisanforderungen für ihre Überredung und für die „Wahrheit“ entscheidet. Wenn das Bewusstsein von Glauben selbstzerstörerisch ist, wenn jeder Glaube „nicht Glaube genug“ (*SN* 157; *EN* 110) ist, wenn so ein perfekter Glaube unmöglich ist, dann gibt es sicher Platz für unvollkommenen Glauben. Und ich bin durch meinen Mangel an Glauben, dadurch, dass ich nicht ganz glaube, nicht entmutigt, denn ich habe mir selbst versichert, um meine Überredung vorzubereiten, dass „man nie ganz glauben“ kann (*SN* 157; *EN* 110). Das heisst, am Anfang habe ich mir selbst „doppelgesichtige", zweideutige Begriffe ausgedacht, um mich mit ihnen selbst zu überreden. Ich habe mich selbst dazu bestimmt, überzeugt zu sein, sogar wenn ich „kaum überzeugt" (*SN* 156; *EN* 109) bin; nur um mich zu überzeugen, dass ich *bin*, was ich nicht bin oder *nicht bin*, was ich bin (vgl. wiederum das Spiel mit Faktizität/Transzendenz, das ich an anderer Stelle „reziproke Metamorphose" genannt habe). Indem ich realisiere, dass sich „Annihilation" an der Wurzel jeder Überzeugung oder jedes Glaubens befindet, kann ich zum Beispiel – auf unaufrichtige Weise – mir selbst versichern, dass ich nicht mehr feige als mutig bin. Ich kann nicht *wissen*, dass ich mutig bin, aber was soll's; die Intuition der Gewissheit (sage ich mir) begleitet nicht *jede* Überzeugung! So kann ich mich auf ausgewählte Beweise konzentrieren; ich kann die kritischen Gegenbeweise umgehen und mich selber überreden, dass der Umstand, dass ich nicht voll das glaube, was ich glauben will – dabei ist mir durchscheinend jede unangenehme Wahrheit, die ich (vor mir) verstecken möchte, bewusst – nur die *normale* unstabile Bedingung *jeder* Überzeugung und *jedes* Glaubens ist. Auf diese Weise „entwaffnet" und verdirbt die Unaufrichtigkeit im voraus allen Glauben – „den, den sie erlangen möchte, und zugleich den, vor dem sie fliehen will" (*SN* 158; *EN* 111). Kurz: Das Unaufrichtigkeits-Bewusstsein hat eine täuschende Haltung gegenüber der Ambiguität und der inneren Negation allen Glaubens angenommen, und hat, behaupte ich, eine für seine eigene Selbsttäuschung „wissende Vorbereitung" (*SN* 159; *EN* 111) getroffen. Der Glaube der Unaufrichtigkeit – zum Beispiel jener der Koketten – ist damit einverstanden, überzeugt oder „nicht ganz überzeugt" zu sein, sogar wenn er es nicht ist; sogar wenn er sich Kriterien ausgedacht hat, die er für eine *volle* Überredung nicht für angemessen hält.

Wir sind nun zu einem besseren Verständnis von Sartres Epistemologie der Unaufrichtigkeit gelangt, wie auch von der Möglichkeit, die Wahrheit vor sich selber zu verbergen (sich selbst zu belügen), ohne damit die Überzeugung, die man aufrecht erhalten möchte, zu *zerstören*. Tatsächlich bringt sich laut Sartre die Unaufrichtigkeit im Durchscheinen des Bewusstseins *nicht* dazu, ganz oder vollständig zu glauben, was sie glauben will (dies könnte „Aufrichtigkeit" sein, wenn Aufrichtigkeit möglich ist!). Denn zu glauben heisst, nicht zu glauben, und nicht zu glauben heisst, zu glauben. Sartre behauptet jedoch, Unaufrichtigkeit involviere genau, dass „sie es hinnimmt, nicht das zu glauben, was sie glaubt" (*SN* 158; *EN* 111). Das heisst, aufgrund ihrer *Entscheidung*, dass Nicht-Überredung charakteristisch für alle Überzeugungen ist, entscheidet und „akzeptiert" sie zu glauben, was zu glauben sie in der Offenheit des Bewusstseins sich nicht völlig überreden kann. Oder, um es anders auszudrücken: Unaufrichtigkeit erweist sich als ein Akzeptieren des Umstandes, dass man nicht *vollständig* „überredet" ist, sogar wenn man sich für „überredet" oder „überzeugt" hält. Unter der Voraussetzung der schwachen Beweisbedingungen und der dehnbaren Begriffe, mit denen sie beginnt, kann die unaufrichtige Person schliessen, dass sie diese Anforderungen erfüllt hat, und kann es rechtfertigen, das zu glauben, was sie glauben will, während sie es auf eine voll „überzeugte" Weise weiterhin „nicht glaubt". Und weil ihr Glaube ihre *eingeschränkten* Bedingungen für den Glauben erfüllt hat, muss der Glaube vor der *Transluzidität* des Bewusstseins nicht in sich zusammenfallen. Der Praktiker der Unaufrichtigkeit spielt „Wippschaukel" mit der Glauben/Nicht-Glauben-Dynamik des menschlichen Bewusstseins.

Eines ist jedoch gewiss: Sartre hat hier nicht gezeigt, auch nicht vorgegeben zu zeigen, dass Unaufrichtigkeit als ein Sich-selbst-belügen im „idealen" oder strengen Sinn eines vollständigen und erfolgreichen Versteckens einer Wahrheit vor sich selbst möglich ist, in dem Sinn, wie man eine Wahrheit vor den anderen verbirgt. Die Einheit und die „totale Transluzidität" des Bewusstseins verhindern dies. Doch hat er uns dargelegt, wie wir uns in einem sehr eingeschränkten Sinn in der Transluzidität und Einheit eines einzigen Bewusstseins selbst belügen können. Auf seine eigene Frage – „Wie können wir aus Glauben überzeugt sein von Begriffen, die wir ausdrücklich formen, um uns selbst zu überzeugen?" – hat er uns eine Verständnisweise angegeben – in Übereinstimmung mit seiner ontologischen Position, dass die menschliche-Realität metastabil und immer auf „Distanz" zu sich selbst ist –, wie wir uns selbst belügen können, wenn wir das quecksilbrige Phänomen des „Nicht-glauben-was-man-glaubt" (was Sartre die „totale Annihilation" allen Glaubens nennt) ausnützen (*SN* 158; *EN* 111). Die Unaufrichtigkeit der Koketten, zum Beispiel, schloss genau ihr Akzeptieren der Überzeugung ein, sie sei geistig, nicht körperlich, mit ihrem Begleiter zusammen, obwohl sie aufgrund der Transluzidität des Bewusstseins nicht voll davon überzeugt war. Warum sollte sie diesen Glauben aufgeben, könnte sie sich sagen, wenn Nicht-Überredung einen Teil der „Struktur jeder Überzeugung" ausmacht? Ihr zuvor vorbereitetes „Wahrheits"-Kriterium, das mit unzureichender Evidenz zufriedengestellt sein würde, erlaubte ihr, sich selbst zu „überzeugen" – im eingeschränkten Sinn von „Halb-Überredung" –, dass sie *nicht* das tat, von dessen Tun sie auf transluzide Weise doch Gewissheit hatte. Eine „Denkmethode" und eine Seinsweise, die in ihrer Absicht und in ihrem ursprünglichen Entwurf auf Täuschung angelegt waren, machten es möglich, dass dies geschah. Doch ich wiederhole, dass eines klar ist: Auch wenn die *Zustimmung*, zu glauben, was man nicht glaubt (oder das Umgekehrte) als eine abgeschwächte Form von Sich-selbst-belügen qualifiziert werden könnte – als etwas, das sich immer noch innerhalb der Einheit und der Transluzidität des Bewusstseins abspielt –, so ist das doch etwas ganz anderes als das vollständige Verbergen der Wahrheit vor dem Bewusstsein eines anderen bei der strengen oder „idealen“ Lüge. Tatsächlich gleicht es vielmehr dem, was Sartre als „gewöhnliche Lügen“ oder „Halb-Überredung“ bezeichnet. Obgleich problematisch, versieht das Sartre mit einer erfolgreichen Alternative zu Freuds Berufung auf ein selbst-widersprüchliches „Unterbewusstes“, um die Selbsttäuschung zu erklären.

Obwohl ich mich auf eine Erklärung des epistemologischen „Mechanismus“ oder der epistemologischen Strategie, durch die die Unaufrichtigkeit bei Sartre stattfinden kann, konzentriert habe, beabsichtige ich damit nicht zu suggerieren, Unaufrichtigkeit könne nur epistemologisch und nicht auch ontologisch sein. In der Tat hoffe ich, schon genügend Einblick in die Materie verschafft zu haben – manchmal zwischen den Zeilen – um nun vorzuschlagen, dass eine Unterscheidung zwischen *epistemologischer* und *ontologischer* Unaufrichtigkeit gemacht werden kann. Sartre sagt uns, das „Ziel der Unaufrichtigkeit“ sei, zu „machen, dass ich bin, was ich bin nach dem Modus von ‚Nicht-das-sein-was-man-ist‘, oder, dass ich nicht das bin, was ich bin nach dem Modus von ‚Das-sein-was-man-ist‘“ (*SN* 151; *EN* 106). Unaufrichtigkeit ist nicht einfach eine epistemologische Haltung, sondern eine der „*unmittelbaren* [und „originalen“] Handlungen, die wir gegenüber unserem *Sein* einnehmen können [was wir normalerweise auch tun]“ (*SN* 159; *EN* 111; Klammern von R. S.). Man könnte sagen, dass unser erster Seins-Entwurf für Sartre unsere ursprüngliche Unaufrichtigkeit konstituiert. Die menschliche-Realität wird durch ihr Nichts, ihre Freiheit oder ihren Mangel an Sein erschreckt und neigt beständig dazu, vor ihrem Nichts zu fliehen, ihre Leere zu „füllen“, *etwas* zu werden. Die ontologische Unaufrichtigkeit ist genau unsere Flucht vor der Freiheit und der Nicht-Koinzidenz, die wir sind, um das *Sein*, die Selbst-Koinzidenz, die Identität, das „was-man-ist“ (= An-sich-sein) zu verfolgen. „Die meiste Zeit“, schreibt Sartre, würden wir unser „Überlassensein“ an die Freiheit (und die Verantwortung) verweigern; „wir fliehen“ vor unserem reflexiven Erkennen unserer Freiheit (z. B. vor unserer Angst) in die (ontologische) Unaufrichtigkeit (*SN* 955; *EN* 642).

Im Grunde sehen wir so, dass das, was ich „ontologische Unaufrichtigkeit“ nenne, eher eine ursprüngliche Haltung zu unserer menschlichen-Realität als zu einer Überzeugung oder zu Beweisen ist. Während wir in der ontologischen Unaufrichtigkeit vor der uns kennzeichnenden Freiheit fliehen, die wir sind, profitieren wir in der epistemologischen Unaufrichtigkeit von der Ambiguität unseres Bewusstseins und unseres Glaubens, indem wir es zulassen, dass die Nicht-Koinzidenz und Flüchtigkeit unseres Glaubens eine Entschuldigung dafür wird, das zu glauben, was wir nicht glauben, oder das nicht zu glauben, was wir auf der Basis nicht überzeugender Evidenz glauben. In jedem Fall nützt die „Haltung" der Unaufrichtigkeit die metastabile oder schwer fassbare Struktur des Bewusstseins oder der menschlichen-Realität aus, wodurch Unaufrichtigkeit ermöglicht wird. Man könnte nun zwar argumentieren, epistemologische Unaufrichtigkeit sei einfach eine Untermenge unseres *ursprünglichen* ontologischen Entwurfs der Unaufrichtigkeit (der Suche nach der unmöglichen Synthese von Für-sich und An-sich), doch ich denke, dass wir Sartres herausfordernde Darstellung der Unaufrichtigkeit besser verstehen können, wenn wir sorgfältig zwischen der Unaufrichtigkeit als unserem „primären Entwurf" oder als „In-die-Welt-kommen" (*SN* 158–9; *EN* 111) und der Unaufrichtigkeit unserer spezifischen Akte, Entscheidungen, Verhaltensweisen unterscheiden – von Sartre illustriert an den Beispielen der Koketten, des Kellners, des Homosexuellen, der „frigiden Frau" und des „Aufrichtigkeits-Champions". Die Tatsache, dass sich beide Vorstellungen gegenseitig stützen, räumt die Notwendigkeit, sie zu unterscheiden, nicht aus dem Weg (vgl. Santoni 1995, 183–5). Wir müssen hier jedoch weiterfahren und die Behauptungen in Sartres Kapitel analysieren, die besonders problematisch sind.

3 Ist Unaufrichtigkeit zynisch?

In Anbetracht des Selbsttäuschungsmechanismus sowie der für die Unaufrichtigkeit bestimmten Täuschungs-Kriterien und -Begriffe (*SN* 154; *EN* 108) ist es (gelinde gesagt) überraschend, Sartres Behauptung zu lesen, Unaufrichtigkeit als Sich-selbst-belügen könne nicht eine „zynische Lüge" sein (*SN* 154; *EN* 108); in der Unaufrichtigkeit „gibt es weder zynische Lüge noch geschickte Vorbereitung trügerischer Begriffe" (*SN* 159; *EN* 108). Obwohl Sartre in rätselhaften, wenn nicht irrigen Abschnitten der Unaufrichtigkeit die Möglichkeit von „plötzlichen Anfälle[n] von Zynismus" (*SN* 124; *EN* 88) zuschreibt und – wie wir sahen – feststellt, dass die Unaufrichtigkeit „zwischen Aufrichtigkeit und Zynismus hin- und herschwankt" (*SN* 123; *EN* 88), lässt sich seine dominierende und emphatische Begründung, mit der er den Zynismus verneint, in seiner folgenden (mir so oft von meinen Kritikern vorgehaltenen) Aussage zusammenfassen: „Denn man wird zugeben, dass, wenn ich absichtlich und zynisch versuche, mich zu belügen, ich bei diesem Unternehmen vollkommen scheitere, die Lüge zurückweicht und sich unter meinem Blick auflöst; sie wird *von hinten* zerstört, eben durch das Bewusstsein, mich zu belügen" (*SN* 123; *EN* 88). Das Modell des zynischen Bewusstseins ist für Sartre die „ideale Lüge", die an die anderen gerichtete Lüge, bei der der Lügner eine *„zweifache negative Haltung*" (*SN* 121; *EN* 86) aufrechterhalten kann. In der Transluzidität ihres Bewusstseins kann die Person, die den andern belügt, die Wahrheit der Falschheit (erste Negation) sich selber verneinen (zweite Negation), die sie *wohlüberlegt* dem Andern übermittelt (d. h. einem anderen Bewusstsein). Sowohl in seiner beabsichtigten Verdrehung der Wahrheit wie in seinen vorgetäuschten Versicherungen gegenüber dem Anderen, dass er die Wahrheit erzähle, ist er unzweideutig zynisch: Er zeigt einen mangelhaften Sinn – sogar Verachtung – für die Wahrheit. Aber im Fall der *Unaufrichtigkeit* macht Sartre unter der Annahme einer einheitlichen und transluziden Struktur des Bewusstseins geltend, dass diese zweifache Negation und transluzide Verfälschung nicht auftreten könnten, ohne das ganze psychische System zu „zerstören".

Ich glaube, dass Sartre mit dieser Schlussfolgerung unrecht hat – unrecht sowohl im Hinblick auf die Bedeutung von „zynisch" im gewöhnlichen Sprachgebrauch wie auch im Hinblick auf die von ihm gegebene idiomatische technische Bedeutung (vgl. Santoni 1990 und 1995, Kap. 4). Indem sie die Ambiguität allen Glaubens ausnützt, indem sie die „Vorkehrungen" (*SN* 156; *EN* 109) und den Mechanismus des „Sich-selbst-belügens" vorbereitet, ist die Unaufrichtigkeit zynisch im umgangssprachlichen Sinn, da sie eine Gleichgültigkeit oder offenkundige Missachtung der Wahrheit an den Tag legt. Wer würde in diesem Zusammenhang verneinen (um Sartres eingestandenermassen suggestives Beispiel zu nehmen), dass die „frigide Frau", die ihr Bewusstsein vom Sexgenuss mit ihrem untreuen Mann „ablenkt", um sich selber ihre Frigidität zu beweisen, in ihrer Unaufrichtigkeit *zynisch* ist (*SN* 131; *EN* 93)? Und wenn ich – in der bedingten Form des Sich-selbst-belügens, die ich oben dargelegt habe – eine „Wahrheit", derer ich auf transluzide Weise bewusst bin, bestreite (mit Hilfe der „doppelgesichtigen Begriffe" und der verlogenen sorgfältig angefertigten Beweis-Kriterien), und „korrelativ" mir selbst gegenüber (eine „innere Negation") die Falschheit, zu der ich mich (halb) „überredet" habe, negiere, dann ist mein Selbstbelügen auch im *technischen* Sinn von Sartre zynisch. Mit Berufung auf meine gleichen fabrizierten „Halb-Überredungs-Kriterien" – Kriterien, die „nicht zuviel verlangen werden" – und durch den Beschluss, Gegenbeweise zu ignorieren, kann ich mir selber sogar „Bestätigungen" geben, die mich in dem unterstützen, was ich glauben will und auch erreicht habe zu „glauben", und dennoch nicht völlig glaube. (Können wir uns nicht vorstellen, wie die Kokette sich selber ihre zweifellos intellektuellen Absichten beteuert, indem sie sich an ihre Begeisterung über den zuvor besuchten Kurs in Existentialismus erinnert, wie auch an den Wunsch, mit ihrem Begleiter die Erkundung von *Das Sein und das Nichts* fortzusetzen?) Und sogar wenn man unaufrichtig ist, behaupte ich, kann man sich selber aus dem Blickwinkel eines falschen „Charakters", den man vorgetäuscht und angenommen hat, „bestätigen" oder „beteuern", dass man „die Wahrheit sagt". Ausserdem – um nur einen Schritt weiterzugehen mit den Bedingungen, die Sartre für ein zynisches Lügen voraussetzt – können diese „modifizierten" Bedingungen auch das „Objekt einer inneren Negation" (*SN* 121; *EN* 86) werden. Sowohl wegen der „Offenheit" wie wegen der *Metastabilität* des Bewusstseins kann ich mir selbst gegenüber die „Halbwahrheiten" meiner Beteuerungen negieren, während ich weiterhin „kaum überzeugt" bleibe von dem, was ich glauben, maskieren oder verstecken will. Ich kann mir sagen, dass angebliches Glauben von Beteuerungen, wie alles Glauben, ein „Nicht-genügend-glauben" involviert.

Wiederum muss ich meinen Standpunkt klarstellen: Ich vertrete hier nicht die Ansicht, dass Sartres Unaufrichtigkeit im genau gleichen Sinn zynisch sei, wie eine strenge oder ideale Lüge zynisch ist. Denn unter der Voraussetzung der Ontologie des Bewusstseins kann Unaufrichtigkeit nur eine *eingeschränkte* „Lüge" sein. Jedoch behaupte ich, dass Sich-selbst-belügen ein zynisches Motiv hat und in einem eingeschränkten Sinn die Kennzeichen teilt – vor allem die „zweifache negative Einstellung" – die Sartre dem zynischen Bewusstsein zuschreibt. Obwohl Unaufrichtigkeit nicht, wie die ideale Lüge gegenüber anderen, ein Beispiel für das ist, was man „idealen" Zynismus nennen könnte, so stellt sie doch – als ein Glaube, der „sich selbst mit Unaufrichtigkeit affiziert" und die „Doppel-Eigenschaft" des menschlichen Bewusstseins ausnützt – einen *modifizierten* Zynismus dar, der dem Licht eines einheitlichen „Mattglas"-Typs von Bewusstsein (vgl. Morris 1992, 104–19) widersteht. Unaufrichtigkeit nützt am Anfang und am Ende ihres Entwurfs die Ambiguität des Bewusstseins aus und *spielt mit* der Wahrheit.

Meine früheren Formulierungen dieser These sind nicht unwidersprochen geblieben (vgl. Morris 1997; Monasterio 1997). Kritiker verwiesen auf Sartres Aussage – eine Aussage, die ich gründlich kenne und selber regelmässig in meinen Arbeiten zitiert habe – dass es sich bei der Unaufrichtigkeit „nicht um eine reflektierte, willentliche Entscheidung, sondern um eine spontane Bestimmung unseres Seins" handle (*SN* 155;

EN 109). Und ich sollte mich ihnen anschliessen, indem ich – wie ich es hier tue – eine frühe Aussage in Sartres Analyse angebe, die besagt: Der Entwurf der Unaufrichtigkeit impliziere *„ein präreflexives Erfassen (von) dem Bewusstsein* [Hervorhebung von R. S.], dass es sich in Unaufrichtigkeit verwirklicht“ (*SN* 123; *EN* 87). Kritiker von mir haben aber argumentiert: Wenn solche Aussagen zutreffen, *kann* Unaufrichtigkeit bei Sartre *nicht* als zynisch bezeichnet werden, denn Zynismus erfordere ein *reflexives* Bewusstsein.

Nach meiner Auffassung ist dieses Argument vorschnell und übersieht Ambivalenzen, Komplexitäten und Schwierigkeiten in Sartres Position. Wir wollen zuerst die Unterscheidung erkennen, die Sartre bereits in *Die Transzendenz des Ego* zwischen dem *reflexiven* und dem *unreflexiven* Bewusstsein macht. Während ein unreflexives Bewusstsein nach aussen, von uns und von unserer bewussten Tätigkeit weggelenkt wird (aber auch auf *nicht-positionelle* Weise selbstbewusst ist), nimmt ein *reflexives* Bewusstsein „Bewusstsein als ein Objekt“ und richtet seinen Blick und seine Aufmerksamkeit auf seine eigenen Akte. Kurz: Während das unreflexive Bewusstsein „erster Ordnung“, obwohl nicht-thetisch seiner selbst bewusst, sich auf externe Objekte richtet und von ihnen absorbiert wird, beschäftigt sich das reflexive Bewusstsein „zweiter Ordnung“ „positionell“ oder „thetisch“ mit sich selbst.

Alles in allem bezieht sich Sartre auf Unaufrichtigkeit fraglos als auf ein hauptsächlich unreflexives Unternehmen. Aber Kritiker meiner Minderheits-Interpretation scheinen im Hinblick auf die Unaufrichtigkeit etwas von Sartres „Doppelzüngigkeit“ („double speak“) zu übersehen und jene Aussagen Sartres nicht zu kennen, die die Arbeit des reflexiven Bewusstseins im Entwurf und in den Tätigkeiten der Unaufrichtigkeit sehr betonen. Es fällt schwer zu glauben, dass Sartres „Unaufrichtigkeit“ tun kann, was sie tut, ohne sich mit sich selbst zu befassen und ohne sich darauf zu konzentrieren, was sie tut. Wenn das Unaufrichtigkeits-Bewusstsein „doppelgesichtige Begriffe“ „ausdrücklich zum Zweck der Überzeugung“ seiner selbst konstruiert; wenn es „sich im voraus damit abfindet, nicht völlig durch Beweis erfüllt zu sein“, wenn es „*entscheidet*“ und „*will*“, was es ist; wenn es „Vorsichtsmassnahmen“ getroffen hat, um erfolgreich zu glauben, was es nicht glaubt; wenn es „verständnisvolle Vorkehrungen“ zu seiner Selbsttäuschung trifft – dann kann es kaum ein völlig unreflexiver Entwurf sein. Bei all diesen Tätigkeiten scheint Sartre ein so „robustes“ unreflexives Bewusstsein anzunehmen, dass die Reflexion (ein Bewusstsein, das sich mit sich selber befasst, um „die Natur seiner Voraussetzungen“ zu bestimmen und „sich selbst für immer zu erhalten“) ein notwendiger Bestandteil des

Bewusstseins wird (*SN* 154–6; *EN* 108–9). Wie kann Sartre abwechselnd die Reflexion und den Zynismus von der Unaufrichtigkeit ausschliessen, wenn er – wobei die umstrittene Wahl seines Beispiels einmal „eingeklammert" sei – die Unaufrichtigkeit von „pathologisch frigiden Frauen, [die] sich *bemühen*, sich im voraus von der Lust abzulenken, die sie fürchten" (*SN* 131; *EN* 93; Hervorhebung von R. S.) *anerkennt*; und wie steht es mit der Unaufrichtigkeit des Menschen, „der absichtlich in einer Periode seines Lebens *stehenbleibt* und sich weigert, die späteren Veränderungen in Betracht zu ziehen?" (*SN* 137–8; *EN* 97).

Als wesentlich ist auf diesen Seiten der Umstand zu beachten, dass Sartres wiederholte Verwendung der Wörter „beschliessen", „wollen" und manchmal „überlegt" bezüglich der Unaufrichtigkeit gegen seine Charakterisierung des unreflexiven Unaufrichtigkeitsbewusstseins als einer „spontane[n] Projektion seiner selbst auf seine Möglichkeiten hin" (*SN* 816; *EN* 550) zu sprechen scheint. Die Einzelheiten dieses Problems übersteigen jedoch den Rahmen meiner Aufgabe eines kritischen Kommentars. Ich möchte es dabei bewenden lassen, zu sagen, dass, obwohl „willentlich" und „unwillentlich" in diesem Kontext nicht austauschbar mit „reflexiv" und „unreflexiv" verwendet werden, das *Willentliche* „das Erscheinen eines reflexiven Bewusstseins" erfordert, während das *Unwillentliche* in Begriffen der Spontaneität und eines „rein unreflexiven Bewusstseins" aufgefasst wird (*SN* 782–3; *EN* 527–8). Wenn man also annimmt, dass Wollen und Überlegung Teil des willentlichen Bewusstseins sind, und dass das willentliche Bewusstsein Teil des reflexiven Bewusstseins ist, dann lässt sich sagen, dass das Wollen der eigenen Selbsttäuschung und ihrer hinterhältigen Mittel Reflexion nach sich zieht. Und wenn in der Transluzidität des Bewusstseins eine reflexive oder bewusste Absicht zur Selbsttäuschung besteht, dann kann die Unaufrichtigkeit dem Vorwurf des Zynismus nicht entgehen.[2] Daraus folgt, dass auch das gegen mich angeführte Argument einiger meiner konstruktiven Kritiker (z. B. Phyllis Morris, Joseph Catalano, David Detmer) – die Unaufrichtigkeit könne, weil sie unreflexiv stattfinden soll, nicht zynisch sein – zusammenbricht (vgl. z. B. Morris 1997; Monasterio 1997).

2 Die Leser dürfte es vielleicht interessieren, dass Sartre später (z. B. *SN* 817–20; *EN* 550–3) bei der Diskussion eines Minderwertigkeitskomplexes davon spricht, „dass die willentliche Erwägung mit Unaufrichtigkeit beschliesst, unsere Minderwertigkeit […] zu kompensieren oder zu verdecken." (*SN* 819; *EN* 552).

In diesem Zusammenhang mögen noch zwei weitere Punkte, wenn nicht entwickelt, so doch am Rande bemerkt werden. Erstens können wir festhalten: Wenn Angst „das *reflexive* Erfassen der Freiheit durch sie selbst“ ist (*SN* 108; *EN* 77; Hervorhebung von R. S.), und wenn *ontologische* Unaufrichtigkeit, wie ich es angegeben habe, „Flucht vor der Angst“ (z. B. *SN* 115; *EN* 82) ist, dann gibt es für uns zusätzliche *prima facie*-Gründe zu glauben, dass die Unaufrichtigkeit auf einem reflexiven Niveau[3] abläuft, und dass sie in der Tat zynisch ist – vor allem im Lichte von Sartres Aussage, „dass ich den Gegenstand meiner Flucht im Auge haben muss, um ihn zu fliehen“ (*SN* 115; *EN* 82). Diese Beobachtung wird noch bestärkt durch Sartres vorangehende Aussage (in Bezug auf das, was ich zu verschleiern wünsche): „Ich muss ständig daran denken, um aufzupassen, dass ich nicht daran denke“ (ebd.). Diese Art von konzentrierter Aufmerksamkeit *durch* und *auf* das Bewusstsein lässt kaum auf ein präreflexives (oder unreflexives) Bewusstsein schliessen.

Zweitens möchte ich auf eine unglückliche Verwirrung hinweisen, die Sartre mit einigen seiner falschen oder übertriebenen Darstellungen der Unaufrichtigkeit und des unreflexiven Bewusstseins anrichtet. Nachdem er uns erzählt hat, die Unaufrichtigkeit sei unreflexiv und das unreflexive Bewusstsein sei „spontane Projektion seiner selbst auf seine Möglichkeiten hin“, schliesst er, es könne sich „nie über sich täuschen“ (*SN* 816; *EN* 550). Wenn die Unaufrichtigkeit jedoch unreflexiv ist, und wenn die Selbsttäuschung eine dominierende Form der Unaufrichtigkeit ist, dann scheint Sartres Schlussfolgerung, das unreflexive Bewusstsein könne nicht über sich selbst getäuscht werden, radikal mit den „Verhaltensweisen der Unaufrichtigkeit“ (*SN* 132–53; *EN* 94–108) zu kollidieren, die er anbietet, um Selbsttäuschung als paradigmatisch für Unaufrichtigkeit herauszustellen.

4 Ehrlichkeit und Aufrichtigkeit

Es wäre schwierig, eine Studie über Sartres Analyse der Unaufrichtigkeit abzuschliessen, ohne Sartres kontroverse Behauptungen hinsichtlich „Ehrlichkeit“ und „Aufrichtigkeit“ zu beachten und kritisch zu beurteilen. Der verfügbare Raum erlaubt hier aber nur einen skizzenhaften Abriss.

3 Ich stehe hier in der Schuld von Thomas Flynn, der den Kern dieses Punktes (an den ich früher selber gedacht habe) in seinem Kommentar zu meinem Buch *Bad Faith, Good Faith, and Authenticity* während einer ausgedehnten „Autor-trifft-Kritiker“-Sitzung im Rahmen des Treffens der American Philosophical Association zum Ausdruck gebracht hat (die Tagung fand in Los Angeles ca. am 28. März 1998 statt).

Sartre macht die verwirrende Behauptung, dass die Ehrlichkeit, gewöhnlich als die „Antithese der Unaufrichtigkeit“ apostrophiert, die phänomenologische/ontologische Struktur und das Ziel der Unaufrichtigkeit teile. Das Ideal der Ehrlichkeit sei: „Der Mensch soll *für sich selbst* nur das sein, was er *ist*“ (*SN* 138; *EN* 98); über das Ziel der Ehrlichkeit heisst es: „Machen, dass ich mir das eingestehe, was ich bin, damit ich schliesslich mit meinem Sein übereinstimme“ (*SN* 151; *EN* 106). Oder: „Ehrlich sein, sagten wir, ist das sein, was man ist“ (*SN* 145; *EN* 102). Aber der „eigentliche Stoff des Bewusstseins“ („nicht zu sein, was man ist“) schliesst die Möglichkeit aus, dass die menschliche-Realität „zu sein, was man ist“ oder sein An-sich erreicht. Jeder Versuch, ehrlich zu sein, ist „zum Scheitern verurteilt“ (*SN* 146; *EN* 102–3). „Was ist denn also die Ehrlichkeit, wenn nicht eben ein Phänomen der Unaufrichtigkeit?“ (*SN* 146–7; *EN* 103). Das Ziel der Ehrlichkeit, wie das der Unaufrichtigkeit, sei, „sich ausser Reichweite zu bringen [...]. Machen, dass ich bin, was ich bin nach dem Modus von ‚Nicht-das-sein-was-man-ist‘.“ Es ist geplante „Flucht“ vor der Freiheit in den Modus des An-sich-seins (*SN* 150–1; *EN* 106); es ist ein Versuch, der Ambiguität und der Nicht-Substantialität der freien menschlichen-Realität zu entfliehen, indem man die Selbst-Koinzidenz anstrebt; indem man versucht, das Bewusstsein festzunageln.

Wie anderswo schon ausgeführt (vgl. Santoni 1995, 10–6 und 1997), halte ich wiederum die These aufrecht, dass hier ein grosser Teil von Sartres Anspruch seine Wurzeln in einer Äquivokation hat und deshalb scheitert. Kurz: Ich glaube, dass sich Sartre illegitimerweise vom gewöhnlichen Sprachgebrauch oder vom gewöhnlichen Sinn von Ehrlichkeit als sein „was man ist“ zu der hochtechnischen Bedeutung dieses Ausdrucks hin bewegt, die er dem Begriff in seinem eigenartigen ontologischen System unterlegt. Anders gesagt: Sartre gelingt es, gewöhnliche Befürworter der Ehrlichkeit zu schockieren, indem er den allgemeingebräuchlichen Ausdruck „sein, was man ist“ mit seiner eigenen technischen Bedeutung ausstattet und daraus schliesst, dass jeder Entwurf der Ehrlichkeit, der plant „zu sein, was man ist“, das verdinglichende (z. B. „An-sich“-gelenkte), objektivierende Unaufrichtigkeitsunternehmen konstituiere, das sein ontologisches System – und seine (davon) abgeleitete Analyse der Unaufrichtigkeit – suggeriert. Die Anwendung seiner technischen Bedeutung von „sein, was man ist“ auf die umgangssprachliche Bedeutung des Ausdrucks versagt darin, die positive Konnotation des Ausdrucks, die im umgangssprachlichen Gebrauch intendiert ist, (z. B. „wahr sein gegen sich selbst“ oder „leben gemäss dem, wozu man sich bekennt“) adäquat anzuerkennen, und sie befleckt auf diese Weise willkürlich die Bedeutung von Ehrlichkeit. An einer Stelle gibt er zu: „Uns geht es hier nur um die Ehrlichkeit, die auf sich selbst in der gegenwärtigen Immanenz aus ist“ (*SN* 151; *EN* 106). Aber sogar wenn dies sein dominierendes und exklusives Anliegen wäre – und der überwiegende Teil des Textes macht diesen Vorbehalt nicht – können wir berechtigterweise fragen, wie oft man die Art von *Forderung* stellt, die z. B. der „Champion der Ehrlichkeit“ dem Homosexuellen aufzwingt; oder wie oft man beim Streben nach Ehrlichkeit eigentlich Selbst-Objektivierung beabsichtigt? Sartres sonst schwungvoller und kontroverser Argumentation zur Unaufrichtigkeit der Ehrlichkeit nimmt diese restriktive und enge Interpretation viel von ihrer Überzeugungskraft (z. B. *SN* 145–51; *EN* 102–6). Ausserdem nützt die letztere Behauptung, wie ich zu zeigen versuchte, eine Äquivokation aus.

Sartres Diskussion der „Aufrichtigkeit“ im „Unaufrichtigkeits“-Kapitel von *Das Sein und das Nichts* ist ähnlich mühsam und verwirrend: „Das Ideal der Aufrichtigkeit (das glauben, was man glaubt) ist, wie das der Ehrlichkeit, (das sein, was man ist) ein Ideal von An-sich-sein“ (*SN* 157; *EN* 110); das heisst, das Ideal der Aufrichtigkeit ist ein Unaufrichtigkeitsideal. Wenn alles Bewusstsein metastabil, schwer fassbar, auf Distanz zu sich selbst und unruhig ist; falls alles Glauben in der Folge nicht genügend Glauben ist und so den Glauben „verfehlt“, dann ist jeder Entwurf, vollständig zu glauben, was man glaubt; ist jeder Entwurf, das Glaubensbewusstsein festzunageln, ein Entwurf der Selbsttäuschung und der Unaufrichtigkeit. Auf diese Weise kann Aufrichtigkeit, wie Ehrlichkeit, nicht die Antithese der Unaufrichtigkeit sein, „weil die Unaufrichtigkeit die Aufrichtigkeit wiedererfasst und sogar zum Ursprung ihres Entwurfs zurückgleitet.“ (*SN* 159 Anmerkung ; *EN* 111 note 1), oder – wie er später in *Cahiers pour une morale* sagt – „nur die Unaufrichtigkeit kann am Ursprung der Aufrichtigkeit sein“ (*Cahiers* 18, Eigenübers.).

Sagen lässt sich zumindest, dass Sartres dürftige Diskussion der Aufrichtigkeit in *Das Sein und das Nichts* zwei Seiten aufweist, und ich möchte die andere Seite nun aufwerten. Obwohl er behauptet, die Aufrichtigkeit teile das Unaufrichtigkeitsideal der Selbst-Koinzidenz (z. B. *SN* 157–8; *EN* 110), stellt er diese zwei „unmittelbaren Haltungen“ doch deutlich einander gegenüber. Er macht z. B. klar: „Die Unaufrichtigkeit bewahrt nicht die Normen und Kriterien der Wahrheit, so wie sie von aufrichtigen *kritischen* Denkern akzeptiert werden. […] sie findet sich von Anfang an damit ab, […] nicht überzeugt und in *Aufrichtigkeit* verwandelt zu werden“ (*SN* 155; *EN* 108–9; Hervorhebung von R. S.). Um hier wenigstens meine Entwicklungslinie anzudeuten: Unaufrichtigkeit als eine fundamentale existentielle Haltung repräsentiert eine hermetische unkritische Haltung (oder „Bestimmung des Seins“) gegenüber Beweisen, wohingegen die *Aufrichtigkeit* eine offene, kritische Haltung oder „Bestimmung des Seins“ gegenüber Beweisen einschliesst. Wie wir gesehen haben, missbraucht die Unaufrichtigkeit den Glauben, indem sie von der Unmöglichkeit eines „vollkommenen Glaubens“, sowie von der Ambiguität und dem selbstzerstörerischen Potential jedes Glaubens profitiert. Indem sie sich „zweigesichtige“, zweideutige Begriffe ausdenkt und einen kritischen Beweis umgeht, erlaubt sie sich selbst, durch unkritische und selektive Beweise „überredet“ zu werden. Aber obwohl *Aufrichtigkeit*, wie alles Bewusstsein, den ontologischen Wunsch des Bewusstseins nach Vervollständigung (z. B. nach der Fülle des Seins) und die Disposition zu einer „unerschütterlichen Standhaftigkeit im Glauben“ teilt, *verfolgt* sie doch nicht dieses „Ideal“ des Seins; sie benutzt auch nicht die Unmöglichkeit, den perfekten Glauben zu erreichen, als Ausrede, um „ungerechtfertigten Glauben“ als überzeugend zu akzeptieren. Mit anderen Worten: Obwohl das Aufrichtigkeits-Bewusstsein, wie jeder Glaube, das Ideal des „vollkommenen Glaubens“ teilt – weil es von Geburt an der Selbst-Koinzidenz oder dem Füllen des „Loches im Sein“ zuneigt –, so beutet es doch nicht die Unmöglichkeit aus, das Ziel zu erreichen, oder flieht vor dieser Unmöglichkeit: Das Aufrichtigkeitsbewusstsein duldet nicht, wie die Unaufrichtigkeit, dass stillschweigend unangenehme „Wahrheiten“ oder die Angst vor einem „beunruhigten“ Bewusstsein ausser Reichweite verlegt werden. Deshalb sollte Aufrichtigkeit nicht einfach als ein Fall von Unaufrichtigkeit angesehen werden.

Ich habe in dieser gedrängten Gegenüberstellung den Akzent auf das gelegt, was ich epistemologische Aufrichtigkeit nenne. Diese kurzen Kommentare sollten jedoch schon andeuten, dass Aufrichtigkeit – ebenso wie Unaufrichtigkeit – auch ontologisch betrachtet werden kann. Tatsächlich kann von der epistemologischen Aufrichtigkeit gesagt werden, sie wurzle in einer „unmittelbaren Haltung“, die wir angesichts unseres *Seins* einnehmen, das heisst, angesichts unserer mehrdeutigen Freiheit oder unseres „beunruhigten“ Bewusstseins. Trotz einiger Aussagen Sartres, die suggerieren (und auch oft in dieser Bedeutung verstanden werden), dass man die Unaufrichtigkeit an der Wurzel der Aufrichtigkeit finde, dass Bewusstsein Mangel sei und die Vervollständigung *intendiere*, sollte man erkennen, dass das Bewusstsein für Sartre frei ist, beides zu tun; es kann vor seinem Überlassensein an die Freiheit und die Verantwortung fliehen, oder es kann diesen Umstand akzeptieren. Das letztere würde natürlich die ontologische Haltung der Aufrichtigkeit konstituieren. Im Gegensatz zur Unaufrichtigkeit akzeptiert die Aufrichtigkeit *präreflexiv* die Mehrdeutigkeit des Bewusstseins.[4]

Kurz: Trotz Sartres Pessimismus und Ambivalenz in Hinsicht auf die Möglichkeit der Aufrichtigkeit behaupte ich, dass der Begriff der Aufrichtigkeit in Sartres Buch *Das Sein und das Nichts* zu retten ist. Man darf das jedoch nicht so interpretieren, als betrachte ich Aufrichtigkeit im Sinne Sartres als eine „Haltung“ der Befreiung vom ursprünglichen Entwurf oder von der „natürlichen Haltung“ der Unaufrichtigkeit. Obwohl ich tatsächlich glaube, dass Sartres Philosophie eine Befreiung aus der Hölle der mit der Unaufrichtigkeit verbundenen „natürlichen“ und (für Sartre) *präreflexiven* Verfolgung der Selbst-Koinzidenz und des Seins verschafft („la poursuite de l'Être c'est l'enfer“ – *Cahiers* 42), halte ich aufrecht – und Francis Jeansons „anerkannte“ Interpretation würde mich hier gewiss unterstützen (Jeanson 1965) – dass diese Befreiung nur durch eine gewollte *reflexive* „radikale Konversion“ zu einer „neuen“ *moralischen* Haltung und Lebensweise zustandekommt, in der ich beschliesse, die spontane, mehrdeutige und beunruhigende Freiheit, die ich bin, zu bejahen, zu schätzen und zu leben. Diese Art von Befreiung nennt Sartre *Authentizität*. Obwohl Interpreten von Sartre – und manchmal Sartre selbst[5] – zu oft die sartreschen Kategorien der Authentizität und der Aufrichtigkeit verschmolzen haben, unterstützen Sartres *Tagebücher* und die *Cahiers pour une morale*, zusammen mit einigen Fussnoten in *Das Sein und das Nichts* (z. B. *SN* 159; *EN* 111), glaube ich, mein Beharren darauf, dass sie nicht gleichgesetzt werden sollten. Die Leser müssen jedoch für meine vollständige Argumentation an anderer Stelle nachsehen (Santoni 1995, Kap. 6 und 7).[6]

Aus dem Englischen übersetzt von Peter Mosberger.

4 Für meinen detaillierten Versuch, Sartres Konzept der „Aufrichtigkeit“ zu rekonstruieren und zu retten, vgl. Santoni 1995, vor allem die Kapitel 4 und 6. In diesem Werk lege ich auch dar, welchen Punkten der Analyse des amerikanischen Kommentators Joseph Catalano ich zustimme oder bei welchen ich Einwände habe. Vgl. Santoni 1997/1, vor allem 83–5.

5 In seiner Konklusion in *Das Sein und das Nichts*, in *Der Existentialismus ist ein Humanismus* und in *Überlegungen zur Judenfrage* scheint Sartre diese Begriffe zu verwechseln und/oder sie austauschbar zu verwenden.

6 Um einen Vorgeschmack meines Arguments zu erhalten, seien die Leser darauf hingewiesen, dass Sartre in *Cahiers pour une morale* z. B. sagt, dass die Authentizität als „eine Weise, sich selbst und für sich selbst zu sein […] die Dialektik der Ehrlichkeit und der Unaufrichtigkeit transzendiert“ (490, Eigenübers.).

Literatur

Catalano, Joseph 1996: Good Faith and Other Essays. Perspectives on Sartrean Ethics, Lanham, Rowman and Littlefield Publishers.

Detmer, David 1998: unpublizierter detaillierter Kommentar zu Bad Faith, Good Faith, and Authenticity in Sartre's Early Philosophy anlässlich einer ‚Author Meets Critics'-Session; American Philosophical Association, Los Angeles, Ca., 28. März 1998.

Eshleman, Matthew 2008: „The Misplaced Chapter on Bad Faith, or Reading *Being and Nothingness* in Reverse," Sartre Studies International, Vol. 14, No. 2, 1–22.

Eshleman, Matthew 2008: „Bad Faith is Necessarily Social," Sartre Studies International, Vol. 14, No. 2, 40–47.

Jeanson, Francis 1965: Le problème moral et la pensée de Sartre, Paris, Seuil.

Kaufmann, Walter (Hrsg.) 1954: The Portable Nietzsche, New York, The Viking Press.

Monasterio, Xavier 1997: „Santoni on Bad Faith and Sincerity. A Vindication of Sartre", in: Sartre Studies International, 3, Issue 2, 52–61.

Morris, Phyllis 1992: „Sartre on the Self-Deceiver's Translucent Consciousness", in: Journal of the British Society of Phenomenology, 23, No. 2, 103–19.

Morris, Phyllis 1997: „Review of Bad Faith, Good Faith, and Authenticity in Sartre's Early Philosophy", in: Man and World, 30, 115–22.

Nietzsche, Friedrich 1954: „The Anti-Christ", in: The Portable Nietzsche. Selected and translated by Walter Kaufmann, New York, The Viking Press, 565–656.

Santoni, Ronald E. 1990: „The Cynicism of Sartre's ‚Bad Faith'", in: International Philosophical Quarterly, 30, No. 1, 1–15.

Santoni, Ronald E. 1995: Bad Faith, Good Faith, and Authenticity in Sartre's Early Philosophy, Philadelphia, Temple University Press.

Santoni, Ronald E. 1997: „Towards a Mature Sartrean Ethics. On Catalano's ‚Sketch'", in: Sartre Studies International, 3, Issue 1, 82–94.

Santoni, Ronald E. 1997: „On Monasterio's ‚Vindication' of Sartre", in: Sartre Studies International, 3, Issue 2, 63–71.

Santoni, Ronald E. 2004: „Mauvaise Foi," in Dictionnaire Sartre, F. Noudelman and G. Philippe, eds., Paris, Honoré Champion.

Santoni, Ronald E. 2005: „The Bad Faith of Violence – and Is Sartre in Bad Faith Regarding it?" Sartre Today: A Centenary Celebration, A. Van den Hoven and A. Leak, eds., New York and Oxford, Berghahn Books. Also in Sartre Studies International, Vol. 11, No. 2, 62–77.

Santoni, Ronald E. 2008: „Is Bad Faith Necessarily Social?", Vol. 14, No. 2, 23–39.

Santoni, Ronald E., Forthcoming 2014: L'Omniprésence de la mauvaise foi dans l'œuvre de Sartre – et son influence rétentissante," in L'Actualité de Jean-Paul Sartre: philosophie, littérature, politique, Lazzari Alessandro, ed., Presses Universitaires de Rennes.

5

Alain Renaut

„Von der Subjektivität ausgehen". Bemerkungen zur Transformation des Subjekts bei Jean-Paul Sartre (163–215)

Das Kapitel über „Die unmittelbaren Strukturen des Für-sich", das den zweiten Teil von *Das Sein und das Nichts* eröffnet, ist in zweifacher Hinsicht interessant:

- Indem Sartre die Ergebnisse seiner Arbeit über die Phänomenologie einbringt, präsentiert er hier (mehr oder weniger überzeugend) die Umrisse seiner Theorie des Subjekts.
- Ausserdem beleuchtet das Kapitel, in dem Masse wie es die durch den Beitrag der Phänomenologie erneuerte Theorie des Subjekts entwickelt, zum ersten Mal auch die philosophisch letzten Gründe von Sartres markantem Interesse am Problem der Moral.

Es ist bekannt, dass Sartre auf den letzten Zeilen des Buches ein „nächstes Werk" ankündigt, in dem sich die Fragestellung „auf das Gebiet der Moral" verschieben sollte: Die Ontologie, die er ausgearbeitet habe (im Sinne, dass *Das Sein und das Nichts* ganz der Unterscheidung zweier Arten des Seins – dem *An-sich* der Dinge und dem *Für-sich* der „menschlichen-Realität" – gewidmet war), zeige den Menschen tatsächlich (erklärt er in dieser Schlusspassage), dass es in ihrem Sein selbst eine moralische Problematik gebe, da der Mensch das Wesen sei, „durch das die Werte existieren", insofern „seine Freiheit die einzige Quelle des Wertes" sei. Er legitimiert diese keinen Widerspruch duldende Behauptung und das daraus resultierende Programm auf einigen sehr schwierigen Seiten dieses Kapitels unter dem Titel: „Das Für-sich und das Sein des Wertes" (*SN* 181 ff.; *EN* 127 ff.). Um diese Legitimation zu verstehen, ist es gleichwohl notwendig, diese Seiten (wie es hier versucht werden soll) wieder in ihren Kontext zu stellen; ebenso das Kapitel über „Die unmittelbaren

Strukturen des Für-sich" selbst, da Sartre die innere Verbindung zwischen der Bejahung des Subjekts und der moralischen Problematik dadurch sichtbar macht, dass er die konstitutiven Bestimmungen der Subjektivität konstruiert.

1 Die Neubestimmung des Cogito

Die erste Bestimmung in dieser Entwicklung des Für-sich dürfte unproblematisch sein, da es sich um die „Anwesenheit bei sich" oder das „Bewusstsein" handelt: Damit wird in anscheinend klassischer Manier gerade die Dimension des Cogito selbst in den Vordergrund gerückt, was Sartre ausdrücklich evoziert (*SN* 163; *EN* 115), wenn er an Heidegger den bezeichnenden Vorwurf richtet, das „Projekt" oder den „Entwurf" – d. h. die Art und Weise, in der die Eigenart der „menschlichen-Realität" nicht das Sich-Einschliessen der Sache, sondern die „Ek-sistenz" als Eröffnung von Möglichkeiten ist – nicht in der Dimension des Bewusstseins verankert zu haben (ein Vorwurf, der auch auf Seite 182 [*SN*; *EN* 128] wieder formuliert wird). Gegen Heidegger muss also erkannt werden, dass es keinen Entwurf ohne Subjekt gibt; kein *Dasein* ohne *Bewusstsein*, weil derjenige, der seine Möglichkeiten entwirft, sich notwendigerweise seiner selbst und des ihm Möglichen bewusst sein muss. In der Nachfolge Husserls wird die Kluft zwischen der Phänomenologie Heideggers und jener Sartres durch Sartres Wille, im Rahmen einer Philosophie des Subjekts oder des Bewusstseins zu verbleiben, besonders deutlich: „Man muss vom *Cogito* ausgehen" (*SN* 164; *EN* 116) – eine Formel, die später in *Der Existentialismus ist ein Humanismus* wieder aufgenommen und erläutert wird: „Man muss von der Subjektivität ausgehen", sagt dann Sartre und präzisiert, dies sei die Position der „Existentialisten" (*Existentialismus* 119 [17]). Also vom *Cogito* ausgehen, selbst wenn es das Ziel ist, diesen sehr klassischen Ausdruck neu zu bestimmen.

Tatsächlich definierte sich das Bewusstsein bei den Modernen klassischerweise durch die Identität mit sich: Durch das „Ich = Ich" Fichtes in seiner traditionellen Interpretation. Diese klassische Vorstellung vom *Cogito* neu zu bestimmen – das bedeutet für Sartre, den Modus zu berücksichtigen, in der die Identität (oder die Übereinstimmung des Seins mit sich, welches das ist, was es ist) tatsächlich die Eigenart der Sache (und nicht des Bewusstseins), die Eigenart des An-sich (und nicht des Für-sich) bestimmt. Das An-sich allein ist wesentlich voll von sich selbst, ist ohne Distanz, ohne Leere, ohne Riss: Absolute Dichtheit. Die Eigenart des Für-

Sich dagegen ist die Nicht-Koinzidenz, die konstante Nichtung dessen, was es ist im Namen dessen, was es nicht ist, aber doch plant zu sein. Nun ginge es an diesem Punkt darum (um die Anwesenheit-bei-sich des Bewusstseins neu zu definieren), die erworbenen Kenntnisse der Intentionalitätstheorie zu integrieren – denn dies wäre im Grunde das, was (in der Formel „alles Bewusstsein ist Bewusstsein *von* etwas“) die Abweichung – ausgedrückt durch das „von“ zwischen dem Bewusstsein und dem, wovon es Bewusstsein ist – enthalten würde.

Um die Tragweite von Sartres Vorschlag zu erfassen, ist es hier notwendig, ihn zu vervollständigen. Aristoteles, der behauptete, die Seele sei gewissermassen alle Dinge, wusste nicht um die Subjektivität, die er noch in der Welt der Dinge verschwinden liess. Dagegen drückt allein schon die Formel der Intentionalität die Unreduzierbarkeit des Für-sich auf das Universum des An-sich aus, indem sie unterstreicht, es gebe kein Bewusstsein ohne eine Objektivierung, die das Bewusstsein von der Sache auf Distanz hält. Betrachten wir das Beispiel von Sartre: Wenn ich eine Bewusstseinsempfindung *von* meiner Überzeugung habe, behaupte ich mich gleichzeitig als jemand, der nicht auf sie reduzierbar ist; eine Differenz schleicht sich in die Identität ein, eine Transzendenz kündigt sich im Innern der Immanenz mit sich an, die jedes Subjekt charakterisiert (*SN* 168–9; *EN* 119). Kurz: Die „Beziehung des Subjekts mit sich selbst“ ist „eine Dualität“ – oder, anders ausgedrückt: Die Anwesenheit-bei-sich des Subjekts, die immer zugleich ein „Abheben von sich selbst“ ist, setzt für das Bewusstsein eine Form fest, die nicht ihre eigene Koinzidenz ist; diese Koinzidenz mit sich könnte also nur einen Horizont konstituieren.

Hier taucht einmal mehr die schon im ersten Teil des Buches besonders akzentuierte Thematik der Subjektivität auf – als einer fundamental nichtenden Macht im Sinne einer kontinuierlichen Nichtung dessen, was sie ist: „Das Sein des Bewusstseins [...] ist das Nichts“ (*SN* 171; *EN* 120), schreibt Sartre; ein Zitat, das zwar durch gesuchte Brillanz zu blenden sucht, das aber auch den tiefen Gedanken ausdrückt, die Subjektivität als Freiheit sei vor allem ein Losreissen. Es wäre Aufgabe einer eingehenderen Arbeit zu untersuchen, inwiefern die Formulierung dieser Wahrheit tatsächlich (d. h. über den blossen Wortlaut hinaus) eine Neubestimmung dessen ist, was das Wesen der glaubwürdigsten philosophischen Cogito-Theorien war. Wir werden uns auf eine solche Untersuchung, die weit über den Text von *Das Sein und das Nichts* hinaus (und namentlich zu Fichte) führen müsste, nicht einlassen. Festgehalten sei einfach: Wenn eine ausführlichere Werkinterpretation nicht der Frage nachginge, wie Sartre selber sein Verhältnis zu den Gedanken seiner Vorgänger über das Cogito (namentlich zu jenen

Descartes') gesehen hat – würde man ein wichtiges Beurteilungselement vermissen.

Der präzise philosophische Sinn dieser Seiten über die Transformation des *Cogito* würde nun freilich verfehlt, wenn man nicht erfasste, wie sich im Hintergrund ein kritisches Verständnis über die cartesianische Tradition hinwegsetzt, der sich Sartre wiederholt ausdrücklich verschrieben hat. Diese klar proklamierte Einschreibung in eine Tradition bleibt dennoch schwierig zu rekonstituieren (wäre es auch nur, um die Sichtweise zu gewinnen, die Sartre selbst vorschwebte), aber sie war dem Autor zum Zeitpunkt von *Das Sein und das Nichts* immerhin so wichtig, dass er 1946 unter dem Titel *Die cartesianische Freiheit* einen erstaunlichen Text publizierte, der unsere hauptsächliche Informationsquelle dafür bleibt, wie Sartre die Archäologie seiner eigenen Konzeption des *Cogito* begriff.

Um gleich mit der wesentlichen These zu beginnen: Sartre glaubt, dass Descartes „mehr als jeder andere verstanden hat, dass jeder einzelne Denkschritt das ganze Denken involviert, und zwar ein *autonomes* Denken, das sich bei jedem seiner Akte in eine vollständige und absolute Unabhängigkeit versetzt" (*Freiheit*). Eine solche Darstellung, die aus dem Denken, so wie es Descartes auffasst, eine „Erfahrung der Autonomie" macht, könnte den philologisch sensibilisierten Leser verwirren. Bei näherem Hinsehen scheint Sartre in diesem gewundenen Text jedoch vor allem von der Überzeugung beherrscht zu sein, in der Freiheitsauffassung Descartes' (und vielleicht allgemein bei den Modernen) herrsche eine Spannung zwischen zwei Modellen, die später in den Werken Spinozas und Kants ihre reinsten Ausprägungen erfahren sollten: Zwischen einem („spinozistischen") Modell, in dem Freiheit blosse Einwilligung in die äussere Notwendigkeit einer prästabilierten Ordnung wäre, und einem („kantianischen") Modell, in dem die Freiheit als absolute Autonomie erschiene, als eigene Herstellung einer Ordnung, die sie ex nihilo erschafft.

So präsentiert Sartre Descartes einmal als jemanden, der scheinbar einer quasi-spinozistischen Reduktion der Freiheit auf die Kenntnis der Ordnung der Wesenheiten nahesteht: Wenn der cartesianische Gott die „ewigen Wahrheiten" erschaffe, sei das nicht die Angelegenheit des Menschen, und ausserdem bringe einen die Infragestellung der Indifferenz-Freiheit eher (durch die offenbar existierende Ordnung) auf die Idee einer Adhäsions-Freiheit als jene einer begründenden Freiheit. Bald rückt er aber trotzdem die cartesianische Freiheit in den Bereich der Autonomie, indem er unterstreicht, wie sie „durch ihre eigenen Kräfte" die intelligiblen Relationen zwischen den Wesenheiten entdecke – Descartes stehe dann in diesem Punkt in direktem Gegensatz zu Spinoza, der sich dafür entscheide

„die menschliche Subjektivität zu opfern“. Die entscheidende Entdekkung von Descartes sei sogar: Trotz einer schon im voraus bestehenden Ordnung der Wesenheiten, die ganz bestimmt die Freiheit limitiert, habe er „die Verantwortung des Menschen gegenüber dem, was wahr ist“ insoweit bejaht, als diese natürliche Ordnung der Seienden sich erst durch sein Urteil erklären lasse und eine „Ordnung der Wahrheiten“ werde. Damit die Wahrheit sich ereigne, fährt Sartre fort, müsse sich der Mensch auf das Wahre einlassen, sich auf eine Weise an das Wahre heften, die nur von ihm selbst abhänge. In diesem Sinne besitze jeder Mensch eine unendliche Freiheit – nämlich „in der unendlichen Macht, gut zu urteilen und das Wahre vom Falschen zu unterscheiden“, wie Descartes in der vierten *Meditation* schreibt. Auf der vollständigen Freiheit insistierend, die „jedem Menschen in gleicher Weise zukommt“, habe Descartes gezeigt, welche Verbindung sich zwischen „dem Geist der Wissenschaft und dem Geist der Demokratie“ einstelle, so dass das *Cogito* – die Erfahrung dieser „für alle Menschen gleichen“ Freiheit – sogar das allgemeine Stimm- und Wahlrecht fundieren würde. Bei Descartes ist der Mensch das Lebewesen, durch das die Wahrheit in der Welt erscheint – eine Formel ganz parallel derjenigen, die in *Das Sein und das Nichts* auf das Verhältnis des Menschen zu den Werten („das Lebewesen, durch das die Werte existieren“) gemünzt worden war. Hier stellt sich die Frage, inwiefern der existentialistische Humanismus seine innersten Motive nicht dem cartesianischen Humanismus verdankt.

Die Frage ist umso legitimer, als jenseits dieser Wahrheitserfahrung – falls es einen Bereich gibt, wo sich Descartes (laut Sartre) „eine wahrhaftige Autonomie des Menschen“ vorstellt – die Beziehung zu den Formen des Nichts besteht, konstituiert durch das Böse oder den Irrtum gegenüber der Vollkommenheit des Seins (d. h. gegenüber Gott). Da Gott in mir für diese Formen des Nichts nicht verantwortlich sein kann, die von meiner Begrenztheit herrühren, hängt es vollständig von mir ab, ob ich den Begehren des Schlechten oder Falschen nachgebe oder nicht. Hier bekommt die Indifferenz-Freiheit wieder einen Sinn, denn es liegt allein an mir, nicht zwischen solchen Formen des Nichts zu wählen. „Weil die Ordnung der Wahrheiten ausserhalb von mir existiert“ (und auf jeden Fall meine Fundierungs-Fähigkeit beschränkt), gilt: „Das, was mich als Autonomie definieren wird, ist nicht die schöpferische Neuerung, es ist die Verweigerung“; kurz: „Durch das Verweigern sind wir frei“ (d. h. durch das Verweigern des Falschen, durch das Nein-Sagen zum Nicht-Sein). Die wahrhaftige Erfahrung des freien Aktes ist der Zweifel: Als Kraft zu fliehen, sich zu entziehen, sich zurückzuziehen. Da der Zweifel als reine Negation eine nichtende Kraft sei, habe Descartes Folgendes entdeckt: „Die Freiheit kommt nicht vom Menschen, insofern er ist (wie ein *plenum* an Existenz unter anderen erfüllten Existenzen ohne Mängel), sondern insofern er *nicht ist*, insofern er begrenzt und beschränkt ist". Hier erscheint auch das Motiv, das später in *Wahrheit und Existenz* gegen Heidegger ausgewertet wird: Weil der Mensch begrenzt ist, ist er verantwortlich, also frei im Sinne einer Freiheit als nichtender Macht.

Durch diese Neuinterpretation des cartesianischen zweifelnden *Cogito* als Nichtung lief Sartre indessen Gefahr, nicht mehr angeben zu können, inwiefern seine eigene Arbeit die Philosophie des Bewusstseins eigentlich erneuerte. Deshalb konnte der Text über *Die cartesianische Freiheit* nicht schliessen, ohne (um Distanz zu schaffen) darauf zu beharren, dass die Autonomie-Freiheit (als die Weigerung, einen Irrtum oder etwas Unklares zu akzeptieren) bei Descartes auf eine die Wesenheiten bejahende Adhäsions-Freiheit ausgerichtet geblieben sei: Der Wille unterwerfe sich dem Verstand, und wenn das Subjekt auch pure Negation sei, so daure diese Negation nur einen Moment und transformiere sich in reines Übernehmen des Seins – dies aber werde (so die Auffassung Sartres) dem Gefühl dafür, worin sich die wahre Freiheit erweise – „der wahre Urheber dieser Akte zu sein" nämlich – nicht ausreichend gerecht. Dieses Gefühl kannte Descartes aber, denn damit definierte er die Grosszügigkeit: Der Grosszügige ist derjenige, der „einsieht, dass es nichts gibt, das ihm wirklich gehört als die freie Vefügungsgewalt über die Willenskräfte". Aber die cartesianische Freiheitskonzeption als simple Freiheit zum Schlechten oder zum Irrtum (währenddem sich der Mensch im Hinblick auf das Gute oder Wahre von der Hand Gottes lenken lässt) bleibt schliesslich hinter den undeutlich wahrgenommenen Werten einer tatsächlichen Ethik der Autonomie zurück. Descartes' Werk enthielt Forderungen, die ihm seine philosophischen Postulate (Gott, die Ordnung der Welt) nicht zu erfüllen erlaubt hätten, und es gelte heute, um tatsächlich „von der Subjektivität auszugehen", diese Forderungen (jene der Autonomie) vollständig zu entwickeln, indem man sie von solchen Postulaten loslöste.

Eine vollständige Analyse von *Die cartesianische Freiheit* müsste dennoch eine letzte Wendung des Textes hervorheben: Unabhängig von seiner Aufwertung der Grosszügigkeit bezeuge auch Descartes, dass er „begriffen hat, dass die Freiheitsidee die Forderung einer absoluten Autonomie miteinschliesst", denn, selbst wenn er einer solchen Forderung nicht alle ihre Rechte habe geben können, denke er die Freiheit Gottes in reinen Schöpfungsbegriffen. Wenn er uns also auch *sagt*, die Freiheit des Menschen sei identisch mit dieser Freiheit Gottes, ist es ihm doch nie gelungen, diese Identität wirklich zu *denken*.

Die cartesianische Auffassung von der Freiheit wäre also demnach in den Hinweisen über die Freiheit Gottes zu finden. Nach Descartes habe es eine zweihundert Jahre dauernde Glaubenskrise benötigt, bis der Mensch diese konstituierende Freiheit, die „wesentliche Basis des Humanismus“, wieder zu seinem eigenen Gebrauch erlangte und sich endlich begriff als „das Wesen, dessen Erscheinung bewirkt, dass eine Welt existiert“. Das *Cogito*, von dem man heute auszugehen habe, sei tatsächlich nichts anderes als die Wahrheit des cartesianischen *Cogito*, das sich selbst zurückgegeben worden sei – und zwar durch das Anbrechen einer Kultur, in der, nach dem Tod Gottes und nach vielen Fantasmen über irgendeine „Ordnung der Welt“, die Forderungen, die in den Thesen Descartes über die Freiheit sowohl Unterstützung als auch Widerspruch erfahren hatten, endlich ihre ganze Tragweite entfalten könnten.

Erschöpft sich indessen Sartres Neubestimmung des cartesianischen *Cogito* in den Gedanken, die *Die cartesianische Freiheit* skizziert? Da er den Akzent eher auf das geistige Vermächtnis des Autors als auf dessen Beschränkungen legt, treten kritischere Bemerkungen zur cartesianischen Vorstellung der Subjektivität bei Sartre eigentlich in den Hintergrund. Hören wir ihn dagegen in *Der Existentialismus ist ein Humanismus* (133 [65–6]): „Wir aber wollen das Reich des Menschen als eine Gesamtheit von Werten konstituieren, die sich vom Reich des Materiellen unterscheiden. Die Subjektivität, die wir so als Wahrheit ausmachen, ist jedoch keine streng individuelle, denn wir haben nachgewiesen, dass man im *cogito* nicht nur sich selbst, sondern auch die anderen entdeckt. Durch das *ich denke* erreichen wir, im Gegensatz zur Philosophie Descartes’, im Gegensatz zur Philosophie Kants, uns selbst im Angesicht des anderen, und der andere ist für uns ebenso gewiss wie wir selbst. So entdeckt der Mensch, der sich selbst durch das *cogito* unmittelbar erreicht, auch alle anderen, und er entdeckt sie als die Bedingung seiner Existenz. Er wird sich dessen bewusst, dass er nichts sein kann [...], wenn nicht die anderen ihn als solchen anerkennen.“ Einige Zeilen weiter fügt Sartre hinzu, die Erfahrung des *Cogito* erfordere zugleich die Entdeckung „eine[r] Welt, die wir Intersubjektivität nennen werden“: Das Für-sich müsse als ein „Für-andere“ erklärt werden, was auch dem Übergang vom zweiten zum dritten Teil im Text des Werkes von 1943 entsprechen wird. Um es präziser auszudrücken: Sich „auf dem Gebiet der Subjektivität“ zu befinden, bedeute gerade, diese „Klippe des Solipsismus“ zu vermeiden, an der (unter verschiedenen Bezeichnungen und in unterschiedlichem Grad) die ganze vorhergehende Bewusstseinsphilosophie gescheitert sei. Um dieses Ziel zu erreichen, müsse als Ausgangspunkt nicht eine Relation des selbst zum selbst, sondern „eine intermonadische Relation“ angenommen werden.

Wir werden hier nicht auf die Frage eintreten, inwiefern der gegen das cartesianische *Cogito* erhobene Vorwurf des Solipsismus begründet ist und natürlich noch viel weniger auf jenen gegen das kantische, so klar „intersubjektive“ Subjekt. Sartres Vorgehen, aus diesem einen Prototypen des „Für-sich“ zu machen, vermöchte sowieso keinen unterrichteten Leser der *Kritiken* zu überzeugen. Dagegen ist herauszuschälen, welche philosophische Option wohl in diesen mehr oder weniger anfechtbaren Lesarten der klassischen *Cogito*-Theorien zum Ausdruck kommt: Sartre hat sich in der Tat vorgenommen, das *Cogito* auf eine Weise neu zu bestimmen, dass die Beziehung zum anderen konstitutiv für die Beziehung zu sich selbst würde. Das ist eine Option, die uns heute nicht gleichgültig lassen kann und die seinem Versuch sicher eine philosophische Aktualität verleiht. Nicht nur wird so (zumindest im Prinzip) einer Forderung Rechnung getragen, der sich keine postmetaphysische Bezugnahme auf die Idee der Subjektivität mehr entziehen zu können scheint (wodurch sich Sartre philosophisch als Zeitgenosse behauptet) – darüber hinaus begänne sich damit abzuzeichnen, aus welchen intrinsischen Gründen dieses Projekt einer Neubestimmung des *Cogito* die Theorie des Subjekts dazu veranlassen würde, den zu wählenden Ort ihrer Vollendung im Bereich der Moralphilosophie, oder allgemeiner, im Bereich der praktischen Philosophie zu finden (deren Umrisse durch die Beziehung zwischen den Bewusstseinen definiert werden). Eine Fragestellung, die uns direkt zu den Seiten über „das Für-sich und das Sein des Wertes“ aus *Das Sein und das Nichts* zurückführt, wo die Analyse der Subjektivitätsstrukturen in ihrem Verlauf genau zu dieser „praktischen“ Wiederbetonung des Subjekts fortschreiten wird.

2 Die Faktizität

An sich ist die Thematik der Faktizität nicht originell; es handelt sich dabei um eine Wiederaufnahme jener *Geworfenheit*, die Heidegger zu einer der wesentlichen Strukturen der „menschlichen-Realität“ [Dasein bei Heidegger] gemacht hatte und die seine ersten Übersetzer mit „déréliction“ [Verlassenheit] wiederzugeben versuchten. Im übrigen anerkennt Sartre implizit diese Schuld, wenn er die Faktizität in ganz ähnlichen Begriffen wie Heidegger definiert als die Weise, in der das Für-sich „*ist*, insofern es in die Welt geworfen ist, insofern es einer *Situation* ausgeliefert ist“

(*SN* 173; *EN* 122). Um diesen Gedanken mit Sartre näherstehenden Kategorien einzukreisen, kann man sagen, dass, wenn das Bewusstsein im Für-sich der Dimension des *Nichts* entspricht (insofern es dem Bewusstsein als Freiheit wesentlich ist, das, was ist, zu nichten, um sich zu dem hin zu entwerfen, was es nicht ist), so entspricht die Faktizität der Dimension des *Seins* – denn tatsächlich (und da liegt seine Faktizität) *ist* das Für-sich, nicht nur im Sinne, dass es existiert, sondern im Sinne, dass es immer auch *etwas* ist, „eine Bedingung, die es nicht gewählt hat“ (Arbeiter, Franzose, im Jahre 1942 lebend, usw.).

Es dürfte einem kaum schwerfallen zu bemerken, dass sich bei einem solchen Thema auf Umwegen die Vorstellung der Kontingenz, die die Niederschrift von *Der Ekel* veranlasst hatte, wiederfindet. Denn stellt man dem Für-sich die Frage, warum es so und nicht anders sei, dann gibt es in ihm immer einen Aspekt dessen, was es ist, den es nicht gewählt hat, „etwas, von dem es nicht der Grund ist“ (*SN* 173; *EN* 122), nämlich seine Anwesenheit in der Welt; und (was mehr ist): In einer Welt, die nicht irgendeine ist, in der es sich auch nicht auf eine indifferente Weise situiert, sondern in der es sich als eher so als anders bezeichnet findet. Da liegt nun genau die Faktizität, die all das an unserer Existenz umfasst, was *faktisch* und nicht *durch Freiheit* ist.

Ist die Thematik auch nicht originell, kommt Sartre zumindest das Verdienst zu, hervorgehoben zu haben, was die Erkenntnis dieser zweiten wesentlichen Bestimmung des *Cogito* impliziert: Gegen jede illusionistische Repräsentation eines Subjekts, die reine Selbst-Gründung wäre, gelte es nun auf der Tatsache zu beharren, „auf dem Grund jedes *Cogitos*“ liege „dieses Ergreifen des Seins durch sich selbst als nicht sein eigener Grund seiend“ (*SN* 173; *EN* 122). Mit anderen Worten: Ich bin dieses Wesen, das nicht sein eigener Grund ist, das aber durch die Bewusstwerdung der Dimension der Faktizität (oder Kontingenz) diese nichtet und das als Wesen dazu bestimmt ist, jenes zu werden, was es zu sein wählt (indem es sich von dieser Faktizität, mit der seinerseits das An-sich unlösbar zusammengeschweisst ist, losreisst): „Das Für-sich ist das An-sich, das sich als An-sich verliert, um sich als Bewusstsein zu begründen“ (*SN* 177; *EN* 124).

Einmal mehr wird deutlich, wie beharrlich sich die ethische Frage am Horizont der Ontologie des Für-sich abzeichnet, was auch durch einen anderen kritischen Bezug auf Heidegger beleuchtet wird: „Diese erste Intuition unserer eigenen Kontingenz bietet Heidegger als erste Motivation für den Übergang vom Uneigentlichen zum Eigentlichen an“ (*SN* 174; *EN* 122). Diese Einschätzung nimmt sich bezüglich des Wortlauts von *Sein und Zeit* gewiss einige Freiheiten heraus, da sie die (hier gemeinte) Angsterfahrung (sie kann laut Heidegger dem *Dasein* erlauben, sich von der Uneigentlichkeit loszureissen) als eine „Intuition unserer Kontingenz" interpretiert – obgleich sowohl in *Sein und Zeit* wie auch in *Was ist Metaphysik?* die Angst zuerst und vor allem als eine Offenbarung des Seins auftrat. Ob nun gekünstelt oder nicht – die Bezugnahme auf Heidegger bleibt doch in einem doppelten Sinn bezeichnend:

- Auf der einen Seite wird erkennbar, wo die Ethik im Geiste Sartres zur Ontologie des Für-sich hinzukommt: Da die Unbewusstheit der Kontingenz mich verdinglicht (indem sie mich dahin lenkt, die Aufgabe der Nichtung des Seins zu vernachlässigen), hängt es von dieser Intuition der Kontingenz und von ihrer Übernahme durch das Bewusstsein ab, ob das Subjekt tatsächlich Subjekt, Für-sich und nicht An-sich, also authentisch ist. In diesem Sinn ist das Für-sich eine Aufgabe, ein Horizont, den es zu konstruieren gilt, während es gleichzeitig (als Nichtung) auch den Motor dieser Konstruktion darstellt. Diese rätselhafte Verdoppelung des Für-sich (menschliche-Realität, aber auch Aufgabe oder Ideal der Menschheit), bringt es mit sich, dass sich die Ontologie nicht nur der Ethik öffnet, sondern in ihrem Innersten selbst, als Ontologie der moralischen Existenz, eine ethische Dimension enthält.
- Auf der anderen Seite hat diese Bemerkung zu Heideggers Reflexion über die Passage vom Uneigentlichen zum Eigentlichen aber auch den Nutzen, durch eine kritische Beobachtung ergänzt werden zu können: „Heideggers Beschreibung lässt jedoch allzu deutlich die Bemühung erkennen, ontologisch eine Ethik zu begründen, um die er sich angeblich nicht kümmert" (*SN* 174; *EN* 122).

Von dieser Feststellung mitgerissen, zögert nun Sartre nicht, Heideggers „Humanismus" zu evozieren – und ist somit ab 1943 (also vor dem *Brief über den Humanismus*) der Auffassung, dass, auch wenn der Autor von *Sein und Zeit* selber das Projekt einer Ethik zurückweist, sein Werk (namentlich der mit der Idee der Authentizität implizit enthaltene Humanismus, der eine Bestimmung dessen, was der Mensch eigentlich ist, voraussetzt) trotzdem dieses Projekt nicht nur autorisiere, sondern es geradezu herbeiwünsche. Auch scheint der Sartre jener Epoche die Artikulation einer Ethik aus der Ontologie des Für-sich nicht als einen Bruch (wenn nicht dem Wortlaut so doch dem Geiste nach) mit dem aufgefasst zu haben, was die heideggersche Analytik der „menschlichen-Realität" unternommen hatte. In Anbetracht dessen, was diese Analytik als charakteristisch für eine solche „Realität" enthüllte, konnte die moralische Perspektive von nun an tatsächlich in der Ontologie des *Daseins* enthalten erscheinen, und dies selbst, wenn Heidegger behauptet hätte, sein Ziel läge nicht dort. Sartres Überraschung, als der *Brief über den Humanismus* jede ethische Fragestellung verdammte, lässt sich gut vorstellen – um so mehr, als die moralische Perspektive (als implizit in der Ontologie enthalten) nun einmal in *Das Sein und das Nichts* hervorgehoben war. Das Werk hatte seinerseits die Spurensuche nach den konstitutiven Bestimmungen der Subjektivität weiter verfolgt, indem es aus dem Für-sich die „einzige Quelle des Wertes“ machte – wie es in einer Bestimmung am Schluss des Buches heisst –, um das fortgesetzte Nachforschen in Richtung Moralphilosophie zu rechtfertigen.

3 Subjektivität und Wert

Im Verlauf einer relativ komplexen Ausarbeitung (*SN* 181–99; *EN* 127–39) wagt sich Sartre daran, zu zeigen, „dass die menschliche-Realität das ist, wodurch der Wert in die Welt kommt“ (*SN* 195; *EN* 137). Nach unserer vorherigen Darstellung bedeutet dies: Die menschliche-Realität, ständig in einem Spannungsfeld zwischen Naturalisierung (Verdinglichung) und Subjektivierung, „bestimmt sich fortwährend selbst dazu, das An-sich *nicht zu sein*“ (*SN* 183; *EN* 128). Demnach lässt sich das Bewusstsein durch den Mangel definieren: Das An-sich, welches das ist, was es ist, „verlangt nichts für sich, um sich zu vervollständigen“ (*SN* 185; *EN* 130), aber dem Für-sich wird eigentlich verweigert, sich als vollständig, als vollendet (wie in sich geschlossen) zu denken. Diese kontinuierliche Bejahung der Unfertigkeit impliziert gerade, dass die „menschliche- Realität“ als Mangel gelebt wird: Als ein Mangel an dem, was sie als Totalität erfüllen würde, oder auch als Wunsch in dem Sinne, dass der Wunsch von dem Sein, das ihm fehlt, „heimgesucht“ wird: Da sich die „menschliche-Realität“ als „unvollständiges Sein“ begreift – aber auch als das seiend, was sie ist (Bewusstsein, also Mangel in dem Sinne, keine Totalität zu sein, die zwar angestrebt, doch nie erreicht wird) – ist sie „dauerndes Überschreiten auf eine Koinzidenz mit sich hin, die niemals gegeben ist“ (*SN* 189; *EN* 133).

Die völlige Übereinstimmung oder die reine Immanenz mit sich ist dagegen das Kennzeichen des An-sich (im Gegensatz zum Für-sich, das Transzendenz ist). Besagt das nun, dass das Für-sich, indem es diese „Koinzidenz mit sich“ anstrebt, sich im An-sich zu verneinen sucht? Sartre präzisiert (und hier wird seine Argumentation ein wenig verwickelt und verdient eine aufmerksamere Analyse), dass die Totalität, die vom Bewusstsein angepeilt wird, tatsächlich nicht das reine und simple An-sich sein kann.

Denn wäre es so, suchte das Bewusstsein ja seine Vernichtung durch die Auflösung im An-sich, wo sich doch seine ganze Anstrengung darauf richtet, sich vom An-sich loszureissen. Doch was kann das Bewusstsein anstreben, wenn es sich nicht im An-sich verlieren will? Sartres Antwort, so wird man wohl zugeben müssen, besticht nicht gerade durch Klarheit: „Für das Für-sich als solches beansprucht das Für-sich das An-sich-sein" (*SN* 190; *EN* 133).

Betrachten wir die Argumentation näher. Über seine dauernde Subjektivierungsbemühung strebt das Bewusstsein eine vollkommene Koinzidenz mit der Dimension des Für-sich – d. h. mit der Dimension des Losreissens, der Transzendenz oder der Nichtung (des *nicht-zu-sein*, der Nicht-Koinzidenz) – an, das es als solches konstituiert. Kurz: Es zielt auf das reine Für sich, auf ein Koinzidieren mit der Nicht-Koinzidenz. Dieses Streben könnte indessen nur ein Fortschreiten ins Unendliche eröffnen, denn erstens müsste ein Abschluss eine unablässige Nichtung der Kontingenz voraussetzen, wie auch eine Fähigkeit, sich nie mit der mindesten Dimension der Faktizität identifizieren zu lassen. Zweitens würde der Abschluss dieses Fortschreitens die Nichtung (das Für-sich) zum Sein (zum An-sich) herabsetzen. In diesem Sinn ist das Für-sich immer Mangel an sich selbst als absolutem Für-sich: „Dieses dauernd abwesende Sein, von dem das Für-sich heimgesucht wird, ist somit es selbst als zu An-sich erstarrt" (*SN* 190; *EN* 133).

Die anvisierte Koinzidenz mit sich als Für-sich müsste auch wie „die unmögliche Synthese des Für-sich und des An-sich" (*SN* 190; *EN* 133) erscheinen, da eine solche Synthese, wenn sie möglich wäre, der Erscheinung des Für-sich ohne Faktizität gleichkäme (die genau aus diesem Grund vielleicht Gott, aber nicht mehr Für-sich wäre). Sartre nennt das Produkt dieser unmöglichen Synthese das Sich: „Was das Für-sich verfehlt, ist das Sich – oder Sich-selbst [d. h. das Für-sich, A. R.] als An-sich" (*SN* 188; *EN* 132). Das Sein, welches das Für-sich anstrebt, ist „das Sich", das „nur als dauernd schwindender Bezug existieren kann" (*SN* 190; *EN* 133), das aber, wenn es substantiell würde, in sich die „unvereinbaren Eigenschaften des An-sich und Für-sich" (*SN* 191; *EN* 133) vereinen würde. Nun weist die Fortsetzung der Analyse (*SN* 195; *EN* 136) darauf hin, dass wir auch sagen können, „das Sein des Sich" sei „der Wert". Dieses Sich, das nicht als eine Substanz zu denken wäre (da die Synthese unmöglich ist), sei dasselbe wie das, was die Moralisten Wert nennen: Ein Absolutes, das aber kein Sein hat, denn „der höchste Wert, auf den hin sich das Bewusstsein in jedem Moment selbst übersteigt", ist „das absolute Sein des Sich mit seinen Identitätsmerkmalen der Reinheit, der Dauer, usw. und insofern es Grund von sich ist“; das, was wir *die* Werte nennen, entspricht korrelativ einfach der Aufzählung der Merkmale von diesem Sich, von dieser „verfehlte[n] Totalität, zu der hin ihn ein Sein sich sein macht“ (*SN* 197; *EN* 138).

Da die Nichtung das Sich anstrebt, d. h. im Grunde die Freiheit als reine Autonomie (da sie absolute Selbst-Gründung ohne Faktizität ist), ist der Wert dieses „Sein, welches das (Für-sich) hat, um zu sein, insofern es der Grund seines eigenen Nichtssein ist“ (d. h. insofern seine Freiheit darin besteht, sich von dem, was es ist, loszureissen). Es genügt auch nicht zu sagen, dass der Wert „durch das Für-sich gesetzt wird“; der Wert ist diesem vielmehr „konsubstantiell“, so dass es nur „von *seinem* Wert heimgesucht[es]“ Bewusstsein gibt (*SN* 198; *EN* 138). Kurz: Der Wert ist weder das, was das Für-Sich setzt, noch ein Objekt, das ihm gegenüber existiert und das es zu kennen hätte; vielmehr bedeutet, als Bewusstsein oder als Für-Sich zu existieren, den Wert als diese Art von Mangel sichtbar werden zu lassen, der mich konstituiert. Sobald ich nicht mehr nach dem Modus einer Sache bin, was ich bin, sondern als ein Bewusstsein existiere – d. h. indem ich als Reflexion auf das zurückkomme, was ich bin, und indem ich mich auf Distanz zu ihm [dem Bewusstsein] setze (was, laut Sartre, der wahrhaftige Sinn des *Cogito* ist) –, enthülle ich die Werte. „So kann das reflexive Bewusstsein [d. h. das Bewusstsein bezüglich dessen, was es Spezifisches hat, A. R.] eigentlich moralisches Bewusstsein genannt werden, da es nicht auftauchen kann, ohne zugleich die Werte zu enthüllen“ (*SN* 199; *EN* 139).

Damit ist auch der Grund aufgedeckt, weshalb die Ontologie der „menschlichen-Realität“ von selbst zur Ethik führt: Das Bewusstsein ist eigentlich moralisches Bewusstsein, die Subjektivität ist eigentlich praktische Subjektivität – ob sie nun ihre Aufmerksamkeit ausdrücklich auf die Werte richtet oder nicht. Da die philosophischen Konsequenzen dieser Beweisführung ziemlich erheblich sind, verdienen sie die Mühe, in ihrem Umfang gut überdacht zu werden.

Die Konsequenzen dieser praktischen Vertiefung der Subjektivität werden darüber hinaus durch eine letzte Bestimmung unterstrichen, die Sartre dem Für-sich zuerkennt, und mit der er den Abriss seiner Theorie des Subjekts abschliesst. Das Für-sich, schreibt er, sei „ein Sein, das seine eigene Möglichkeit ist“ (*SN* 206; *EN* 144). Die Formel ist so zu verstehen, als ob das Subjekt das Wesen wäre, für das es (in seinem Sein) eine Beziehung zu Möglichkeiten gäbe. Lässt man Sartres Ausführungen über den allgemeinen Status des Möglichen einmal auf der Seite, ist diese letzte Bestimmung des Subjekts kaum geheimnisvoll: Insofern das Für-sich Nicht-Koinzidenz mit sich ist, lässt das Entreissen von dem, was es ist (die Subjektivierung) ständig Möglichkeiten auftauchen, die es nicht ist, auf die hin es sich aber ununterbrochen entwirft. Anders gesagt: Das Mögliche ist hier nur „ein neuer Aspekt der Nichtung des An-sich durch das Für-sich" – in dem Sinne, dass zu sein für das Subjekt bedeutet, seine eigene Möglichkeit als solche zu sein, als einfaches Mögliches. Allerdings ist klar, dass das An-sich das Für-sich vollständig aufsaugte, wenn alle Möglichkeiten real würden (da ja das erstere, weit davon entfernt, nicht das zu sein, was es ist, dann alles wäre, was es sein kann – wie es der Fall für das Ding ist). Um diese letzte Bestimmung mit der vorhergehenden zu verbinden, kann man sagen, das Mögliche sei „das, *woran* es dem Für-sich mangelt, *um* sich sein zu können" (*SN* 211; *EN* 147), und das, auf das hin es sich entwirft, indem es sich von dem losreisst, was es ist. Auf das Thema der Möglichkeiten wird Sartre am Schluss seines Werkes wieder zurückkommen, wenn er einen Übergang zur Moralphilosophie skizziert und dabei hervorhebt, wie wir in der Angst entdecken, dass wir aus Möglichkeiten der „menschlichen-Realität" konstituiert seien, welche nur „auf der Grundlage der Möglichkeit anderer Möglichkeiten" (*SN* 1071; *EN* 722) möglich seien. Diese klare Neuinterpretation der Angsterfahrung in Begriffen der Offenbarung von Freiheit lässt, da sie uns vor eine Wahl stellt, das Bewusstsein gerade als eine eigentliche Verantwortung und damit als moralisches Bewusstsein auftauchen.

Die Ontologie des Für-sich macht, indem sie die Errungenschaften der husserlschen Intentionalitätstheorie in einer Untersuchung *sui generis* einsetzt, mit grosser Schärfe sichtbar, wie es, ausgehend von dieser Neuinterpretation des Bewusstseins als moralischem Bewusstsein (oder des *Cogito* als praktischem Subjekt), nur natürlich war, *Das Sein und das Nichts* als eine ethische Untersuchung zu verstehen. Wenn die Freiheit die Quelle jedes Wertes ist (d. h. wenn sie das ist, wodurch der Wert in die Welt kommt), muss sie dann „sich selbst als Wert nehmen" (*SN* 1072; *EN* 772), wie die letzten Zeilen des Werkes logischerweise fragen, und muss man erwägen, dass das letzte Prinzip der Moral nichts anderes ist als „eine Freiheit, die sich als Freiheit will" (*SN* 1072; *EN* 772)? Ein bedrängendes Problem! Liess sich wirklich auf dem Unterbau der Gesamtcharakterisierung der „menschlichen-Realität", wie sie das Kapitel über die Strukturen des Für-Sich ausarbeitete, eine Moral aufbauen? Die weitere Lektüre des Werkes sollte es erlauben, sich diesbezüglich eine Überzeugung zu bilden, aber schon jetzt ist zumindest Folgendes klar: Wenn das Prinzip der Ethik als eine „Freiheit, die sich als Freiheit will" verstanden werden soll, würde die Annahme dieses Prinzips erfordern (um nur schon mit der Existenz einer Moral vereinbar zu sein), dass diese sich selbst wollende Freiheit in Begriffen der Willensautonomie zu verstehen ist. Machte indessen Sartres neue Ausarbeitung des *Cogito* von dieser Möglichkeit Gebrauch? Zumindest Zweifel sind angebracht, wenn man beobachtet, wie die Analyse der verschiedenen „Für-Andere“-Modalitäten im dritten Teil des Buches die Beziehungen zum anderen als Bedrohungen für die Freiheit des Subjekts erscheinen lässt. Wie sollte man unter diesen Bedingungen nicht befürchten, dass diese Freiheit, die sich als Freiheit will und in der Sartre den höchsten Wert erblickt, sich bloss auf die pure einfache Individualität in ihrer nicht weiter zurückführbaren Eigenart reduziert? Wenn das der Fall ist, gibt es einige gewichtige Gründe für eine skeptische Einschätzung: Die in diesem Kapitel ausgeführte Neubestimmung der Philosophie des Subjekts hat sich trotz allem, was sie im Hinblick auf gewisse Ausrichtungen zeitgenössischer Theorien der Subjektivität vorwegnimmt – was nicht alle Mittel in die Hand gegeben, um ihre Versprechungen im Bereich der praktischen Philosophie einlösen zu können.

Aus dem Französischen übersetzt von Peter Mosberger.

Literatur

Jeanson, Francis 1965: Le problème moral et la pensée de Sartre, Paris, Seuil.
Renaut, Alain 1993: Sartre. Le dernier philosophe. Paris, Grasset.

6

Michael Theunissen

Theorie der Temporalität (216–321)

Der wesentliche Inhalt

Der Gang, den Sartres Zeitkapitel[1] nimmt, kehrt die Sachordnung in gewisser Hinsicht um. Das Kapitel beginnt mit einer Phänomenologie der drei Zeitdimensionen (I), die man Modi zu nennen pflegt und die Sartre auch als Ekstasen bezeichnet. Aber von vornherein ist dem Verfasser bewusst, dass diese Dimensionen – Vergangenheit, Gegenwart, Zukunft – ihren vollen Sinn aus einer ursprünglichen Zeitlichkeit empfangen, die erst eine die Phänomenologie fundierende Ontologie aufdecken kann (II) und gegen ihre psychische Erscheinung abgrenzen muss (III). Auch die Binnengliederung des ersten Teils folgt nicht dem Aufbau der Sache. Der nicht eigens begründete Anfang mit der Vergangenheit lässt zumindest einen gewissen Vorrang der Gegenwart unberücksichtigt.[2]

1 Vgl. Theunissen 1991. Der vorliegende Beitrag ist völlig neu konzipiert. Die ältere Darstellung konnte, aufs Ganze gesehen, nicht befriedigen, weil sie Sartre durch Annäherung an ein von ihm abweichendes Zeitverständnis teilweise zu verfremden droht. Sie kann aber zur Ergänzung des vorliegenden, auf das vierte Kapitel eingeschränkten Beitrags herangezogen werden, weil sie auch die „exterritoriale Zeittheorie" des Kapitels über den Ursprung der Negation und die Ausführungen über Weltzeit im Transzendenzkapitel berücksichtigt. Hingewiesen sei zudem auf die Literaturangaben, von denen ich mich hier entlaste, mit Rücksicht auf den vorgeschriebenen Umfang des Beitrags und die Arbeitsteilung unter den Beiträgern dieses Bandes.

2 Die folgende Inhaltsangabe verweist in Klammern auf die jeweils abschnittweise gezählten Absätze des Kapitels. Die Zählung, die aber auch für die (ungekürzten) deutschen Ausgaben gültig ist, folgt der Originalausgabe.

1 Phänomenologie der drei Zeitdimensionen

A Die Vergangenheit

Zur Debatte steht das *Sein* des Vergangenen (1), genauer gesagt, die Frage, wie dieses *für uns* existieren könne (2). Sie bliebe ungeklärt, wollte man die Vergangenheit von der Gegenwart abscheiden (3) und die Gegenwart selber auf Anwesenheit bei der Welt (*présence au monde*) verkürzen (4). Verstanden als die je meinige (5), zu der sie die Präzisierung der Frage in (2) spezifiziert, ist Vergangenheit sogar nichts als ein rückwärtsgewandtes Transzendieren (*une transcendance en arrière*) der über Anwesenheit hinausgehenden Gegenwart. Ihr Vorverständnis als eine je meinige schränkt sie aber im Grunde nicht ein. Unmittelbar gegeben ist überhaupt nur die je meinige, nicht *die* Vergangenheit (6). Und als je meinige ist sie verknüpft mit einer ihrerseits je meinigen Gegenwart, an die sie sogar als die eines Toten gebunden bleibt (7).

Nach alledem kommt Vergangenheit nur durch das ‚Für-sich' in die Welt. Sie haben bedeutet: Sie sein, und sie sein meint: Sie zu sein haben (8). Ich *bin* meine Vergangenheit in dem Sinne, dass ich in meinem gegenwärtigen Sein der Grund meiner Vergangenheit zu sein habe (9), was auch das Wort *war* ausdrückt (10). Ich kann sie nur sein ohne die Möglichkeit, sie nicht zu sein (11). Allerdings liegt in ‚zu sein haben', dass ich sie zugleich *nicht* bin (12). Zu sein habe ich sie in der Weise des Nichtseins (13), das heisst: Nicht des An-sich-seins. Ja, im Modus des An-sich-seins bin ich sie nie gewesen (14).

Näher betrachtet, ist die Vergangenheit die Form, in der allein ich das An-sich, das ich durchaus auch bin, sein kann, nämlich als überschrittenes. Sie zwingt mich, das, was ich bin, nur hinterher (*par derrière*) zu sein (15). Als Faktizität oder grundlose Kontingenz ist sie das zum An-sich *gewordene* Für-sich (16), das aber vom An-sich vollständig durchdrungen wurde (17). Das Absinken in sie ist nur durch eine Analyse der Beziehung von Für-sich und Gegenwart zu erklären (18).

B Die Gegenwart

Von der Gegenwart gilt nicht nur, dass sie erst durch das Für-sich in die Welt kommt. Sie *ist* Für-sich (1). *Wie* sie es ist, zeigt die Anwesenheit bei der Welt, als welche sie zunächst erscheint (2). Das Für-sich ist anwesend beim An-sich-sein (3), das es als Totalität konstituiert (4). Den inneren

Bezug zu ihm, der seine Gegenwart ausmacht (5), kennzeichnet aber, dass es bei ihm als es *nicht* seiend anwesend ist (6). Gegenwart enthüllt sich demnach als Verneinung des An-sich-seins oder Flucht vor ihm (7). Und zwar flieht das Für-sich hin zur Zukunft (8).

C Die Zukunft

Zukunft (*avenir*) kann sich am Horizont der Welt nur abzeichnen, weil es ein Seiendes gibt, das für sich selbst Zu-kommen (*à-venir*) ist, nämlich ein Zu-*sich*-kommen (*un venir-à-soi*). Insofern trifft auf sie dasselbe zu wie auf die Vergangenheit, dass sie nur durch das Für-sich in die Welt kommt (1). Sie löst sich aber nicht, wie die Gegenwart, in dieses auf. Denn zu sich kommt das Für-sich von einer Zukunft her, die ihm in seiner Beziehung von sich zu sich das Sich (*Soi*) vorgibt. Sie ist ein es selbst determinierendes Sein (3).

So wie Gegenwart ist auch Zukunft zunächst Anwesenheit beim Sein, als der Sinn dessen, bei dem das Für-sich gegenwärtig anwesend ist (4). Darin geht sie aber nicht auf. Als eine, die das Sich auftauchen lässt, erwarte ich sie als meine eigene Möglichkeit. Da sie mit dem Sich gewissermassen die Subsistenz des Für-sich verspricht, ist sie ein nie sich verwirklichender Entwurf auf das An-sich-sein hin (5). Insofern macht sie auch den *Sinn* des Für-sich aus, der aber selbst weder an sich noch für sich ist, also ohne alles Sein (6). Am wenigsten fällt sie in die Ordnung der universellen Temporalität, so dass die Unendlichkeit von Möglichkeiten, die sie umschliesst, sich nicht ihr gemäss hierarchisieren lässt (7).

2 Ontologie der Temporalität

A Die statische Temporalität

Der Versuch, Zeitlichkeit als ganzheitliche Struktur ausgehend von den drei Ekstasen zu erfassen (1), setzt in A an bei der feststehenden Vorher-nachher-Ordnung, um in B die Dynamik der im Rahmen dieser Ordnung verlaufenden Bewegung in den Griff zu bekommen (2).

In der statischen Zeitordnung sind Vorher und Nachher Formen einer Trennung (3), in die als einheitsstiftendes Element nur der Augenblick (*l'instant*) eingeht, der seinerseits von den ihm vorhergehenden und nachfolgenden Augenblicken getrennt ist. Es ist die Zeit selbst, die trennt, und zwar mich von mir selbst (4). Sofern wir aber mit ‚vorher' und ‚nachher' ebensowohl eine Verbindung ausdrücken, muss sie eine Trennung besonderer Art bewirken, eine Teilung, die auch wieder vereinigt (5). Dazu bedarf es im zeitlich Getrennten einer Unvollständigkeit (*incomplétude*), durch die das Frühere auf das Spätere, das Spätere auf das Frühere verweist (6), und folglich in jedem einer Ekstase, eines Sein ausserhalb seiner selbst (7). Die dadurch bedingte Einheit der Zeit ist aber keine rein verfliessende Kontinuität (8). Denn Zeit bleibt bei alledem Trennung. Beides – Einheit und Trennung – zeigt an, dass jene Ekstase letztlich die des Für-sich ist, das allein im Ausser-sich-sein existieren kann (9). So wie überhaupt die Organisation einer Mannigfaltigkeit einen ordnenden Akt voraussetzt (10), so ist Zeitlichkeit, als eine Einheit, die sich selbst vervielfältigt, nur dadurch möglich, dass ein Für-sich existierend sich verzeitlicht (*se temporalise en existant*) (11).

Nach der Vergewisserung der Tatsache, dass es Zeitlichkeit nur als eine vom Für-sich konstituierte gibt, ist jetzt zu erweisen, dass auch umgekehrt das Für-sich nur in zeitlicher Form existieren kann (12). Dies ergibt sich aus der Dreifaltigkeit seiner Grundstruktur, die ihm vorschreibt, erstens nicht zu sein, was es ist, zweitens zu sein, was es nicht ist, drittens das Nichtsein dessen, was es ist, und das Sein dessen, was es nicht ist, in der Einheit einer ständigen Rückverweisung (*dans l'unité d'un perpétuel renvoi*) zu vollziehen. Die Struktur hält nämlich die drei Zeitdimensionen zusammen (13). In der ersten Dimension hat das Für-sich sein Sein hinter sich zu sein, als ein unaufhörlich Überholtes. Vergangenheit als derart überschrittene ist ihm so wesentlich, dass es nicht anders als je schon mit ihr in die Welt kommen kann (14). In der zweiten Dimension lebt es genauso wesentlich zukünftig, als ein zu ihm selbst gehörender Mangel (15). In der dritten Dimension schliesslich realisiert es die Einheit einer ständigen Rückverweisung durch die für Gegenwart kennzeichnende Flucht (16). Da Gegenwart als Flucht mit in die Leere des Nichtseins (*le creux de non-être*) versinkt (17), muss man in der Zeitlichkeit, die bereits früher (11) für eine Binnenstruktur des Für-sich ausgegeben wurde, die eines Seins sehen, das in allen seinen Zeitdimensionen seine eigene Nichtung ist (18).

B Dynamik der Temporalität

Ging mit dem Nachweis einer notwendigen Zeitlichkeit des Für-sich der Versuch einer Existentialisierung der Vorher-nachher-Ordnung einher – das Wort ‚vorher' meint nach Sartre nichts als das An-sich, welches das

Für-sich früher war (A 14) –, so soll nun Dauer auf die Dynamik des vom Für-sich angestrengten Prozesses zurückgeführt werden, zunächst durch Klärung der Frage, wieso das Für-sich zur Vergangenheit wird, sodann auf dem Wege der Erörterung des Problems, warum ein neues Für-sich als Gegenwart jener Vergangenheit auftaucht (1).

Die Orientierung am Zur-Vergangenheit-werden des Für-sich erlaubt es, anstatt von einer vermeintlich selbst unzeitlichen Dauer, die sich nur durch die Zeit hindurch erstreckt (2), von einer *Seins*einheit auszugehen, in der das Dauernde das *ist*, was sich wandelt (3). Denn das gegenwärtige Für-sich *ist* sein früherer Zustand (4). Gleichwohl führt es uns einen reinen und absoluten Wandel vor. Es muss völlig in die Vergangenheit versinken und sich *ex nihilo* auf eine Zukunft hin erzeugen (5), wobei das Versinken in die Vergangenheit und die aktuelle Selbsterzeugung nur zwei Seiten eines und desselben Sachverhalts sind (6). Die Zukunft bleibt von dem Wandel nicht unberührt: Die unmittelbar bevorstehende wird zur (unverwirklicht bleibenden) Zukunft der Vergangenheit, in welche die Gegenwart übergeht (7), und die entferntere, die damit ihren Bezug zu dieser Gegenwart verliert, gerät zur indifferenten Möglichkeit, also zu einer bloss gegebenen (8), was so lange ausgeschlossen schien, als die Gegenwart über das Sein hinaus war (9). Das ganze Geschehen stellt sich ontologisch als Wiederergreifung (*ressaisissement*) des Für-sich durch das Sein dar. Zum An-sich werdend, fällt das Für-sich mitten in die Welt, in der es fortan nur noch wie ein Ding vorkommt (10). Der endgültige Sieg des An-sich ist der Tod, der das Für-sich einer Vergangenheit anheimgibt, die nicht mehr seine eigene ist (11).

Das (jetzt mit dem Projekt einer Demonstration ihrer eigenen Notwendigkeit kontaminierte) Vorhaben, die Dynamik der Temporalität als Ermöglichungsgrund jeglicher Dauer aufzuzeigen (12), nimmt der ihr gewidmete Abschnitt am Ende in der Form auf, dass er eine Art negativen Beweises zu führen versucht. Das Argument lautet zunächst, dass eine auf ihre (statische) Ordnung reduzierte Temporalität zu einer an sich seienden würde (13). Dabei wird das zu Beweisende, dass sie eigentlich keine an sich seiende sei, sondern die Zeitlichkeit des Für-sich, offenbar vorausgesetzt. Sodann nimmt das Argument die Gestalt des Gedankens an, dass das Für-sich, dessen Dauer es den Dingen anzugleichen scheint, gerade dann, wenn es *nicht* dauerte, dem An-sich-sein überantwortet würde (15). Der Gedanke, der ausserdem selbst unbegründet bleibt, verfehlt aber das Beweisziel, weil die Gleichsetzung jeglicher Dauer mit der Dauer des Für-sich wiederum eine *petitio principii* ist. So endet der Abschnitt mit dem Hinweis auf einen Sachverhalt, der sogar bezweifeln lässt, ob es tunlich ist, in Bezug auf das Für-sich von Dauer zu sprechen: Das Für-sich, mit einem fremden Begriff vorausgreifend als reine Spontaneität charakterisiert (14), gelangt als eine das An-sich-sein verweigernde Flucht in seinem Verzeitlichungsprozess lediglich zu einer sich selber fliehenden Ganzheit (15): Seine Zeitlichkeit, die Zeit des Bewusstseins, ist ein Nichts, das jede mögliche Ganzheit von innen zersetzt (16).

3 Ursprüngliche und psychische Zeitlichkeit: Die Reflexion

Gleichwohl knüpft Sartre mit seinen weiteren Überlegungen an den Begriff der Dauer an. Eine ursprüngliche Zeitlichkeit kommt dem Für-sich zu, sofern es dauert in der Form des nicht-setzenden Bewusstseins (zu) dauern. Die abgeleitete Zeitlichkeit, die er psychisch nennt, zeigt sich hingegen im Bewusstsein *zu* dauern. Da dieses reflexiv ist, nötigt die Frage nach dem Zusammenhang zwischen den zwei Formen von Temporalität zur Vorfrage nach der Möglichkeit von Reflexion (1).

Wer das reflektierende Bewusstsein für ein gegenüber dem reflektierten schlechterdings neues hält (2), hat keine Chance, den Zusammenhang zu begreifen. Das reflektierende Bewusstsein muss, wenn Einheit denkbar sein soll, das reflektierte *sein* (3). Die Einheit ist des Näheren so zu denken, dass beide das je andere an sich selbst haben: Das reflektierende Bewusstsein ist Zeuge des reflektierten, aber darin für sich selbst Erscheinung, und das reflektierte ist Erscheinung für die Reflexion, ohne aber aufzuhören, Zeuge (von) sich zu sein. In ihm als einem Bewusstsein (von) sich zeichnet sich bereits der Umriss einer Aussenseite (*l'ébauche d'un dehors*) ab, so dass es ansatzweise schon in ihm selbst den Wandel vollzieht, dem es durch die Reflexion unterworfen wird. Darin liegt aber auch: Es kann mit dem reflektierenden Bewusstsein nicht vollständig eins sein. Dieses muss es sein und zugleich *nicht* sein. Ist es doch Reflexions*gegenstand.* Allerdings bleibt nachzutragen (10): Als einer der Reflexion kann es kaum mehr sein als ein in der Bewusstseinsimmanenz verharrender Quasi-Gegenstand. Insofern ruhen Einheit und Unterschied in einer sie übergreifenden Einheit (4).

Beweggrund des Wandels (5) ist der laut Sartre auch auf andere Weise unternommene Versuch des Für-sich, ins An-sich einzugehen und dabei zu bleiben, was es ist, im Modus des Nicht-an-sich-seins (6). Da dies unmöglich ist, muss auch Reflexion scheitern (7). Die Frage, ob sie immerhin einen rechtmässigen *Anspruch* stelle, führt den Verfasser auf die Zeitlichkeit zurück (8). Rechtmässig ist jedenfalls der Anspruch der hier beschriebenen reinen, primären Reflexion, die sich von einer unreinen, sekundären (über sie später) unterscheidet (9). Er legitimiert sich aus der Identität mit dem Reflektierten (10). Reine Reflexion ist aber identisch (und auch nicht identisch) mit einem Reflektierten, das als je gegenwärtiges in seine Vergangenheit und Zukunft hinaussteht. Sie möchte ihren Gegenstand in dieser Totalität erfassen (11). Sie zielt auf ein Für-sich, das im Abstand von sich selbst, in der Vergangenheit und Zukunft, existiert. Nach ihrem Anspruch enthüllt sie mithin Zeitlichkeit als Geschichtlichkeit (12).

Solche Geschichtlichkeit sticht scharf ab von der gemeinhin umstandslos Dauer genannten psychischen Dauer, in der Bewusstseinszustände gleich äusseren Begebenheiten aufeinander folgen (13). Als blosse Sukzessionsordnung besitzt die Zeitlichkeit der psychischen Dauer nicht die Kraft, sich selbst zu erzeugen. Zu ihrer Erzeugung ist sie auf Reflexion angewiesen (14). Den Dienst leistet ihr die als unrein bezeichnete Reflexion (15). Die macht aus dem ihr vorgegebenen Bewusstsein, was es gleichsam schon von der reinen verlangte, nämlich es dem An-sich anzugleichen, aber dies macht sie daraus so, dass sie von seiner Binnenperspektive vollständig absieht und es in einen reinen Gegenstand, den der Psychologie, verwandelt, den sie wie von aussen betrachtet. Damit fällt sie aber der Unaufrichtigkeit (*mauvaise foi*) anheim (16).

Eine Inventarisierung der Psyche, die ein vergegenständlichtes Ego (17), ihm als Eigenschaften zugerechnete Habitualitäten (18), aktuell existierende Zustände (19) und mitvergegenständlichte Handlungen (20) umfasst, bereitet den Versuch vor, den Seinsstatus all dieses Psychischen und die Art seiner Zeitlichkeit genauer zu bestimmen. Die Psyche zeigt sich *nur* der (unreinen) Reflexion (21), nicht als das reflektierte Bewusstsein selber, sondern bloss als dessen Schatten, die trügerische Gestalt, die es durch seine Projektion ins An-sich-sein annimmt (22). Obwohl sie keine apodiktische Evidenz hat (23), scheint aber das authentische Bewusstsein gewissermassen durch seine Übermalungen hindurch. Es ist die Zeitlichkeit, an der etwas davon erkennbar wird. Denn immerhin stellt sich die Psyche als Gebilde aus Vergangenheit, Gegenwart und Zukunft dar. Nur kann ihre Gegenwart nicht Flucht, ihre Zukunft nicht absolute Möglichkeit sein. Denn die unreine Reflexion repräsentiert auch die Gegenwart und Zukunft der Psyche im Modus des Gewesenseins (*sur le mode ‚a été'*). Sie täuscht eine je schon fertige Psyche vor (24), angesichts dessen, dass diese dem Gesetz der Sukzession gehorchen soll, ein Widerspruch in sich selbst. Die Psyche zerfällt in ein Konglomerat von einander widersprechenden Seinsmodalitäten (25).

Die nächsten sechs Absätze variieren die Kritik der Psychologie, bevor erst der Schlussabsatz mit einem Vorverweis auf das Für-andere-sein einen neuen Akzent setzt. Das Psychische ist ein bewegungsloses Datum, das nur gezeitigt *wird*, ohne *sich* zu zeitigen (26). Man kann sich dies verdeutlichen an den von der psychischen Zeit geregelten Beziehungen seiner Formen zueinander: Auch wo zum Beispiel Gefühle sich durchdringen, wie Freundschaft und Liebe, entsteht nur ein starres Objekt (27). Selbst dann, wenn frühere Prozesse von fern her auf spätere einwirken, bleibt es bei der Scheinspontaneität eines Gegebenen. Lehrreich dafür ist Proust, der eine solche Fernwirkung kausal erklären möchte, aber ihr in Wirklichkeit nur eine magische Irrationalität abgewinnt (28–31).

Bei alledem bleibt jedoch festzuhalten: Die psychische Zeitlichkeit ist mehr als eine Illusion. Sie ist ein virtuelles Sein, welches das Für-sich in jedem Augenblick überzieht, in dem die ihr entsprechende Reflexion sich der authentischen Zeitigung bemächtigt. Konkret: Dieses Sein schiebt sich immer dann vor das ursprüngliche Bewusstsein, wenn ich mich *sehen* will. Bleibt mein Selbstvollzug hingegen unreflektiert, so tritt es nicht in Erscheinung, und findet Reflexion zu ihrer reinen Form, so verschwindet es. So besitzt die psychische Zeitlichkeit einen zwiespältigen Seinsstatus. Einerseits eine Hypostase, ist sie doch andererseits nicht ohne Wirklichkeit. Denn das statifizierende Bild, das die unreine Reflexion von der sich zeitigenden Zeitlichkeit entwirft, ist Schein als Vorschein dessen, was unzweideutige Realität wird, wo ich nicht mehr bloss selbst mich sehen will, sondern gesehen *werde*: Im Für-andere-sein (32).

Der philosophiegeschichtliche Ort

Sartre erarbeitet seinen Entwurf in Auseinandersetzung mit den in der Neuzeit angestellten Überlegungen zur Sache. Er greift bis auf Descartes, Leibniz und Kant zurück. Besonders präsent ist ihm natürlich Bergson. Aber das ihn leitende Erkenntnisinteresse lässt sich bereits vollständig der Art und Weise entnehmen, wie er die deutsche Phänomenologie des 20. Jahrhunderts aufnimmt und mit Hilfe Hegels unterminiert. An ihrer Dekonstruktion ist abzulesen, dass er letztlich darauf hinauswill, die gesamte Zeitphilosophie der letzten Jahrhunderte von innen aufzusprengen.

Seinen unmittelbarsten Ausgangspunkt gibt ihm Heidegger vor. Dessen frühes Hauptwerk von 1927 hat ja *Das Sein und das Nichts* insgesamt geprägt. Aber *Sein und Zeit* ist auch eine Quelle, aus der speziell das Kapitel ‚La temporalité‘ schöpft. Über die Seinsfrage hinaus spielt in dieses Kapitel von den generellen Annahmen fundamentalontologischer Herkunft vor allem die These hinein, dass das Seiende, das Heidegger Dasein genannt hat und Sartre als Für-sich bezeichnet, sein Sein zu sein habe. Auf dem

Boden dieser These entwickelt das Zeitkapitel eine Theorie, die schon in ihrer Begrifflichkeit an Heidegger anknüpft. Sein Titel zitiert die dem Dasein selbst eigene Zeitlichkeit, das Resultat einer als Sich-zeitigen des Daseins verstandenen Zeitigung. Auch die Übersetzung der „dimensions temporelles“ in die Ekstasen, in denen das hegelianisch reformulierte Dasein sich zeitigt, huldigt der Sprache Heideggers. Dabei ist die Adaption keineswegs aufs Sprachliche beschränkt. Das Kapitel folgt in seinem Gang, wenigstens partiell, dem Weg der Fundamentalontologie von der Zeitlichkeit zur Geschichtlichkeit und in seinem grundsätzlichen Ansatz, was stärker ins Gewicht fällt, der Option Heideggers für Jemeinigkeit.

Allein, unter der Schale eines terminologischen und konzeptuellen Anschlusses an Heidegger verbirgt sich ein Kern, der den Willen bezeugt, von ihm abzuspringen. Schon die Gemeinsamkeit, welche die Wiederholung der Seinsfrage suggeriert, enthüllt sich bei näherem Hinsehen als Schein. Während Heidegger unter Sein im Grunde Wahrheit versteht, meint Sartre damit das undurchdringlich Vorgegebene. So schmuggeln auch die an die Daseinsanalytik angelehnten Leitbegriffe des Temporalitätskapitels weithin in sie ein, was sich von ihr her nicht mehr erschliesst. Der Titelbegriff deckt ausser der daseinseigenen Zeitlichkeit auch eine universelle Zeit ab. Gerade dort, wo das Kapitel über die Phänomenologie der Zeitdimensionen in Richtung auf eine Ontologie der Temporalität hinausgeht, versichert es sich der universellen Zeit als einer wirklich objektiven, nicht bloss, wie es in *Sein und Zeit* hiess, ‚vulgär‘ verstandenen. Die in dieser Ontologie zuerst abgehandelte Temporalität, die statische, gleicht als Ordnung von ‚früher‘ und ‚später‘ in etwa der die Abfolge aller Ereignisse regelnden „B-Reihe“, von der McTaggart, bahnbrechend für die analytische Philosophie, meinte, sie liesse sich auf die an den Zeitdimensionen ausgerichtete „A-Reihe“ nicht zurückführen (vgl. McTaggart 1927; Bieri 1972); und die sodann vorgetragene Lehre von der dynamischen Temporalität unterwirft auch den ekstatischen Zeitigungsprozess, indem sie ihn auf Dauer festlegt, einem daseinstranszendenten Gesetz. Ein Zug in diese Richtung liegt sogar schon in der Phänomenologie der Ekstasen selbst. Anders als Heidegger, der den Anfang seiner Zeitlichkeitsanalyse mit der Zukunft macht, ordnet Sartre die Ekstasen nach dem traditionellen Schema Vergangenheit – Gegenwart – Zukunft an, offenbar weil er ernster nimmt, dass die ‚réalité humaine‘ sich zwischen Geburt und Tod in der Zeit erstreckt.

Dementsprechend besteht Sartre auf der Gleichursprünglichkeit aller drei Ekstasen. Gleichwohl zeichnet er die Gegenwart vor der Vergangenheit und Zukunft aus. Wenn er ihr auch nicht den absoluten Primat zuspricht, den in *Sein und Zeit* die Zukunft hatte, so räumt er ihr doch einen Sonderstatus ein, den sie seiner Annahme verdankt, dass in ihr Zeitlichkeit sich konstituiere. Die Annahme lässt sich aus seiner Gesamtkonzeption begründen. Das Zeitkapitel reichert die Grundstruktur des Für-sich, nicht zu sein, was es ist, und zu sein, was es nicht ist, durch das Dritte der schon zitierten Rückverweisung des einen auf das andere (2 A 13) an. Dieses Spezifikum daseinsmässiger Zeitlichkeit trägt aber die Gegenwart bei. Also ist das Gegenwartsmoment dasjenige, wodurch es zur Zeitlichkeit erst kommt.

Indessen ist die Konzeption ihrerseits durch den Anschluss an Husserl begründet. In sie geht Husserls Überzeugung ein, dass die Gegenwart der ‚Quellpunkt' allen Seins und Bewusstseins sei (vgl. Heidegger 1928). Die Überzeugung hat ihre Spuren gewiss in Sartres ganzem Buch hinterlassen. Sie bestimmt die in *Das Sein und das Nichts* durchgehend angewandte Methode. Von ihr geleitet, setzt Sartre immer wieder neu bei der „reinen Subjektivität des instantanen Cogito" (*SN* 117; *EN* 83) an. Aber das Zeitkapitel hat der deutsche Bewusstseinstheoretiker in besonderem Masse inspiriert, nicht nur durch seinen Präsentismus. Der Aufbau des Kapitels folgt einem Verständnis von Phänomenologie, wonach diese, wie Husserl es wollte, der Ontologie voraufgeht, und sein Schluss verschärft die Kritik, die Husserl unter phänomenologischen Gesichtspunkten an der Psychologie geübt hat.

Aus der Kombination von Heidegger und Husserl ist zu verstehen, dass *Das Sein und das Nichts* seinen Gegenstand in einer spannungsreichen Doppelstrategie einerseits aus der Binnenperspektive des je aktuellen Bewusstseins beschreibt, andererseits auf eine die Interiorität übersteigende Ganzheit hin auslegt. Denn bei allem Präsentismus hält Sartre doch auch an dem Vorhaben von *Sein und Zeit* fest, von der Zeitlichkeit her die Ganzheit des Daseins in den Griff zu bekommen. Allerdings bleibt bei ihm, wie erwähnt, nur eine sich selbst fliehende Ganzheit übrig (2 B 15). Zu deren Erfassung gibt ihm Hegel die begrifflichen Mittel an die Hand. Dass die phänomenologische Ontologie, welche die Schrift in ihrem Untertitel verspricht, mindestens ebenso substantiell eine dialektische ist, erklärt sich aus dem Versuch ihres Verfassers, die Phänomenologie Husserls und die Ontologie Heideggers durch die wesentlich negationstheoretisch verfasste, von ihm ins Negativistische gewendete Dialektik Hegels zu vermitteln und in eins damit beide zu unterlaufen. Auch diesen Versuch startet Sartre längst vor dem Zeitkapitel. Von Anfang an optiert er für die von Hegel gegen die traditionelle Metaphysik aufgebotene Einheit von Sein und Nichtsein, von Anfang an auch begreift er das Nichtsein vor allem hegelisch als Nicht-das-andere-sein. Aber erst im Zeitkapitel, das auch in seiner die Sachordnung umkehrenden Darstellungsweise dialektisch konzipiert ist, wird offenbar, was er damit eigentlich will. Er spitzt die seinsmässige Negativität zu einer wertmässigen zu. In der Exposition des Kapitels ist von Synthese und Totalität noch so die Rede, als seien sie unversehrt. Dann jedoch tritt mehr und mehr an den Tag, dass die Zeit mich von mir trennt und infolgedessen jede Ganzheit zersetzt.

Nun verändert sich damit auch die Stellung der Zeit selbst. Eine mich von mir trennende Zeit lässt sich nicht mehr wie bei Husserl und Heidegger auf die Zeitlichkeit des Bewusstseins oder Daseins reduzieren. Es ist nicht nur so, dass das Für-sich *sich* zeitigt; es *wird* auch gezeitigt – von einer Zeit, die ihm immer schon zuvorkommt. Durch den Rückgriff auf Hegel gewinnt Sartre die der Zeit in der Antike mit einer gewissen Selbstverständlichkeit zugesprochene Realität zurück, welche die Philosophie Kants zu einer transzendentalen depotenziert und die nachkantische schliesslich preisgegeben hat.

Das ungelöste Problem

Es war Sartres Intention, eine transsubjektive Zeit so wiederzugewinnen, dass der Gedanke einer vom Subjekt zu leistenden Zeitigung nicht verlorengeht. Im Bemühen um eine Bewahrung der Einsichten, die wir der Phänomenologie und Fundamentalontologie verdanken, fällt er aber auf die gegen Dialektik sich polemisch abgrenzende Position Husserls und Heideggers zurück. Eben der Ausgriff auf eine Temporalität, die mehr sein sollte als das Produkt eines Sich-zeitigens, gerät faktisch zur Erneuerung der Zeitlichkeit des Subjekts. Er landet bei einem Seinsmodus des Für-sich (2 A 11 und 18). Genauso undialektisch wird der darin nicht aufgehende Rest dem An-sich zugeschlagen. Zu zeigen ist beides in einer Zweitlektüre, die den Text rückwärts liest. Der recht ausführlich vorgestellte Schlussteil des Kapitels kann dabei weitgehend unberücksichtigt bleiben. Die kritische Analyse muss sich auf Sartres eigene Phänomenologie und Ontologie der Zeit konzentrieren. Eine vertiefende Besinnung verlangt insbesondere die anfangs nur knapp skizzierte Phänomenologie der Ekstasen.

An der Stelle, an der Sartre von der statischen Temporalität zu deren Dynamik übergeht, hat er die Reduktion auf die Zeitlichkeit des Subjekts bereits hinter sich. Der Eingangssatz von 2 B, zur Dynamik gehöre die Dauer, setzt deren Bewusstseinsimmanenz voraus. Denn die Dynamik soll ihrerseits nichts sein als „une structure essentielle du pour-soi“ (2 B 12). Es kann denn auch kaum verwundern, dass der in dem Abschnitt entfaltete Dauerbegriff selbst noch weniger überzeugt als seine bei der Inhaltsangabe vorausgreifend problematisierte Applikation auf das Für-sich. Es ist schwer zu sehen, wie er sich durch Reflexion auf das in die Vergangenheit absinkende und je gegenwärtig neu entstehende Für-sich aufklären lässt, es sei denn, man mache die ihn subjektivierende Voraussetzung mit. Aber jene Reduktion geht auch schon der Existentialisierung der Vorher-nachher-Ordnung in 2 A voraus. Der Anweisung, unter ‚vorher' das An-sich zu verstehen, welches das gegenwärtige Für-sich früher war (2 A 14), könnte man selbst dann nicht folgen, wenn man über die Fragwürdigkeit des in ihr implizierten Verständnisses von Vergangenheit hinwegsehen wollte, da sie uns die gleiche *petitio principii* zumutet wie 2 B. Ähnliches gilt für den Versuch, der Beziehung von Früherem und Späterem mittels des Ekstasenbegriffs beizukommen. Was er zunächst auf diese Beziehung projiziert (2 A 7), erstattet er dem Für-sich sodann bloss zurück (2 A 9).

So fällt die für alles Weitere massgebliche Entscheidung offenkundig in der Phänomenologie der Ekstasen selbst. Sartre trifft sie mit der in den jeweiligen Abschnitten unermüdlich wiederholten Feststellung, die drei Zeitdimensionen, deren Deutung als Ekstasen dies terminologisch fixiert, kämen in die Welt durch das Für-sich. Damit schlägt er den Grundton an, den er bei der Beschreibung jeder einzelnen durchhält. Aber Vergangenheit, Gegenwart und Zukunft weisen in der Art, wie er sie auf das Für-sich bezieht, doch auch Unterschiede auf, die lehrreich sind, weil sie uns zu einer angemessenen Einschätzung des in seiner Theorie ungelösten Problems verhelfen.

Im Falle der Zukunft kann die Konstitution durch das Für-sich keineswegs bedeuten, dass sie ein transsubjektives Sein gänzlich ausschliesst. Die Zukunft gibt dem Für-sich ja, so wurde uns gesagt, das Sich vor. Insofern ist sie tatsächlich ein es bestimmendes Sein. Zugleich hat sie freilich, auch das hat Sartre beteuert, *kein* Sein (1 C 6). Der Widerspruch ist zunächst einmal anzuerkennen und festzuhalten. Zeigt er doch an, dass die Reduktion der Zeit auf eine subjektive Zeitlichkeit nur eine Gegenbewegung ist, die den Ausgriff auf eine objektive Zeit nicht annulliert. Sartre glaubt ihn denn auch im positiven Sinne dieses Hegelschen Begriffs ‚aufheben' zu können, nämlich in ein An-und-für-sich-sein, das er ebenfalls mit Hegel als ein das An-sich und das Für-sich vermittelndes denkt und für den ontologischen Status jenes Sich ausgibt. Die Zukunft ist ohne alles Sein, sofern ihr die das An-sich definierende Realität fehlt, und trotzdem ein das Für-sich sogar bestimmendes Sein, sofern ihr die Idealität des Sinns eignet. Ob der Widerspruch aber im An-und-für-sein *gut* aufgehoben ist, muss man wohl bezweifeln. Seine Aufhebung reicht ja gar nicht an die These heran, dass die Zukunft *durch* das Für-sich sei, worin etwas anderes liegt als dessen Sinn. Sartre kann sich die unaufgehobene Spannung in seinem Zukunftsbegriff nur verheimlichen, indem er hin und her springt zwischen einem *avenir*, das als Zu-sich-kommen des Für-sich dessen eigener Prozess ist, und einem (vermutlich mit Bedacht grossgeschriebenen, allerdings vom kleingeschriebenen kaum zu unterscheidenden) *Futur*, das dem Für-sich allererst den Horizont seiner Selbstverwirklichung eröffnet.

Die im Anfangsteil des Kapitels auffällig kurz behandelte Gegenwart weicht von der dem Aufriss der Zeitdimensionen vorgezeichneten Bahn gleichsam nach der entgegengesetzten Seite ab. Ist die Zukunft, auch in der Sicht Sartres, im Grunde mehr als eine durch das Für-sich seiende, so ist die mit seinen Augen gesehene Gegenwart weniger. Dem wiedergegebenen Text zufolge *ist* sie Für-sich (1 B 1). Sie geht darin auf, weil sie sich auf Flucht reduziert, auf eine „ständige Flucht angesichts des Seins" (1 B 7). Denn das Für-sich löst sich seinerseits in eine fliehende Bewegung auf. Auch die Einschränkung der Gegenwart auf eine solche Bewegung steht im Widerspruch zur Generalthese. Kann doch das Konstituierte nicht das Konstituierende selbst sein. Manifest wird der Widerspruch darin, dass dieselbe Gegenwart, in der Sein und Nichts angeblich eins sind, ohne Vergangenheit und Zukunft doch nur „ein Nichts" ist (1 B 1). Sartre findet ganz in Ordnung, wenn man dies so ausdrückt, „dass die Gegenwart *nicht ist*" (1 B 6). Der Widerspruch mag auch verantwortlich sein für eine gewisse Zweideutigkeit der Bestimmung ihres Verhältnisses zur Anwesenheit bei der Welt. Obwohl Anwesenheit nur die „erste", das heisst doch wohl: Unmittelbare, Bedeutung von Gegenwart sein soll (1 B 2), fliesst sie bald mit ihr zusammen (1 B 3). Dies lässt sich daraus erklären, dass nach ihrer Identifikation mit dem Für-sich bloss die Beziehung zur Welt von ihr übrigbleibt. Damit verliert sie aber die ihr im Systementwurf zugedachte Funktion. Derart alles Eigenen beraubt, kann sie nicht mehr die ‚Rückverweisung' (2 A 13) leisten, die es dem Für-sich gestattet, im Zu-sein-haben seiner Zukunft und Vergangenheit wirklich zu *sein*.

Korrelat der als Flucht aufgefassten Gegenwart ist das Vergangene, von dem her Sartre zu ihr übergeht: Etwas, *wovor* man flieht. Als zu fliehendes gerät es zum Gegenteil der Gegenwart, zum An-sich. Dass Gegenwart Für-sich sei, hebt der erste ihr gewidmete Satz von einer Vergangenheit ab, „die An-sich ist". Deren Subsumtion unter das An-sich-sein ist so evident fragwürdig und dementsprechend schon so oft beanstandet worden, dass es müssig wäre, nochmals Punkt für Punkt gegen sie zu argumentieren. Es scheint sogar angebracht, sie vor aller Kritik vor eilfertigen Einwänden zu schützen. Erstens ist sie systemlogisch plausibel, nicht nur als Folge der Gleichsetzung von Gegenwart mit Flucht. In dem Sein, angesichts dessen das Für-sich die Flucht ergreift, war Vergangenheit von vornherein mit Welt vereint, so dass *Das Sein und das Nichts* geradezu danach verlangt, sie auf einen die Welt mitumfassenden Begriff zu bringen. Zweitens ermuntert dazu in gewisser Hinsicht auch die Sache. Das Gemeinsame der Flucht vor der Welt und der Flucht vor der Vergangenheit artikuliert der Term *Sich-losreissen*, der nach der einen Seite auf das Sich-losreissen von der Welt zielt, nach der andern auf das Sich-losreissen von sich selbst als einem Produkt der Vergangenheit. Wir müssen uns tatsächlich immer wieder von der Vergangenheit lösen, gerade um ein freies Verhältnis zu ihr zu finden. Drittens ist die Behauptung, sie *sei* An-sich, zwar das letzte Wort über sie, aber nicht das uneingeschränkt gültige. Im Ernst kann Sartre selbst nicht wollen, dass sie restlos im An-sich-sein verschwindet. Ihre Auslieferung an dieses Sein ist nicht eigentlich sein Ziel, sondern eine Abirrung von seinem Ziel und damit offen für eine Korrekur durch den Weg, von dem sie abirrt.

Um uns dessen zu vergewissern, brauchen wir nicht auf einzelne schon angeführte Äusserungen zurückzugreifen. Den Seinsmodus der Vergangenheit so auszudrücken, dass sie An-sich *ist*, „ein An-sich wie die Dinge" (1 A 11), verbietet ihr über den Wahrheitswert aller Einzeläusserungen befindender *Begriff*. Er legt sie auf „*überschrittene* Faktizität" (2 A 14) fest, eine Faktizität, die nur als überschrittene sein kann, was sie ist. Erst recht könnte die Vergangenheit ein An-sich, wenn sie überhaupt eines sein sollte, wirklich nur, wie referiert, als „*überschrittenes*" sein (1 A 15). Mit ihrer schlichten Subsumtion unter das An-sich-sein wäre ebensowenig vereinbar, dass wir sie zu sein haben. Denn dazu bedürfte es eines Anknüpfungspunktes in ihr selbst, und den vermag das An-sich-sein nicht zu bieten. So wie Sartre sie beschreibt, enthält also auch sie, nicht anders als Gegenwart und Zukunft, einen Widerspruch. Als einer zwischen ihrer Beschreibung und ihrem Begriff scheint er zwar leichter auflösbar. Aber durch Elimination begriffsfremder Elemente liesse sich keineswegs alles Schiefe an der Theorie beseitigen. Letztlich ist der Begriff selbst falsch. Vergangenheit ans An-sich-sein wenigstens anzugleichen, ist nämlich für Sartre, wenn er sich treu bleiben will, unverzichtbar, und schon eine solche Angleichung, nicht erst die verdinglichende Identifikation, würde hinreichen, selbst noch das einigermassen Nachvollziehbare an der Theorie um ihren Wahrheitsgehalt zu bringen. Schon sie würde uns eine inakzeptable Trennung von der Vergangenheit auferlegen. Wir reissen uns von ihr eben nicht so los, dass wir uns von ihr trennten. Es stimmt auch nicht, was Sartre mit Rücksicht aufs An-sich-sein sagt: Dass sie für uns keine Möglichkeit enthält (1 A 11). Eine ihres unabgegoltenen Potentials beraubte Vergangenheit könnten wir nicht *leben*. Alle Bemühung um eine immanente Verbesserung ihrer existentialistischen Theorie stösst dort an ihre Grenze, wo Sartre dies in Kauf nimmt: „Die Vergangenheit ist das, was ich bin, ohne es leben zu können" (1 A 16).

Der Protest gegen das Einverständnis damit hat immerhin den Sartre der *Tagebücher* von 1939–1940 (305–6) auf seiner Seite. Ihnen zufolge ist die Zeit, die „nicht von derselben Natur ist wie das Für-sich", ebensowenig „von derselben Natur [...] wie das An-sich". Aber in *Das Sein und das Nichts* hat sich die Unterscheidung von An-sich und Für-sich so sehr zur vollständigen Disjunktion verfestigt, dass sie über ein imaginäres An-und-für-sich-sein hinaus kein Drittes mehr zulässt. Auch Zeit darf „diese beiden radikal getrennten Seinsbereiche" (*SN* 44; *EN* 34) nicht überbrücken. Ihre einzige Vermittlungsfunktion erschöpft sich darin, dass sie die „Wiederergreifung des Für-sich durch das An-sich" (2 B 10) antreibt. Die endet, so haben wir gehört, mit dem totalen Sieg des An-sich, als den Sartre den Tod deutet. Aber die *Tagebücher* zeichnen auch noch den Ort vor, den das Buch von 1943 mit seinen eigenen Mitteln hätte in Besitz nehmen können. In ihnen findet sich der erstaunliche Satz: „Die Zeit ist die Faktizität der Nichtung." Sie ist eine solche Faktizität, sofern das Für-sich „*sich* nichtet und verzeitlicht *wird*", nicht erst mit seiner Wiederergreifung durch das An-sich, sondern schon in seiner Selbstzeitigung. *Das Sein und das Nichts* verfehlt den in dem Satz anvisierten Ort, indem Sartre hier einerseits unter dem Titel ‚Gegenwart' nur die Nichtung thematisiert, andererseits unter dem Titel ‚Vergangenheit' nur eine Faktizität, die der Nichtung vorgegeben ist. Seine Zukunftskonzeption kann dann das Auseinandergefallene nicht mehr einen. Grundsätzlich wäre ihm jedoch auch 1943 noch möglich gewesen, mit einer der Nichtung selbst zugehörigen Faktizität Zeit gewissermassen als die Aussen- oder Rückseite des Für-sich in den Griff zu bekommen. Insofern bleibt in seinem ersten Hauptwerk ein Problem ungelöst, das durchaus auf seinem Wege lag. Die *Tagebücher* lassen ahnen, warum ihm trotzdem schwer fiel, es zu lösen. Als Faktizität der Nichtung selbst ist Zeit „die opake Grenze des Bewusstseins". Ihre Opazität verleitet dazu, alles an ihr, was man beim schlechtesten Willen nicht dem Bewusstsein zueignen kann, in ein bewusstseinsfremdes An-sich-sein zu verlegen.

Literatur

Bieri, Peter 1972: Zeit und Zeiterfahrung, Frankfurt am Main, Suhrkamp.

Heidegger, Martin 1928 (Hrsg.): Edmund Husserls Vorlesungen zur Phänomenologie des inneren Zeitbewusstseins, Halle, Niemeyer.

McTaggart Ellis, John 1927: The Nature of Existence, Cambridge, Cambridge University Press.

Theunissen, Michael 1991: „Sartres negationstheoretische Ontologie der Zeit und Phänomenologie der Zeitdimensionen", in: Negative Theologie der Zeit, Frankfurt am Main, Suhrkamp, S. 131–93.

7

Leo Fretz

Die Transzendenz[1] (322–401)

Schon in der Frühschrift *Die Transzendenz des Ego* hat Sartre sich eingehend mit dem Begriff ‚Transzendenz' beschäftigt. Bei der Interpretation aber des Kapitels „Die Transzendenz" aus *Das Sein und das Nichts* soll man sich davon bewusst sein, dass dieses Konzept hier meistens eine ganz andere Denotation hat als in dem frühen Aufsatz aus dem Jahre 1936 (vgl. Fretz 1979). War dieses Konzept damals noch gleichbedeutend mit ‚transzendent-Sein', in dem ersten philosophischen Hauptwerk aus dem Jahre 1943 denotiert ‚Transzendenz' meistens eine *Aktivität* des Bewusstseins.[2] In dem frühen Aufsatz wird betont, dass das Ego nicht in dem Bewusstsein wohnt, sondern ein bewusstsein*transzendentes* Produkt des Für-sich ist. Man muss also die beiden Wörter ‚transzendent' und ‚Transzendenz' in *Das Sein und das Nichts* scharf unterscheiden. Wichtig ist jetzt, dass Sartre sich an der *Relation zwischen* dem An-sich und dem Für-sich interessiert und vor allem an dem ontologischen und epistemologischen Bezug zwischen diesen beiden Seinsweisen, der in der *Erkenntnis* hergestellt wird. Er formuliert es so:

1 Frau Nelma Slangen-Schoterman, Fachärztin, hat den Autor bei der Rekonstruktion des Kapitels „Die Transzendenz" sehr stimuliert. Er hat während einer Zeit der Erholung von schwerer Krankheit ihr das Kapitel mündlich zur erklären versucht. Er verdankt ihrer überlegenen Intelligenz viele Anregungen. Selbstverständlich ist nur er selbst für etwaige Fehler und Irrtümer im Text verantwortlich. Der Autor ist dem Herausgeber dieses Bandes, Herrn Dr. habil. Bernard N. Schumacher, sehr dankbar, dass er die vom Verleger aus praktischen Gründen erwünschte Kürzung des Textes hat durchführen wollen.

2 Wir sagen „meistens", weil Sartre die Unterscheidung zwischen „transzendent-sein" und „Transzendenz als Aktivität des Bewusstseins" nicht immer, wie wir sehen werden, in der Verwendung des Wortes „Transzendenz" konsequent durchführt.

„Wenn das An-sich das ist, was es ist, wie und warum hat das Für-sich in seinem Sein Erkenntnis des An-sich zu sein? Und was ist Erkenntnis im allgemeinen?“ (*SN* 324; *EN* 220, Hervorhebung von L. F.).

1 Die Erkenntnis als Beziehungstypus zwischen dem Für-sich und dem An-sich

Er poniert zu Beginn die These, das wahre Erkenntnis eine intuitive sei und dass dasjenige, was viele für Erkenntnis halten wie z. B. den Diskurs und die Deduktion nur als Instrumente zur Erreichung dieser wahren Erkenntnis dienen. Und mit Husserl und anderen definiert er die Intuition als „Anwesenheit bei“ (*SN* 325; *EN* 221), aber im Gegensatz zu diesen betrachtet er diese Anwesenheit nicht als ein *Anwesenheit der Sache beim Bewusstsein, sondern des Bewusstseins bei der Sache*. Grund für diese Umkehrung ist, dass das Anwesend-sein nur ein extatischer Seinsmodus des Bewusstseins ist und nicht des An-sich. Was hier „Anwesenheit-bei“ genannt wird ist eigentlich gleichbedeutend mit Intentionalität. Eben weil das Bewusstsein nur als Bewusstsein *von* existieren kann, ist es immer thetisches Bewusstsein von An-sich. Und weil das Bewusstsein immer auch ein nicht-thetisches Bewusstsein (von) sich selbst ist und sonst ein nicht-bewusstes Bewusstsein wäre, was eine Absurdität wäre, sind Für-sich und An-sich grundsätzlich miteinander verbunden. In diesem Zusammenhang weist Sartre auf den phantomhaften Charakter des Für-sich hin, da es eine Dyade von Spiegelung und Spiegelndes ist und als solche eine Zusammensetzung von zwei Nichtsen. Da aber diese beiden Glieder sich, insofern das Spiegelnde die Spiegelung und die Spiegelung sich im Spiegelnden spiegelt, vernichten, indem sie ihre beiden Nichtse aneinander stützen, muss das Spiegelnde *etwas* („irgendeine Sache“, *SN* 325; *EN* 221) spiegeln.

Wenn das Spiegelnde etwas spiegelt und wenn das Spiegelnde die Spiegelung spiegelt kann die Spiegelung nicht dieses etwas sein, weil in dem Falle die Spiegelung selbst ein opakes An-sich wäre. Das Spiegelnde spiegelt also sich selbst als Spiegelung und, insofern es Bewusstsein *von* ist, irgendein An-sich. Anders ausgedrückt:

thetisches Bewusstsein = Spiegelndes ↔ Spiegelung = nicht-thetisches Bewusstsein
(von) *von etwas* ↕ sich selbst
Sache/Objekt

Die Relation von Für-sich und An-sich existiert als eine Negation des An-sich durch das Für-sich. Das Für-sich setzt das visierte An-sich als dieses nicht seiend. Die Anwesenheit des Für-sich bei dem An-sich ist gerade diese Negation. Diese Negation darf also nicht als ein Urteil aufgefasst werden, in der zwei Sachen miteinander verglichen werden wie: A ist nicht B. Nein, diese Negation ist eine „ursprüngliche Negation", die das Für-sich *ist*. Wenn das Für-sich Spiegelung und Gespiegeltes ist, gilt: „Das Gespiegelte lässt sich draussen bei einem gewissen Sein als dieses Sein nicht seiend qualifizieren; dass ist genau das, was man Bewusstsein *von* etwas sein nennt" (*SN* 328; *EN* 223).

Aber was ist nun ganz genau das, was Sartre die „ursprüngliche Negation" nennt? Um das ganz präzise zu formulieren macht er einen Unterschied zwischen der externen und der internen Negation (*SN* 328–9; *EN* 223). Unter einer externen Negation versteht er die Verneinung, das eine Sache A eine andere Sache B wäre, z. B. „Die Tasse ist nicht das Tintenfass" (*SN* 328; *EN* 223). Eine interne Negation wäre: „Ich bin nicht reich" oder „Ich bin nicht schön". Im Gegensatz zu der externen Negation beeinflusst die Interne die innere Struktur desjenigen, dem die Qualität „reich" oder „schön" abgesprochen wird. Jede Negation wird durch ein Für-sich realisiert, auch die externe wie z. B. A ist nicht B. Die interne Negation aber wird nicht nur durch ein Für-sich realisiert, das Für-sich wird dadurch in Innern berührt, weil es selbst diese, interne Negation *ist*.

Das Bewusstsein erschafft zwar nicht das An-sich, aber es ermöglicht das An-sich als Phänomen. Also keine Anwesenheit ohne die Negation. Diese Negation nun wird als ‚unmittelbare Negation' charakterisiert. Diese wird buchstäblich durch Nichts vermittelt und dass dieses vermittelnde Nichts deshalb weder zu *etwas* gemacht werden, noch zu einem substantialisierten Nichts zurückgebracht werden dürfe. Deshalb weist er denn auch sowohl *die Kontinuität* wie *die Diskontinuität* als der Beziehung zwischen An-sich und Für-sich adäquate Beschreibungen zurück. Wenn Bewusstsein und An-sich grundsätzlich durch nichts getrennt werden und wenn dieses Nichts nicht substantialisch interpretiert werden darf, kann dieses „Nichts" nichts anderes andeuten als was Sartre in *Das Sein und das Nichts*, „Néant" das heisst „Pour-soi" (Für-sich), nennt.

Diese unmittelbare Negation nennt Sartre auch „reine verneinte Identität" (*SN* 334; *EN* 227). Was wir unter dieser Phrase zu verstehen haben illustriert er an dem folgenden Vergleich: „Wenn zwei Kurven einander berühren, so stellen sie einen Typus von *Anwesenheit ohne Vermittler* dar" (*SN* 334; *EN* 227, Hervorhebung von L. F.). Diese Berührung als „Anwesenheit ohne Vermittler" wird, wenn die zwei Kurven bedeckt werden, durch ein gerade Linie dargestellt und ist – ontologisch betrachtet – buchstäblich nichts. Nicht desto weniger stellt sich – wenn die beiden Kurven wieder sichtbar gemacht werden – heraus, dass sie nicht identisch sind. Aber diese Nicht-Identität existiert als eine reine Negativität, denn man kann die beiden Kurven nur dadurch wahrnehmen, dass man beim Ziehen der Kurven je eine Negation als konstruierenden Akt vollzieht. Also, die „reine verneinte Identität", von der vorhin gesprochen wurde, ist eine „reine", weil sie nichts anderes als Identität ist, sie ist eine „verneinte", weil sie existiert als eine Negation. Sie ist eine „reine Negativität" (*SN* 334; *EN* 227) als Gegenstück einer konstituierenden Synthese. Gewöhnlich – sagt Sartre – bezieht sich eine Negation auf *etwas*, wie z. B.: „Das Tintenfass ist nicht der Tisch", in dem Falle aber der Negation als Erkenntnis gibt es nichts, was als Stütze der Negation dienen könnte. Es gibt nur das Sein und es ist die Erkenntnis als Negation, die es ermöglicht, dass es Sein gibt: „Durch es [= das Erkenntnisphänomen] wird das Sein nicht bereichert, denn die Erkenntnis ist reine Negativität. Sie macht nur, dass es Sein gibt" (*SN* 335; *EN* 228). „Aber dieses Faktum, ‚dass es Sein gibt', ist nicht interne Bestimmung des Seins – das das ist, was es ist –, sondern der Negativität". In diesem Sinn ist jede Enthüllung eines positiven Charakters des Seins das Gegenstück einer *ontologischen* Bestimmung des Für-sich in seinem Sein als *reine Negativität* (*SN* 335; *EN* 228, Hervorhebung von L. F.). Man sieht, wie Sartre auch hier wieder betont, dass es nur nicht thetisches Bewusstsein (von) sich (= reine Negativität) gibt, insofern es thetisches Bewusstsein von einem Objekt gibt. Oder: Kein Für-sich ohne An-sich. Insofern ist von einer Nicht-Identität und von einer „reinen verneinten Identität" die Rede.

Der erste Paragraph gipfelt denn auch in einer Definition von „Transzendenz": „Diese interne realisierende Negation, die das An-sich enthüllt, indem sie das Für-sich in seinem Sein bestimmt, nennen wir Transzendenz" (*SN* 336; *EN* 228, vgl. auch unsere einleitenden Bemerkungen über „die Transzendenz als *Aktivität* des Für-sich").

2 Über die Bestimmung als Negation

Ein Zitat könnte man als den Schlüssel zum Verständnis des ganzen zweiten Paragraphen sowie als Bestätigung der Richtigkeit der im Vorhergehenden von uns verteidigten These über den Unterschied zwischen der empirischen Negation und der diese ermöglichen ontologischen Bedingung auffassen. „Die Negativität als *ursprüngliche Transzendenz* bestimmt sich nicht von einem Dieses her, sondern *sie macht, dass ein Dieses existiert.*

Die *ursprüngliche* Anwesenheit des Für-sich ist Anwesenheit beim Sein“ (*SN* 337; *EN* 229, Hervorhebung von L. F.)

Also: „Die ursprüngliche Anwesenheit des Für-sich ist Anwesenheit beim Sein“. Aber „Bei welchem Sein ist das Für-sich Anwesenheit?“ fragt Sartre. Weder bei einem „Dieses“ noch bei einem „Ganzes“. Denn, dass es ein Dieses und ein Ganzes gibt, wird erst ermöglicht durch das Für-sich als Anwesenheit beim Sein tout court. Diese ursprüngliche Anwesenheit oder diese „ursprüngliche Transzendenz“ ist die ontologische Bedingung dafür, dass es ein Dieses oder Jenes beziehungsweise ein Ganzes gibt. Deshalb macht Sartre auch im zweiten Paragraphen einen Unterschied zwischen dem, was er „die Negativität als ursprüngliche ‚Transzendenz‘ und einer Negativität, die er ‚sekundär‘“ (*SN* 337; *EN* 229) nennt. Also: Es gibt kein Dieses oder Jenes ohne Ganzheit und keine Ganzheit, die sich nicht in einem „Dieses“ oder „Jenes“ äussert. Aber „Bleibt zu erklären, wie das Auftauchen des Für-sich zum Sein bewirken kann, dass es ein *Ganzes* und *Dieses* gibt“ (*SN* 338; *EN* 229). Ersteres erklärt Sartre dadurch, dass das Für-sich Anwesenheit beim Sein als Totalität sein kann, weil es selbst ist, was es nicht ist, und *nicht* dass ist, was es ist. Oder anders gesagt, weil es eine *„detotalisierte Totalität„* ist (*SN* 338; *EN* 229–30, Hervorhebung von L. F.). Das Für-sich macht sich selbst alles das sein, was das Sein nicht ist, wie das An-sich ihm „gegenüber“ alles das ist, was das Für-sich *nicht* ist. Diese ursprüngliche Negation ist eine radikale Negation, die die konkrete Negation, welche im ersten Paragraphen besprochen wurde, erst ermöglicht. Diese radikale Negation ist also die menschliche Wirklichkeit als Nichts, welches ausserhalb der Totalität des Seins als Ganzes gelassen wird. Aber wie bewirkt das Für-sich, dass es ein *Dieses* gibt? Er sagt: „Sie (= die menschliche Realität) ist nur insofern Totalität, als sie durch alle ihre sonstigen Negationen der konkreten Negation entgeht, die sie gegenwärtig ist: Ihr Sein kann seine eigene Totalität nur in dem Masse *sein*, wie es Überschreiten der partiellen Struktur, die es ist, auf das Ganze hin ist, das es zu sein hat. Sonst wäre es einfach das, was es ist, und könnte keineswegs als Totalität oder als Nicht-Totalität betrachtet werden“ (*SN* 340; *EN* 231). Also: Wie es kein Ganzes gibt ohne Dieses, so gibt es kein Dieses ohne ein Ganzes. Oder in anderen Worten: Das Urteil (A): „Ein Dieses impliziert ein Ganzes“ impliziert das Urteil (B): „Ein Ganzes impliziert ein oder mehrere ‚Diese‘ und umgekehrt“. Oder A<===>B.

Die Erscheinung eines Dieses ist korrelativ zu meiner eigenen konkreten Negation auf dem Hintergrund einer radikalen Negation, die ich auch bin. Also: Kein Dieses ohne mich selbst als konkrete Negation auf dem Hintergrund der radikalen Negation, die ich auch bin. Oder: Dieser Tisch erscheint nur, insofern ich dieser Tisch *nicht* bin. Aber dieses mein „Nicht-der-Tisch-Sein" erscheint nur, weil ich auch – ontologisch betrachtet – eine radikale Negation des An-sich schlechthin bin. Also auch hier sieht man wieder, wie für Sartre die radikale Negation die ontologische Vorbedingung meiner konkreten Negation ist, dieser Tisch nicht zu sein, welches wieder korrelativ zur Erscheinung dieses Tisches ist.

Das Wort „Negation" kommt im Vorhergehenden in mehreren Bedeutungen vor: Ich bin z. B. *nicht* der Tisch (konkrete Negation), aber ich bin auch *„radikale* Negation". Wie verhalten sich diese beiden Negationen zueinander? Wie ein *Dieses* oder eine *Gestalt* auf dem Hintergrund eines *Ganzen* erscheint und bei der Erscheinung eines anderen Dieses oder einer anderen Gestalt wieder in diesen Hintergrund zurücksinkt, so erscheint die *konkrete* Negation auf dem Hintergrund der *radikalen* Negation. Als konkrete Negation bin ich momentweise Verneinung der *radikalen* Negation, die ich auch bin.

Das Erscheinen eines Dieses setzt eine Negation der Negation voraus. Aber um welche Negation handelt es sich hier eigentlich und was ergibt diese Konstruktion der Negation durch die Negation? Erstere Negation ist die *konkrete*, letztere die radikale. Wenn die *konkrete* die *radikale* verneint, ergibt das – so meint Sartre – ein Positives und zwar ein *Dieses*. Dieser Verneinungsprozess fügt dem Dieses ontologisch nichts hinzu und nimmt ihm nichts weg: „Wohlgemerkt, diese Negation ist – von seiten des Dieses gesehen – ganz *ideal*" (*SN* 342; *EN* 232, Hervorhebung von L. F.). Das Dieses wir dadurch nicht im geringsten *berührt*. Es ist, was es ist, auch wenn es durch diesen Verneinungsprozess *konstituiert* wird. Weil diese Verneinung das Dieses nicht *berührt*, ist diese Negation auch keine *interne*, sondern eine *externe*, die nur von einem Sein vollzogen werden kann, das selbst eine *interne* Negation, also ein Für-sich *ist*. Die *externe* Negation ist korrelativ zur *internen*, und das erklärt – so meint Sartre – den *zweideutigen* Charakter der Welt, die einerseits eine Totalität ist, die als An-sich schlechthin vom Für-sich verneint wird, andererseits aber ein Ensemble von verschiedenen *Dieses* ist, die sich zeigen, sobald die Welt sich wie eine „Schachtel" öffnet.

3 Qualität und Quantität, Potentialität, Utensilität

Der ganze zweite Paragraph war der Konstituierung (*nicht* der *Erschaffung*) des *Dieses* und der Negation, sowohl als *interner* wie als *externer* Negation, gewidmet; ausserdem dem ontologischen Unterschied zwischen diesen beiden Negationen. Wir haben gesehen, dass das Für-sich (ontologisch betrachtet) eine *interne* Negation ist und dass die externe Negation (wieder ontologisch betrachtet) ein „*ideales Sein*" ist. Der ganze dritte Paragraph ist der ontologischen Charakterisierung des *Dieses*, dem Unterschied zwischen einem Dieses und einem *Jenes*, und wieder der ontologischen Charakterisierung der *externen* Negation gewidmet.

Die Qualität

Im Gegensatz zu vielen Philosophen aus der Vergangenheit interpretiert Sartre die Qualität nicht nur als etwas, was vom Subjekt zur Erscheinung gemacht wird, sondern als eine Seinsform, die das *Dieses* selbst *ist*. Das Für-sich konstituiert zwar das Dieses und auch seine Qualitäten, aber nur insofern es „feststellt", dass es weder das Dieses noch seine Qualitäten *ist*. Das Für-sich, ist eine dreifache Negation, insofern es (1) eine Identität zwischen sich und dem An-sich schlechthin verneint, (2) verneint, dass es das *Dieses* ist, und (3) verneint, dass es dessen Qualitäten *ist*. Letztere Verneinung ist es in „unsetzbarer" Weise. Darin realisiert es seine Einzigartigkeit. Sartre kritisiert Husserl u.a., denen er eine prälogische, epistemologisch-alimentäre Illusion vorwirft (*Idee* 31 ff. [33 ff.]). Der epistemologische Prozess ist seiner Meinung nach nicht ein Geschehen, in dem man was „einnimmt", sich damit füllt (vgl. Husserls „Erfüllung") und dann verdaut („Assimilation"). Nein, die Qualität, sagt er, sucht uns heim, wir werden durch sie von einem „Seinsdurst" erfüllt, ähnlich wie Tantalus von den *unerreichbaren* Speisen gequält wurde, die seinen Hunger nur vergrösserten. Wir werden nie die Qualität *sein*, nie ihren ontologischen Status annehmen. Die Qualität ist: „Anzeigen dessen, was wir *nicht sind*, und des Seinsmodus, der uns verwehrt ist. Die Wahrnehmung des Weissen ist Bewusstsein von der prinzipiellen Unmöglichkeit, dass das Für-sich als Farbe existiert. [...] die Qualität, [...] enthüllt sich uns als ein *Sein*" (*SN* 349; *EN* 237, Hervorhebung von L. F.).

Interessant in diesem Zusammenhang sind auch die Auseinandersetzungen über das *Abstrakte* und die *Abstraktion*. Wenn man sich unsere Unterscheidung am Anfang dieses Kapitels zwischen „transzendent-*sein*" und „Transzendenz" als *Aktivität* des Für-sich in Erinnerung bringt, kann man sagen, dass nach Sartres Meinung das Abstrakte „transzendent", also jenseits des Seins ist, während die Abstraktion eine „Transzendenz" in dem Sinne ist, dass sie als *Aktivität* des Für-sich ein Überschreiten der Grenze zum Transzendenten hin ist. Sartre sagt es so: „Die Abstraktion ist indessen ein Phänomen von Anwesenheit beim Sein, da das Abstrakte seine Transzendenz [= transzendent-sein] bewahrt. Aber sie kann sich nur als eine Anwesenheit beim Sein *jenseits* des Seins *realisieren*; Sie ist *Überschreiten*" (*SN* 351; *EN* 238, Hervorhebung von L. F.; vgl. auch Fussnote 2). Also das *Abstrakte*, z. B. das abstrakte Grün, befindet sich nicht *im Dieses*, sondern im *Dieses*, diesem Baum z. B., enthüllt sich die Abschattung „grün-leuchtend-rauh" dem einzigartigen Für-sich mit seinen *Möglichkeiten* als das *zukünftige* „Grün" (das Abstrakte). Oder: Die Abstraktion zum abstrakten „Grün" ist nur möglich, weil ein *Dieses* das konkrete „grün-leuchtend-rauh" *ist*. In Sartres „Farbenlehre" sind also die Abschattungen keine Konkretisierungen des *Abstraktums* „Grün", sondern das konkrete „grün-leuchtend-rauh" *im konkreten Dieses* macht das Überschreiten (= Transzendenz) zum transzendenten Abstraktum „Grün" hin möglich.

Die Quantität

Selbstverständlich existieren mehrere *Dieses* nebeneinander, auch wenn sie noch nicht von einem Für-sich als *Verschiedene* erkannt werden und sich noch nicht *differenziert* von dem Welthintergrund abheben. Aber wie entsteht nun der *Bezug* zwischen den *Dieses*? Der *ursprüngliche* Bezug zwischen den Dieses, durch den sie als *Verschiedene* gesehen werden und auf dessen Basis Erscheinungen wie Wechselwirkung und Kausalität als solche erst erkannt werden können, entsteht durch zweierlei Negation: Eine interne und eine externe. Erstens ist dafür ein Für-sich als *interne* Negation nötig, die sich nicht nur als *nicht-Dieses*, sondern auch als *nicht-Jenes* erkennt. Zweitens entstehen die verschiedenen Dieses durch eine *externe* Negation, durch die ein *Dieses* und ein *Jenes*, als *nicht* Dieses seiend, auseinander gehalten werden (z. B. dieser Tisch ist *nicht* der Stuhl).

Wenn nun weder das Für-sich noch das *Dieses* oder *Jenes* diese externe Negation *sein* können (das Für-sich ist ja eine *interne* Negation und ein Dieses ist nur was es ist), welcher ist dann ihr ontologischer Status? Sartre antwortet, dass die *externe* Negation ein An-sich ist, aber ein An-sich, das als „ideales Nichts" existiert, d. h. als ein Nichts, dessen Funktion nur darin besteht, die verschiedenen *Dieses* zu trennen. Diesem Wort „ideal" als Kennzeichnung des ontologischen Status der *externen* Negation sind wir schon eher begegnet (z. B. „ideale Negation" [*SN* 345; *EN* 234]). Jetzt wird es näher präzisiert: „Dieses ideale Nichts an-sich ist die Quantität" (*SN* 355; *EN* 240). Ein Für-sich ist zweifelsohne notwendige Bedingung der Quantität. Ohne ein Für-sich wird nicht gezählt. Aber die Quantität gehört weder dem Für-sich als notwendiger, noch zureichender Bedingung an, noch einer Totalität, z. B. einer Gruppe von *drei* Männern, noch den einzelnen Gliedern, aus denen die Gruppe zusammengesetzt ist. Weder einer der drei Männer ist der *dritte* (insofern jeder von ihnen Dritter sein kann) noch die Gruppe als solche besitzt die Eigenschaft „‚Gruppe von dreien' zu sein" (*SN* 355; *EN* 241)[3]. „Der Quantitätsbezug ist [...] eine Beziehung *An-sich*, aber eine rein negative *Exterioritätsbeziehung*" (*SN* 355; *EN* 241, Hervorhebung von L. F.), durch welche die *Indifferenz* des Seins erscheint. Aber diese Indifferenz erscheint nur einem Sein, das sie enthüllt, d. h. einem Für-sich. Deshalb sind *Raum* und *Quantität* Sartre nach vom selben *Seins*typus, einem Negationstypus. Also: Ohne Für-sich kein Raum und keine Quantität. Aber ihr Negationstypus, ihr *Seins*typus, ist keine interne, sondern eine *externe* Negationsbeziehung, ein Bezug*nichts*. (Bekanntlich unterscheidet Sartre zwei Formen von Nichts, erstens das „Néant", welches dem Bewusstsein, dem Für-sich als einem *ekstatischen* Sein, beigelegt wird, und zweitens ein „rien", des zwar buchstäblich *nichts* ist, aber trotzdem von ihm An-sich-Charakter zuerkannt wird).

Die Potentialität

Die Zeitlichkeit des Bewusstseins wurde schon bei der Erörterung der Abstraktion kurz berührt. Das Für-sich überschreitet ja in der Abstraktion die Qualitäten des konkreten *Dieses* zum *transzendenten* Abstrakten hin, weil es als ekstatisches Sein nicht mit sich selbst zusammenfällt, sondern sich immer voraus ist. Aber, in den bisherigen Analysen der Qualität und der Quantität war das Für-sich immer mehr oder weniger ein *Moment*-Bewusstsein, ein Kartesianisches Cogito. Das war es aus Gründen der Klarheit der Analyse. Man weiss aber, dass das Für-sich nie nur *Gegenwart*, sondern immer auch *Zukunft* ist. Es ist immer ausserhalb seiner, in der Zukunft. Die Zeitlichkeit des Für-sich nun spielt eine grosse Rolle. Die Interpretation dieser Seiten ist wie die des ganzen Kapitels „Die Transzendenz" äusserst schwierig.

Die Potentialität als eine *Seins*form des *Dieses* korreliert mit der Zeitlichkeit als *Seins*form des Für-sich. Mit anderen Worten: Die Potentialität im Dieses ist eigentlich ein Korrelat des Zukünftig-seins des Bewusstseins. In

3 In der *Kritik der dialektischen Vernunft* wird der Begriff „le tiers" (der Dritte) und der Begriff des vermittlenden Dritten in den Auseinandersetzungen über die „Groupe en fusion" näher ausgearbeitet.

einem Beispiel: Eben weil das Für-sich ekstatisch ist, ist dieser Tisch, der vom Für-sich als *Dieses* konstituiert wird, nie nur das, was es ist, sondern er wird vom Für-sich auch in seinem zukünftigen Sein erfasst. Die erste Form der Potentialität nennt Sartre die *Permanenz*. Den Tisch, den ich jetzt wahrnehme, sehe ich auch, wie er sich noch in absehbarer Zeit, – morgen, übermorgen, nächste Woche usw. – als dieser Tisch zeigen wird. Das Erfassen der *Permanenzdimension* der Objekte ist eigentlich eine Aktivität des Für-sich, vergleichbar mit der vorhin schon erwähnten Abstraktion: Das Überschreiten vom konkreten Grün (grün – leuchtend – rauh) dieses Baumes zum Abstrakten Grün hin ist als Aktivität vergleichbar mit der *doppelten* Negation des Für-sich, nicht nur das jetzige *Dieses*, sondern auch das zukünftige Dieses *nicht* zu sein. Also: Das jetzt wahrgenommene *Dieses* und das zukünftige *Dieses* sind Korrelate der doppelten Negation des Für-sich, das (1) verneint, das jetzt wahrgenommene *Dieses* zu sein und zugleich (2) verneint, das zukünftige *Dieses* (das Dieses in seinem Wesen) zu sein. Letztere Verneinung kommt daher, dass das Für-sich nie An-sich sein kann, obwohl es von diesem Wunsch erfüllt ist (wie das Für-sich – wie wir uns erinnern – nie eine Farbe *sein* kann).

Neben den ursprünglichen Potentialitäten gibt es noch einige anderen. Auch die Blüte, die als (zukünftiges) Wesen in der Knospe, bzw. der Vollmond, der in der Mondsichel beschlossen sind, sind Potentialitäten, insofern das Für-sich bei ihrem Sein-jenseits-des-Seins, bei ihrem *Transzendent*-sein, anwesend ist. Das Für-sich als transzendentierende *Aktivität* (= als *Transzendenz*) ist nicht nur Gegenwart, sondern auch Zukunft und Zugleich *Vergangenheit*: „In der Vergangenheit hat sich die Verbindung der Mondsichel mit dem Mond, der Knospe mit der Blüte allmählich enthüllt" (*SN* 362; *EN* 245). Deshalb nimmt das Für-sich dieses *Wissen* mit in seiner Projektion des zukünftigen Seins des Mondes. Die Blüte ist das, was der Knospe, der Vollmond das, was der Mondsichel *mangelt*. Also: Blüte und Vollmond korrelieren als Mangel mit dem Für-sich als Mangel. Aber: „Trotzdem kann das *transzendente* Sein des Mangels nicht die Natur des *ekstatischen* Mangels in der Immanenz haben. Das An-sich hat *nicht* seine eigene Potentialität zu *sein* nach dem Modus des Nocht-nicht" (*SN* 363; *EN* 246, Hervorhebung von L. F.). Also: Der *ontologische* Status des *transzendenten* Mangels des An-sich (z. B. die Blüte oder der Vollmond) ist ein anderer als der des Für-sich, dem des An-sich in der *Immanenz* mangelt, und der nie das Für-sich-an-sich erreichen wird. Überhaupt ist der ontologische Status der Potentialitäten des *Dieses* (die Permanenz, das Wesen, der Mangel) ein anderer als des Für-sich als Potentialität. Das Für-sich bringt zwar die Potentialitäten des Dieses zum Erscheinen, aber sie sind nicht, wie beim Für-sich, „in der Immanenz“, sie sind An-sich(s) und zwar *transzendente* An-sichs. Die Potentialitäten des *Dieses* sind Korrelate des Für-sich als Möglichkeit. Sie vermöglichen sich aber nicht wie das Für-sich als Aktivität. Sie sind „Wahrscheinlichkeiten“ (*SN* 364; *EN* 247). Aber diese Wahrscheinlichkeiten „verwahrscheinlichen sich“ (*SN* 365; *EN* 247) nicht, also sie realisieren sich nicht als *Aktivität* wie die Potentialität des Für-sich. Also: Das *Dieses*, das ich hic et nunc wahrnehme *ist* ein Tintenfass, aber ich als Für-sich bringe es als solches zum Erscheinen. Deshalb ist es als solches nur eine Wahrscheinlichkeit. Bevor es tatsächlich als Tintenfass funktioniert, kann ich es ja an die Wand geschmissen und zerschlagen haben. „Diese Potentialitäten oder Wahrscheinlichkeiten, die der Sinn des Seins sind, jenseits des Seins, eben weil sie *an-sich sind jenseits des Seins*, sind *Nichtse [riens]*“ (*SN* 365; *EN* 247).

Aber warum sind diese Wahrscheinlichkeiten *Nichtse* und warum ist das Dieses hic et nunc als Wahrscheinlichkeit ein Nichts (*rien*)? Weil das Wesen des Tintenfasses „geseint wird“ als Korrelat der Negation des Für-sich. Die Wahrscheinlichkeiten als Nichtse (*riens*) sind Formen einer „hypostasierte verdinglichte Negation“ (*SN* 365; *EN* 247). *Negation*, weil sie Korrelate des Für-sich sind, *verdinglicht*, weil sie *Sein* sind, zwar *jenseits* des Seins und deshalb auch Nichtse.

Bisher hat Sartre das *Dieses*, die Räumlichkeit, die Permanenz, das Wesen und die Potentialitäten um der Klarheit der Darstellung willen *nacheinander* analysiert. Aber, es versteht sich, dass das *Dieses* sich immer *zugleich mit* der Räumlichkeit, der Permanenz, dem Wesen und den Potentialitäten zeigt. Alle diese Seinsformen zeigen sich dem Für-sich in einem und dem selben Moment. Sie sind, wenn man so will „aus einem Guss“. Das bringt mit sich, dass es falsch wäre, ein Ding an sich und das Ding als Erscheinung zu unterscheiden. Ohne seinen Namen zu nennen kritisiert Sartre Kant, wenn er schreibt: „Es gibt hier also keinerlei substantielle Form, keinerlei Einheitsprinzip, die *hinter* den Erscheinungsweisen des Phänomens stünden: Alles ist mit einemmal gegeben ohne irgendeinen Vorrang“ (*SN* 366; *EN* 248). Es gibt also keine *zwei* Dinge: Ein unerkennbares Ding an sich und das Ding als Erscheinung. Nein es gibt nur *ein* Ding, das sich zeigt, wenn das Für-sich Anwesenheit bei dem An-sich ist.

Genau so falsch wäre es, dem Für-sich als Vorstellenden Priorität zu geben, als ob das An-sich und das Für-sich *zwei getrennte* Seinsformen wären. Nein: Es gibt nur *ein* Sein in zwei Seinsformen: Das Sein und das Nichts. Die Welt, sagt Sartre, erscheint „innerhalb des Zirkels der Selbstheit. Sie ist das, was das Für-sich *von sich selbst trennt*“ (*SN* 366; *EN* 248, Hervorhebung von L. F.). Also: Die Welt ist *nicht vom Für-sich* getrennt sondern das Für-sich ist *von sich selbst getrennt durch* die Welt. Es betrachtet die Welt und die Dieses in ihr nicht in kontemplativer Distanz, sondern es *ist* ein Mangel, insofern es sich davon bewusst ist, dass es *nicht* An-sich ist.

Die Utensilität

Diese Relation als Verbindung und Trennung zugleich ist die Basis für die letzte Potentialität, die *Utensilität*. Wie kann ein *Dieses* als *Utensil* aufgefasst werden? „Der ursprüngliche Bezug der Dinge untereinander, der auf der Grundlage der quantitativen Beziehung der Dieses erscheint, ist also der *Utensilitätsbezug*" (*SN* 370; *EN* 250). Bei der Erörterung der *Quantität* haben wir tatsächlich gesehen, dass die verschiedenen *Dieses* dadurch auseinander gehalten werden, dass sie vom Für-sich gezählt werden können, zum Beispiel: In diesem Zimmer befinden sich *drei* Dinge, ein Stuhl, ein Tisch und ein Schrank.

Im obenstehenden Zitat geht aus dem Wörtchen „also" hervor, dass es sich um eine *Schlussforgerung* handelt. Auf der Grundlage der quantitiven Beziehung *erscheint also* der ursprüngliche Bezug der Dinge. Und dieser Bezug ist der Utensilitätsbezug. Weshalb? Weil nicht nur die *Permanenz*, das *Wesen* und die *Potentialität* der *Dieses* vom Für-sich als zukünftige Möglichkeiten, die sich als *Nichtse* zeigen, zum Erscheinen gebracht werden, sondern auch die Instrumentalität bzw. die Utensilität, insofern die zukünftige Funktion der Dinge vom Für-sich in die Zukunft projiziert wird. Mit anderen Worten: Die Utensilität ist das Korrelat eines An-sich, welches das Für-sich als Aktivität gern als eine Synthese von Für-sich und An-sich erreichen möchte, aber nie erreicht. Das Verlangen des Für-sich, ein An-sich-für-sich zu werden, projektiert sich in die Zukunft als ein *Dieses*, ein Ding, welches *Utensil* ist.

Aber so wenig wie ein Dieses sich – so haben wir gesehen – *erst* als Quantität und Qualität und *dann* als Wesen usw. zeigt, sondern immer vom Für-sich „in einem Guss" erfasst wird, so kann das Für-sich das Dieses, d. h. das *Ding*, nicht *erst* erfassen und *dann* dessen *Utensil* sein, sondern das Ding zeigt sich dem Für-sich immer als Utensil-Ding oder als Ding-Utensil. Von diesem Gesichtspunkt heraus kritisiert er Heideggers Begriff der Eigentlichkeit. Die Welt erscheint zwar in dem Zirkel der Selbstheit. Aber dieser Zirkel ist selber nicht-thetischer Art. Deshalb kann auch ein wahres, echtes Ich oder Selbst noch nicht erscheinen. Man kann der Welt also nicht entfliehen dadurch, dass man ihr – wie Heidegger suggeriert – auf ein echtes Selbst hin entgeht, sondern nur dadurch, dass man der Welt in der transzendierenden *Aktivität* (= Transzendenz des Für-sich) auf ein jenseits der Welt (= ein transzendentes Sein) hin entgeht. Wenn man nun einwirft, dass die Utensilität, als Für-was ein fortwährendes Verweisen, immer auch an den *Anderen* geknüpft ist, antwortet Sartre, dass dem nicht so ist, weil man die *Dinge* auch ohne an das „Für-wen" zu referieren als miteinander im Utensilitätsbezug verbunden betrachten kann, man könnte auch sagen „rein strukturalistisch interpretieren kann". Sartre behauptet, dass die Welt im Zirkel der Selbstheit erscheint, dass dieser Zirkel aber nicht-thetischer Art ist und dass deshalb die Frage nach der Eigentlichkeit noch nicht gestellt werden kann, weil diese die Reflexivität voraussetzt.

4 Die Weltzeit

In der kurzen Einführung zum vierten Paragraphen verwendet Sartre die zwei Phrasen „die universelle Zeit" und „die universelle Zeitlichkeit". Er macht also offenbar einen Unterschied zwischen „Zeit" und „Zeitlichkeit". Die Frage erhebt sich deshalb: *Welchen* Unterschied macht er zwischen beiden?

Nur das Für-sich kann als Ekstase Zeitlichkeit *sein*, aber auf dem nicht-thetischen Bewusstseinsniveau ist es nicht Bewusstsein von dieser Zeitlichkeit. Nein, das Für-sich entdeckt die Zeitlichkeit am Sein, z. B. an den verschiedenen *Dieses* und an deren Permanenz, Wesen, Potentialität und Utensilität, wie wir vorhin schon gesehen haben. Das An-sich kann keine Zeitlichkeit *sein*, weil es ist, was es ist. Das Für-sich, das auf nicht-thetischem Niveau die Zeitlichkeit draussen am Sein entdeckt, ist auf dem selben Niveau imstande, diese *Zeitlichtkeit* als *universelle Zeit*, als Vergangenheit, Gegenwart und Zukunft, zu *erleben*. In dieser Interpretation ist die universelle Zeit eigentlich die auf nicht-thetischem Niveau *entdeckte (enthüllte)* Zeitlichkeit. Als *entdeckte* Zeitlichkeit ist die universelle Zeit Vergangenheit, Gegenwart und Zukunft. Deshalb kann ein An-sich als *entdecktes (enthülltes) Dieses*, obwohl es als nicht-entdecktes *Dieses* selbstverständlich *ist*, zwar *nicht* wie ein Für-sich Vergangenheit, Gegenwart und Zukunft *sein*, diese aber wohl *haben*.

Auf diesen zweideutigen Charakter des *Dieses*, an dem einerseits die Zeitlichkeit *entdeckt* wird, und das andererseits *ist, was es ist*, kommen wir im Nachstehenden zurück. Allererst sei festgestellt, dass ein *Dieses*, so bald ich es in der Wahrnehmung als solches zur Erscheinung bringe, seine drei zeitlichen Dimensionen schon *hat*, weil ich als Für-sich Zeitlichkeit *bin*. Diese drei Dimensionen des Dieses sind, so könnte man sagen, die Korrelate der zeitlichen Dimensionen, die das Für-sich *ist*. Wir haben ja gesehen, dass die Knospe von mir als zukünftige Blüte wahrgenommen (erlebt) wird, weil ich von meiner Vergangenheit heraus weiss, dass die Knospe Blüte sein wird. Das heisst aber nicht, dass die Knospe seine Zukunft und seine Vergangenheit ist (wie das für das Für-sich der Fall ist) – es ist ja als *Dieses das, was es ist* – sondern nur, dass ihre Zukunft – ontologisch betrachtet – auf eine merkwürdige Weise schon existiert. Der ontologische Status der Potentialitäten ist ja – wie wir schon sahen – wieder der Permanenz ein *An-sich* als *Nichts*. Das ist denn auch der Grund, aus dem ein *Dieses* den vorhin schon erwähnten *zweideutigen* Charakter hat. Es *ist* – wenn man die Wahrnehmung ausser Betracht lässt – *was es ist* und zugleich ist es *durch die Wahrnehmung* verzeitlicht worden und als solches ist es ein *Nichts*.

Die Gegenwart

Am Ende des vorigen Paragraphen wurde festgestellt, dass ich der universellen Zeitlichkeit u. a. durch die Gegenwart entgehe. Diese Entgehen ist eine *transzendierende* Aktivität. Wieso? Weil ich eine Grenze zum Nicht-Sein überschreite. „Die Gegenwart des Für-sich ist Anwesenheit beim Sein, und als solche *ist sie nicht*" (*SN* 384; *EN* 259, Hervorhebung von L. F.). Aber zugleich ist dieses Sein Erscheinung und als solche ist es in der Gegenwart seiend. „Aus diesem Grund bietet sich die Gegenwart antinomisch dar als *nicht seiend*, wenn sie *erlebt* wird, und als einziges Mass des Seins, insofern es sich als *das seiend* enthüllt, was es in der Gegenwart ist" (*SN* 384; *EN* 260, Hervorhebung von L. F.).[4]

Ebenso wie Sartres Meinung nach das „Verschwinden und Erscheinen" (vgl. die Grenzpotentialität des *Dieses*) vom *Sein* her kommt, so wird behauptet, dass die *Ruhe* und die *Bewegung*, die in „dialektischem Bezug zueinander stehen", auch vom Sein her zur Gegenwart kommen. Sartre macht einen Unterschied zwischen Bewegung und Veränderung, denn die Bewegung „setzt […] die Permanenz der Quiddität voraus" (*SN* 384; *EN* 260), während die Veränderung „Änderung der Qualität des *Dieses*" (*SN* 384; *EN* 260) ist. Die Frage erhebt sich, wenn die Bewegung weder vom Für-sich noch vom An-sich (sei es eine *Dieses* oder das An-sich en bloc) *abgeleitet* werden kann, was ist denn – ontologisch betrachtet – der

4 In diesem Zitat wird zweimal das Pronom „es" verwendet, wo „sie" hätte stehen müssen. (cf. den französischen Text: „que *le* Présent […] lorsqu'*il* est vécu […] en tant qu'*il* se dévoile.")

Grund dafür, dass es Bewegung *gibt*. Selbstverständlich bringt das Für-sich die Bewegung zum *Erscheinen*, das heisst aber nicht, dass es auch die Bewegung *erschafft*. Diese kommt vom Sein selbst her, sie ist eine ontologische *Tatsache* („Faktum"), „sie hat teil an der ganzen Kontingenz des Seins und muss als ein Gegebenes hingenommen werden" (*SN* 385; *EN* 260).

Wenn also die *Ableitung* der Bewegung nicht möglich ist, so ist aber ihre *Beschreibung* nicht allein *möglich*, sondern auch *notwendig*. Es ist für Sartre gewiss, dass in der Bewegung „die Quiddität des Dieses unverändert bleibt" (*SN* 385; *EN* 261). Diese Selbstverständlichkeit ist s. E. der Grund dafür, dass die Theorien von z. B. Einstein auf einen so grossen Widerstand gestossen sind. Aber die Bewegung ist in diesen Theorien, sagt er, ein „völlig entsubstantialisierter Bezug" (*SN* 386; *EN* 261) und ist deshalb als solcher nicht von dieser Kritik betroffen.

Die Tatsache aber, dass das Bewegte beim Start und beim Ziel mit sich selbst identisch ist, das heisst bei den beiden Stasen, die die Bewegung einrahmen, besagt nichts über das, was es gewesen ist, als es *in Bewegung* war. Ebensowenig die Tatsache, dass das Bewegte während seiner Bewegung verschiedene Positionen einnimmt, und „dass es in jeder Position sich selbst gleich erscheint", denn diese Positionen definieren „denn durchquerten *Raum* und *nicht* die Bewegung selbst" (*SN* 386; *EN* 261, Hervorhebung von L. F.). Die Tendenz, das *Bewegte* wie ein *Sein im Ruhestand* zu betrachten „steht am Ursprung der eleatischen Aporien" (*SN* 386; *EN* 261).

Zusammenfassend könnte man sagen, dass Sartre zwei Thesen verteidigt: (1) Bewegung ist nicht gleichbedeutend mit Veränderung, und (2) *Sein* in Bewegung verändert nicht, die Quidditäten verändern nicht, nur die *Seinsweise* der Qualitäten dieser Quidditäten verändern.

Die Zukunft

Als Gegenwart bin ich Anwesenheit bei einem realen An-sich. Deshalb bin ich als Zukunft auch Anwesenheit bei einem An-sich, das in enger Verbindung mit dem An-sich steht, bei dem ich als Gegenwart anwesend bin. Wir stellen fest, dass (1) ich in meiner Zukunft „Transzendenz" bin, insofern ich *jenseits* des realen An-sich bei einem modifizierten An-sich anwesend bin, und (2) dass meine Zukunft und die Zukunft der Welt nicht als *zwei* Zukünfte, sondern als *eine* Zukunft gedacht werden. Diese eine Zukunft nun wird schon gedacht, wenn ich mich mit der Potentialität oder der Utensilität eines *Dieses* beschäftige, „weil eben seine Permanenz und seine Utensilität als Tisch oder als Tintenfass [Tisch und Tintenfass sind zwei

Beispiele eines *Dieses*] uns auf die Zukunft verweisen" (*SN* 393; *EN* 266). Und dann: „Vom Erscheinen der Welt und der ‚Dieses' an *gibt* es eine universelle Zukunft" (*SN* 393; *EN* 266). Was haben wir unter einer universellen Zukunft zu verstehen? Sobald die Welt und die *Dieses* erscheinen *gibt* es die universelle Zukunft, aber es gibt *mehrere* Zukünfte der Welt, die sich durch *Chancen* definieren und autonome Wahrscheinlichkeiten werden. Sartre meint, dass die *universelle Zukunft* als Rahmen dieser verschiedenen Zukünfte zu betrachten sei. Dass es *eine* Zukunft gebe und geben werde „gleich welches Wahrscheinliche sich durchsetzen muss", und dass die universelle Zukunft eigentlich ein Behälter sei von diesen *wahrscheinlichen* Zukünften.

Was hat nun die Zeit und die Zeitlichkeit mit der *Transzendenz* zu tun? Die Beantwortung dieser Frage ist von grösster Wichtigkeit für das zentrale Thema des ganzen Kapitels. Sartre antwortet: „Insofern sich die Zeit einer ek-statischen Zeitlichkeit entdeckt, ist sie überall Transzendenz zu sich und Verweis vom Vorher auf das Nachher und vom Nachher auf das Vorher. Aber insofern sich die Zeit am An-sich erfassen lässt, hat sie die Transzendenz zu nicht zu *sein*, sie wird in ihr geseint. Die Kohäsion der Zeit ist ein blosses Phantom" (*SN* 395; *EN* 267). Also: Die Zeit ist Transzendenz, aber die universelle Zeit ist eigentlich, wie wir vorhin sahen, *entdeckte* Zeitlichkeit. Die Zeit existiert eigentlich nur, insofern sie entdeckt wird. Das meint Sartre unserer Meinung nach, wenn er schreibt: „Hat sie [= die Zeit] die Transzendenz zu sich nicht *zu sein*, sie wird in ihr geseint". Das heisst, dass nur, insofern sich das Für-sich als Zeitlichkeit realisiert und so die Zeitlichkeit als Zeit *entdeckt*, i. e. nur insofern das Für-sich sich als Zeitlichkeit in ihr (= die Zeit) manifestiert, die Zeit transzendent ist, d. h. dass die Zeit ihre Transzendenz nur dem Für-sich verdankt und dass eine Hypostasierung dieser Transzendenz ein *Phantom* ergibt, wie in den Worten „Die Kohäsion der Zeit ist ein blosses Phantom" ausgedrückt wird.

5 Die Erkenntnis

In dem letzten Paragraphen des Kapitels wird eine Schlussfolgerung gezogen und damit kehrt Sartre eigentlich zu den Fragen zurück, die am Anfang des Kapitels formuliert wurden: „Wenn das An-sich das ist, was es ist, wie und warum hat das Für-sich in seinem Sein Erkenntnis des An-sich zo sein? Und was ist Erkenntnis im allgemeinen" (*SN* 324; *EN* 220).

Sartre verwirft ganz eindeutig – auch wenn er dem Idealismus einräumt, dass es ein *Sein* des Erkennen gibt – die idealistische Position als eine ontologisch akzeptable. „Nach einer radikalen Umkehrung der idealistischen Position geht die Erkenntnis im Sein auf […] *es gibt* nur Sein […] [es scheint] notwendig, die idealistische Position gänzlich aufzugeben, und vor allem wird es möglich, den Bezug des Für-sich zum An-sich als eine fundamentale ontologische Beziehung zu betrachten" (*SN* 397; *EN* 268).

Wenn man wie Sartre „den Bezug des Für-sich zum An-sich" als eine *ontologische* Relation betrachtet, bringt das mit sich, das Ontologie und Epistemologie nicht voneinander getrennt werden können. Sartres Position ist *eine ontologisch-epistemologische* Position. Wichtig im Zitat ist denn auch die Phrase „es *gibt* nur Sein". Wir stellen fest, dass die Worte „es gibt" kursiviert gedruckt werden. Das „es gibt" wird benachdruckt, weil so betont wird, dass das Für-sich eigentlich nichts Anderes *ist* als das Zur-*Erscheinung*-bringen und -kommen des Seins. Das Sein als solches erscheint nicht. Es erscheint nur, insofern es Für-sich, also Erkennen *ist*. Diese radikale Ablehnung der idealistischen Position bringt Sartre zu einer realistischen Stellungnahme. „Dem Realisten räumen wir ein, dass das Sein selbst in der Erkenntnis beim Bewusstsein anwesend ist und dass das Für-sich dem An-sich *nichts* hinzufügt, ausser eben die Tatsache, *dass es An-sich gibt*, das heisst die affirmative Negation" (*SN* 398; *EN* 269).

In *Das Sein und Nichts* wird die *materialistische* Position kaum eingehend erörtert, obwohl Sartre schon in *Die Transzendenz des Ego* diese als fruchtbar gekennzeichnet hatte. Erst in der *Kritik der dialektischen Vernunft* wird versucht, den historischen Materialismus in einer historisch-transzendentalen Analyse zu fundieren. (Den Terminus „historisch-transzendental" wird von Fretz [1988] verwendet).

In dem oben gegegenen Zitat besteht Sartres *realistische* Position darin, dass die Erkenntnis dem Sein *nichts* hinzufügt, ausser der Tatsache, dass es *Sein gibt*. Das Für-sich ist als Feststellung dieser Tatsache selbst nichts anderes als eine *affirmative Negation. Negation*, weil es als nicht-thetisches Bewusstsein feststellt, dass es das An-sich *nicht* ist. *Affirmative* Negation, weil diese Feststellung Ursache davon ist, dass das Sein als *es gibt* erscheint. „Es geschieht dem An-sich, dass sich diese Affirmation […] durch das Für-sich realisiert; sie ist wie eine passive *Ek-stase* des An-sich" (*SN* 398; *EN* 269, Hervorhebung von L. F.). Diese Charakterisierung des An-sich als „passive Ek-stase" ist selbstverständlich eigentlich eine contradictio in terminis, aber als solche wohl der komplizierten Verschlingung von An-sich und Für-sich adäquat.

Die letzten Seiten des Kapittels werden benutzt, um den dritten Teil, „Das Für-Andere", vorzubereiten. Sartre argumentiert, dass in der Analyse der Erkenntnis der Körper und die Sinnen noch nicht explizit erörtert wurden, weil in der Ontologie eine Reihenfolge eingehalten werden muss, der Körper ein *Erkanntes* ist, und dass deshalb die Besprechung der Erkenntnis Priorität haben musste. Wie dem auch sei, wir überlassen es anderen, sich über diese Argumentation ein Urteil zu bilden.

Literatur

Fretz, Leo 1979: „Le concept d'individualité", in: Obliques 18/19, numéro spécial, Sartre, 221–34.

Fretz, Leo 1984: Het individualiteitsconcept in Sartres filosofie, Delft, Delft University Press.

Fretz, Leo 1988: „Knappheit und Gewalt: Kritik der dialektischen Vernunft", in: König, Traugott (Hrsg.), Sartre. Ein Kongress, Reinbek, Rowohlt, 1988, 247–64.

8

Axel Honneth

Die Gleichursprünglichkeit von Anerkennung und Verdinglichung. Zu Sartres Theorie der Intersubjektivität (405–538)

Obwohl es nach dem Abklingen des philosophischen Existentialismus um das phänomenologische Hauptwerk von Jean-Paul Sartre zunächst einmal still geworden war, hat die darin entwickelte Analyse des „Blicks" in den vergangenen Jahrzehnten kontinuierlich grösste Aufmerksamkeit auf sich gezogen[1]. Sartre will im dritten Teil seiner Untersuchung über *Das Sein und das Nichts* zunächst und vor allem ein Problem lösen, das nicht nur die phänomenologische Bewegung, sondern auch die analytische Tradition in der Philosophie des 20. Jahrhunderts in hohem Masse beschäftigt hat: Es geht um die Beantwortung der systematischen Frage, wie wir uns in unserem jeweiligen Lebensvollzug, also in einer Einstellung, die Thomas Nagel als die „subjektive Perspektive" bezeichnet hat (Nagel 1996), der Existenz anderer Menschen sicher sein können. Das Problem der „Fremdexistenz" oder der „other minds", wie es im angelsächsischen Kontext genannt wird, hat eine lange, komplexe Vorgeschichte (Theunissen 1977; Moran 2000; Avramides 2001), die Sartre mit den bemerkenswerten Ausnahmen des amerikanischen Pragmatismus und der Dialogphilosophie auch vollständig vor Augen zu haben scheint; zwar beschäftigt er sich in seinem Text ausführlich nur mit den Entwürfen von Hegel, Husserl und Heidegger, aber die Ansätze des „Empirismus" und des „Idealismus" wer-

1 Ich habe mich angesichts der extrem umfangreichen Sekundärliteratur vor allem auf die folgenden Beiträge gestützt: Theunissen 1977, VI. Kapitel; Schütz 1971, Bd. 1; Natanson 1981; sehr hilfreich sind ferner Schroeder 1984; Gutting, 2001, Ch. 5. Gemessen am Stand der analytischen Klärungsversuche ist der Sammelband in der „Cambridge-Compagnion" Reihe eher enttäuschend: Howells (Hrsg.), 1992.

den immerhin einleitend einer knappen Kritik unterzogen. Allerdings besteht die genuine Originalität des Kapitels erst in dem Vorschlag, durch den Sartre das verworrene Knäuel des Problems mit einem einzigen Handstreich aufzulösen versucht, indem er eine Wendung ins Passivische vollzieht und damit zugleich den Übergang in die Dimension der Negativität bewerkstelligt: Im subjektiv erlebten Blick des Anderen, so lautet zusammengefasst das Argument, werde ich mir zweifelsfrei ebenso der Existenz anderer Personen bewusst, wie ich den Entzug meiner ursprünglichen Freiheit in Erfahrung bringen muss. Den ausführlichen Gedankengang, in dem Sartre diese herausfordernde These begründet, will ich im Folgenden rekonstruieren, indem ich zunächst Sartres zentralen Einwand gegen die überkommenen Lösungen der „Fremdexistenz"-Problematik freizulegen versuche (I). Im zweiten Schritt soll dann von der komplexen, gewissermassen zweistufigen These, mit der Sartre das Problem aufzulösen versucht, zunächst nur der erste Teil behandelt werden, der in der phänomenologischen Analyse des „Erblicktwerdens" besteht; hier möchte ich vor allem der Frage nachgehen, ob die Lösung Sartres gegenüber den alternativen, nicht mehr bewusstseinsphilosophisch ansetzenden Vorschlägen zu bestehen vermag (II). Erst im letzten Schritt werde ich mich dann mit der negativistischen Schlussfolgerung befassen, zu der Sartre in seiner Phänomenologie der Intersubjektivität gelangt; natürlich muss dabei zur Sprache kommen, wie jene kategorialen Vorentscheidungen zu bewerten sind, die den Negativismus der Analyse zwingend erscheinen lassen (III).

1 Zur Kritik des Erkenntnisparadigmas

Sartre sieht sich in seiner transzendentalphänomenologischen Analyse des präreflexiven Cogito zum Einstieg in die Sphäre der Intersubjektivität nicht aufgrund des Problems gezwungen, das in der Tradition des deutschen Idealismus den Anstoss zur Behandlung der Zwischenmenschlichkeit gegeben hatte. Für Fichte und Hegel, aber auch für den an beide anschliessenden George H. Mead ergab sich die Notwendigkeit, auf Strukturen der Intersubjektivität auszugreifen, aus der Aufgabe einer Erklärung des personalen Selbstbewusstseins: Weil in ausschliesslicher Konzentration auf die kognitiven Leistungen eines einsamen Subjekts nicht erklärbar schien, wie es von seiner eigenen Tätigkeit ein Bewusstsein erlangen soll, hielten alle drei Autoren eine Einbeziehung des Anderen für notwendig, in dessen „Aufforderung" oder „Reaktion" sie den Anstoss für eine reflexive Rückwendung auf sich selbst vermuteten (Tugendhat 1979,

245 ff.; Habermas 1988; Williams 1992). Wie tief die Kluft ist, die Sartre von dieser intersubjektivitätstheoretischen Tradition trennt, zeigt sich schon an den wenigen Worten, mit denen er den Übergang zur Zwischenmenschlichkeit auf den letzten Seiten begründet, die dem Teil über das „Für-Andere" vorangehen. Lapidar heisst es dort, dass bislang bei der Analyse des präreflexiven Cogito deswegen nicht vom menschlichen Körper die Rede gewesen sei, weil er prinzipiell nicht im Blickfeld des intentional tätigen Subjekts liegen könne; vielmehr weise der Körper die Besonderheit auf, „wesenhaft das *durch andere Erkannte* zu sein" (*SN* 400; *EN* 271), so dass es sich an dieser Stelle anbieten würde, einen „anderen Existenzmodus" (ebd.) des menschlichen Daseins in Augenschein zu nehmen, der die Struktur des „Für-Andere-Seins" besitze. Der Übergang zur Welt der Zwischenmenschlichkeit, der hier vorbereitet wird, ergibt sich offenkundig nicht aus den Nöten einer Erklärung des menschlichen Selbstbewusstseins; es sind nicht die eigenen Bewusstseinsleistungen, sondern es ist die körperliche Erscheinungsweise, um deren Vergewisserung willen sich das intentionale Subjekt in die Perspektive eines Anderen versetzen können muss. Aber auch dieses Problem wird von Sartre mit dem Beginn des Dritten Teils zunächst einmal zurückgestellt, weil aus seiner Sicht dessen Auflösung von der vorgängigen Beantwortung einer tieferliegenden Frage abhängig ist: Wenn es tatsächlich so ist, dass sich das Subjekt in seiner je individuellen Perspektive des eigenen Körpers nur aus der Perspektive eines menschlichen Gegenübers bewusst zu werden vermag, wie kann es sich vorweg denn sicher sein, dass es solche anderen, ebenfalls „erkennenden" Wesen überhaupt gibt?

Erst mit dem Thema, das Sartre damit aufgeworfen hat, ist er zu dem Problem vorgestossen, das unter dem Stichwort der „Fremdexistenz" eine Vielzahl der ihm vorausgegangenen Phänomenologen beschäftigt hat und nun im Zentrum seines eigenen Kapitels stehen wird: Wie können wir zeigen, dass aus der Sicht des individuellen Subjekts keine Zweifel darüber bestehen können, neben sich die Existenz anderer menschlicher Wesen anzunehmen? Mit der Ausnahme von Fichte (Honneth 2001) hatte dieses Problem nie eine besondere Herausforderung für die intersubjektivitätstheoretische Tradition des deutschen Idealismus dargestellt, weil hier stillschweigend vorausgesetzt worden war, dass dem Subjekt sein „anerkennendes" oder „reagierendes" Gegenüber zweifelsfrei als menschliches Wesen gegeben ist; weder Hegel noch Mead haben ernsthafte Anstrengungen unternommen, den Beweis anzutreten, dass das anerkannte Subjekt sich über die menschliche Identität seines Gegenübers sicher sein kann. Am Ende wird Sartre zwar in gewisser Weise mit einer solchen Evidenzbehauptung übereinstimmen, aber der Weg dorthin wird doch von ganz anderer Art gewesen sein.

Die drei Unterkapitel (Dritter Teil, Erstes Kapitel, I, II, III), in denen Sartre die Frage nach den „other minds" zunächst skizzenhaft zu umreissen versucht, sind freilich insofern ein wenig verwirrend aufgebaut, als in der subjektiven Empfindung der „Scham" vorweg ein menschliches Gefühl vorgestellt wird, das eine Gewissheit über die Existenz anderer Menschen vorauszusetzen scheint (*SN* 405 ff.; *EN* 275 ff.). Aus der Sicht des präreflexiven Cogito, an dessen Bewusstseinsleistungen sich Sartre unter dem leitenden Begriff des „Für-sich-Seins" weiterhin orientiert, muss die plötzliche Empfindung von Scham beinhalten, in der Welt die Existenz von zumindest einem anderen Subjekt anzunehmen, durch das es sich in seinem Daseinsvollzug beobachtet weiss; denn Sich-Schämen bedeutet, wie es im Text in Übereinstimmung mit neueren, analytischen Untersuchungen heisst (Taylor 1985, Kap. III), *„sich seiner vor Anderen schämen"* (*SN* 407; *EN* 277). Insofern gehört zu dem propositionalen Gehalt, durch den das Gefühl der Scham gekennzeichnet ist, die Präsupposition der *„Anerkennung"* (*SN* 406; *EN* 276) eines Anderen, der die Rolle eines kritischen Beobachters übernimmt. Noch bevor also das Problem der Fremdexistenz überhaupt genauer umrissen worden ist, scheint sich schon der Ansatz einer Lösung abzuzeichnen, indem aus der Struktur einer menschlichen Empfindung auf die subjektive Unvermeidbarkeit der Annahme anderer, urteilsfähiger Subjekte geschlossen wird.

Aber so, als traue er seiner Antwort selber noch nicht recht, bricht Sartre den einleitenden Gedankengang schnell wieder ab, um sich dem Problem als solchem zuzuwenden. Nicht weniger als fünfzig Seiten sind es, auf denen er die „besonders gefährliche[n] Fragen" (*SN* 407; *EN* 277) erläutert, die mit der Skepsis über die Existenz anderer Personen verknüpft sind; im Mittelpunkt seiner Erörterungen, die die Form einer kritischen Überprüfung prominenter Lösungsversuche besitzt, steht die Vermutung, dass eine überzeugende Widerlegung des Skeptizismus bislang an der Vorherrschaft der Erkenntnistheorie gescheitert ist. Es ist diese Kritik am Paradigma des „Erkennens", die die besondere Herausforderung und ungebrochene Aktualität der Intersubjektivitätslehre Sartres ausmacht; in dem Versuch, die Gewissheit über die Existenz anderer Personen nicht mehr auf erkenntnistheoretischem Wege zu begründen, berührt sie sich mit den Ansätzen von Heidegger und Wittgenstein.[2] Schon in seiner Aus-

2 Diesem Motiv ist bislang in der Auseinandersetzung mit der Intersubjektivitätstheorie Sartres insgesamt zu wenig Beachtung geschenkt worden. Wie wesentlich es für Sartre ist, zeigt

einandersetzung mit dem „Realismus“ und dem „Idealismus“, die Sartre in seinem Kapitel über die „Klippe des Solipsismus“ einleitend behandelt, wird schnell klar, worauf seine Kritik hinauslaufen soll. Das Problem der Fremdexistenz wurde in beiden Traditionen nach der Auffassung Sartres stets so gestellt, als ob das individuelle Subjekt daraufhin befragt werden müsse, wie es zu einer gesicherten Erkenntnis der Existenz anderer, ebenfalls geistiger Wesen gelangen könne; insofern regiert im Realismus wie im Idealismus ein Denkmodell, das wir mit John Dewey als „Intellektualismus“ bezeichnen können, weil darin „alles Erfahren“ als „eine Form der Erkenntnis“ begriffen wird (Dewey 1995, 37). Wenig Mühe hat Sartre damit, den Einfluss dieses Paradigmas bei jenen Positionen nachzuweisen, die er als „realistisch“ bezeichnet: Da die Annahme einer unabhängig gegebenen Wirklichkeit hier vorausgesetzt wird, läuft die Frage nach der Existenz anderer Personen auf die Aufgabe hinaus, die „Wahrscheinlichkeit“ zu bestimmen, mit der ein denkendes Subjekt ein anderes, gleichermassen geistiges Wesen in der Welt zu erkennen vermag; das Spektrum möglicher Antworten bemisst sich dann daran, welches besondere Vermögen angenommen wird, mit dessen Hilfe an wahrnehmbaren Körpern die identitätsbestimmenden Merkmale einer geistigen Substanz auszumachen ist. Weil bei einem solchen Vorgehen die Existenz des Anderen stets nur eine epistemische Wahrscheinlichkeit bleibt und daher jenseits der Realität der äusseren Welt angesiedelt ist, spricht Sartre auch vom Umschlag des Realismus in den Idealismus (*SN* 411; *EN* 279); mit diesem teilt jener nämlich die Tendenz, die für den Menschen charakteristischen Eigenschaften in eine ontologische Sphäre zu verbannen, die der empirischen Erfahrung von Realität prinzipiell unzugänglich ist. Der Idealismus wiederum unterliegt nach Sartre aber seinerseits dem Zwang, in einen „metaphysischen“ Realismus umzuschlagen, weil er an einem bestimmten Punkt seiner Argumentation nicht umhin kann, die Existenz anderer Personen als ein innerweltliches Faktum vorauszusetzen. Anhand der Schwierigkeiten, in die Kant mit seinem Transzendentalismus geraten muss, versucht Sartre diesen Einwand gegen den Idealismus klarzumachen: Unter den Prämissen transzendentaler Subjektivität kann die andere Person nur als ein konstituiertes Objekt innerhalb der Erfahrungswelt betrachtet werden, wodurch aber gerade jene Fähigkeiten der Konstitution an ihr ver-

sich schon daran, dass er den kritisierten Theorien immer wieder eine Fixierung auf das Modell des „Erkennens“ vorwirft. Insofern bildet der Versuch einen sozialontologischen Vorrang des „Anerkennens“ vor dem „Erkennen“ nachzuweisen einen roten Faden in dem „Blick“-Kapitel Sartres.

lorengehen, die sie überhaupt erst zu einem Wesen mit subjektiven Eigenschaften machen; soll die damit umrissene Aporie vermieden werden, so stehen dem transzendentalen Idealismus nur die zwei Alternativen des Solipsismus oder des realistischen Alltagsverständnisses offen, die beide gleichermassen unhaltbare Konsequenzen haben: Entweder wird auf ontologischer Ebene die Existenz anderer Subjekte schlechthin geleugnet, so dass „den tiefsten Tendenzen unseres Seins" (*SN* 418; *EN* 284) widersprochen werden muss, oder aber deren Existenz wird wie ein unproblematisches Faktum in der Welt behandelt, ohne den erkenntnistheoretischen Selbstwiderspruch weiter zu beachten. Sartre hält Kant wohl für zu nüchtern und redlich, um ernsthaft die Alternative der Behauptung eines „ontologischen *Alleinseins*" (*SN* 418; *EN* 284) zu erwägen; daher unterstellt er ihm die Zuflucht zu einem Intersubjektivismus des Alltagsverstandes, der seinen Idealismus ebenso in einen Realismus umschlagen lässt, wie diesen zuvor in den Idealismus.

Von systematischem Interesse ist dieser Nachweis einer reziproken Umschlagbewegung für Sartre freilich nur, weil dadurch die Fehler ermittelt werden können, die bei einer angemessenen Lösung des Problems der „Fremdexistenz" vermieden werden müssen. Nicht anders als der Realismus analysiert auch der Idealismus die Beziehung zum Anderen im Rahmen eines erkenntnistheoretischen Vorstellungsmodells: Das Subjekt ist hier von seinen Interaktionspartnern durch dieselbe räumliche Distanz getrennt, die auch zwischen ihm und jedem beliebigen Gegenstand besteht, so dass das Verhältnis in beiden Fällen als eines der „Indifferenzexteriorität" (*SN* 422; *EN* 286) verstanden werden muss. Bei Sartre ist mit diesem Terminus eine Form der Beziehung zwischen zwei „an-sich-seienden" Gegenständen gemeint, die dadurch einen bloss äusserlichen Charakter besitzt, dass sie ohne jede ontologische Rückwirkung auf eine der beiden Seiten bleibt (vgl. *SN* 328 f.; *EN* 223). Wenn Sartre nun behauptet, dass im Realismus und im Idealismus das Verhältnis zum Anderen auf der Grundlage eines solchen Beziehungsmodells gedacht wird, dann erklärt das seine Verwendung des Ausdrucks „Erkennen": In beiden Ansätzen kann das Subjekt von anderen Personen nur Kenntnis gewinnen, indem es sie wie ein raumzeitlich gegebenes Objekt zu erkennen versucht, weil kein anderes Verhältnis zwischen den beiden Wesen zugelassen wird als eben eine solche externe Beziehung der Indifferenz (*SN* 422; *EN* 286–7).

Für Sartre ergibt sich aus diesem Zwischenergebnis zunächst die Konsequenz, bei der Widerlegung des Skeptizismus bezüglich anderer Personen vor allem darauf zu achten, dass die Beziehung zwischen den Subjekten nicht wieder vorgängig nach dem Muster der „Exteriorität" begriffen wird. Der Begriff, mit dem er eine solche Alternative ins Auge zu fassen versucht, ist bekanntlich der der „Interiorität"; in erster Annäherung ist darunter eine Verbindung zwischen zwei Seinsweisen gemeint, die insofern deren innere Verfassung beeinflusst, als sie auf ihre Qualität positiv oder negativ einzuwirken vermag. Sartre hatte seinen Gebrauch dieses Begriffs einhundert Seiten zuvor erläutert, als im Rahmen der Transzendenz für-sich-seiender Subjekte die Möglichkeit der „Interioritätsnegation" eingeführt worden war: Wenn jemand von mir behauptet, dass ich „nicht schön" oder „nicht reich" sei, so ist mir ein derartiges Urteil nicht gleichgültig, sondern verändert die „Totalität meines Seins" (*SN* 329; *EN* 223), indem es etwa zu einer Minderung meines Selbstbewusstseins führt oder mich insgesamt schlechter fühlen lässt. In einer anderen Formulierung drückt Sartre die Eigentümlichkeit, die einer solchen Interioritätsbeziehung zukommen soll, mit Hilfe des Begriffs der „Affizierung" aus: Während sich in einem Exterioritätsverhältnis die miteinander verknüpften Glieder weiterhin indifferent zueinander verhalten, werden sie in dem anderen, interioren Verhältnis voneinander „affiziert" (*SN* 422; *EN* 286), stehen sich also gerade nicht mehr gleichgültig gegenüber, sondern sind in ihrem Existenzvollzug durch den jeweils Anderen betroffen.

Diese begrifflichen Differenzierungen erlauben es Sartre nun, den Faden seiner Auseinandersetzung mit den Versuchen einer Widerlegung des Solipsismus dort wieder aufzunehmen, wo er ihn nach der Beschäftigung mit dem Realismus und dem Idealismus liegengelassen hatte. Für alle drei Ansätze, die von nun an im Mittelpunkt seines Interesses stehen, kann aus seiner Sicht gelten, dass sie die Wendung hin zu einer Auffassung der Intersubjektivität als einer Interioritätsbeziehung bereits vollzogen haben: Bei Husserl, Hegel und Heidegger, denen als Dreiergruppe ein gesondertes Unterkapitel gewidmet ist (Dritter Teil, Erstes Kapitel, III), wird die Beziehung zwischen dem Ich und dem Anderen nicht länger nach dem Muster einer Vereinigung „zweier getrennter Substanzen" (*SN* 424; *EN* 288) betrachtet, sondern schon korrekt als „eine fundamentale und transzendente Verbindung" (ebd.) erfasst. Aber trotz aller Annäherung an die richtige Sichtweise, so lässt uns Sartre ebenfalls sofort wissen, ist jeder dieser Ansätze am Problem der Fremdexistenz auch wiederum gescheitert; keinem der drei Philosophen, weder Husserl noch Hegel oder Heidegger, ist der Nachweis gelungen, dass der Einzelne in seiner subjektiven Perspektive Gewissheit über die Existenz anderer Personen besitzen kann. Der Grund, den Sartre für das gemeinsame Scheitern angibt, hängt erneut mit der Vorherrschaft des Paradigmas der Erkenntnistheorie zusammen: Obwohl alle drei Autoren die Intersubjektivität bereits als eine Beziehung wechselseitiger Affizierung begriffen haben, hat jeder von ihnen doch am Ende die Verbindung zum Anderen wieder in einen Erkenntnisvollzug aufgehen lassen (*SN* 424; *EN* 288).

Schon an Husserl lobt Sartre den „Fortschritt", den sein Ansatz gegenüber den „klassischen Lehren" erbracht habe, weil hier in die transzendentale Konstituierung der Erfahrungswelt die bedeutungschaffende Leistung anderer Subjekte gleichursprünglich mit einbezogen worden ist. Tatsächlich wird ja in der Phänomenologie Husserls davon ausgegangen, dass der Andere im Wahrnehmungsfeld des transzendentalen Subjekts insofern stets mit präsent ist, als er an der Erzeugung der erkennbaren Bedeutung von Gegenständen und Sachverhalten konstitutiv beteiligt ist; insofern ist „für Husserl die Welt, so wie sie sich dem Bewusstsein enthüllt, intermonadisch" (*SN* 425; *EN* 288). Aber sobald die Frage gestellt wird, welche Verbindung das eine transzendentale Subjekt zu den realen Personen unterhält, die sich jenseits der gemeinsam konstituierten Erfahrungswelt befinden, kehrt Husserl wieder in die Bahnen des erkenntnistheoretischen Paradigmas zurück: Der Andere, nun nicht mehr als kopräsentes, sondern als konkret existierendes Subjekt verstanden, wird in derselben Weise zu einer Einheit von transzendentalen Denkoperationen, in der das für die Existenz der Welt im Ganzen gilt. Am Ende muss Husserl daher die Frage, wie wir zu einer Gewissheit über die Existenz des Anderen gelangen, erneut zu einem Stoff der Erkenntnistheorie machen (vgl. Theunissen 1977, 198 ff.; Elliston 1980).

Demgegenüber kommt Hegel in seiner Anerkennungslehre den Forderungen, die Sartre in seinem Begriff der „Interiorität" schon indirekt umrissen hat, noch viel weiter entgegen: Die Vorstellung von einer bloss externen Beziehung der Subjekte untereinander ist in der „Phänomenologie des Geistes" souverän überwunden, weil im Kampf auf Leben und Tod der Herr in seinem „Inneren" (*SN* 432; *EN* 293) in Abhängigkeit vom Knecht gerät, auf dessen Anerkennung er sich zum Zweck einer Gewissheit seines eigenen Für-sich-Seins angewiesen sieht. Mithin hat Hegel den Schritt, den Sartre nicht nur gegenüber dem Idealismus und dem Realismus, sondern auch gegenüber Husserl angemahnt hat, in „geniale[r] Intuition" (*SN* 432; *EN* 293) bereits vollzogen (vgl. u. a. Kopper 1960/61; Williams 1992, Kap. 12). Zurückbezogen auf das Problem der „Fremdexistenz", um dessen Lösung es Sartre ja geht, scheint sich aus diesem Hegelschen Gedankengang ein genereller Einwand gegen die Skepsis des Solipsismus zu ergeben: Der Andere kann in seiner Existenz gar nicht angezweifelt werden, weil der Zweifel selber Ausdruck eines Ich-Bewusstseins wäre, das sich der vorgängigen Anerkennung jenes Anderen verdankt (*SN* 432; *EN* 293).

Mit diesem Argument ist Sartre in seiner Rekonstruktion an einen Punkt gelangt, an dem sich für ihn zum ersten Mal eine Lösung der Intersubjektivitätsproblematik abzeichnet. Aber obwohl Sartre all diese Einsichten Hegels konzediert, ja, den „Reichtum" und die „Tiefe" seiner „Einzelbeobachtungen" (*SN* 433; *EN* 294) rühmt, sieht er dessen Anerkennungslehre am Ende wieder in erkenntnistheoretisches Fahrwasser geraten: Hegel habe dann doch, so heisst es an der entscheidenden Stelle knapp, das Verhältnis von Ego und Alter als eine Erkenntnisrelation begriffen, weil er in idealistischer Manier das „Bewusstsein" des Einen zum „Gegenstand" des Anderen mache (*SN* 433; *EN* 294).

Allerdings ist die Beziehung, die zwischen diesem Einwand und dem Vorwurf einer Vorherrschaft der Erkenntnistheorie bestehen soll, in der Argumentation von Sartre alles andere als klar. Zu schnell schliesst Sartre, so scheint es, von der erkenntnistheoretischen Problematik der Hegelschen „Phänomenologie" auf ihre Konzeption von Intersubjektivität zurück: Selbst dann, wenn Hegel in seiner reifen Anerkennungslehre vor allem Ziele einer Erkenntnistheorie verfolgt hat, muss er deswegen nicht auch automatisch seine Vorstellungen über intersubjektive Beziehungen dem Schema der Erkenntnis von Gegenständen angepasst haben. Weil Sartre diese Differenz aber überspielt, hat er es sich auch ersparen können, an seinem Begriff der „Interiorität" interne Differenzierungen vorzunehmen, die seiner eigentlichen Absicht entgegengekommen wären; denn zwischen der Reziprozitätsbeziehung unter Diskursteilnehmern und der wechselseitigen Affizierung, die er selber an der Intersubjektivität vor Augen hat, bestehen eine Reihe von tiefgreifenden Unterschieden, die in seiner Terminologie nicht recht zu fassen sind.

Ist mithin Sartres Auseinandersetzung mit der Intersubjektivitätslehre Hegels schon nicht frei von Komplikationen, so gilt das erst recht für seine Kritik an der Heidegger'schen Konzeption des „Mitseins". Die Sachlage ist, in wenigen Worten zusammengefasst, ungefähr die folgende: In seinem Begriff des „Mitseins" hat Heidegger, wie wohl unbestritten sein dürfte, eine Schicht von Intersubjektivität freilegen wollen, die noch unterhalb der Erfahrungsebene intentional handelnder und erkennender Subjekte liegt; daher tauchen die Anderen in *Sein und Zeit* nicht erst als „Vorhandene" in einer subjektiv erschlossenen Welt auf, sondern bilden gemeinsam mit dem Selbst die vorintentionale Grösse, die als „Wir" jeder Herausbildung von ichhaften Intentionen im Dasein noch vorausliegt (Heidegger 1967, § 26). Von diesem „Mitsein" kann Heidegger dementsprechend behaupten, dass es „existenzial das Dasein auch dann [bestimmt], wenn ein Anderer faktisch nicht vorhanden und wahrgenommen ist" (Heidegger 1967,

120); denn unabhängig davon, ob eine zweite Person leibhaftig anwesend ist, vollzieht sich unser Dasein zunächst stets aus einer noch undifferenzierten Wir-Perspektive. An dieser Konstruktion Heideggers ist heute nun allerdings umstritten, ob sie als positiver Verweis auf eine Möglichkeit des gemeinschaftlichen Erlebens gedeutet oder als negativer Verweis auf die Uneigentlichkeit des normorientierten Handelns im „Man" verstanden werden muss; je nach dem, welche der beiden Interpretationen bevorzugt wird, scheint im Begriff des „Mitseins" einmal eine Schicht der vorintentionalen Intersubjektivität allen Handelns, das andere Mal die Gefahr des individuellen Selbstverlustes in der Konventionalität der Masse durch (Schmid 2001). Sartre seinerseits orientiert sich in seiner Deutung ganz offenbar an der ersten Alternative, gibt ihr allerdings interpretatorisch eine Wendung, die aus seiner Sicht eine eklatante Erklärungslücke bei Heidegger offenbar werden lässt. Im ersten Schritt seiner Auseinandersetzung macht Sartre deutlich, dass in *Sein und Zeit* das Modell des „Erkennens" zum ersten Mal vollständig überwunden worden ist, weil im „Mitsein" ein gemeinsames „Besorgen" der Welt anvisiert wird, das die Subjekte untereinander in ein Verhältnis der „ontologischen Solidarität" (*SN* 445; *EN* 302) bringt: „Der Andere ist nicht *Gegenstand.* Er bleibt in seiner Verbindung zu mir Dasein (réalité-humaine), das Sein als ‚In-der-Welt-sein'" (*SN* 445; *EN* 302). Insofern stellt sich für Heidegger das Problem der Fremdexistenz in gewisser Weise gar nicht mehr, weil die Subjekte noch vor aller Herausbildung von individueller Intentionalität wechselseitig aufeinander bezogen sind; wo der Andere erst gar nicht als ein fremdes Gegenüber in Erscheinung treten kann, sondern vorweg schon in einer ursprünglichen Interaktion einbezogen ist, da muss auch nicht weiter ergründet werden, wie sich das Subjekt in seiner individuellen Perspektive der Existenz jenes Anderen gewiss sein kann. Aber es ist gerade dieser Ansatz bei einer präintentionalen Intersubjektivität, den Sartre nun trotz aller ihm entgegenkommenden Züge nicht akzeptieren kann; denn für ihn hat sich Heidegger mit seinem Vorschlag schon viel zu sehr von jenem Ausgangspunkt des individuellen Cogito entfernt, der vernünftigerweise doch vorausgesetzt werden muss, wenn das Problem des Anderen überhaupt in den Blick genommen werden soll.

Mit diesen wenigen Hinweisen auf die Kritik, die Sartre an Heideggers Konzept des „Mitseins" übt, ist in groben Zügen bereits umrissen, worin er die Aufgabe seines eigenen Ansatzes sehen muss. In Abgrenzung zu jenen Positionen, die das Problem der „Fremdexistenz" auf erkenntnistheoretischem Weg zu lösen versuchen, muss er eine Quelle der Gewissheit über den Anderen erschliessen, die jenseits des „Erkennens" liegt, ohne in die

Annahme einer präintentionalen Gemeinsamkeit zu münden. Den Ausgangspunkt einer derartigen Lösung hat weiterhin der Bewusstseinshorizont des individuellen Subjekts zu bilden, weil nur darin genügend Distanz zum Anderen bewahrt ist, um überhaupt die Frage nach seiner Existenz aufkommen zu lassen; aber der Umfang dessen, was zu den Erfahrungsbezügen eines solchen Subjekts gehört, muss erheblich über das traditionelle Ausmass hinaus erweitert werden, wenn nicht wieder auf das Erkenntnisparadigma zurückgegriffen werden soll.

2 Das „Erblicktwerden" als ursprüngliche Anerkennung

Im Dienste einer solchen Erweiterung muss sich an den Bewusstseinsgehalten, die uns in der Erstellung der reflexiven Selbstvergewisserung gegeben sind, ein Moment identifizieren lassen, in dem uns die Existenz eines anderen Menschen deswegen gewiss ist, weil er uns in unserem Lebensvollzug tiefgreifend berührt oder verstört. Nun hatte uns Sartre ja schon zu Beginn des Dritten Teils seines Buches (*SN* 405 ff.; *EN* 275 ff.) einen Schlüssel an die Hand gegeben, der eine Antwort auf die Frage enthielt, wie er sich den exemplarischen Fall eines solchen Bewusstseinsgehaltes vorzustellen versucht. Es kann daher nicht eigentlich überraschen, dass sich die endgültige Lösung Sartres als das Resultat einer Generalisierung der zuvor schon in der „Scham" umrissenen Bewusstseinsstruktur verstehen lässt. Unter dem berühmt gewordenen Titel „Der Blick" präsentiert Sartre in dem Abschnitt, der der Auseinandersetzung mit den drei philosophischen Ansätzen unmittelbar folgt, die allgemeine Form eines psychischen Zustands, der in den entscheidenden Hinsichten alle Eigenschaften mit dem „Sich-Schämen" teilt. Die Handlungssequenz, die im Mittelpunkt des Abschnitts über den „Blick" steht (*SN* 467 ff.; *EN* 316 ff.), bedarf kaum der ausführlichen Darstellung, weil sie in der philosophischen Literatur inzwischen zum festen Repertoire exemplarischer Szenarien gehört: Ein Mensch fühlt sich durch die Geräusche, die er hinter einer verschlossenen Tür vernehmen kann, in seiner „Eifersucht", „Neugier" oder „Verdorbenheit" (*SN* 467; *EN* 317) so weit erregt, dass er durch das Schlüsselloch hindurch die verborgene Szene zu inspizieren versucht; mit den Schritten, die er hinter sich auf dem Flur hört, ändert sich schlagartig die Richtung seiner Aufmerksamkeit, und er erlebt sich als durch einen anonymen Anderen beobachtet. Ich werde diese Situation entlang der Bestimmungen, die Sartre in seinem Text selber eher verstreut gibt, in vier Schritten rekonstruieren, um so zu einer Zusammenfassung dessen zu gelangen, was hier über die Struktur der intersubjektiven Gewissheit ausgesagt wird:

a) Den Ausgangspunkt der Szenerie stellt eine Situation dar, in der sich das Ich in einem Bewusstseinszustand befindet, den Sartre als „nicht-thetisch" (*SN* 467; *EN* 317) bezeichnet: Das betreffende Subjekt, also die Person, die sich von den vernehmbaren Vorgängen hinter der Tür neugierig gemacht findet, handelt, ohne den eigenen Absichten bewusste Aufmerksamkeit zu schenken. Alles, was dieses Subjekt unternimmt, um durch das Schlüsselloch spähen zu können, vollzieht sich dementsprechend in Form einer geradezu reflexartigen Bewältigung von Hindernissen, die der Durchführung des Handlungsziels im Wege stehen: Die „Tür, das Schlüsselloch sind zugleich Instrumente und Hindernisse: sie stellen sich als ‚mit Vorsicht zu handhaben' dar; das Schlüsselloch bietet sich dar als ‚aus der Nähe und ein wenig von der Seite zu sehen' usw." (*SN* 468; *EN* 317). Nicht weit ist Sartre daher hier von jenem pragmatistischen Grundgedanken entfernt, demzufolge wir im Normalvollzug unseres Lebens alle Aufmerksamkeit zunächst ganz routinisiert auf diejenigen Phänomene unserer Umwelt gerichtet haben, die uns im Lichte der jeweiligen Handlungsziele entweder hilfreich entgegenkommen oder störend im Wege stehen (vgl. Mead 1980, 137; zum Vergleich von Sartre und Mead: Aboulafia 1986).

b) Auch die zweite Sequenz in der beschriebenen Handlungssituation schildert Sartre zunächst noch in einem theoretischen Rahmen, der mit dem Ansatz des amerikanischen Pragmatismus zumindest die Ausgangsprämissen teilt. Im Text reicht nur ein einziger Satz, um die schlagartige Verschiebung im Aufmerksamkeitsfeld des Aktors anzuzeigen, die mit dem Vernehmen des störenden Geräusches einhergeht: „Jetzt habe ich Schritte im Flur gehört: man sieht mich" (*SN* 469; *EN* 318). Das Vernehmen der Schritte auf dem Flur, so sagt Sartre, stellt für das Subjekt eine Störung seines präreflexiven Handelns dar, die zu einer abrupten Verlagerung der Aufmerksamkeit zwingt: Statt wie bislang nur auf die Objektwelt der handhabbaren Umgebung konzentriert zu sein, wendet sich der Aktor im Moment der Unterbrechung spontan auf das eigene „Ich" (ebd.) zurück, das damit wie mit einem Schlag in den Horizont seines Bewusstseins „einbricht". Allerdings korrigiert Sartre diese vorläufige Ausdrucksweise sofort, indem er klarstellt, dass es sich bei dem Objekt einer solchen plötzlichen Vergegenwärtigung nicht um das „Ich" in seiner Unmittelbarkeit, sondern nur um das „Ich" in seiner Rolle als „Objekt für Andere" (*SN* 470; *EN* 319) handeln kann: Das, was das Subjekt in einer derartigen Situation von sich selber zu erfassen vermag, ist ein Mich, auf das der imaginierte Blick jenes hörbaren Anderen ruht. Wie vor ihm bereits Mead, so scheint daher auch Sartre sagen zu wollen, dass das Subjekt zu einem Bewusstsein seiner selbst nur gelangen kann, indem es sich in die Perspektive einer anderen Person versetzt, um sich von dort aus als Objekt zu vergegenwärtigen. Aber schon der nächste Schritt in der Darlegung Sartres lässt klar hervortreten, dass die Übereinstimmungen weitaus geringer sind, als im ersten Anlauf zu vermuten ist; denn jener stattet nun den Akt der Perspektivübernahme mit existentiellen Folgewirkungen aus, die weit über das hinausgehen, was Mead auf der Basis seiner eigenen Prämissen hätte zulassen können.

c) Die Erfahrung des Erblicktwerdens, die sich dem Subjekt mit dem Gewahrwerden der Fussschritte aufdrängt, stellt für Sartre mehr als eine blosse Bewusstseinsveränderung dar; vielmehr vollzieht sich für ihn am Subjekt in diesem einen Moment ein ganzer Einstellungswandel, der dessen Selbstbild zwangsläufig in eine Krise stürzen muss. Sartre leitet seine Darstellung der entsprechenden Vorgänge mit einem Satz ein, in dem sich der Begriff der „Anerkennung" interessanterweise nicht auf die Beziehung zum Anderen, sondern auf die Selbstbeziehung angewendet findet: Sobald das Subjekt „erleb[t]" und nicht nur „erkenn[t]" (*SN* 471; *EN* 319), dass es von einem Anderen erblickt wird, vollzieht es damit die „*Anerkennung* dessen, dass [es] wirklich dieses Objekt [*ist*], das der Andere erblickt und beurteilt" (ebd.). Worauf sich eine derartige Anerkennung vonseiten des betroffenen Subjekts nun richtet, macht Sartre an dem zweiten Begriff klar, der in seiner Formulierung von Bedeutung ist: Im Moment des Erblicktwerdens vergegenwärtigt und erkennt das Subjekt an, dass es tatsächlich als ein Objekt für ein anderes Subjekt existiert. Hier soll unter „Objekt" weitaus mehr verstanden werden, als Mead im Begriff des „Mich" vor Augen hatte, weil eine Schicht der existentiellen Erfahrung mitgemeint ist, die das ganze Selbstverständnis der Person berührt.

Den Schlüssel für ein Verständnis dessen, was Sartre im Folgenden unter einem „Objekt" versteht, liefert natürlich die Kategorie des „An-sich-seins", die im Buch den ontologischen Gegenbegriff zum „Für-sich-sein" menschlicher Subjekte darstellt. Schon im Begriff der „Exterioritätsbeziehung" war angeklungen, wie Sartre die Existenzweise blosser Gegenstände zu beschreiben versucht: Bei ihnen handelt es sich um eine besondere Klasse von Seinsphänomenen, weil sie im Unterschied zur „Transzendenz" des Bewusstseins nicht die Fähigkeit zur permanenten Negation ihres jeweiligen Zustandes besitzen, sondern „opak", „massiv" und ohne jede Spur von innerer Differenz sind (*SN* 37 ff.; *EN* 30). Wenn ein Subjekt daher „anerkennt", dass es in den Augen des Anderen ein blosses „Objekt" ist, so heisst das für Sartre nicht weniger, als dass es existentiell nachvollzieht, nun einer anderen Kategorie von Sein anzugehören: Es fühlt sich nicht bloss „wie" ein Gegenstand betrachtet oder behandelt, sondern es „ist" jetzt gewissermassen ein purer Gegenstand, dem jede Fähigkeit zur Transzendenz des eigenen Zustands abgeht. Insofern ist es nur konsequent, wenn Sartre die Situation des Erblicktwerdens als einen Vorgang der „Verdinglichung" beschreibt, innerhalb dessen aus einem „Für-sich-sein" ein bloss noch opak existierendes Stück Natur wird: „Für den anderen *sitze ich*, wie dieses Tintenfass auf dem Tisch *steht*; für den anderen *bin ich* über dem Schlüsselloch *gebeugt*, wie dieser Baum vom Wind *gebeugt* ist. So habe ich für den anderen meine Transzendenz abgelegt. [...] ich habe ein Aussen, ich bin eine *Natur*; mein Sündenfall ist die Existenz des Anderen; und die Scham ist – wie der Stolz – die Wahrnehmung meiner selbst als Natur, wenn auch eben diese Natur mir entgeht und als solche unerkennbar ist" (*SN* 473 f.; *EN* 320 f.). Nun ist freilich der Akt der „Anerkennung", den das Subjekt im Moment seines Erblicktwerden vollzieht, mit diesem ersten Schritt noch nicht abgeschlossen. Sartre behauptet vielmehr, dass neben dem existentiellen Eingeständnis der eigenen Vergegenständlichung gleichzeitig noch eine zweite Form der Anerkennung vollbracht wird, die auf die Person des Blickenden gerichtet ist; ja, es ist hier sogar irreführend, von zwei Schritten oder „Formen" einer Anerkennung zu sprechen, weil es sich eher um die beiden Seiten ein- und desselben Einstellungswandels zu handeln scheint. Damit ist der Kern dessen berührt, was Sartre als den Ansatz seiner eigenen Lösung des Problems der „Fremdexistenz" präsentiert.

d) Nachdem Sartre dargelegt hat, welche Art von Anerkennung das erblickte Subjekt in Hinblick auf sich selber vollzieht, wendet er sich im vierten Schritt seiner Analyse der entgegengesetzten Richtung der Anerkennung zu, also jener, die vom Subjekt auf den Anderen, den Blickenden, zielt. Mit einem einzigen, kompakten Satz wird deutlich gemacht, dass dieser Perspektivenwechsel *zu genau* der Form von existentieller Gewissheit führt, nach der im Text von Anfang an gesucht worden war: „Und in der Erfahrung des Blicks, in dem ich mich als nicht-enthüllende Objektivität erfahre, erfahre ich direkt und mit meinem Sein die unerfassbare Subjektivität des Anderen" (*SN* 487; *EN* 329). Wiederum ist es hier die Kombination von einigen zentralen, bewusst gewählten Ausdrücken, die die besondere Stossrichtung der Argumentation von Sartre verständlich macht. Zunächst springt ins Auge, dass in dem Satz von der „Erfahrung" – und nicht von der „Erkenntnis" – der Subjektivität des Anderen die Rede ist; in der Kombination mit dem Zusatz „in meinem Sein" läuft diese Formulierung dann erneut auf die These hinaus, dass wir von der „Anerkennung" eines Sachverhaltes nur dort sprechen können, wo es sich um ein existentielles Erlebnis, um die Änderung eines Selbstverständnisses handelt. Insofern möchte Sartre sagen, dass wir im Moment des Erblicktwerdens den Anderen deswegen anerkennen, weil wir uns spontan und direkt von ihm persönlich affiziert wissen: Ich muss mir seine Existenz nicht zu einer Frage der Erkennbarkeit machen, weil ich mir im Gegenteil aufgrund meiner persönlichen Betroffenheit schlagartig gewiss bin, dass er als ein anderes menschliches Subjekt existiert. Klarer als in allen Bestimmungen, die wir bislang kennengelernt haben, wird an diesem Gedankengang mithin deutlich, was Sartre unter einer „Interiorititätsbeziehung" versteht: Aus der Perspektive des Cogito handelt es sich um intersubjektive Begegnungen, die uns zwingen, uns selbst gegenüber eine Beurteilung vorzunehmen, kraft derer wir unser Selbstverständnis ändern müssen; und das, was uns am deutlichsten die Tatsache einer derartigen Beziehung signalisiert, ist das plötzliche Aufbrechen von Gefühlen, die einen „self-reactive character" (Strawson 1968) besitzen.

Aber ebenso bedeutsam, wie in dem zitierten Satz der Ausdruck des „Erfahrens" ist, scheint in demselben Zusammenhang auch der Begriff zu sein, mit dem Sartre bezeichnet, als was wir den Anderen anerkennen. In direkter Entgegensetzung zu dem Seinszustand, in dem sich das Subjekt in der geschilderten Situation vorfindet, wird von diesem Anderen behauptet, dass er in seiner „unerfassbaren Subjektivität" erlebt und damit anerkannt wird. Das, was vom Gegenüber affirmativ erfahren wird und daher als gewiss gelten kann, ist gerade nicht seine Objekthaftigkeit, sondern die Freiheit seines „Für-sich-seins". Das zentrale Argument, das Sartre für diese These liefert, ergibt sich letztlich aus einer Verallgemeinerung der intersubjektiven Struktur, die der Situation des Erblicktwerdens zugrundeliegt: Um mich als ein Objekt wahrnehmen zu können, das sich selbst gegenüber in bestimmten Gefühlen eine beurteilende Haltung einnimmt, muss ich zwangsläufig die Perspektive eines anderen Subjekts voraussetzen, das die Freiheit besitzt, mich zum Objekt seiner Beurteilung zu machen. Insofern kann Sartre sagen, dass die Erfahrung des eigenen Objektseins mit der Anerkennung der Subjektivität des Anderen Hand in Hand geht (*SN* 494; *EN* 334).

Von diesem Punkt aus bedarf es für Sartre nur noch eines einzigen, letzten Schrittes, um zu der Lösung zu gelangen, mit der der Skeptizismus des Solipsisten endgültig widerlegt werden soll. Bislang muss es in der Explikation der Beispielsszene ja so scheinen, als könne der Einzelne nur dann in seiner subjektiven Perspektive zu intersubjektiver Gewissheit gelangen, wenn er von einer zweiten, real vorhandenen Person den empirischen Anstoss zu einer Selbstobjektvierung erhält: Ohne die Anwesenheit eines solchen konkreten Anderen, wie er in der geschilderten Situation durch das Vernehmen der Schritte repräsentiert wird, wäre das Subjekt gar nicht dazu in der Lage, sich in der Weise als ein Objekt zu erfahren, dass komplementär dazu die Freiheit eines anderen Subjekts vorausgesetzt werden müsste. Durch diese enge Bindung an die reale Präsenz einer zweiten Person entsteht für Sartre aber die Gefahr, dass aus der „faktischen Notwendigkeit" des Anderen am Ende doch wieder nur ein kontingenter Umstand wird – wir wären uns der Existenz anderer Personen gleichsam immer nur dann gewiss, wenn wir durch einen tatsächlich vorhandenen Menschen den Anstoss erhielten, uns als das Objekt einer externen Beurteilung zu erleben. Um dem Risiko einer solchen Wendung ins bloss Zufällige zu entgehen, bemüht Sartre sich in seinem letzten Schritt, der Situation des Erblicktwerdens einen quasi-transzendentalen Charakter zu geben; dabei setzt er zunächst wieder an der zuvor behandelten Beispielsszene an, um dann aber zu einer Aussage über die allgemeine Struktur der intersubjektiven Gewissheit zu gelangen.

Das Problem, mit dem er es hier zu tun hat, legt sich Sartre zunächst durch eine rhetorisch gemeinte Frage zurecht: Was würde sich an der Situation, in der ich mich vor dem Schlüsselloch plötzlich durch einen anderen Menschen beobachtet fühle, substanziell ändern, wenn ich am Ende einer Täuschung erliegen würde und eine zweite Person gar nicht anwesend gewesen wäre? Die Weise, in der Sartre diese Frage stellt, soll deutlich machen, dass wir es hier mit zwei sehr unterschiedlichen Formen des Wissens zu tun haben: Das Gefühl, erblickt zu werden, gehört einer ganz anderen Klasse von Bewusstseinsphänomenen an als die Vermutung, dass die gehörten Schritte auf eine reale Person verweisen. Während jene erste Klasse all das umfasst, was wir mit Gewissheit über unsere eigenen Zustände und Befindlichkeiten wissen können, zählen zur zweiten Klasse all die Meinungen und Kenntnisse, die wir mit blosser Wahrscheinlichkeit über Vorgänge in der Aussenwelt besitzen (zur Irrtumsimmunität der ersten Person vgl. Spitzley 2000, Kap. 8). Diese Unterscheidung ist, wie leicht zu sehen ist, mit derjenigen identisch, die Sartre zwischen der „Empfindung" oder „Erfahrung" auf der einen Seite, der „Erkenntnis" auf der anderen Seite macht; und das „Anerkennen", so war ebenfalls schon deutlich geworden, scheint eine Art von Eingeständnis, von Zur-Kenntnisnahme zu sein, die mit der Selbstgewissheit innerer Zustände vollzogen wird. Der radikale Schritt, den Sartre nun unternimmt, besteht in dem Vorschlag, das Erblicktwerden als eine Empfindung zu betrachten, die insofern gegenüber Täuschungen immun ist, als sie von der tatsächlichen Anwesenheit anderer Personen unabhängig ist: Es gehört zur Struktur unserer affektiven Selbstbeziehung, uns von Anderen selbst dann beobachtet zu fühlen, wenn diese gar nicht anwesend sind. Daher ist das Erblicktwerden nicht ein raumzeitliches Ereignis, sondern eine konstitutive Bedingung meiner Beziehung auf mich selbst: „Kurz, in Bezug auf jeden lebenden Menschen ist jede menschliche Realität auf dem Hintergrund ursprünglicher Anwesenheit anwesend oder abwesend. Und diese ursprüngliche Anwesenheit kann nur als Erblickt-sein oder Erblickend-sein Sinn haben, dass heisst je nachdem, ob der andere für mich Objekt ist oder ich selbst Objekt-für-den-Anderen bin. Das Für-Andere-sein ist ein ständiges Faktum meiner menschlichen Realität, und ich erfasse es mit seiner faktischen Notwendigkeit im kleinsten Gedanken, den ich mir über mich mache" (*SN* 501 f.; *EN* 339 f.). Das, was in diesem Zitat die „ursprüngliche Anwesenheit" von Anderen genannt wird, bezeichnet Sartre einige Seiten später als den Inbegriff dessen, was sinnvollerweise unter dem Heidegger'schen Begriff des „Man" zu verstehen sei. In einer äusserst geglückten Wendung heisst es, dass damit gerade nicht wie bei Heidegger ein inauthentischer Zustand des menschlichen Daseins gemeint sein soll, sondern die Tatsache, dass wir uns auf uns selbst stets nur aus der Perspektive eines Kreises anonymer Anderer beziehen: „Für die pränumerische und konkrete Realität ist die Bezeichnung ‚man' angebrachter als für einen Unauthentizitätszustand der menschlichen Realität. Fortwährend, wo ich auch sein mag, erblickt *man* mich. *Man* wird nie als Objekt erfasst, es löst sich augenblicklich auf" (*SN* 505; *EN* 342).

3 Anerkennung als Verdinglichung

Eine negativistische Prägung wie beim Heidegger'schen „Man" weist freilich auch Sartres Konzeption auf. Er benutzt in seiner Intersubjektivitätstheorie eine evaluativ höchst zugespitzte Begrifflichkeit, indem er abwechselnd von „Entfremdung" und „Verdinglichung" spricht: Von dem Subjekt, das sich im Aufbrechen selbstbezüglicher Gefühle aus der Perspektive eines Anderen beurteilt, heisst es immer wieder, dass es sich als von seinen Möglichkeiten entfremdet und wie ein blosses „Ding" erfahren muss, weil es zwangsläufig seine eigene Objekthaftigkeit anerkennt.

Diese unmerkliche Verschiebung von einer bewusstseinsphilosophischen zu einer normativen Analyseebene, vom „Objekt" zur „Verdinglichung", ergibt sich in dem vorliegenden Kontext aus dem Umstand, dass Sartre zuvor schon den Begriff des „Objekts" mit einer existentialontologischen Bedeutungsschicht aufgeladen hatte, die nicht frei von wertenden Gesichtspunkten ist. Den Ausgangspunkt bildet dabei zunächst die ontologisch gemeinte Vorstellung, derzufolge es sich bei einem „Objekt" nicht einfach bloss um all die Sachverhalte handelt, auf die sich ein Subjekt in kognitiver Einstellung bezieht, sondern um einen qualitativ distinkten Seinszustand, der durch Abwesenheit von Transzendenz und Freiheit charakterisiert ist. Alles, was bei Sartre mithin als „Objekt" bezeichnet wird, soll eine ontologische Entität darstellen, die von vornherein durch einen Mangel gekennzeichnet ist, nämlich den Abzug all der Eigenschaften, durch die die Seinsweise des „Für-sich-seins", der Subjektivität, bestimmt ist. Nun werden bei Sartre aber diese Kategorien einer „objektivistischen" Ontologie in einem zweiten Schritt daseinsphänomenologisch umgedeutet, so dass sie eigentlich als Bezeichnungen für Seinszustände verstanden werden müssen, wie sie sich aus der Perspektive des existentiellen Lebensvollzugs des Menschen erschliessen lassen (vgl. Theunissen 1977, 200 ff.; Gutting 2001, 131 ff.); damit erhält all das, was zunächst nur ein seinsmässiger Zustand geringerer Transzendenz war, die zusätzliche Bedeutung einer Seinsweise, die das Subjekt aus seiner Sicht auch subjektiv als einen Mangel erleben muss, weil es der ihm eigenen Vollzugsweise des Daseins, der Erfahrung von Freiheit, widerspricht. An dieser Stelle geht der ontologische Begriff des „Objekts" in ein ganzes Spektrum von normativen Kategorien auf, die für jene Erfahrungen einstehen sollen, die das Subjekt zwangsläufig bei einem Wechsel seines Seinszustands zu vollziehen hat; nicht anders als bei Heidegger, der in seiner Daseinsanalyse ebenfalls unbekümmert etwa von „positiven" und „negativen" Modi des Mitseins sprach (Heidegger 1967, 122), werden solche normativen Ausdrücke aber nicht als Resultat einer Wertung, sondern als immanente Bestandteile einer deskriptiven Analyse präsentiert. Insofern wird auch die Verschiebung, die in seinem Text von der begrifflichen Ebene des „Objekts" zum Vokabular von „Verdinglichung" und „Entfremdung" stattfindet, von Sartre selber nicht als ein methodologischer Bruch, sondern als eine kategoriale Präzisierung verstanden, durch die die Qualität des Daseinsvollzugs der Subjekte genauer bestimmt werden soll. Alle Zweifel, die an dieser implizit normativen Verwendung des Objektbegriffs laut werden, müssen sich daher auf die Frage konzentrieren, ob die phänomenologische Beschreibung des Erblicktwerdens als „Verdinglichung" tatsächlich sachangemessen ist; und können gegen die Selbstverständlichkeit einer solchen Analyse begründete Einwände erhoben werden, so stellt sich die weitere Frage, ob nicht die Voraussetzung der individuellen Freiheit als permanenter Transzendenz von Möglichkeiten im Ganzen sozialontologisch irreführend ist (vgl. Taylor 1988; Danto 1986, 122 ff.; Honneth 1992).

Vor dem Hintergrund dieser begrifflichen Erläuterungen wird nun der nächste Schritt, den Sartre in seiner Intersubjektivitätsanalyse vollzieht, im Ganzen leichter verständlich. Von dem Subjekt, das sich durch Perspektivübernahme in einem Zustand des „Für-andere-seins“ befindet, hatte sich soeben gezeigt, dass es nicht zufälligerweise, sondern mit Notwendigkeit eine Erfahrung der „Entfremdung“ und „Verdinglichung“ macht; es kann gar nicht anders, so scheint Sartre zu unterstellen, als sich all seiner Existenzmöglichkeiten beraubt und damit auf ein bloss verdinglichtes Phänomen reduziert zu sehen. Wenn zusätzlich nun vorausgesetzt wird, dass jedem Subjekt existentiell an seiner Freiheit, an der Transzendenz seiner Möglichkeiten gelegen ist, dann ergibt sich als Fortsetzung des Geschehens beinah wie selbstverständlich eine Umkehr der Aktivitätsrichtung, durch die reaktiv der verlorengegangene Seinszustand zurückerobert werden soll: Das Subjekt, das sich im Blick des Anderen als „Objekt“ weiss, wird seinerseits den Versuch unternehmen müssen, diesen Anderen zum „Objekt“ seines beurteilenden Blick zu machen, um erneut zur Freiheit der Transzendenz all seiner Möglichkeiten zu gelangen. Sartre spricht an der Stelle, an der er mit der Erläuterung der Umkehrbewegung anhebt (*SN* 513 ff.; *EN* 347 ff.), von einer „zweiten Negation“, die nun statt vom Anderen zu mir „von mir zum Anderen geht“ (*SN* 514; *EN* 347); und die Art des Bewusstseinswandels, der mit einer solchen zweiten Negation einhergeht, beschreibt er im folgenden wieder massgeblich am Beispiel der „Scham“, die schon für die „erste Negation“ die bevorzugte Erlebnisgrösse gewesen war.

Sartre eröffnet nun nämlich seine Analyse mit der These, dass der Übergang zur „zweiten Negation“ durch den Gegenaffekt „motiviert“ (*SN* 514 f.; *EN* 347 f.) wird, den die selbstbezügliche Anerkennung auslöst, nichts als ein blosses Objekt zu sein. Das Motiv, den Anderen seinerseits zum Objekt des eigenen „Blicks“ zu machen, ergibt sich nicht aus dem Gefühl einer moralischen Schuld, sondern aus dem emotional getönten Wunsch, existentiell den Status eines Subjektes zurückzuerlangen: „Die Reaktion auf die Scham besteht genau darin, denjenigen als Objekt zu erfassen, der meine eigene Objektheit erfasste. Von da an erscheint mir ja der Andere als Objekt, seine Subjektivität wird eine blosse Eigenschaft des betrachtenden Objekts“ (*SN* 517; *EN* 349).

An der Weise, in der Sartre mit diesen Sätzen die konfliktuöse Gegenbewegung des objektivierten Subjekts einführt, wird schon deutlich, dass es sich auch hierbei nicht um ein bloss kontigentes Ereignis handelt. Die Umkehrung der Blickrichtung, durch die das zuvor zum Ding erstarrte Subjekt zu „gestärkter Selbstheit“ (*SN* 518; *EN* 350) zurückfindet, stellt ebenso wie der Vorgang der Perspektivübernahme ein Faktum dar, das zur Struktur der menschlichen Intersubjektivität gehört. Irritierend ist bei oberflächlicher Betrachtung freilich, dass Sartre hier dem Subjekt wieder einen konkreten, leibhaftigen Anderen gegenüber zu stellen scheint, während er diesen doch bei seiner erweiterten Deskription des Erblicktwerdens insofern anonymisiert hatte, als darunter am Ende nur noch eine Art von verinnerlichtem Beobachter zu verstehen war. Aus der damit angedeuteten Schwierigkeit führt Sartre heraus, indem er ein sein Konzept äusserst verkomplizierendes Argument entwickelt, das sich an eine berühmte Unterscheidung Heideggers in *Sein und Zeit* anlehnt: Anhand der Frage, ob das betroffene Subjekt das verinnerlichte „Man" der Perspektivübernahme bestehen lässt oder reindividualisiert, schlägt er eine Differenzierung von „unauthentischen" und „authentischen" Weisen vor, auf die Erfahrung der Objekt-Scham zu reagieren.

Von dem Vorgang des „Erblicktwerdens" hatten wir gesehen, dass er nicht im Sinne einer konkreten Interaktion gedeutet werden muss, sondern als Hinweis auf die Struktur selbstreaktiver Gefühle verstanden werden kann. Demgemäss hatte Sartre vorgeschlagen, das Heidegger'sche „Man" als Ausdruck für jenen Kreis anonymer Anderer zu verwenden, durch den sich das betroffene Subjekt im Erleben solcher Gefühle beobachtet weiss. In Reaktion auf die „fundamentale" Scham (*SN* 519; *EN* 351), die mit der daraus entstandenen Verdinglichung zwangsläufig einhergehen soll, sieht Sartre nun zwei Möglichkeiten für das objektivierte Subjekt vor, deren Unterschiede sich daran bemessen, wie mit jenem „Man" individuell umgegangen wird: Bleibt es im Bewusstsein des Subjekts als solches aufrechterhalten, so stehen ihm nur „unauthentische" Reaktionsweisen auf die erlebte Scham offen, weil die „absolute Einheit" (*SN* 518; *EN* 350) eines solchen „Man" im Gegenzug ebensowenig zu einem Objekt gemacht werden kann wie der „Gott" der christlichen Tradition (*SN* 518; *EN* 350); das Resultat einer derartigen Unterwerfung unter ein „absolutes Subjekt" sind Verhaltensweisen des „Stolzes" oder der „Eitelkeit", in denen das eigene Selbst nur in Form eines blossen Spiegels der Erwartungen anonymer Anderer wiederergriffen wird (*SN* 520; *EN* 352). Von diesen „unauthentischen" Reaktionsweisen unterscheidet sich die „authentische" Verarbeitung der Scham dadurch, dass hier das abstrakt gewordene „Man" nachträglich wieder „in eine Pluralität Anderer" (*SN* 518; *EN* 351) zerstreut wird, indem jeweils nur konkreten Interaktionspartnern gegenüber die Blickrichtung umgekehrt wird. Sartre lässt mithin, wie er selber sagt, nur zwei „authentische Haltungen" (*SN* 519; *EN* 351) zu, die in der individuellen Austragung der Spannungen des „Für-sich-seins" eine tragende Rolle spielen können: Da ist zu Beginn die Erfahrung der Scham, durch die simultan der Andere als Subjekt und das eigene Selbst als Objekt anerkannt wird, und im Ausklang die Erfahrung der „Hochmut“, in der die „Behauptung meiner Freiheit gegenüber dem Objekt-Anderen“ (*SN* 519; *EN* 351) vollzogen wird. Wenn wir uns daran erinnern, mit welcher Polemik Sartre zunächst den Heidegger'schen Begriff des „Man“ behandelt hatte (*SN* 505; *EN* 342), so ist diese Auflösung freilich überraschend; denn nicht anders als in *Sein und Zeit* wird hier doch plötzlich wieder die blosse Tatsache, sich im eigenen Verhalten von generalisierten Normen leiten zu lassen, als hinreichender Beleg für eine „unauthentische“ Seinsweise genommen.

Aber wie es auch immer um diese Bestimmungen bestellt sein mag, die verstärkt die Tendenz zu einer normativen Aufladung der existentialontologischen Begrifflichkeit verraten, zusammengenommen bilden sie den Rahmen, in dem Sartre seine Konzeption der Intersubjektivität zum Abschluss bringt. Die Richtung, die er dabei einschlägt, ist unschwer zu erkennen, weil es nur der Vervielfältigung des einen Konflikts bedarf, um zu seiner Auffassung des intersubjektiven Feldes im Ganzen zu gelangen: Wenn wir uns die Sphäre des „Für-sich-seins“ als einen sozial ausgedehnten Bereich vorstellen, innerhalb dessen eine Vielzahl von Subjekten untereinander ständig die Verlusterfahrung des „Erblicktwerdens“ durch die Objektivierung eines konkreten Anderen zu bewältigen versuchen, dann haben wir jenes Bild eines immerwährenden Konfliktes vor Augen, in dem Sartre die Vollzugsform des intersubjektiven Lebens in der Gesellschaft einfängt. An dieser resüméehaften Vorstellung ändern auch jene Formen der Gruppenbildung nichts mehr, die Sartre einhundertzwanzig Seiten nach seinem Kapitel über den „Blick“ (*SN* 720 ff.; *EN* 484 ff.) unter dem Begriff der „Wir“-Erfahrung abhandelt. Denn solche Formen des konkreten „Mitseins“, für die das „Arbeitskollektiv“ (*SN* 730; *EN* 491) ebenso ein Beispiel bietet wie der anonyme „Menschenstrom“ in den Gängen einer U-Bahn-Station (*SN* 738; *EN* 496), zerfallen wieder in die zwei Typen des „Objekt-Wir“ und des „Subjekt-Wir“, die beide nicht die Aufhebung der existentiellen Konflikterfahrung des Individuums zu leisten vermögen: Im ersten Fall, dem des „Objekt-Wir“, haben wir es insofern nur mit „einer blossen Bereicherung des ursprünglichen Erfahrens des Für-Andere“ (*SN* 746; *EN* 502) zu tun, weil jeder der beteiligten Subjekte sich nur aus der Perspektive eines neutralen Dritten als Mitglied einer Gruppe weiss; und beim zweiten Fall, dem des „Subjekt-Wir“, handelt es sich nach Sartre allein um eine „psychologische“, nicht ontologische Erfahrung, die bei tatsächlicher Herausbildung einer gemeinsamen Perspektive stets voraussetzt, dass der Andere bereits konflikthaft als freiheitsbedrohende Subjektivität erfahren worden ist (*SN* 744; *EN* 500). So stark die Tendenz des Einzelnen daher auch sein mag, sich in den solidaritätsstiftenden Kreis einer Gruppe zu flüchten, er wird der existentiellen Herausforderung nicht entkommen können, sich entweder durch die Objektivierung des Anderen als „Für-sich-sein“, als freie Subjektivität, behaupten oder in der Objektivierung durch den Anderen als „An-sich-sein“, als verdinglichtes Objekt, erfahren zu müssen.

Es ist dieser radikale, unerschütterbare Negativismus, der Sartres Analyse der Intersubjektivität bis heute aus der Flut von Versuchen zur Lösung der „Fremdexistenz“-Problematik heraushebt; und so, wie in allen klassisch gewordenen Entwürfen der Philosophie, ist auch darin sicherlich eine Grundschicht der existentiellen Erfahrung festgehalten, mit der Menschen in ihrem Lebensvollzug konfrontiert sind. Die besondere Schwierigkeit, vor die uns Sartres Ansatz freilich stellt, ist die vollkommene Unabtrennbarkeit von Lösungsweg und Ergebnis, von phänomenologischer Auflösung der „Fremdexistenz“-Problematik und negativistischer Schlussfolgerung: Die bestechende Analyse der Vorgängigkeit der intersubjektiven Anerkennung, die das Ergebnis einer überzeugenden Widerlegung des Erkenntnisparadigmas ist, ist begrifflich so eng mit dem Nachweis der Erfahrung von Verdinglichung und Freiheitsentzug verknüpft, dass sich das Eine auch nachträglich nicht vom Anderen analytisch abtrennen lässt. Jeder Versuch, heute noch einmal an Sartre anzuknüpfen, um seine Kritik an der philosophischen Dominanz des „Erkennens“ fortzusetzen, wird daher diejenige Stelle seiner grossen Abhandlung einer erneuten Prüfung unterziehen müssen, an der diese Verzahnung der beiden Ebenen vorgenommen wird: Dort, wo die ontologischen Grundbegriffe übersetzt werden in daseinsphänomenologische Ausdrücke für Erfahrungen, die die Subjekte unvermeidlicherweise in ihrer Lebenspraxis vollziehen müssen.

Literatur

Aboulafia, Mitchell 1986: The Mediating Self. Mead, Sartre and Self-Determination, New Haven/London, Yale University Press.

Avramides, Anita 2001: Other Minds, London and New York, Routledge.

Danto, Arthur C. 1986: Jean-Paul Sartre, Göttingen, Steidl.

Dewey, John 1995: Erfahrung und Natur, Frankfurt am Main, Suhrkamp.

Elliston, Frederick A. 1980, „Sartre and Husserl on Interpersonal Relationships“, in: Hugh J. Silverman und Frederich A. Elliston (Hrsg.), Jean-Paul Sartre. Contemporary Approaches for his Philosophy, Pittsburgh (Penn.), Duquesne University Press, 157–67.

Gutting, Gary 2001: French Philosophy in the Twentieth Century, Cambridge, Cambridge University Press.

Habermas, Jürgen 1988: „Individualisierung durch Vergesellschaftung. Zu George Herbert Meads Theorie der Subjektivierung“, in: ders., Nachmetaphysisches Denken, Frankfurt am Main, Suhrkamp, 187–241.

Heidegger, Martin 1967: Sein und Zeit, Tübingen, Max Niemeyer.

Honneth, Axel 2001: „Die transzendentale Notwendigkeit von Intersubjektivität“, in: Jean-Christophe Merle (Hrsg.), Johann Gottlieb Fichte. Grundlagen des Naturrechts, Berlin, Akademie Verlag (‚Klassiker Auslegen‘), 63–80.

Howells, Christina 1992: (Hrsg.), The Cambridge Companion to Sartre, Cambridge, Cambridge University Press.

Kopper, Joachim 1960/61: „Sartres Verständnis der Lehre Hegels von der Gemeinschaft“, in: Kant-Studien, LII, 159–72.

Mead, George Herbert 1980: „Die Definition des Psychischen (1903)“, in: ders., Gesammelte Aufsätze, Bd. 1, H. Joas (Hrsg.), Frankfurt am Main, Suhrkamp, 83–148.

Moran, Dermot 2000: Introduction to Phenomenology, London, Routledge.

Nagel, Thomas 1996: „Wie fühlt es sich an, eine Fledermaus zu sein?“, in: ders., Letzte Fragen, Bodenheim/Mainz, Philo, 229–50.

Natanson, Maurice (1981): „The Problem of Others in ‚Being and Nothingness‘“, in: Paul A. Schilpp (Hrsg.), The Philosophy of Jean-Paul Sartre, La Salle (Ill.), 326–44.

Schmid, Hans Bernhard 2001: „Gemeinsames Dasein und die Uneigentlichkeit von Individualität. Elemente einer nicht-individualistischen Interpretation des Daseins“, in: Deutsche Zeitschrift für Philosophie, Heft 5, 665–84.

Schroeder, William Ralph 1984: Sartre and his Predecessors. The Self and the Other, London, Routledge.

Schütz, Alfred 1971: „Sartres Theorie des Alter Ego“, in: ders., Gesammelte Aufsätze, Bd. 1, Den Haag, Martinus Nijhoff, 207–34.

Spitzley, Thomas 2000: Facetten des ‚Ich‘, Paderborn, Mentis.

Strawson, Peter F. 1968: „Freedom and Resentment“, in: ders. (Hrsg.), Studies in the Philosophy of Thought and Action, Oxford, Oxford University Press, 71–96.

Taylor, Charles 1988: „Was ist menschliches Handeln“, in: ders., Negative Freiheit? Zur Kritik des neuzeitlichen Individualismus, Frankfurt am Main, Suhrkamp, 9–51.

Theunissen, Michael 1977: Der Andere. Studien zur Sozialontologie der Gegenwart, Berlin, Walter de Gruyter.

Tugendthat, Ernst 1979: Selbstbewusstsein und Selbstbestimmung. Sprachanalytische Interpretationen, Frankfurt am Main, Suhrkamp.

Williams, Robert R. 1992: Recognition. Fichte and Hegel on the Other, Albany, New York, SUNY.

Bernard N. Schumacher

Phänomenologie des menschlichen Körpers (539–632)

Die Analyse der Existenz des Andern und besonders des grundlegenden Phänomens des Blickes setzt voraus, dass das Für-sich als ein in einem Körper inkarniertes Wesen lebt. Nur in dem Masse wie ich Körper bin, kann ich dem Blick des Anderen ausgesetzt sein, einem Blick, durch den ich meinen Körper erfahre. Der Blick des Andern weist mich zurück auf meinen eigenen Körper, der mir nur so erscheint, wie der Andere ihn wahrnimmt. Selbst wenn der Andere für mich existiert, bevor ich ihn in seinem Körper erfasse (da sein Körper für mich eine sekundäre Struktur ist), erlebe ich den Andern als einen lebendigen Körper. Der menschliche Körper ist nach Sartre eine fundamentale ontologische Struktur des Für-sich in der Welt.

In seinem Werk *Das Sein und das Nichts* unternimmt Sartre primär eine minutiöse Analyse der Strukturen des Für-sich, das gewissermassen als körperlos betrachtet werden kann, allerdings verschiebt er diese phänomenologische Analyse von der Ebene der reinen Intentionalität und des abstrakten Bewusstseins auf die Ebene des menschlichen Körpers in der Welt. Diesem Thema ist das zweite Kapitel des dritten Teils seines Werkes gewidmet, das von den Kommentatoren zumeist vernachlässigt wird. Sartre sieht das Bewusstsein als auf grundlegende Weise im Körper verankert, das heisst, dass der Körper und nicht das Gehirn das Subjekt des Bewusstseins ist. Dieser Auffassung schliessen sich auch Maurice Merleau-Ponty sowie einige Kritiker der funktionalistischen These an, desgleichen findet sie sich in den Schriften von Ludwig Wittgenstein, der betont, welche Rolle der Körper bei der Einordnung der Bewusstseinszustände spielt (s. Wider 1987). Das Ziel des französischen Philosophen ist es, den Körper-Seele Dualismus zu überwinden. Damit setzt er die sich als anti-cartesianisch verstehende Strömung fort, wie sie unter anderen von Max Scheler, Helmuth Plessner, Gabriel Marcel und Maurice Merleau-Ponty entwickelt wurde. Mit dem fundamentalen Problem des menschlichen Körpers beschäftigt sich jedoch nicht nur die phänomenologische und existentialistische Strömung der ersten Hälfte des XX. Jahrhunderts, sondern es bleibt ein aktuelles Thema auch für spätere Phänomenologen wie Michel Henry oder Emmanuel Lévinas sowie für die zeitgenössischen Analytiker des Geistes, die den Reflexionen der phänomenologischen Denktradition im allgemeinen kaum Beachtung schenken. Sartres Phänomenologie des menschlichen Körpers unterscheidet sich von der traditionellen Betrachtungsweise, die den Körper als Objekt der Erkenntnis sieht, durch ihren phänomenologischen Ansatz des real gelebten Körpers, der drei ontologische Dimensionen des Körpers umfasst. Die analytischen Philosophen, die dem gelebten menschlichen Körper im allgemeinen wenig Bedeutung beimessen, würden in Sartres Analyse eine grosse Bereicherung finden (s. McCulloch 1994; Wider 1997).

Sartres Reflexionen über den Körper stehen in engem Zusammenhang mit seiner Analyse des Bewusstseins. Dieses lässt sich auf zweifache Weise unterscheiden: Erstens kann es als setzend in Bezug auf ein Objekt gesehen werden, das heisst, es gehört dem Bereich der Intention an. Während ich gewiss in der Lage bin, das Glas rechts neben der Karaffe auf dem Tisch wahrzunehmen, bin ich mir auch gleichzeitig auf nicht-kognitive Weise meiner selbst bewusst. Dieses Bewusstsein ist, zweitens, nicht-setzend. Das Bewusstsein seiner selbst, das notwendig jeden setzenden, intentionalen Akt begleitet, kann selbst nicht setzend sein, das heisst, es wäre nicht imstande sich als Objekt zu intentionalisieren. Hierzu bedürfte es eines anderen Bewusstseins, das sich des ersten Bewusstseins bewusst wäre und so fort. Das Bewusstsein ist somit von zweifacher Beschaffenheit: Einerseits setzend in Bezug auf ein Objekt, andererseits nicht-setzend in Bezug auf das Bewusstsein (s. Morris 1992).

Sartre zielt darauf ab, den cartesianischen Dualismus zu überwinden, der einerseits den Körper als ein einfaches physikalisches Objekt mit eigenen Gesetzmässigkeiten sieht, das sich von aussen bestimmen und beschreiben lässt, und andererseits das Bewusstsein als etwas sieht, das einer inneren Intuition unterliegt. Die cartesianische Lösung stellt nach Sartres Auffassung nur eine Vernebelung des Problems der Beziehung von Körper und Bewusstsein dar, da sie davon ausgeht, dass ‚mein Bewusstsein' nicht mit meinem Körper, so wie er für mich ist, eine Einheit bildet, sondern mit dem Körper des Andern oder, noch expliziter, mit meinem Körper mitten in der Welt, wie er für den Andern ist.

Sartre vertritt die Auffassung, dass mein Körper, wie er für mich ist, mir nicht als mitten in der Welt erscheint, wie dies der Fall ist für den Arzt oder Biologen, der ihn untersucht und ihn als das sieht, was er für den Andern ist, das heisst als einen Gegenstand von vielen. Mein Körper, wie er *für den Andern* ist, ist analog dem setzenden Bewusstsein zuzuordnen und unterscheidet sich von meinem Körper, wie er *für mich* ist. Dieser ist analog dem nicht-setzenden Bewusstsein zuzuordnen. Wie ich schon zuvor bemerkte, lässt sich das Bewusstsein seinem Sein nach auf der Ebene des setzenden Bewusstseins nicht erfassen, denn es kann von dem Bewusstsein selbst nicht als Objekt wahrgenommen werden. Insofern der Körper-für-mich Teil der Struktur des Seins des Bewusstseins seiner selbst ist, kann er von dem Bewusstsein nicht als Objekt wahrgenommen werden. Dieses Bewusstsein kann ihn nicht setzend als Objekt wahrnehmen, da es hierzu auch im Hinblick auf sich selbst nicht in der Lage ist. Weder mein Bewusstsein noch mein Körper können für mich zum Objekt werden. Es ist mir nicht gegeben, sie zu erkennen – in dem Sinne, dass ich sie als Objekt erfasse –, ich kann sie nur leben. Mein Körper ist im eigentlichen Sinne nicht etwas, das ich besitze, er ist mein Sein. Hier bewegt sich Sartre auf der Ebene einer existentiellen Beziehung. Mein Körper als solcher – dem gegenüber ich keinen besonderen Gesichtspunkt einnehmen kann – gehört somit grundlegend zu „den Strukturen des nicht-thetischen Bewusstseins (von) sich“ (*SN* 583; *EN* 394).

Mein Körper, wie er für mich ist, unterscheidet sich somit von dem Körper, wie er ist, wie er dem Andern erscheint. Natürlich kann ich meine Hand, mein Bein oder auch mein Auge sehen, indem ich es wie ein Organ erfasse, das in der Welt so oder so beschaffen ist. Allerdings kann ich es nicht ‚sehend sehen‘, es so erfassen, wie es mir einen Aspekt der Welt erschliesst. Der Sehsinn lässt sich ebenso wenig wie mein Körper auf die ontologische Dimension eines Körpers-für-Andere, das heisst eines Körper-Objekts, eines Dings unter Dingen reduzieren. Mein Körper ist nach Sartre vielmehr das, wodurch sich die Dinge mir enthüllen, dieser *Körper-für-sich*. Die Sinnesorgane des Körpers können gewiss als Instrumente zum Erkennen der Wirklichkeit gesehen werden. Sie unterscheiden sich indes von anderen Instrumenten insofern, als sie sich in dem Moment ihres Einsatzes nicht erfassen lassen. Diese Unmöglichkeit, einem einzelnen Sinn gegenüber – dem ‚sehenden Sehen‘ – oder meinem Körper selbst gegenüber einen Gesichtspunkt einzunehmen, ist also nach Sartre analog zu der Unmöglichkeit, ein setzendes Bewusstsein zu haben gegenüber dem eigenen Bewusstsein. Mein Körper ist „das Instrument, das ich nicht mittels eines anderen Instruments benutzen kann, der Gesichtspunkt, dem gegenüber ich keinen Gesichtspunkt einnehmen kann" (*SN* 582; *EN* 394). Mit der Wahrnehmung meines Körpers als Objekt enthüllt sich mir zwar sein Sein, jedoch nicht so sehr sein Sein-für-mich als vielmehr sein Sein-für-Andere. Der Modus meines Körper-Bewusstseins ist nicht-setzender Art, nicht-thetisch, vor-reflexiv: „Ich existiere meinen Körper" (*SN* 619; *EN* 418). Ich erkenne ja meinen Körper nie als Objekt für mich, sondern einzig als den Körper, so wie ich ihn lebe. Was ich als Objekt erkenne, ist der Körper-für-Andere. Ich bin nicht imstande, meinen Körper-für-mich zu objektivieren, denn ich bin mein Körper.

Sartre entwickelt seine Reflexion über den Körper (Körper-für-sich und Körper-für-Andere) auf der Grundlage von seinem Verständnis von Reflexion, die eine Erkenntnis ist und „einen Setzungscharakter [hat]; sie affirmiert das reflektierte Bewusstsein. Aber [...] jede Affirmation [ist] durch eine Negation bedingt: *Dieses* Objekt affirmieren heisst gleichzeitig negieren, dass ich dieses Objekt bin. Erkennen heisst zu anderem *sich machen*" (*SN* 296; *EN* 202). Hier haben wir es nach Sartre mit zwei unterschiedlichen und unvereinbaren Seinsebenen (Körper-für-sich und Körper-für-Andere) zu tun, die im Gegensatz stehen zur philosophischen Position Merleau-Pontys, für den die gleichzeitige Existenz auf beiden Ebenen ein wesentlicher Bestandteil der Inkarnation ist. Diese beiden Aspekte des Körpers – es handelt sich wohlgemerkt nicht um zwei verschiedene Körper – sind nicht aufeinander zurückführbar: Der Körper als Sein-für-sich und der Körper als Für-Andere-sein. „Das Für-sich-sein muss ganz Körper und ganz Bewusstsein sein: es kann nicht mit einem Körper *vereinigt* sein. Ebenso ist das Für-Andere-sein ganz Körper; es gibt da keine mit dem Körper zu vereinigenden ‚psychischen Phänomene'; es gibt nichts *hinter* dem Körper, sondern der Körper ist ganz und gar ‚psychisch'" (*SN* 543; *EN* 368). Der französische Denker unterscheidet drei ontologische Dimensionen des Körpers, nämlich drei Arten, den Körper zu erfahren und gedanklich zu erfassen. Da ist erstens der Körper als ein *Sein-für-sich*, das meine Faktizität enthüllt und sich darin zeigt, dass ich meinen Körper lebe; dies ist ein Körper, dem gegenüber ich keinen Gesichtspunkt einnehmen kann. Da ist zweitens der *Körper-für-Andere*, also der Körper, so wie er Anderen erscheint, so wie er von Anderen erkannt und benutzt wird; ich lebe nicht den Körper des Andern, den Körper, dem gegenüber ich einen Gesichtspunkt einnehmen kann. Drittens ist da das Faktum, dass ich für mich existiere als durch den Andern als Körper erkannt, das heisst das *Bewusstsein von meinem Körper* so wie er für Andere ist. Diese drei ontologischen Dimensionen des Körpers wollen wir im Folgenden näher betrachten.

1 Der Körper als Für-sich-sein

Sartre lenkt die Aufmerksamkeit seines Lesers zu Beginn auf die Tatsache, dass das Für-sich und die Welt sich nicht wie zwei geschlossene Ganzheiten verhalten, sondern dass sie eine innere Einheit bilden, wobei das Für-sich wesentlich Bezug zur Welt ist, da es in der Welt ist. Das Bewusstsein des Für-sich, das ein Bewusstsein *von der* Welt ist, betrachtet die Welt jedoch nicht von einem äusseren Gesichtspunkt, das heisst von einem bestimmten Punkt ausserhalb der Welt, die dem Bewusstsein gegenüberstünde, sondern immer von einem Gesichtspunkt, der das Bewusstsein selbst ist. Sartre unterstreicht immer wieder die eigene Perspektive jeder sensitiven Wahrnehmung, das heisst „*für mich* ist dieses Glas links von der Karaffe, etwas dahinter; für Pierre ist es rechts davor. Es ist nicht einmal denkbar, dass ein Bewusstsein so über der Welt schweben könnte, dass ihm das Glas gleichzeitig rechts und links der Karaffe, davor und dahinter gegeben wäre. [...] Auch wenn der Fuss des Tisches meinen Augen die Arabesken des Teppichs verdeckt, so nicht wegen irgendeiner Endlichkeit und Unvollkommenheit meiner Sehorgane, sondern weil ein Teppich, der weder durch den Tisch verdeckt noch unter, über oder neben ihm wäre, keinerlei Bezug irgendwelcher Art mehr zu ihm hätte und nicht mehr zur ‚Welt' gehörte, in der es den Tisch *gibt*" (*SN* 544–5; *EN* 368–9). Für Sartre wie später auch für Thomas Nagel (1983) gibt es keine reine Erkenntnis, die sich dadurch auszeichnete, dass sie keinen eigenen Gesichtspunkt hätte, also eine Erkenntnis, die prinzipiell ausserhalb der Welt angesiedelt wäre und deren erkennendes Subjekt pures Bewusstsein wäre, weil eben dieses Subjekt „sich durch sein Objekt definierte und weil sein Objekt in der totalen Ununterschiedenheit wechselseitiger Bezüge verschwände" (*SN* 547–8; *EN* 371). Sartre vertritt die These, „die Erkenntnis kann nur ein Auftauchen sein, das in einen bestimmten Gesichtspunkt engagiert ist, der man *ist*" (*SN* 548; *EN* 371). Für das Bewusstsein existiert nur der Gesichtspunkt des engagierten Bewusstseins. Sein und in der Welt engagiert sein bedeutet für den Menschen, da sein – da auf dem Stuhl – verkörpert sein als ein *Bezugszentrum*. Die ontologische Notwendigkeit des Für-sich, da zu sein, manifestiert sich in einer doppelten aus seiner Faktizität resultierenden Kontingenz: Einerseits ist das Für-sich dazu bestimmt, ein Da-sein zu sein, aber seine Kontingenz offenbart sich sowohl in der Tatsache, dass es ist, da es nicht der Grund seines Seins ist, als auch in der Tatsache, dass es sich an einer bestimmten Stelle befindet – zum Beispiel rechts und nicht links vom Tisch –; andererseits ist das Für-sich zwar dazu bestimmt, vom Gesichtspunkt seines Bewusstseins in diesem bestimmten

Gesichtspunkt engagiert zu sein, die Tatsache jedoch, dass es um diesen speziellen Gesichtspunkt und nicht um einen anderen geht, zeigt auch hier seine Kontingenz.

Diese notwendig kontingente Beschaffenheit, die das Für-sich wesentlich kennzeichnet, drückt sich aus in der kontingenten Form des Körpers, so wie er vom Subjekt erfahren wird. Der Körper ist „*die kontingente Form der Notwendigkeit meiner Kontingenz*. Er ist nichts anderes als das Für-sich, er ist nicht ein An-sich *im* Für-sich, denn dann liesse er alles erstarren. Sondern er ist die Tatsache, dass das Für-sich nicht sein eigener Grund ist, insofern diese Tatsache sich durch die Notwendigkeit ausdrückt, als kontingentes Wesen (*être*) unter den kontingenten Wesen (*êtres*) engagiert zu existieren. Als solcher unterscheidet sich der Körper nicht von der *Situation* des Für-sich, da existieren oder sich situieren für das Für-sich eins ist; andererseits identifiziert er sich mit der ganzen Welt, insofern die Welt die totale Situation des Für-sich und das Mass seiner Existenz ist" (*SN* 549; *EN* 371–2). Der Körper entdeckt dem Für-sich, dass er nicht sein eigener Grund ist und dass er dazu bestimmt ist, als kontingentes Wesen unter den kontingenten Wesen engagiert zu existieren. Er unterscheidet sich nicht von der Situation des Für-sich, für das existieren oder sich situieren dasselbe ist. Er ist nicht ein An-sich in einem Für-sich, sondern mit Sartre gesprochen „ein notwendiges Merkmal des Für-sich" (*SN* 550; *EN* 372), das heisst, es liegt notwendig in der ‚Natur' des Für-sich, dass dieses ein Körper ist. In diesem manifestiert sich die Kontingenz des Für-sich und ist es möglich, einen bestimmten Gesichtspunkt einzunehmen.

Zur Erläuterung seiner These vom Körper als dem Sein-für-sich untersucht Sartre die Sinne oder, genauer gesagt, ausschliesslich die besondere Perspektive der sinnlichen Wahrnehmung. Ein so gesondert betrachtetes Objekt – beispielsweise das Glas oder die Karaffe – erscheint mir vor dem Hintergrund einer solchen gesondert betrachteten Welt – beispielsweise dem Raum, in dem sich die beiden genannten Objekte befinden, – und entdeckt sich mir in einer Exterioritätsbeziehung zu anderen in Erscheinung tretenden Objekten. Meine Wahrnehmung eines Objekts ist von Kontingenz geprägt; so kann ich wählen, ob ich das Glas oder die Karaffe, den Teppich oder den Tisch, den Stuhl oder das Bild usw. betrachten will. Meine Wahl erfolgt jedoch aus dem Kontext der in einer konkreten Situation gegebenen Objekte heraus. Es ist notwendig, dass mir das Glas als rechts oder links von der Karaffe stehend erscheint, kontingent ist hingegen seine Position, dass es gerade links sichtbar wird. Desgleichen bin ich frei, das Glas als neben der Karaffe oder die Karaffe als neben dem Glas stehend zu sehen. In dem Masse wie mir das Objekt zwar zugleich als

Ganzes, aber immer noch je nach seinen Bezügen zum Welthintergrund und zu den anderen Objekten in einem spezifischen Aspekt erscheint, zeigt mir der Sinn meine Kontingenz.

Bei der Wahrnehmung eines solchen einzelnen Objekts – des Glases oder der Karaffe – vor einem gegebenen Welthintergrund wird dieses durch das Sehen objektiviert und erkannt. Das Sehen ist sogar in der Lage, das Organ zu sehen, das ihm das Sehen ermöglicht, beispielsweise durch die Betrachtung des Auges im Spiegel. Trotz dieser Fähigkeit zur Objektivierung des wahrgenommenen Objekts – des Glases oder des Auges – kann der Sehsinn dennoch nicht für sich selbst zum Objekt werden, also sich von seinem eigenen Gesichtspunkt aus als Objekt betrachten. Er selbst entbehrt jeder Möglichkeit der Erkenntnis seiner selbst. Die Beobachtung meines Auges beispielsweise im Spiegel bedeutet nicht, dass ich mein sehendes Auge sehe, also dass ich sehe, wie das Auge sieht. Aus seiner Analyse der Wahrnehmung schliesst Sartre, dass meine Sinne – und nicht nur der Sehsinn – nicht durch einen Erkenntnisakt erfasst werden können. Es ist mir nicht möglich, sie zum Objekt der Erkenntnis zu machen und sie zu erkennen. „So ist der Sinn, insofern er für-mich-ist, etwas Unfassbares: er ist nicht die unendliche Kollektion meiner Empfindungen, da ich immer nur Objekten der Welt begegne; wenn ich andererseits meinem Bewusstsein gegenüber einen reflexiven Gesichtspunkt einnehme, begegne ich meinem Bewusstsein *von* diesem oder jenem Ding-in-der-Welt, nicht meinem Gesichts- oder Tastsinn; wenn ich schliesslich meine Sinnesorgane sehen oder berühren kann, habe ich die Enthüllung blosser Objekte in der Welt, nicht die einer entdeckenden oder konstruierenden Tätigkeit. Und doch ist der Sinn da: *es gibt* das Sehen, das Berühren, das Hören“ (*SN* 560; *EN* 379). Bei der Übertragung seiner Reflexion über die Sinne auf den Körper gelangt Sartre zu der Schlussfolgerung, dass ich nicht in der Lage bin, meinen von mir selbst gelebten Körper als Objekt zu betrachten. Ich bin ja auf fundamentale Weise mein Körper, und diese Tatsache beraubt mich der Möglichkeit, ihn aus der Distanz zu objektivieren. Wenn ich hingegen in der Lage wäre, meinen Körper oder meine Sinne zu erfassen oder zu objektivieren, befände ich mich nicht auf der Ebene des Seins-für-sich, sondern des Seins-für-Andere, das meinen Körper als Objekt sieht.

Das Wahrnehmungsfeld der Objekte dieser Welt, die sich mir in einer bestimmten Struktur präsentieren, weist auf ein Zentrum hin, das von meinen Sinnen nicht als Objekt wahrgenommen werden kann, denn dieses Zentrum bin ich. Selbstverständlich kann ich meinen Gesichtspunkt ändern und das Glas nicht links, sondern rechts von der Karaffe sehen, dennoch kann ich nichts daran ändern, dass ich das Glas aus einer Perspektive wahrnehme, deren Mittelpunkt ich selbst bin. Dieser ist „das, was mir alles anzeigt und was ich grundsätzlich nicht erfassen kann, weil es das ist, was ich *bin*. Das, was ich bin, kann ja grundsätzlich, insofern ich *es* bin, für mich nicht Objekt sein. Das Objekt, das mir die Dinge der Welt anzeigen und das sie rundum einschliessen, ist für sich selbst und prinzipiell ein Nicht-Objekt. Aber indem das Auftauchen meines Seins die Abstände *von einem Zentrum aus* entfaltet, bestimmt es gerade durch diesen Akt des Entfaltens ein Objekt, das selbst ist, insofern es sich durch die Welt anzeigen lässt, und von dem ich trotzdem keine Intuition als Objekt haben kann, denn ich bin es, ich, der ich Anwesenheit bei mir selbst bin als das Sein, das sein eigenes Nichts ist. So lässt sich also mein In-der-Welt-sein, einfach weil es eine Welt *realisiert*, durch die Welt, die es realisiert, sich selbst als ein Innerweltlich-sein anzeigen, und das kann gar nicht anders sein, denn es gibt keine andere Art, in Kontakt zur Welt zu treten, *als von der Welt zu sein*“ (*SN* 563; *EN* 381). Eine doppelte Haltung kennzeichnet meinen Körper: Einerseits ist er coextensiv in Bezug auf die Welt, andererseits ist er dieses Zentrum, auf das die Dinge der Welt verweisen und das ich als Objekt nicht zu erkennen vermag. Man könnte dem entgegenhalten, dass ich wohl imstande bin, dieses Zentrum, auf das die Dinge verweisen, zu erkennen, insofern als dieses Zentrum auf ein anderes von ihm angezeigten Zentrum ausgerichtet ist. Bei dieser These ergibt sich, wie wir gleich sehen werden, die Problematik des Regresses in eine infinite Vielzahl von Zentren.

Sartre macht auch auf die Tatsache aufmerksam, dass der Körper Instrument wie auch Ziel des menschlichen Handelns ist. Allerdings darf ich nicht dem Irrtum verfallen, mein Handeln, wie es für mich ist, vom Handeln des Andern aus zu betrachten, das als Einsatz eines Mittels wahrgenommen wird, mit dem das Subjekt ein angestrebtes Ziel erreichen will. Der Körper des Andern erscheint mir als ein Instrument unter Instrumenten, oder genauer als ein Werkzeug zur Handhabung anderer Werkzeuge. Wenn ich meinen Körper als Körper des Andern sehe, verstehe ich meinen Körper als ein Instrument in der Welt, als ein Werkzeug zur Handhabung anderer Werkzeuge, dann verfüge ich nach meinem Gutdünken über meinen Körper und benutze ihn vorsichtig, um ein bestimmtes Ziel zu erreichen. Ich unterhalte eine technische Beziehung zu ihm und kann ihn objektivieren. Wenn es allerdings immer eines anderen Instrumentes bedarf, um ein Instrument zu benutzen, benötige ich demnach ein Instrument für den Umgang mit meinem Körper-Instrument. Damit bin ich ins Reich des Unendlichen verwiesen. Will man diese Fortsetzung ins Unendliche durchbrechen, muss man das Paradox akzeptieren, dass ein physikalisches Instrument von der Seele gehandhabt wird, was Sartre umgehend und ohne jede weitere Argumentation verwirft, denn dies würde uns nach seiner Auffassung in die Abgründe „unentwirrbare[r] Aporien" (*SN* 569; *EN* 385) führen.

Um diesen infiniten Regress eines durch die Dinge angezeigten Zentrums, das seinerseits durch ein anderes Zentrum angezeigt wird und so fort, zu durchbrechen, stellt der französische Philosoph die These von der Notwendigkeit der Existenz eines ersten Bezugszentrums auf, das, während es überall gegenwärtig ist und nicht Besitz des Subjekts sein kann, dennoch nur angezeigt ist. „Doch wenn auch jedes Instrument auf ein anderes Instrument und dieses wieder auf ein anderes verweist, weisen sie zuletzt alle auf ein Instrument hin, das wie ihr *Schlüssel* ist. Dieses Bezugszentrum ist notwendig" (*SN* 571; *EN* 387). So erkenne ich nicht meine Hand, wenn ich schreibe, sondern lediglich den Federhalter, der schreibt. Eben diesen benutze ich, nicht jedoch meine Hand, die ihn hält und schreibt. „In Bezug auf meine Hand bin ich nicht in derselben benutzenden Haltung wie in Bezug zum Federhalter. Ich *bin* meine Hand. Das heisst, sie ist der Stillstand der Verweisungen und ihr Abschluss" (*SN* 572; *EN* 387). In den folgenden Zeilen spricht Sartre von einer doppelten kontradiktorischen Notwendigkeit: „Da jedes Instrument mittels eines anderen Instruments benutzbar ist – und sogar erfassbar –, ist das Universum ein objektiver unendlicher Verweis von Werkzeug zu Werkzeug. In diesem Sinn impliziert die Struktur der Welt, dass wir uns nur, indem wir selbst Utensil sind, in das Utensilitätsfeld einfügen können, dass wir nur *agieren* können, wenn wir *agiert* werden. Nur kann sich andererseits ein Utensilitätskomplex lediglich durch die Bestimmung eines kardinalen Sinns dieses Komplexes enthüllen, und diese Bestimmung ist selbst praktisch und aktiv – einen Nagel einschlagen, Korn säen. In diesem Fall verweist schon die Existenz des Komplexes unmittelbar auf ein Zentrum. So ist dieses Zentrum ein durch das auf es bezogene instrumentale Feld objektiv definiertes Werkzeug und zugleich das Werkzeug, das wir nicht *benutzen* können, da wir sonst ins Unendliche verwiesen wären. Dieses Instrument benutzen wir nicht, wir *sind* es. Es ist uns nicht anders gegeben als durch die utensile Ordnung der Welt, durch den hodologischen Raum, durch die ein- oder wechselseitigen Beziehungen der Maschinen, aber es könnte meiner Handlung nicht *gegeben* sein: ich muss mich ihm weder anpassen noch ein anderes Werkzeug ihm anpassen, sondern es ist eben meine Anpassung an die Werkzeuge, die Anpassung, die ich bin" (*SN* 573; *EN* 388). Bis hierhin haben wir gesehen, dass mein Körper sich weder aus einer analogen Rekonstruktion eines anderen Körpers erfassen, noch von der Welt aus erkennen und objektiv bestimmen lässt, noch direkt gegeben ist. Mein Körper enthüllt sich mir vielmehr über meine Ursprungsbeziehung zur Welt, das heisst durch mein Auftauchen inmitten des Seins. Auf ihn verweist das ursprüngliche Erscheinen der Utensilien-Dinge. Er manifestiert die Kontingenz meiner Beziehung zu diesen Utensilien-Dingen. Er wird auf grundlegende Weise „*gelebt*, aber nicht *erkannt*" (*SN* 574; *EN* 388), da ich selbst das Sein bin, auf das er hinweist. Da er sich nicht erfassen lässt, gehört er nicht zu den Dingen dieser Welt, zu den Dingen, die von mir erkannt, objektiviert und benutzt werden können. Der Körper-für-mich ist somit keineswegs ein kontingentes Beiwerk meiner Seele, eine These, die von einigen Philosophen vertreten wird, sondern ein permanenter Bestandteil meines Seins und die dauerhafte „Möglichkeitsbedingung meines Bewusstseins als Bewusstsein *von der* Welt und als Entwurf, der auf meine Zukunft hin transzendiert" (*SN* 580; *EN* 392). Mein Körper ist schliesslich die essentielle Bedingung für die Existenz einer Welt und die kontingente Verwirklichung dieser Bedingung, das heisst, mein Körper ist „die kontingente Form, die von der Notwendigkeit meiner Kontingenz angenommen wird" (*SN* 581; *EN* 393).

Man kann sich an dieser Stelle mit Recht fragen, wie dieser nicht erfassbare Körper meinem Bewusstsein auf eine gewisse Weise gegeben ist. Obwohl man berechtigterweise sagen kann, dass er den Dingen gegenüber einen eigenen Gesichtspunkt einnimmt, ist mein Körper, wie wir gesehen haben, der Gesichtspunkt, dem gegenüber ich selbst keinen Gesichtspunkt einzunehmen vermag, beziehungsweise das Instrument, das ich nicht mittels eines anderen Instruments benutzen kann. Das unreflektierte, spontane Bewusstsein kann nicht Bewusstsein vom Körper sein; vielmehr existiert es seinen Körper. Wir haben es bei diesem Verhältnis des Bewusstseins zum Körper nicht mit einer objektiven Beziehung wie bei dem Verhältnis vom Körper als Gesichtspunkt zu den Dingen zu tun, sondern, wie Sartre treffend sagt, mit einer „existentiellen Beziehung" (*SN* 583; *EN* 394). Da es unmöglich ist, meinem Körper gegenüber einen Gesichtspunkt einzunehmen, kann es kein Bewusstsein von meinem Körper geben. Er gehört der nicht-thetischen Bewusstseinsstruktur an, einem nicht-setzenden Bewusstsein. Gleichwohl kann man meinen Körper nicht mit diesem Bewusstsein gleichsetzen. Dieses ist vielmehr ein „Bewusstsein (von dem) Körper als von dem, was es übersteigt und nichtet, indem es sich zu Bewusstsein macht, das heisst als von etwas, das es ist, ohne es zu sein zu haben, und *worüber es hinausge*ht, um das zu sein, was es zu sein hat. Mit einem Wort, das Bewusstsein (von dem) Körper ist lateral und retrospektiv; der Körper ist das *Unbeachtete*, das *‚mit Stillschweigen Übergangene*', und doch ist er das, was das Bewusstsein *ist*; es ist sogar nichts anderes als Körper, der Rest ist Nichts und

Schweigen“ (*SN* 583; *EN* 395). Sartre hebt hervor, dass das Bewusstsein von meinem Körper – das sich einem setzenden Bewusstsein entzieht – eins ist mit der ursprünglichen Affektivität, die schon konstituierte Affektivität ist, da es Bewusstsein von der Welt ist. Zur Verdeutlichung seiner Position untersucht er den Schmerz. Dieser wird im eigentlichen Sinne nicht erkannt; er hat keine eigene Existenz unter den Dingen der Welt; er befindet sich nicht rechts oder links neben dem Buch, das ich gerade lese, noch ist er in meinem Objekt-Körper; er ist einfach eine Kontingenz des Leseaktes. Der physische Schmerz ist Ausdruck für die Art und Weise, wie das Bewusstsein in seiner Kontingenz spontan existiert, indem es gewissermassen einen bestimmten Gesichtspunkt einnimmt. Wenn ich einen Schmerz in meinen Augen verspüre, da ich in einem zu dunklen Zimmer lese, könnte ich sagen, das Bewusstsein existiert meine schmerzenden Augen. Der Schmerz, das ist Augen-Schmerz, Seh-Schmerz. Diese so erlebte Schmerzerfahrung geschieht nicht in der Welt oder im Universum, sondern sie ist „der transluzide Stoff des Bewusstseins, sein *Da-sein*, seine Bindung an die Welt, mit einem Worte, die eigentliche Kontingenz des Leseaktes“ (*SN* 588; *EN* 398). In dem Masse wie ich den Schmerz denke und zu fassen versuche, wird er zum Objekt. „Für das unreflektierte Bewusstsein *war* der Schmerz der Körper; für das reflexive Bewusstsein ist das Leiden vom Körper verschieden, es hat seine eigene Gestalt, es kommt und geht“ (*SN* 595; *EN* 402). Sartre ergänzt, dass mir mein Körper jedoch nicht explizit in mein reflexives Bewusstsein gegeben sei. Dieses Bewusstsein nennt er „psychischer Körper“, und dieser ist nicht erkannt. Denn „die Reflexion, die das Schmerzbewusstsein zu erfassen sucht, ist noch nicht kognitiv. Sie ist in ihrem ursprünglichen Auftauchen Affektivität. Sie erfasst das Leiden zwar als Objekt, aber als ein affektives Objekt“ (*SN* 595; *EN* 403). Das Leiden ist also nicht erkannt, sondern lediglich erlitten. Es ist jedoch auch möglich, dass durch das Bewusstsein kein Schmerz existiert wird, dies allerdings impliziert nicht, dass das Bewusstsein keinen Körper hätte. „Die koenästhetische Affektivität ist dann blosses nicht-setzendes Erfassen einer farblosen Kontingenz, blosse Wahrnehmung von sich als faktischer Existenz. Dass mein Für-sich fortwährend einen *faden* Geschmack ohne Distanz erfasst, der mich bis in meine Bemühungen, mich von ihm zu befreien, begleitet und der *mein* Geschmack ist, das haben wir woanders unter dem Namen *Ekel* beschrieben. Ein diskreter und unüberwindlicher Ekel enthüllt meinem Bewusstsein ständig meinen Körper“ (*SN* 597; *EN* 404). Der Ekel, der Grund allen Ekels, der unseren Alltag begleitet, ist nicht ein Wissen, sondern ein nicht thetisches Erfassen der Kontingenz des Für-sich. Es ist eine Kontingenz, die existiert, erlitten und abgelehnt wird.

2 Der Körper-für-Andere

Der Körper ist nicht allein ein Sein-für-sich mit zwei komplementären Seinsmodi (als ein von den Utensilien-Objekten der Welt angezeigtes Bezugszentrum und als Kontingenz der Existenz des Für-sich); er ist auch auf fundamentale Weise *Körper-für-Andere*. Der Andere manifestiert sich mir jedoch nicht zunächst als Körper, da dieser eine sekundäre Struktur ist. Anders ausgedrückt, die Beziehung zwischen zwei Für-sich geschieht nicht primär über die Körperlichkeit, will sagen über das Verhältnis meines Körpers zu dem des Andern, was eine reine Exterioritätsbeziehung wäre. Der Andere existiert für mich zunächst über eine innere Beziehung, die mit einer Negation einhergeht. „Ich muss den Andern zuerst als das erfassen, wofür ich als Objekt existiere" (*SN* 599; *EN* 405). Erst in einem zweiten Moment erkenne ich den Andern in seinem Körper.

Im Gegensatz zu der Tatsache, dass der Körper-für-mich, wie wir gesehen haben, der Gesichtspunkt ist, den ich nicht einnehmen kann, wie auch das Instrument, das ich nicht mit Hilfe eines anderen Instrumentes benutzen kann, ist es mir hingegen möglich, einen Gesichtspunkt gegenüber dem Körper des Andern einzunehmen und ihn als ein Instrument zu betrachten, das ich mit anderen Instrumenten benutzen kann. Einerseits wird der Andere als Körper durch die ihn umgebenden Utensilien-Dinge angezeigt, Dinge, die sich auf ihn wie auf ein Zentrum beziehen und die in Erscheinung treten, insofern sie von ihm benutzt und erkannt werden: Jener Stuhl und jener Schreibtisch im Arbeitszimmer von Michele verweisen auf ihren Körper, das heisst, dies ist der Stuhl-auf-den-Michele-sich-setzt. Die Objekte verweisen immer wieder auf Michele, unabhängig von ihrer Anwesenheit oder ihrer Abwesenheit, welch letztere ein Woanders-in-meiner-Welt-sein ist. Andererseits ist der Körper des Andern Teil meiner Welt und verweist auf meinen eigenen Körper. Nach Sartre, „ist der Körper des Andern radikal verschieden von meinem Körper-für-mich: er ist das Werkzeug, das ich nicht bin und das ich benutze (oder das mir Widerstand leistet, was auf dasselbe hinausläuft). Er bietet sich mir ursprünglich mit einem gewissen objektiven Nützlichkeits- und Widrigkeitskoeffizienten dar" (*SN* 600; *EN* 406). Der Körper des Andern, der mir von den Utensilien-Dingen in meiner Welt angezeigt wird und der als Bezugszentrum-Objekt wahrgenommen wird, kann erkannt werden und somit Objekt-Sein für mich sein, der ich ihn mittels meiner Sinne wahrnehme. Das heisst, um mit Sartre zu sprechen, dieses Zentrum „erscheint mir seinerseits von einem Gesichtspunkt ohne Gesichtspunkt aus, der der meine ist, der mein Körper und meine Kontingenz ist" (*SN* 602; *EN* 407).

Der Körper des Andern drückt die Gegenwart eines Andern in meiner Welt aus, eine aus meiner Sicht kontingente Gegenwart. Das Gesicht, die Sinnesorgane, die Gegenwart sind „die kontingente Form der Notwendigkeit für den Andern, sich zu existieren" (*SN* 606; *EN* 410). „Ich erfasse den Andern nie als Körper, ohne gleichzeitig in nicht expliziter Weise meinen Körper als das durch den Andern angezeigte Bezugszentrum zu erfassen" (*SN* 606; *EN* 410). Der Körper des Andern als lebendiges Fleisch kann nicht als Objekt wahrgenommen werden, da er mit den Anderen durch reine Exterioritätsbeziehungen verbunden ist (dies gilt auch für den Leichnam); er ist mir vielmehr als Bezugszentrum für eine ihn umgebende Situation gegeben, als ein Körper in Situation, der von Kontingenz gekennzeichnet ist und von den Instrumenten bestimmt wird, die um ihn her sind und ihn als Zentrum ausweisen. Der Körper erscheint immer im Kontext von bedeutenden Beziehungen in der Welt. So erfasse ich den Körper des Andern nicht nur von einer totalen Situation (aus einer *Umwelt*) her, die ihn anzeigt, sondern ich nehme jedes beliebiges Organ des Körpers des Andern immer in Relation zur Totalität seines Fleisch-Körpers wahr. Daher ist meine Wahrnehmung des Körpers des Andern vollkommen verschieden von meiner Wahrnehmung der Dinge. Ich sehe immer Pierre-der-seine-Hand-hebt, um das Glas neben der Karaffe zu ergreifen, nicht aber einen Arm, der an einem Körper entlang hochgehoben wird. Seine Hand wird wahrgenommen als eine „zeitliche Struktur des ganzen Körpers" (*SN* 610; *EN* 412). Sartre setzt Pierres Körper mit Pierre-für-mich gleich: „Für-Andere-Objekt sein oder Körper-sein, diese beiden ontologischen Modalitäten sind streng gleichwertige Ausdrücke für das Für-Andere-sein des Für-sich" (*SN* 610; *EN* 413). Die verschiedenen Ausdrucksformen wie beispielsweise die geballte Faust erscheinen nie für sich selbst, sondern stehen immer in einer bestimmten Situation. Die Wut ist „dieser bedeutende Akt, in Verbindung mit der Vergangenheit und den Möglichkeiten betrachtet, von der synthetischen Totalität ‚Körper in Situation' aus verstanden" (*SN* 611; *EN* 413), der seinerseits auf neue bedeutende Haltungen des Körpers verweist. Das psychische Objekt kann ausserhalb des Körpers nicht wahrgenommen werden. Der Körper des Andern ist mir so gegeben, wie er ist, nämlich als ein fortwährendes Überschreiten hin zur Verwirklichung des Möglichen. Er ist ein „Körper-der-über-sich-selbst-hinausweist" (*SN* 618; *EN* 418), im Gegensatz zum Leichnam, der nicht mehr in Situation, der blosse Vergangenheit ist, der ist, was überschritten worden ist. Die Überschreitung des Körpers des Andern, der „Körper-mehr-als-Körper" (*SN* 618; *EN* 418) verweist nicht auf eine Subjektivität, sondern auf die Faktizität des Andern, auf sein Sein als Objekt für mich.

3 Die dritte ontologische Dimension des Körpers: Ich existiere für mich als durch den Andern als Körper erkannt

Wir haben bisher zwei ontologische Dimensionen des Körpers behandelt: Einerseits den *Körper-für-sich*, so wie er von mir gelebt wird, und andererseits den *Körper-für-Andere* in dem Sinn, dass mein Körper durch den Andern erkannt und benutzt wird. Dieser enthüllt sich mir als das Subjekt, für das ich Objekt bin, ein An-sich. Ich existiere somit für mich als durch den Andern als Körper erkannt. In dem Augenblick, da der Blick des Andern mich trifft, da es zu einer Konfrontation mit dem Andern kommt, enthüllt sich mir mein Objekt-Sein für den Andern. Ich erkenne die Enthüllung meines Seins-für-Andere, also dem An-sich für den Anderen, nicht, aber ich erfahre sie. „Mein Körper ist da, nicht nur als der Gesichtspunkt, der ich bin, sondern auch als ein Gesichtspunkt, dem gegenüber jetzt Gesichtspunkte eingenommen werden, die ich nie werde einnehmen können; er entgeht mir nach allen Seiten“ (*SN* 620; *EN* 419). In bin nicht in der Lage, von meinem Gesichtspunkt aus die Gesamtheit meiner Sinne zu erfassen (ich kann ihnen gegenüber keinen bestimmten Gesichtspunkt einnehmen, ich lebe sie nur), aber sie geben sich als durch den Andern erfasst. Dieser Andere sieht sie als Objekte inmitten der Welt. Das Sein-für-Andere meiner Sinne begleitet mich überallhin. Diese Vergegenwärtigung meiner eigenen Sinne durch die Existenz des Andern erfolgt indessen vor dem Hintergrund der Unmöglichkeit, diese zu erkennen. In Analogie dazu stellt Sartre fest: „Mein Körper [ist] für mich das Instrument, das ich bin und das von keinerlei Instrument benutzt werden kann; aber in dem Mass, wie der Andere in der ursprünglichen Begegnung mein Da-sein auf seine Möglichkeiten hin transzendiert, wird mir dieses Instrument, das ich bin, als in einer unendlichen instrumentellen Reihe steckendes Instrument gegenwärtig gemacht, obwohl ich keineswegs den Gesichtspunkt eines Darüberschwebens gegenüber dieser Reihe einnehmen könnte. Mein Körper, als entfremdeter, entgeht mir auf ein Werkzeug-unter-Werkzeugensein, auf ein Durch-Sinnesorgane-erfasstes-Sinnesorgan-sein hin, und zwar mit einer entfremdenden Zerstörung und einer konkreten Auflösung *meiner* Welt, die zum Andern hin abfliesst und die der Andere in *seiner* Welt wieder erfasst“ (*SN* 621; *EN* 420). Wir stehen hier einer doppelten Bewegung gegenüber: Einerseits signalisieren die Objekte um mich her meine Existenz als Subjekt, andererseits nimmt der Andere meinen Körper als etwas wahr, das ausserhalb meiner Subjektivität liegt, er erkennt meinen

Körper inmitten einer Welt, die nicht meine Welt ist; wodurch mir mein Körper entfremdet wird. Die Erfahrung der Entfremdung drückt sich in verschiedenen affektiven Haltungen wie zum Beispiel der Schüchternheit aus; sie sind ein Ausdruck der Bewusstwerdung, das heisst, das Subjekt wird sich seines Körpers bewusst, nicht seines Körpers, wie dieser für das Subjekt ist, sondern wie dieser für den Andern ist. Der Schüchterne wünscht, er wäre unsichtbar und hätte keinen Körper mehr; er will nicht seinen eigenen Körper, wie er für ihn ist, zerstören, wohl aber seinen Körper-für-Andere, der Ausdruck einer unfassbaren Dimension seines ihm entfremdeten Körpers ist.

Die dritte ontologische Dimension des Körpers ist der Körper-für-mich, aber aus dem Blickwinkel der Entfremdung und Unerkennbarkeit gesehen. Der Andere scheint an mir etwas vollziehen zu können, was ich durch mich nicht verwirklichen kann, nämlich mich zu sehen, wie ich bin. Und man gibt schliesslich nach und beginnt, sich mit den Augen des Andern zu sehen, so dass „wir uns unsern Körper, wie er für den andern ist, bezeichnen lassen, indem wir diese Bezeichnungen verwenden, um unsern Körper, wie er für uns ist, zu benennen. [...] Es ist ja notwendig – um denken zu können, dass mein Körper für den Andern wie der Körper des Andern für mich ist' –, dass ich dem Andern in seiner objektivierenden Subjektivität und dann als Objekt begegnet bin; damit ich den Körper des Andern als ein meinem Körper ähnliches Objekt beurteilen kann, muss er mir als Objekt gegeben worden sein und muss mir mein Körper seinerseits eine Objektdimension enthüllt haben. Nie kann die Analogie oder die Ähnlichkeit *zuerst* den Objekt-Körper des Andern und die Objektivität meines Körpers konstituieren; vielmehr müssen diese beiden Objektheiten vorher existieren, damit ein Analogieprinzip wirksam werden kann. Hier also lässt mich die Sprache die Strukturen meines Körpers für den Andern erfahren" (*SN* 623–4; *EN* 421–2). Die Objektivität meines Körpers-für-Andere ist hingegen kein Objekt für mich. Nur auf der Ebene der Reflexion bin ich imstande, meinen Körper als ‚Quasi-Objekt' zu erfassen. Jede Erkenntnis über meinen Körper ist eine Erkenntnis von einem bestimmten Gesichtspunkt aus, genauer gesagt von dem Gesichtspunkt eines Andern. Dabei handelt es sich nicht um meinen Körper im eigentlichen Sinn, sondern um den vom Andern wahrgenommenen Objekt-Körper. Wenn ich meine schreibende Hand als Objekt betrachte, nehme ich den Gesichtspunkt des Andern ein, denn mein Körper kann mir als Körper des Andern erscheinen. Ein Körperteil kann selbstverständlich als gesehen oder ertastet wahrgenommen werden, aber nicht als derjenige, der sieht oder tastet. Ich sehe mein Auge im Spiegel als Objekt und nicht als ein Bezugs-Sein. „Die

Wahrnehmung meines Körpers kommt also chronologisch nach der Wahrnehmung des Körpers des Andern. [...] Der Körper ist das Instrument, das ich bin. Er ist meine Faktizität, ‚innerweltlich' zu sein, insofern ich sie auf mein In-der-Welt-sein hin überschreite. Es ist mir zwar radikal unmöglich, dieser Faktizität gegenüber einen globalen Gesichtspunkt einzunehmen, sonst hörte ich auf, sie zu sein" (*SN* 631; *EN* 427).

4 Schluss

Sartre distanziert sich von dem phänomenologischen Idealismus Husserls und seinem transzendentalen Ich, indem er aufweist, dass ich im eigentlichen Sinne nicht meinen Körper konstituiere, sondern dass dieser vielmehr die faktische Gestalt meiner eigenen Faktizität oder, um mit seinen Worten zu sprechen, „die kontingente Form der Notwendigkeit meiner Kontingenz" (*SN* 549; *EN* 371) ist. Der französische Philosoph stellt deutlich heraus, dass das Für-sich grundlegend von der Faktizität, von einem gegebenen Raum und einer gegebenen Zeit, von Endlichkeit geprägt ist. Das reine Bewusstsein könnte sich nicht in dieser Welt befinden und agieren, wäre es nicht in einem Körper inkarniert. Im Mittelpunkt des Sartreschen Denkens steht die These, dass das Selbstbewusstsein des Körpers, das Teil der nicht-thetischen Struktur des Selbstbewusstseins seiner selbst ist, Ausdruck des Bewusstseins des eigenen Körpers als Subjekt ist. Eine solche Wahrnehmung des Körpers, der wie für sich existiert, ist integrativer Bestandteil des Selbst-Bewusstseins. Er wird bestimmt durch die unmittelbare Gegenwart bei sich selbst, denn er wird durch sich selbst erfahren. Ferner ist das Selbstbewusstsein, das in der Existenz des Körpers-für-Andere impliziert ist, Ausdruck eines Selbstbewusstseins eines entfremdeten Ich. Der Körper-für-Andere – der sich objektivieren lässt – deckt meine fundamentale Entfremdung auf. Wäre ich reines Bewusstsein, könnte mich der Andere nicht benutzen. Dies vermag er nur, weil ich ein Körper bin. Ich existiere meinen Körper für den Andern schliesslich als einen Körper, der vom Andern erkannt wird. Hier haben wir es mit zwei ontologischen Dimensionen des Körpers zu tun – dem Körper als Subjekt, also als derjenige, der erkennt, aber selbst nicht Objekt der Erkenntnis ist, und dem Körper als Objekt, also als derjenige, der erkannt wird aus einer entfremdeten Sicht – die zwei verschiedenen, unvereinbaren Ebenen, zwei getrennten Polen angehören. Sartre scheitert bei seinem Versuch, den cartesianischen Dualismus zu überwinden, eins der Ziele, das er sich mit seiner Analyse des Körpers gesteckt hatte. Er fällt gewissermassen in den

Dualismus zurück, den er hinter sich lassen wollte. Er stellt das Bewusstsein, das in der absoluten Verinnerlichung der Negation besteht, dem Körper gegenüber, der auf der Dimension des An-sich zu beruhen scheint. Das Für-sich und das An-sich gehören zwei gänzlich unterschiedlichen Bereichen des Seins an, die aber simultan gegeben sind. Die minutiöse Reflexion Sartres über den Körper beruht auf einer Ontologie, über die sich diskutieren lässt.

Literatur

Busch, Thomas W. 1965: „Being and Nothingness. Ontology versus Phenomenology of the Body", in: Southern Journal of Philosophy, 178–83.

Catalano, Joseph S. 1998: „The Body and the Book. Reading Being and Nothingness", in: John Stewart (Hrsg.), The Debate between Sartre and Merleau-Ponty, Evanston (Ill.), Northwestern University Press, 154–71.

Depraz, Natalie 2001: Lucidité du corps. De l'empirisme transcendantal en phénoménologie, Dordrecht, Kluwer Academic Publishers, Springer.

Dillon, Martin C. 1974: „Sartre on the Phenomenal Body and Merleau-Ponty's Critique", in: Journal of the British Society for Phenomenology, 5, Nr. 2, 144–58.

Dinan, Stephen A. 1979: „Spontaneity and Perception in Sartre's Theory of the Body", in: Philosophy Today, Fall, 279–91.

Dodd, James 1997, 2013: Idealism and Corporeity. An Essay on the Problem of the Body in Husserl's Phenomenology, Dordrecht, Kluwer. Academic Publishers, Springer.

Henry, Michel 2000: Incarnation. Une philosophie de la chair, Paris, Seuil.

Kujundzic, Nebojsa und Buschert, William 1994: „Instruments and the Body. Sartre and Merleau-Ponty", in: Research in Phenomenology, 24, 206–15.

Leder, Drew 1990: The Absent Body, Chicago, The University of Chicago Press.

Lorscheid, Bernhard 1962: Das Leibproblem. Schelers Wesenontologie des Leiblichen, Bonn.

Kühn, Rolf 1992: Leiblichkeit als Lebendigkeit, Freiburg, Karl Alber.

McCulloch, Gregory 1994, 2012: Using Sartre. An Analytical Introduction to early Sartrean Themes, London, Routledge.

Maier, Willi 1964: Das Problem der Leiblichkeit bei Jean-Paul Sartre und Maurice Merleau-Ponty, Tübingen, Max Niemeyer Verlag.

Merleau-Ponty, Maurice 1966: Phänomenologie der Wahrnehmung, Berlin, Walter de Gruyter.

Monasterio, Xavier O. 1980: „The Body in Being and Nothingness", in: Hugh J. Silverman und Frederick A. Elliston (Hrsg.), Jean-Paul Sartre. Contemporary Approaches to His Philosophy, Pittsburgh, Duquesne University Press, 50–63.

Morris, Katherine J. 1988: „Actions and the Body. Hornsby vs. Sartre", in: Philosophy and Phenomenological Research, March, 48, Nr. 3, 473–88.

Morris, Phyllis Sutton 1982: „Some Patterns of Identification and Otherness", in: Journal of the British Society for Phenomenology, 13, Nr. 3, 216–25.

Morris, Phyllis Sutton 1992: „Sartre on the Self-Deceiver's Translucent Consciousness", in: Journal of the British Society for Phenomenology, Mai, 23, 103–19.

Morris, Phyllis Sutton (Hrsg.) 2010: Sartre on the Body, Basingstoke, Palgrave Macmillan.

Nagel, Thomas 1979: „Wie fühlt es sich an, eine Fledermaus zu sein?", in: Letzte Fragen, Bodenheim/Mainz, Philo, 229–50.

Papone, Annagrazia 1969: Esistenza e corporeità in Sartre. Dalle prime opere all'Essere e il nulla. Firenze, Le Monnier.
Podlech, Adalbert 1956: Der Leib als Weise des In-der-Welt-Seins. Eine systematische Arbeit innerhalb der phänomenologischen Existenzphilosophie, Bonn, H. Bouvier.
Rudder Baker, Lynne 2000: Persons and Bodies. A Constitution View, Cambridge, Cambridge University Press.
Salzmann, Yvan 2000: Sartre et l'authenticité. Vers une éthique de la bienveillance réciproque, Genève, Labor et Fides.
Strasser, Stephan 1983: „Das Problem der Leiblichkeit in der phänomenologischen Bewegung", in: Anna-Teresa Tymieniecka (Hrsg.), Soul and Body in Husserlian Phenomenology. Man and Nature, Dordrecht, Reidel, 19–36.
Wider, Kathleen V. 1987: „Hell and the Private Language Argument. Sartre and Wittgenstein on Self-Consciousness, the Body, and Others", in: Journal of the British Society for Phenomenology, Mai, 18, 120–32.
Wider, Kathleen V. 1997: The Bodily Nature of Consciousness. Sartre and Contemporary Philosophy of Mind, Ithaca and London, Cornell University Press.
Wilshire, Bruce 1972: „Self, Body and Self-Deception", in: Man and World, 5, Nr. 4, 422–51.
Zaner, Richard M. 1964, 2013: The Problem of Embodiment. Some Contributions to a Phenomenology of the Body, The Hague, Martinus Nijhoff, Springer.

10

Thomas Flynn

Die konkreten Beziehungen zu Anderen (633–748)

Im vorhergehenden Abschnitt haben wir – noch etwas abstrakt – die Öffnung gegenüber dem Andern beobachtet, die unsere körperliche Bedingtheit möglich macht. Wir werden die interpersonalen Beziehungen, die unseren Körper-in-Situation zum Ausdruck bringen, konkreter analysieren.

Sartres Existentialismus wird im allgemeinen als eine beispielhaft individualistische Philosophie verstanden. So wird der berühmte Satz aus seinem Stück *Geschlossene Gesellschaft (Huis clos)* – „Die Hölle, das sind die anderen" („L'enfer, c'est les autres") oft als das Epitaph seiner Sozialphilosophie gedeutet. Sartre vertritt jedoch in *Das Sein und das Nichts* den Standpunkt, dass das *Für-Andere-sein* eine ebenso fundamentale Kategorie sei wie das *An-sich-sein* oder das *Für-sich-sein*, und widmet dessen Analyse ein Viertel des Textes.

Charakteristisch für Sartres Vorgehen im ganzen Buch ist eine Bewegung vom Abstrakten zum Konkreten hin. Die Beziehungen, die nun in diesem Kapitel analysiert werden, haben ihren Ursprung in den Haltungen, die das Subjekt angesichts der neuen Dimension seiner Existenz übernimmt, die mit dem faktischen Auftauchen des Anderen in seinem Leben entsteht. Man muss ‚der Existenz des Anderen' begegnen; sie kann nicht deduziert werden. Es gibt nichts in der Essenz des Für-sich-seins, das die Existenz des Anderen verlangt (eine weitere Verbeugung vor dem Individualismus). Ist der Eintritt des Anderen in mein Leben aber einmal gegeben, kommt eine neue Dimension meiner Existenz zum Vorschein, und es eröffnet sich ein Raum für ein völlig neues Netz von Beziehungen. Als Körper-in-Situation sind der Andere und ich transzendierte Transzendenzen (vgl. *SN* 474; *EN* 321). Die Aufgabe des dritten Kapitels ist es, die verschiedenen Haltungen des Für-sich in einer Welt, in der es einen Anderen gibt, zu analysieren, denn: „Jede von ihnen bietet [...] auf ihre Weise die zweiseitige Beziehung dar: Für-sich-für-Andere, An-sich" (*SN* 633–4; *EN* 428).

Indem der Andere den dynamischen, relationalen Charakter des Für-sich-seins übernimmt – den Sartre als nichtende Flucht vor diesem partikularen An-sich und als eine Bewegung in Richtung auf das Ideal des An-sich-für-sich beschreibt –, objektiviert, entfremdet und fixiert er meine Flucht auf die Kategorie des An-sich, wenn auch von aussen. In dem Mass, in dem Sartre in seinem Werk Entfremdung mit Objektivierung gleichsetzt, ist er der gleichen Kritik unterworfen, die Marx in seiner *Kritik der Hegelschen Rechtsphilosophie* erhoben hat – dass nämlich eine solche Entfremdung ein unvermeidlicher Bestandteil der *conditio humana* und nicht eine Funktion historischer Gegebenheiten sei. Dieser Umstand ist nicht zu umgehen. Indem er in der *Kritik der dialektischen Vernunft* Entfremdung mit den kontingenten Faktoren der materiellen Knappheit verbindet, versucht Sartre diese Kritik zu vermeiden. Dennoch lässt sich der soziale Pessimismus seiner phänomenologischen Ontologie in *Das Sein und das Nichts* nur überwinden, wenn die scheinbar zeitlose Analyse in ihren historischen Kontext eingebunden wird; mit anderen Worten: Wenn der Anspruch: „Das Wesen der Beziehungen zwischen Bewusstseinen ist nicht das Mitsein, sondern der Konflikt" (*SN* 747; *EN* 502), den diese Analyse nun zu rechtfertigen vorbereitet, auf Beziehungen in einer de facto ausbeuterischen und unterdrückenden Gesellschaft beschränkt werden kann. Fehlt diese Kontextualisierung, dann lässt uns Sartre mit zwei einander widersprechenden Haltungen in Bezug auf unsere Beziehung zum Anderen zurück: Entweder man transzendiert die Transzendenz des Anderen, um ihn zu objektivieren, oder man eignet sich eben diese Transzendenz an, um in beiden Fällen den Charakter der Transzendenz zu bewahren. Keine dialektische Synthese dieser dichotomen Bewegungen ist möglich. In typisch sartrescher Manier verbleiben wir in einer zirkelförmigen Bewegung von einer Haltung zur anderen und zurück – eine Bewegung, die sowohl die sich drehende Beziehung der reflektierenden Reflexion (sie konstituiert die menschliche-Realität als eine Präsenz-zum-selbst) als auch die fundamentale Relation des Für-sich zum Zirkel der Selbstheit zum Ausdruck bringt.

1 Liebe, Sprache, Masochismus

„Der Konflikt ist der ursprüngliche Sinn des Für-Andere-seins" (*SN* 638; *EN* 431). Auf dieser Bestimmung beharrend, analysiert Sartre „die erste

Haltung gegenüber Anderen“, die er als „die Liebe, die Sprache, der Masochismus“ (ebd.) weiter unterteilt. Aus seiner phänomenologischen Beschreibung des Blicks folgt, „dass wir unser unerfassbares Für-Anderesein in Form eines *Besessenwerdens* erfahren“ (*SN* 638; *EN* 431). Das ist der Ausgangspunkt für seine Analyse. Der Andere weist meinem Sein eine Bedeutung zu, die ich nicht kontrollieren kann, es sei denn, ich kann den Anderen entweder dazu verleiten, meinem Sein die Bedeutung zuzuweisen, die ich wünsche (die erste Haltung der Wiedererlangung), oder es gelingt mir, ihn freiwillig dazu zu bewegen, auf seine objektivierende Gewalt über mich zu verzichten, indem er meine Objektivierung von ihm will (die zweite Haltung). Wieder bietet uns Sartre ein Entweder-oder ohne die Möglichkeit einer Synthese an: Entweder Aneignung oder Objektivierung, obwohl sein Gebrauch des letzteren Begriffs von feministischen Kritikerinnen in Frage gestellt wird (vgl. Morris 1999, 64 ff.). Mein Entwurf ist, die Freiheit des Anderen so zu assimilieren, dass die Freiheit/Transzendenz des Anderen zwar bewahrt wird, doch unter meiner Kontrolle: Transzendierte Transzendenz, gewiss, aber nichtsdestoweniger Transzendenz. Sollte der Andere als Subjekt aufhören zu existieren, würde mein Für-andere-sein auch verschwinden. Das ist die zirkuläre Spannung, die die sozialen Beziehungen in Sartres gesamtem Werk charakterisiert. Dies bricht mit romantischen Vorstellungen von der Liebe als einem Verschmelzen von Subjektivitäten und kühlt utopischen Enthusiasmus über die Auflösung der individuellen Identität in einem grösseren Ganzen ab.

Die phänomenologische Methode anwendend, bei der sich das Ontologische und das Psychologische überlappen, bewegt sich Sartre zwischen diesen beiden Bereichen seiner Analyse hin und her. Das ontologische Ideal der Liebe z. B. ist die Selbst-Koinzidenz meiner Freiheit mit dem Unterbau, den der Blick des Anderen der Bedeutung dieser Freiheit überträgt. Wenn es das allgemeine ontologische Ziel des Für-sich-seins oder, grob gesagt, des Bewusstseins ist, bewusst selbst-identisch zu sein (der vergebliche Wunsch, der eigene Grund zu sein, sofort An-sich-für-sich, d. h. Gott zu sein), dann wird dieses Ziel auf sozialer Ebene durch das ebenso unmögliche Ideal des Besitzes der Freiheit des Anderen als Freiheit verfolgt, d. h. als etwas, was mein eigenes Für-andere-sein begründet. Das kommt psychologisch im Wunsch des Liebenden zum Ausdruck, „die ganze Welt“ für den Geliebten sein zu wollen, in die sich selbst zu verlieren der letztere aus freiem Willen zustimmt.

Es gilt hier zu beachten, dass Sartre nicht der Ansicht ist, dass wir direkt auf die Freiheit des Anderen einwirken. An anderer Stelle insistiert er sogar darauf, dass dies ontologisch unmöglich sei (vgl. *Cahiers*, 316, 328; *Juden-*

frage 88 [192–3]). Vielmehr müssen wir auf die Situation einwirken und nur indirekt auf die situierte Freiheit. Der Liebende „will nicht auf die Freiheit des Andern *einwirken*, sondern *a priori* als objektive Grenze dieser Freiheit existieren" (*SN* 644; *EN* 435). Das ist die Taktik, um sich für den Geliebten zu einem faszinierenden Objekt zu machen. Es gibt dem Liebenden die Sicherheit, dass die Freiheit des Geliebten die Faktizität des Ersteren als seine eigene akzeptiert. „Wenn der andere mich liebt, werde ich das *Unüberschreitbare*, was bedeutet, dass ich der absolute Zweck sein muss." (*SN* 646; *EN* 436). Der Liebende wird der absolute Wert, bezüglich dessen die anderen Werte des Geliebten nur von instrumenteller Bedeutung sind. Daher die Forderung, dass der Geliebte, wenn es notwendig sein sollte, die Familie, das eigene Land und die traditionelle Moral für den Liebenden opfern solle.

Für Sartre sind diese Versuche zu verführen „ein fundamentaler Modus der Sprache" (*SN* 652; *EN* 440). Obwohl er später in seinem Leben zugab, nie eine Sprachphilosophie konzipiert zu haben, beharrte er darauf, dass man aus seinen verschiedenen Werken eine solche rekonstruieren könnte (*Interview* 17). Im gegenwärtigen Kapitel hebt er hervor, dass die Sprache kein Faktor sei, der dem Für-andere-sein hinzugefügt werde: „Sie *ist* ursprünglich das Für-Andere-sein. [...] in der Intersubjektivität der Für-Andere ist es nicht notwendig, sie zu erfinden, denn sie ist in der Anerkennung des andern schon gegeben" (*SN* 652; *EN* 440). Die Tatsache, dass meine Entwürfe auch ausserhalb ihrer selbst eine Bedeutung haben, – eine, die mir entgeht – verbindet Sartre mit der Tatsache der Existenz des Anderen: „Die Sprache unterscheidet sich also nicht von der Anerkennung der Existenz des Anderen." Tatsächlich gilt: „Sie ist Teil der *conditio humana*, sie ist ursprünglich die Erfahrung, die ein Für-sich von seinem Für-andere-sein machen kann [...]. Das Auftauchen des andern mir gegenüber als Blick lässt die Sprache als Bedingung meines Seins auftauchen" (*SN* 653; *EN* 441). Er warnt dabei, dass „unter Sprache alle Ausdrucksphänomene" zu verstehen seien, „und nicht [nur] das artikulierte Wort, das ein abgeleiteter und sekundärer Modus ist, dessen Erscheinen Gegenstand einer historischen Untersuchung sein kann. Insbesondere zielt bei der Verführung die Sprache nicht darauf ab, *zu erkennen zu geben*, sondern empfinden zu lassen" (*SN* 653; *EN* 441). Er schliesst daraus, dass die Sprache auch unter der Rubrik der Objektivierung hätte diskutiert werden können (vgl. *SN* 653–4; *EN* 441). So deckt die Sprache unsere Erfahrung des Anderen ab, bleibt aber epistemologisch und sogar ontologisch vom Blick und daher vom Körper abhängig. Ich kenne meine Sprache nicht besser als ich meinen Körper für den Andern kenne. In jedem Fall gibt es eine Transzendenz, die mir entgeht. Er schliesst daraus: „Das Problem der Sprache ist dem der Körper genau parallel, und die Beschreibungen, die im einen Fall gelten, gelten auch im andern" (*SN* 655; *EN* 442).

Wenn der Geliebte nun beabsichtigt, der Liebende zu sein, kehren sich diese Rollen um. Ebenso wie die grundlegende Beziehung zum andern-als-Subjekt eine ist, in der man durch den Blick des Andern objektiviert wird, so ist die grundlegende Liebesbeziehung diejenige des Geliebtwerdens. Der Geliebte kann sich die Freiheit des Andern (und nicht allein seinen Körper) nur aneignen, wenn er die Absicht hat, geliebt zu werden. „So scheint uns, dass lieben in seinem Wesen der Entwurf ist, zu machen, dass man geliebt wird" (*SN* 656; *EN* 443). Daraus resultiert nicht positive Gegenseitigkeit (wie sie Sartre schliesslich mit der Gruppenpraxis in der *Kritik der dialektischen Vernunft* erreichen wird), sondern ein neuer Gegensatz und ein neuer Konflikt. Denn es ist der Andere als Freiheit, den jeder zu fesseln sucht, wenn er in den Körper-für-andere schlüpft – und sich damit sofort seiner eigenen Freiheit entfremdet, während er sich darum bemüht, die objektivierende Transzendenz des Anderen zu umgarnen. Weder der Liebende noch der Geliebte kann sich selber als reines Selbst postulieren, um nicht den Zirkel von Freiheit, die Freiheit verführt, zu durchbrechen und in den ursprünglichen objektivierenden Blick zurückzufallen. „Wir finden hier das Ideal des Liebesunternehmens wieder: die entfremdete Freiheit. Aber gerade wer geliebt werden will, der entfremdet seine Freiheit, insofern er will, dass man ihn liebt" (*SN* 657; *EN* 443). Sartre anerkennt die Tiefe und die Grenze der Liebe als positive Gegenseitigkeit, aber er lehnt sie als ein widersprüchliches Ideal des Für-sich ab, das von Natur aus die interne Negation seiner Objekte darstelle. Er zieht den Schluss: „So sind die Liebesbeziehungen ein System unendlicher Verweisungen, analog dem reinen ‚Spiegelung-gespiegelt' des Bewusstseins, unter dem idealen Zeichen des *Werts* ‚Liebe', das heisst einer Verschmelzung der Bewusstseine, bei der jedes von ihnen seine Alterität bewahrt, um das andere zu begründen. Denn die Bewusstseine sind ja durch ein Nichts getrennt, das unüberwindbar ist, da es gleichzeitig interne Negation des einen durch das andere und faktisches Nichts zwischen den zwei internen Negationen [ihre respektiven kontingenten Zunahmen; Ergänzung T. F.] ist. Die Liebe ist ein widersprüchliches Bemühen, die faktische Negation zu überwinden und dabei doch die interne Negation zu bewahren" (*SN* 658; *EN* 444).

Die Zerbrechlichkeit dieser rotierenden Beziehung von sich gegenseitig entfremdenden Freiheiten wird mit der Ankunft der dritten Person offenbar. Plötzlich wird meine Beziehung – der Geliebte meines Liebhabers zu sein – durch den objektivierenden Blick des Dritten als eine nicht funktionierende Möglichkeit fixiert. Um eine solche einseitige Beziehung zu vermeiden, suchen Liebende die Einsamkeit. Aber die Drohung dieser zusätzlichen Entfremdung bleibt ein konstantes Merkmal der Liebesbeziehung.

In Anbetracht dessen, dass dieses Unternehmen – mein Bewusstsein in der entfremdeten Freiheit eines Anderen zu begründen – misslingt, könnte ich versuchen, mich meinerseits in seiner Subjektivität zu verlieren – nicht seine Freiheit zu besitzen, sondern meine eigene aufzugeben. Das ist die ontologische Basis der *masochistischen* Haltung. Man erkennt, dass hier eine Form der Unaufrichtigkeit am Werk ist – nämlich die Unaufrichtigkeit, die eigene Transzendenz mit der Faktizität zusammenfallen zu lassen; in diesem Fall mit der Faktizität der objektivierenden Wahrnehmung von mir durch den Andern. An einer anderen Stelle des Buches hat Sartre dies als eine Form der Selbsttäuschung beschrieben. Hier, betrachtet als ein Sein-für-andere, nehme ich aus Schambewusstsein mein Sein-als-Objekt angesichts des Begehrens des Anderen an. Sartre vergleicht dies mit einer Art Schwindelgefühl – nicht vor einem steilen Abhang, sondern vor dem Abgrund der Subjektivität des Anderen. Aber es ist natürlich ein vergebliches Projekt, gerade weil mir auf die ontologische Freiheit, die dieses Unternehmen unterstützt, in der Tat nicht verzichten können; in Sartres wohlbekanntem Satz: Wir sind dazu verdammt, frei zu sein.

2 Die Gleichgültigkeit, die Begierde, der Hass, der Sadismus

Obwohl Sartre mit diesen Begriffen die zweite Haltung gegenüber anderen bezeichnet, weisen sie doch eher auf einen alternativen Weg hin, unser Sein-für-andere zu übernehmen, als auf eine Fortsetzungsmöglichkeit nach dem Misslingen der ersten Haltung. Keine der Haltungen kommt eigentlich zuerst. Wieder geht es um meinen Versuch, die Kontrolle über die Freiheit des Anderen zu gewinnen, soweit sie meine eigene Objektivität begründet. In diesem Fall benutzt das Subjekt unmittelbarere Mittel als die Verführung, um seine Transzendenz zum Ausdruck zu bringen, ohne jene des Andern zu zerstören, was, wie wir wissen, das Projekt unterminieren und es [das Subjekt] seiner eigenen Objektivität beraubt zurücklassen würde. Obgleich Sartre es nicht explizit erwähnt, lässt sich eine gewisse Progression in diesen vier Formen der zweiten Haltung aufspüren: Von der Gleichgültigkeit über die Begierde zum Hass und schliesslich zum sadistischen Entwurf.

Sartre beschreibt Gleichgültigkeit gegenüber anderen als „eine Art von faktischem Solipsismus" (*SN* 665; *EN* 449). Es ist eine sich selbst auferlegte Blindheit gegenüber der Realität des Anderen, die unbestimmt lange aufrechterhalten werden kann. Ich streife Menschen, an denen ich auf der Strasse vorbeigehe, wie ich eine Wand streife. In einem gewissen Sinn gemahnt dies an Martin Bubers ‚Ich/Es'-Beziehung; ich betrachte solche Menschen als Funktionen und lerne die ‚Zauberworte', die ihre Mechanismen freisetzen. Aber wie alle Zustände der Unaufrichtigkeit, versieht uns die Gleichgültigkeit auch mit Motiven, damit wir ihr entkommen, „denn die Blindheit gegenüber dem andern lässt gleichzeitig jedes erlebte Erfassen meiner *Objektivität* verschwinden" (*SN* 667; *EN* 450).

Die sexuelle Begierde wird von Sartre beschrieben als: „Mein ursprünglicher Versuch, mich der freien Subjektivität des andern über seine Objektivität-für-mich zu bemächtigen" (*SN* 669; *EN* 451). Vorausgesetzt, dass das spezifische Geschlecht für die empirische Wissenschaft eine kontingente Sache ist, verbunden mit der Folgerung, dass es keine ontologische Relevanz hat – eine Behauptung, die viele Feministinnen vehement bestreiten (vgl. Irigary 1984) – beharrt Sartre darauf, dass „die Begierde und ihre Umkehrung, der sexuelle Abscheu, fundamentale Strukturen des Für-Andere-seins sind" (*SN* 670; *EN* 452). Er beginnt seine Untersuchung damit, dass er uns an die „affektive Intentionalität" erinnert, die Scheler und Husserl beschreiben und die er in diesem Werk auch diskutiert hat. Tatsächlich hatte Sartre die Intentionalität des affektiven Bewusstseins auch schon in seinen früheren psychologischen Studien analysiert, hauptsächlich in *Skizze einer Theorie der Emotionen*. Die intentionale Begierde strebt nach einem transzendenten Objekt. Das Objekt der sexuellen Begierde ist Körper-in-Situation, d. h. ein Körper, der ein eigenes Bewusstsein enthüllt: „Ein lebender Körper als organische Totalität in Situation mit dem Bewusstsein am Horizont: das ist das Objekt, auf das die Begierde *sich richtet*" (*SN* 675; *EN* 455).

Um Sartres Bemerkungen über das entweder affektive oder imaginative Bewusstsein richtig einschätzen zu können, gilt es zu erkennen, dass er an die Grenzen der traditionellen Intentionalitätsdoktrin stösst. Das bedeutet z. B., dass wir uns ein Bild oder ein Gefühl nicht als ein inneres Phänomen vorstellen, das mit seiner externen Quelle durch eine kausale Verbindung verknüpft ist. Gerade so wie der Umstand, sich Bewusstsein vorzustellen, ein potentiell wahrnehmbares Objekt „derealisiert", demgegenüber es deshalb eine neue Haltung einnimmt, so gilt auch hier: „Wer begehrt, *existiert* seinen Körper auf eine besondere Weise und begibt sich dadurch auf eine besondere Existenzebene" (*SN* 676; *EN* 455). Sartre nennt diesen Modus „getrübt" oder „aufgewühlt“ – wie Wasser, das seine friedliche Durchsichtigkeit verliert. Aber im Unterschied zur körperlichen Aufgewühltheit des Leibes, z. B. beim Hungergefühl, hat die sexuelle Begierde ihr Ziel im sexuell erregten Körper des Andern, den sie durch die eigene Erregung zu liebkosen versucht, d. h. dadurch, dass sie sich bewusst zum Leib macht. Sartres Wort für diesen erregten Körper ist „Fleisch“ (*la chair*), und er zieht den Schluss, dass „ich mich in der Begierde zu Fleisch mache *in Anwesenheit des Andern, um mir das Fleisch des Andern anzueignen*“ (*SN* 680; *EN* 458). (Für eine aufschlussreiche Illustration dieses Phänomens vgl. Nagel 1979). Wenn der Körper des Andern ursprünglich Körper in Situation ist, wie Sartre insistiert, erscheint „das Fleisch dagegen [...] als *blosse Kontingenz der Anwesenheit*“ (*SN* 681; *EN* 458). In einem der besser bekannten Abschnitte des Buches unternimmt Sartre eine phänomenologische Analyse der Liebkosung: „*Die Begierde drückt sich durch Streicheln aus wie das Denken durch Sprechen*“ (*SN* 682; *EN* 459). Das Streicheln ist dabei ebensowenig eine innere Realität, die einen Ausdruck oder ein Freisetzen durch einen äusseren Akt sucht, wie Denken ein inneres Phänomen ist, das die Worte zu finden versucht, um seine Bedeutung der äusseren Welt mitzuteilen. Eine solche Innen/Aussen-Ontologie oder -Epistemologie ist durch Sartres strenges Festhalten am husserlschen Prinzip der Intentionalität und an seiner eigenen Ontologie des In-Situation-seins von Anfang an ausgeschlossen. Eine Welt der Begierde taucht auf, korrelativ zu meinem begehrenden Bewusstsein und dem Fleisch, das es enthüllt. Zuvor hatte Sartre den Leib charakterisiert als „das Instrument, das ich nicht mittels irgendeines Instruments benutzen kann“ (*SN* 600; *EN* 406); d. h. als die Bedingung der Möglichkeit dafür, überhaupt irgendein Instrument benutzen zu können. Aber als Fleisch ist meine Beziehung zu den Objekten in der Welt nicht länger nur eine des instrumentellen Gebrauchs. „Ich entdecke [...] so etwas wie ein *Fleisch* der Objekte“. Diese Objekte „sind dann die transzendente Gesamtheit, durch die mir meine Fleischwerdung enthüllt wird“ (*SN* 685; *EN* 461). Wie es Sartre beschreibt: „Von diesem Gesichtspunkt aus ist die Begierde nicht nur die Verklebung eines Bewusstseins durch seine Faktizität, sie ist korrelativ die Verklebung eines Körpers durch die Welt; und die Welt macht sich *klebrig*; das Bewusstsein versinkt in einem Körper, der in der Welt versinkt“ (*SN* 685–6; *EN* 461–2). Aber diese Veränderung in der Welt geschieht um des begehrten Anderen willen: „Die Begierde ist ein ursprünglicher Modus der Beziehungen zum Andern, der den andern als begehrenswertes Fleisch auf dem Hintergrund einer Welt der Begierde konstituiert“ (*SN* 687; *EN* 462).

Mit einer deutlich maskulinen Voreingenommenheit, die viele feministische Kritikerinnen abstösst (vgl. Collins und Pierce 1973), fügt Sartre hinzu, dass die Begierde sich dem eigenen Misslingen stellen kann, wenn sie nimmt und eindringt, statt einfach streichelt. In diesem Mass hört mein Körper auf, Fleisch zu sein, und gleitet in die Instrumentalität seiner ursprünglichen Beziehung zur Welt zurück; der Andere ist einmal mehr ein Ding-unter-Dingen, oder, im äussersten Fall, eine transzendierte Transzendenz. Diese Bedingung ist der Ursprung des Sadismus, den Sartre als „ein Bemühen, den Andern mit Gewalt Fleisch werden zu lassen", beschreibt. Und er fügt hinzu: „Diese ‚gewaltsame' Fleischwerdung muss bereits Aneignung und Benutzung des andern sein" (*SN* 697; *EN* 469). Mit einer Bemerkung, an der Foucault Anstoss nehmen würde (vgl. Foucault 1994, IV, 331–2), behauptet Sartre, der Sadist fürchte den Zustand der Erregung bei sich selber; er wolle diesen Zustand im Andern bewirken, kontrollieren und benutzen. Während die Begierde auf gegenseitige Inkarnation abziele, beabsichtige der Sadismus die Nicht-Reziprozität.

Obwohl Sartre in seinen Überlegungen zum Sadismus den üblichen Bezug auf das Zufügen von Schmerz macht, liegt sein eigener Beitrag bei dieser Diskussion eigentlich in seiner Phänomenologie des Obszönen. Er versteht darunter eine Art des Für-andere-seins, das zur Gattung des Nicht-Anmutigen zählt. Wenn das Anmutige das „bewegliche Bild der Notwendigkeit und der Freiheit" ist (*SN* 699; *EN* 470), dann ist das Nicht-Anmutige die Abwesenheit jeder dieser Komponenten. Nach Sartres Auffassung macht die Anmut, indem sie das Fleisch des Andern sowohl enthüllt als auch verbirgt, des Andern Fleisch unzugänglich. Der Sadist dagegen „sucht die Anmut zu zerstören, um eine andere Synthese des andern *real* zu konstitutieren. [...] bei der Anmut enthielt und verhüllte die Freiheit die Faktizität; bei der zu schaffenden neuen Synthese enthält und verbirgt die Faktizität die Freiheit" (*SN* 702; *EN* 472).

Sartre bestreitet, dass Sadismus bloss der Ausdruck eines Willens zu dominieren oder eines Machtdurstes sei. Das seien abgeleitete Erklärungen. Was erläutert werden müsse, sei der eigentliche Wille selbst, und dieser habe seine ontologischen Wurzeln, folgert Sartre, in der „Unruhe gegenüber dem andern" (*SN* 704; *EN* 473). Das sei sowohl die Grundlage des Sadismus wie der Liebe. Sie teilten dasselbe Ziel: Die Selbst-Versklavung der Freiheit.

In einer Beobachtung, mit der sich Sartre in *Das Sein und das Nichts* noch am ehesten einer positiv reziproken Beziehung annähert, kontrastiert er das Fleisch-als-Instrument des Sadisten mit dem Fleisch als unbrauchbarer Faktizität, dem eigentlichen Objekt der Begierde. Dieser Widerspruch von Fleisch und Instrumentalität signalisiert das letztendliche Misslingen des sadistischen Projekts. Die reziproke Inkarnation der Begierde liess wenigstens jede Partei mit der Realisierung ihrer absoluten Kontingenz zurück, sogar als sie vergebens danach trachtete, diese Kontingenz in der gefesselten Freiheit des Andern zu begründen. Der Sadist dagegen bleibt mit einem Fleisch zurück, das er nicht gebrauchen, dessen Hülle er nur physisch besitzen kann. Darauf wird er unmittelbar aufmerksam, wenn der Andere ihn anblickt. Der Spiess wird nun umgedreht: Seine eigene Transzendenz wird transzendiert, und in diesem Moment realisiert er, dass ihm die Freiheit, die er zu versklaven wünschte, entglitten ist.

Sartre versichert uns, dass er nicht versuche, alle Haltungen gegenüber dem Anderen auf diese sexuellen Haltungen zu reduzieren; als ob er eine gewisse *Libido* voraussetze, die alle unsere Beziehungen durchdringe. Aber er insistiert darauf, dass sie fundamental sei und dass „alle komplexen Verhaltensweisen der Menschen zueinander nur Bereicherungen dieser beiden ursprünglichen Haltungen [vermutlich Begierde/Sadismus und Liebe/Masochismus: T. F.] sind (und einer dritten des Hasses, die wir bald beschreiben werden)“ (*SN* 710; *EN* 477). Was als ein Pansexualismus erscheinen könnte, wird durch Sartres Hinweis abgeschwächt, dass die meisten unserer Haltungen gegenüber anderen nicht „bloss der Sexualität entlehnte Verkleidungen sind“ (*SN* 710; *EN* 478). Darüber hinaus gebe es, ohne Freud zu nahe zu treten, keine Notwendigkeit, einen sexuellen Entwurf vorauszusetzen, der in einem unbewussten Zustand in uns verharrt: „Ein Entwurf des Für-sich kann nur in bewusster Gestalt existieren“ (*SN* 711; *EN* 478).

So sind wir einmal mehr mit einem Zirkel konfrontiert, nicht unähnlich dem Zirkel der Selbstheit, und aus einem ähnlichen ontologischen Grund: Das Für-sich bezieht sich auf das An-sich durch eine nichtende und transzendierende Beziehung. Durch das Auftauchen einer anderen Freiheit wird diese Beziehung modifiziert, weil das, was transzendiert wird, nun eine andere Transzendenz ist. Aber der Zirkel dreht sich weiter: Entweder transzendiere ich den Andern oder ich werde von ihm transzendiert; eine Synthese ist nicht möglich. Als ob er die Lösung, die er selbst später mit der Einführung der Gruppe-in-Fusion (*le groupe en fusion*) in der *Critique* anbieten wird, ausschliessen wollte, insistiert Sartre: „Aber keiner dieser beiden Zustände genügt sich selbst, und wir können uns nie konkret auf eine Gleichheitsebene stellen, das heisst auf die Ebene, wo die Anerkennung der Freiheit des Andern die Anerkennung unserer Freiheit durch den Andern nach sich zöge“ (*SN* 712–3; *EN* 479).

Sartre erwägt kurz eine Haltung, die er als eine Alternative zu den zwei Grundhaltungen von Liebe und Begierde betrachtet – nämlich den Hass, den er als ein Trachten nach dem Tod des Andern beschreibt. Hass bedeutet, von den zwei bisher diskutierten Haltungen der Liebe und der Begierde abzulassen. Statt zu versuchen, die Freiheit des Andern einzufangen, strebe ich im Hass danach, mich vom Andern und von meinem entsprechenden Objekt-sein völlig zu lösen. Das aber impliziert, dass ich von allen andern befreit werden will, weshalb ich mich auch durch den Hass eines Anderen bedroht fühle, selbst wenn dieser unmissverständlich auf jemand anders gerichtet ist. Im Unterschied zur Verachtung, die durch ein Übel, dem ich zum Opfer gefallen bin, verursacht wird, kann Hass bei Gelegenheit einer Liebenswürdigkeit entstehen, weil letztere meinen Objekt-Zustand in Bezug auf die Freiheit des Andern betont. Deshalb, so argumentiert Sartre, sei die Dankbarkeit dem Hass so nahe.

Aber auch diese dritte Haltung schlägt fehl. Sogar wenn es mir gelänge, mich von allen anderen zu befreien, könnte ich nicht der Faktizität entfliehen, in der Vergangenheit durch das Auftauchen der anderen entfremdet worden zu sein. Das bleibt das untilgbare Kennzeichen meines Für-andere-seins als einer permanenten Möglichkeit meines Seins. Angesichts dieses Misslingens „bleibt dem Für-sich nichts weiter übrig, als in den Zirkel zurückzukehren und sich endlos zwischen der einen und der andern der beiden grundlegenden Haltungen hin und her werfen zu lassen" (*SN* 719; *EN* 484). Und weiter: „Diese Überlegungen schliessen nicht die Möglichkeit einer Moral der Befreiung und des Heils aus. Aber diese muss am Ende einer radikalen Konversion erreicht werden, von der wir hier nicht sprechen können" (ebd., Anmerkung). Obwohl die Natur dieser radikalen Konversion viel diskutiert worden ist, scheint der Hinweis auf die Möglichkeit einer solchen Konversion die These zu bestätigen, dass die in Sartres Werk konstruierte phänomenologische Ontologie auf eine Gesellschaft *vor* einer solchen Konversion – oder vielleicht auch Revolution – zutrifft. Und Sartres spätere Überlegungen zu einer Ethik der Nicht-Entfremdung und der authentischen Liebe in *Cahiers pour une morale* (vgl. *Cahiers* 523), wie auch die in der *Kritik der dialektischen Vernunft* (vgl. *Kritik* 309 ff. [t. I, 397 ff.]) aufgestellte soziale Ontologie, dienen dazu, die vorhergehende Diskussion über konkrete Beziehungen zu anderen zu kontextualisieren und zu historisieren.

3 Das ‚Mitsein' und das ‚Wir'

Wie sollen wir über unsere Gemeinschaftserfahrungen Rechenschaft ablegen, wenn die grundlegende Beziehung zwischen Für-sichs der Konflikt ist? In einem Interview, das er gegen Ende seines Lebens gegeben hat, gestand Sartre: „Besonders schlecht in *Das Sein und das Nichts* sind die spezifisch das Soziale betreffenden Kapitel über das ‚wir' im Vergleich zu

Masochismus sehen als auch deren Ausdehnung auf eine Massenpsychologie und auf kollektives Handeln. In diesem Emanzipationsentwurf ist allerdings auch ein Aspekt von Sartres atheistischem Humanismus am Werk, insofern Gott als der unrealisierbare Dritte betrachtet wird, der die ganze Menschheit als ein ‚Wir' objektiviert. Darüber hinaus bedeutet der ‚Tod Gottes' gleichermassen, wenn nicht den Tod des Menschen (wofür Foucault und andere argumentieren würden), so doch zumindest das Hinscheiden des ‚humanistischen Wir'. Sartre weiter: „Der Grenzbegriff Menschheit (als Totalität des Objekt-Wir) und der Grenzbegriff Gott implizieren also einander und sind einander korrelativ" (*SN* 736; *EN* 495).

3.2 Das Subjekt-Wir

Die Welt der hergestellten Gegenstände bietet uns einen unmittelbaren und völlig hinreichenden Beweis von unserer Zugehörigkeit zu einer Subjekt-Gemeinschaft. Die Mittel, mit denen diese Artefakte produziert wurden; die praktischen Zwecke, denen sie dienen; aber insbesondere die unpersönlichen Anweisungen, die sie begleiten – „Zum Öffnen umdrehen", „Nicht entfernen", „Mit Vorsicht behandeln" –, sind alle an uns, als undifferenzierte und ungezählte Transzendenzen gerichtete Hinweise, sind das ‚man' der existentialistischen Entfremdung. Aber Sartre beharrt ausdrücklich darauf, „dass diese Erfahrung psychologischer und nicht ontologischer Ordnung ist. Sie entspricht keineswegs einer realen Vereinigung der betreffenden Für-sich" (*SN* 738; *EN* 496). Eine psychologische Darstellung dieser Erfahrung, erläutert Sartre, würde sich sowohl an den gemeinsamen transzendierten Gegenstand als auch an die Körper, die mich umgeben, wenden. Das früher erwähnte ‚laterale' und nicht-thetische Bewusstsein (das der Zuschauer im Theater; der gemeinsame Rhythmus der Ruderer in einem Boot) befähigt mich dazu, dass ich mich „als undifferenzierte Transzendenz konstituiere, indem ich meine persönlichen Ziele jenseits der gegenwärtig verfolgten kollektiven Ziele ansiedle" (*SN* 740; *EN* 497). Wiederum seinen individualistischen Standpunkt verteidigend, insistiert Sartre darauf, dass „die Erfahrung des Subjekt-Wir ein rein psychologisches, subjektives Ereignis in einem einzelnen Bewusstsein [ist], [...] das [...] keinerlei ‚Mitsein' realisiert. Es handelt sich nur um eine Weise, mich inmitten der anderen zu fühlen" (*SN* 740; *EN* 497). Tatsächlich hat Sartre von Anfang an den Standpunkt vertreten, dass das *Mitsein* abgeleitet sei, etwas, das unsere frühere Erfahrung von dem, was es bedeutet, ein anderes Subjekt zu sein, voraussetzt. Alle Indikatoren unserer tisch dessen bewusst, ein Mit-Betrachter der jeweiligen Darbietung zu sein.

Sartre beansprucht jedoch die Priorität des Blicken/Angeblickt-werden-Modells, wenn er darauf beharrt, dass eine solche Erfahrung von unserer ontologisch vorausgehenden Erfahrung des Objektiviert-werdens – als ein partikulares Bewusstsein durch ein partikulares Bewusstsein – abgeleitet sei, und insistiert darauf, „dass diese Erfahrung [des Mitseins] nicht die Grundlage unseres Bewusstseins vom Andern sein konnte" (*SN* 722; *EN* 485). Sich von einem ontologischen Holismus abgrenzend, fährt er fort: „Es ist nämlich klar, dass sie nicht eine ontologische Struktur der menschlichen-Realität konstituieren kann: wir haben bewiesen, dass die Existenz des Für-sich inmitten der anderen ursprünglich ein metaphysisches und kontingentes Faktum ist. Ausserdem ist klar, dass das *Wir* weder ein intersubjektives Bewusstsein noch ein neues Sein ist, das wie ein synthetisches Ganzes seine Teile überschreitet und umfasst nach Art des kollektiven Bewusstseins der Soziologen [Holismus: T. F.]" (*SN* 722; *EN* 485). Kurz: „*Das Sein-für*-den-andern geht *dem Sein-mit*-dem-andern voraus und begründet es" (*SN* 722; *EN* 486).

So wie die beiden ursprünglichen Begriffe ‚blicken' und ‚angeblickt werden' radikal verschiedene Formen von Erfahrung bezeichnen, so beziehen sich auch die beiden Formen des ‚wir', nämlich das Objekt-Wir und das Subjekt-Wir, auf sehr unterschiedliche Erfahrungen, die Sartre nun analysieren wird. Dabei ist jedoch stets in Erinnerung zu behalten, dass sich weder das ‚uns' noch das ‚wir' auf neue ontologische Entitäten bezieht, die sich über und ausserhalb der mit diesen Begriffen bezeichneten Individuen befinden. Es gibt kein kollektives Subjekt in der Ontologie von *Das Sein und das Nichts*, und das kollektive Objekt ist, obwohl es eine Dimension von realer Existenz hat, nur eine Bereicherung der ursprünglichen Erfahrung des Für-andere.

Wenn durch die Ankunft des Anderen mein Für-andere-sein bewirkt wird, so hat das Erscheinen des Dritten keine analoge ontologische Veränderung zur Folge. Obwohl er einräumt, dass meine Offenheit gegenüber dem Andern auf ‚dem unendlichen Horizont' meiner und seiner Beziehung zu *allen* anderen erscheint, lehnt Sartre es ab, im Erscheinen der dritten Partei eine qualitative Bereicherung unserer Relation zueinander zu sehen. Zwar scheint er mit Georg Simmel darin übereinzustimmen, dass dadurch neue Möglichkeiten eröffnet werden, wie ‚zwei gegen einen' oder ‚der lachende Dritte'; Sartre anerkennt jedoch nicht die eigentlich sozialen Beziehungen, die Simmel dort findet. Wiederum ist es Sartres visuelles Paradigma, das hier die Schranke bildet.

3.1 Das Objekt-Wir

Nachdem er den ‚metastabilen Zustand' diskutiert hat – jedes Mitglied des Trios blickt auf den Andern, dieser auf den Dritten, und der wiederum auf den Ersten – kommt Sartre über die Untersuchung anderer möglicher Kombinationen zu seinem eigentlichen Anliegen: Meiner Erfahrung des Objektiviert-werdens (Entfremdet-werdens) durch einen Dritten, während ich mich mit dem Andern in einem Konflikt befinde. Indem er an den Blick durchs Schlüsselloch in seinem klassischen Beispiel für Schambewusstsein erinnert, bemerkt Sartre, dass sowohl meine wie des Andern Möglichkeiten durch den Blick des Dritten entwendet werden, der unserem Konflikt eine Bedeutung zuschreibt, die sich unserer direkten Kontrollgewalt entzieht. Nach Sartre bedeutet das, dass ich „in der Welt des Dritten die Existenz von einer objektiven Gestalt-Situation erfahre, in der der andere und ich als *äquivalente, solidarische* Strukturen fungieren" (*SN* 727; *EN* 489). Ich erfahre diese ‚Gemeinschaft der Äquivalenz' nicht-thetisch als eine neue Situation, die von aussen aufgezwungen wird und die ich akzeptieren muss. Kennzeichnend für diese Situation ist, dass sie den Andern einschliesst (Sartre nennt dies die „interne Reziprozität der Situation") – und dass ich das Objekt-Wir nicht direkt erfahre, sondern „nur durch die Übernahme dieser Situation" (*SN* 728; *EN* 490). Ohne den Dritten könnte ich sagen „Ich bekämpfe den Andern" und umgekehrt. Durch die Ankunft des Dritten jedoch erfahre ich mein Objekt-sein in Solidarität mit dem Andern in den Begriffen eines einzigen Entwurfs – geeint durch den Blick des Dritten – indem ich sage „Wir bekämpfen uns". Und Sartre fährt fort: „Und dieses durch eine Subjektivität als ihr Sinn für-andere übernommene ‚Sie' wird das Wir" (*SN* 729; *EN* 490).

Dabei bemerkt Sartre, dass gewisse Situationen eher als andere die Erfahrung des Uns zu wecken scheinen. Man erkennt hier Sartres wachsendes sozialpolitisches Engagement, wenn er an den Anfang einer Liste solcher Situationen ‚Gemeinschaftsarbeit' stellt. In dieser Erfahrung sieht er die psychologische Basis des Klassenbewusstseins, das dann entsteht, wenn die Autorität erdrückend ist. Ebenso wie meine Erfahrung des Andern laut Sartre für alle andern gültig ist, gilt auch: „Die Übernahme des Wir impliziert in gewissen, stark strukturierten Fällen, wie zum Beispiel dem des Klassenbewusstseins, den Entwurf, sich nicht mehr durch eine individuelle Übernahme der Selbstheit vom Wir zu befreien, sondern das ganze Wir durch die Objektheit zu befreien, indem wir es in Subjekt-Wir verwandeln" (*SN* 734; *EN* 493–4). Man kann in diesem „Entwurf der Umkehr" sowohl eine Variation der früher beschriebenen Haltung der Liebe und des

Masochismus sehen als auch deren Ausdehnung auf eine Massenpsychologie und auf kollektives Handeln. In diesem Emanzipationsentwurf ist allerdings auch ein Aspekt von Sartres atheistischem Humanismus am Werk, insofern Gott als der unrealisierbare Dritte betrachtet wird, der die ganze Menschheit als ein ‚Wir' objektiviert. Darüber hinaus bedeutet der ‚Tod Gottes' gleichermassen, wenn nicht den Tod des Menschen (wofür Foucault und andere argumentieren würden), so doch zumindest das Hinscheiden des ‚humanistischen Wir'. Sartre weiter: „Der Grenzbegriff Menschheit (als Totalität des Objekt-Wir) und der Grenzbegriff Gott implizieren also einander und sind einander korrelativ" (*SN* 736; *EN* 495).

3.2 Das Subjekt-Wir

Die Welt der hergestellten Gegenstände bietet uns einen unmittelbaren und völlig hinreichenden Beweis von unserer Zugehörigkeit zu einer Subjekt-Gemeinschaft. Die Mittel, mit denen diese Artefakte produziert wurden; die praktischen Zwecke, denen sie dienen; aber insbesondere die unpersönlichen Anweisungen, die sie begleiten – „Zum Öffnen umdrehen", „Nicht entfernen", „Mit Vorsicht behandeln" –, sind alle an uns, als undifferenzierte und ungezählte Transzendenzen gerichtete Hinweise, sind das ‚man' der existentialistischen Entfremdung. Aber Sartre beharrt ausdrücklich darauf, „dass diese Erfahrung psychologischer und nicht ontologischer Ordnung ist. Sie entspricht keineswegs einer realen Vereinigung der betreffenden Für-sich" (*SN* 738; *EN* 496). Eine psychologische Darstellung dieser Erfahrung, erläutert Sartre, würde sich sowohl an den gemeinsamen transzendierten Gegenstand als auch an die Körper, die mich umgeben, wenden. Das früher erwähnte ‚laterale' und nicht-thetische Bewusstsein (das der Zuschauer im Theater; der gemeinsame Rhythmus der Ruderer in einem Boot) befähigt mich dazu, dass ich mich „als undifferenzierte Transzendenz konstituiere, indem ich meine persönlichen Ziele jenseits der gegenwärtig verfolgten kollektiven Ziele ansiedle" (*SN* 740; *EN* 497). Wiederum seinen individualistischen Standpunkt verteidigend, insistiert Sartre darauf, dass „die Erfahrung des Subjekt-Wir ein rein psychologisches, subjektives Ereignis in einem einzelnen Bewusstsein [ist], [...] das [...] keinerlei ‚Mitsein' realisiert. Es handelt sich nur um eine Weise, mich inmitten der anderen zu fühlen" (*SN* 740; *EN* 497). Tatsächlich hat Sartre von Anfang an den Standpunkt vertreten, dass das *Mitsein* abgeleitet sei, etwas, das unsere frühere Erfahrung von dem, was es bedeutet, ein anderes Subjekt zu sein, voraussetzt. Alle Indikatoren unserer undifferenzierten Transzendenz basieren auf dieser ursprünglichen Erfahrung des Andern.

4 Schlussfolgerung

Unter der Voraussetzung der methodologischen Behauptung, man müsse mit einer Form des *Cogito* (*SN* 481–2; *EN* 326) beginnen, besteht die Herausforderung darin, den Schiffbruch auf dem Riff des Solipsismus zu vermeiden – was nach Sartres Auffassung Hegel, Husserl und Heidegger nicht gelungen ist. Seine berühmte phänomenologische Beschreibung des Schambewusstseins soll die Existenz eines anderen Subjekts als eines, das in meiner unmittelbaren Erfahrung des Objektiviertwerdens durch den Blick des Anderen impliziert ist, evident machen. Wie wir gesehen haben, besteht die grosse Schwäche von Sartres sozialer Ontologie im Einfluss des visuellen Modells interpersonaler Beziehungen. Ihre Stärke beruht aber in ihrer Unmittelbarkeit und in der Gewissheit der Existenz anderer Subjekte, die sie ermöglicht – dies im deutlichen Kontrast zu Analogie- oder Empathie-Argumenten, die die Existenz anderer Subjekte als bloss wahrscheinlich behaupten können. Darüber hinaus liefert dieses Modell eine angemessene Beschreibung der Entfremdungserfahrung, zumindest solange, wie diese mit Objektivierung gleichgesetzt wird. Die Hauptschwäche des Blicken/Angeblickt-werden-Modells liegt jedoch in seiner Unfähigkeit, den tatsächlichen sozialen Beziehungen auf einer anderen als der psychologischen Ebene gerecht zu werden. (Obwohl Sartre diese Beschränkung überwindet, wenn er in der *Kritik der dialektischen Vernunft* zu einem *Praxis*-Modell der interpersonalen Beziehungen übergeht, bleibt die soziale Ontologie von *Das Sein und das Nichts* relativ unfruchtbar und im günstigsten Fall hobbesianisch.) Das erklärt auch zu einem guten Teil die individualistische Reputation des ganzen Werks.

Trotzdem ist dieses Kapitel reich an psychologischen Einblicken, sogar wenn es darum geht, die Grenzen der visuellen Ontologie aufzuzeigen. Gelingt es einem, diese Ontologie zu historisieren, indem man ihre Beschreibungen nur auf eine repressive und ausbeuterische Gesellschaft anwendet, dann werden sowohl die fehlenden Beispiele authentischer Liebe und echter Freundschaft, wie auch der konfliktgeladene Charakter zwischenmenschlicher Beziehungen verständlich und sogar glaubwürdig. Als Fundamentalbetrachtung, ohne eine historische Einbettung, bekunden diese Passagen jedoch einen sozialen Pessimismus, der die „freie Andersheit“ von Gruppenmitgliedern in der *Kritik der dialektischen Vernunft* und die positive Reziprozität unter Individuen in den *Cahiers* als ebenso vergeblich erscheinen lässt, wie den infamen Wunsch, Gott zu sein.

Aus dem Englischen übersetzt von Peter Mosberger.

Literatur

Aron, Raymond 1972: Histoire et dialectique de la violence, Paris, Gallimard.

Collins, Margery L. und Pierce, Christine 1973: „Holes and Slime: Sexism in Sartre's Psychoanalysis", Philosophical Forum, 5, 112–27.

Foucault, Michel 1994: Dits et écrit, Vol. 4, Paris, Gallimard.

Flynn, Thomas R. 1981: „Mediated Reciprocity and the Genius of the Third", in: Paul A. Schilpp (Hrsg.), The Philosophy of Jean-Paul Sartre, LaSalle (Ill.), Open Court, 345–70.

Flynn, Thomas R. 1984: Sartre and Marxist Existentialism: The Text Case of Collective Responsibility, Chicago, University of Chicago Press.

Irigary, Luce 1984: Ethique de la différence sexuelle, Paris, Minuit. Deutsch: Ethik der sexuellen Differenz, deutsche Übersetzung von X. Rajewsky, Frankfurt am Main, Suhrkamp, 1991.

Marx, Karl 1844: „Zur Kritik der Hegelschen Rechtsphilosophie", in: Karl Marx. Die Frühschriften, S. Landshut (Hrsg.), Stuttgart, 1953, 207–24.

Morris, Phyllis Sutton 1999: „Sartre on Objectification. A Feminist Perspective", in: J. S. Murphy (Hrsg.), Feminist Interpretations of Sartre, University Park (Pa.), Pennsylvania State University Press, 64–89.

Nagel, Thomas 1979: „Sexual Perversion", in: Mortal Questions, Cambridge, Cambridge University Press, 39–52. Deutsch: Sexuelle Perversion, in: Letzte Fragen, Erweiterte Neuausgabe mit einem Schriftenverzeichnis, Bodenheim bei Mainz, Philo, 1996, 65–81.

11

Annemarie Pieper

Freiheit als Selbstinitiation (753–833)

Nachdem Satre im dritten Teil von *SN* die Weisen einer praktischen Beziehung des Für-sich auf Andere dargestellt hat, geht es ihm im vierten Teil – „Haben, Handeln und Sein“ – um die grundsätzliche Frage, wie sich das Für-sich zum An-sich verhält: Nicht theoretisch, sondern praktisch, indem es handelnd auf die Materialität des An-sich einwirkt und es damit verändert. Im Kapitel *Die erste Bedingung des Handelns ist die Freiheit* entwickelt Satre daher ein Strukturmodell menschlichen Handelns. Die von ihm analysierten Handlungselemente sollen vor dem Hintergrund einer klassischen Handlungstheorie herausgearbeitet werden, im Vergleich mit welcher die Besonderheit seines ontologisch-phänomenologischen Ansatzes deutlicher hervortritt. Als Folie, auf der sich Sartres Handlungsmodell sowohl hinsichtlich seiner Gemeinsamkeit mit der Tradition als

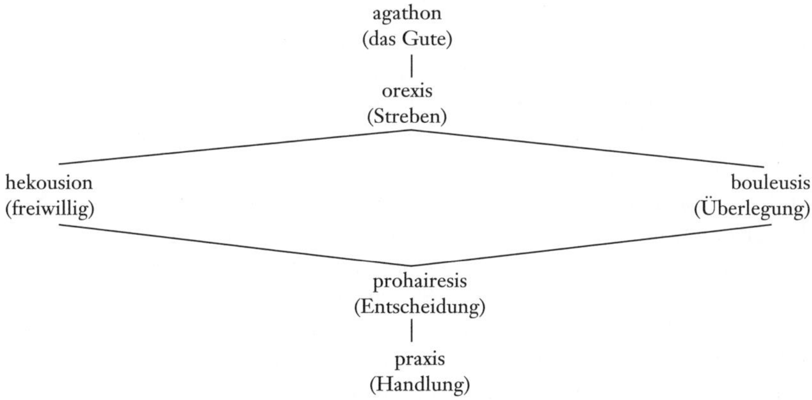

auch bezüglich seiner Unterschiede einsichtig skizzieren lässt, dient die von Aristoteles in der *Nikomachischen Ethik* entfaltete Struktur von Praxis (vgl. Aristoteles 1972, I, 2–3; III, 1–5).

Menschliches Handeln fällt nach Aristoteles unter das Prinzip der Bewegung, und die Ethik fragt nach der *arché*, dem Anfang dieser Bewegung. Liest man das obige Modell von unten nach oben, so geht die Handlung aus einer Entscheidung oder Wahl hervor, die ihrerseits Resultat eines Strebens ist. Das Streben wiederum wird durch das Gute bzw. durch den Bezug auf ein als das Gute begehrtes Ziel in Bewegung gesetzt. Dieses Streben ist einerseits freiwillig, andererseits überlegt. *Freiwillig* bedeutet: Aus eigenem Antrieb etwas Gutes erstreben und nicht veranlasst durch innere oder äussere Zwänge. Als unfreiwilliges Streben führt Aristoteles *epithymia* (Begierde), *thymos* (Emotion) und *boulesis* (Verlangen) an. *Überlegt* heisst: Das Streben muss sich auf etwas richten, das in unserer Macht steht und mit den uns verfügbaren Mitteln erreichbar ist. Die Überlegung ist demnach Reflexion auf die für das erstrebte Ziel angemessenen Mittel, nicht jedoch auf das Ziel. Für das Handeln wird nicht ein Ziel gewählt, sondern Handeln hat immer schon ein Ziel: das Gute, das sich in den in der Polis als verbindlich anerkannten Handlungsmustern repräsentiert. Das Streben nach dem Guten ist die Grundform menschlichen Tätigseins, und damit steht das *Telos* jedweder Praxis umrisshaft fest. Liest man das Modell von oben nach unten, dann muss dieser Umriss durch eine überlegte Entscheidung je und je gefüllt werden, indem im Hinblick auf ein Ziel unter den vorhandenen Mitteln das beste ausgewählt und praktisch angewendet wird. Das Streben nach dem Guten differenziert sich durch die Entscheidung zum spezifisch menschlichen Tun, das nicht Folge einer Determination durch Instinkte oder Affekte ist, sondern einer vom *Logos* bzw. vom *Nous* gesteuerten Wahl. Entsprechend bestimmt Aristoteles die *Prohairesis* als strebende Vernunft oder als vernünftiges Streben.

Die von Aristoteles herausgestellten Handlungselemente finden sich allesamt auch in Sartres Strukturmodell wieder. „Handeln [ist] grundsätzlich intentional" (*SN* 753; *EN* 508). Als zweckgerichtetes Handeln unterscheidet es sich von einem Naturgeschehen, in welchem ein Zustand A einen anderen Zustand B ohne Plan ursächlich hervorbringt. Diese Form von Determination ist zur Erklärung menschlichen Handelns nicht geeignet, weil das Resultat (B) von selbst entstanden ist, ohne vorausgegangene Konzeption und ohne Entscheidung. Sartre führt als Beispiel einen Raucher an, der versehentlich ein Pulverfass zur Explosion bringt (*SN* 753; *EN* 508). Dieser handelt nicht, sondern setzt unbeabsichtigt eine Ursachenkette in Gang, die ihrer eigenen Gesetzmässigkeit folgt.

Der Zweck (*causa finalis*) hat eine andere ontologische Qualität als die Ursache (*causa efficiens*): Er *ist* nicht. Zum einen verweist er auf einen Mangel im Bestehenden (z. B. einen unerträglichen sozialen Zustand), zum anderen auf ein potentielles Sein, dessen als wertvoll erachtete Wirklichkeit noch aussteht (eine gerechte Lebensform). Wer die Welt handelnd verändern will, muss „eine zweifache Nichtung" vornehmen: „Einerseits muss er nämlich einen idealen Zustand als reines *gegenwärtiges* Nichts setzen, andererseits muss er die augenblickliche Situation in Bezug auf diesen Zustand als Nichts setzen" (*SN* 756 f.; *EN* 510 f.). Sartre scheint mir durch dieses doppelte Nichts den *utopischen* Gehalt jedwedes Entwurfs zu erläutern. Das οὐ in οὐ τόπος negiert einerseits eine bestimmte, empirisch angebbare Raum-Zeit-Stelle (kein Ort, nirgends) und verweist andererseits auf die normative Bedeutung der Idee, unter welcher der Entwurf als Zwecksetzung eine bessere Wirklichkeit antizipiert (die als sein-*sollende* nicht ist). Man könnte sagen, dass Sartre mit dem Strukturmoment der Intentionalität den aristotelischen Begriff des Strebens qua Gerichtetheit auf das Gute dahingehend präzisiert, dass er den utopischen Stellenwert des als Zweck entworfenen Konstrukts von Wirklichkeit betont und mittels des Begriffs der Nichtung die Sein-Sollen-Spannung thematisiert.

Damit vermeidet er den ‚naturalistischen Fehlschluss', insofern er das Gesollte (den Zweck) nicht aus dem Sein (der Situation als faktisch vorgegebenem, *objektiv* defizitärem Zustand) ableitet, sondern Sollens- und Wertsetzungen als Resultat einer Nichtung begreift, die – Kantisch gesprochen – keine Leistung der theoretischen, sondern der praktischen Vernunft ist. Wer unter einem bestehenden Zustand leidet, hat ihn bereits zu einem Idealzustand ins Verhältnis gesetzt, von dem her das Leiden (qua Nichtsein von Glück) den Mangel des Bestehenden auf der Folie einer vorgestellten Wirklichkeit ohne diesen Mangel (eines utopischen Konstrukts) als nichtseinsollend anzeigt.

Sartre führt in diesem Zusammenhang die Begriffe *Antrieb* und *Motiv* als zwei weitere Strukturmomente seines Handlungsmodells ein, die bei Aristoteles zum einen in der Ausrichtung des Strebens auf das Gute und zum anderen in den Momenten des Freiwilligen und der Überlegung impliziert sind. „Antrieb" will Sartre – das zeigt seine Auseinandersetzung mit dem Determinismus (*SN* 758 f.; *EN* 511) – nicht als kausalmechanische Einwirkung auf den Handelnden verstanden wissen, die er durch Umwelteinflüsse oder seine genetische Ausstattung erleidet, sondern als Ausdruck von Freiheit. Der Motor im Antrieb zum Handeln ist demnach die praktische Vernunft, die darauf drängt, den mittels ihrer normativen Wert- und Sinnvorgaben festgestellten Mangel in der Realität durch die Verwirklichung des zu dessen Behebung entworfenen Zwecks zu eliminieren. Sartre greift die gewöhnliche Meinung auf, der gemäss unter Antrieb etwas Subjektives zu verstehen ist, nämlich „die Gesamtheit der Begierden, Emotionen und Leidenschaften" (*SN* 775; *EN* 522–3), wohingegen sich das Motiv als „eine objektive Einschätzung der Situation kennzeichnen lässt" (*SN* 774; *EN* 522), die dazu führt, dass „sich im Licht eines bestimmten Zwecks [...] etwas enthüllt, was als Mittel dienen kann, diesen Zweck zu erreichen" (*SN* 775; *EN* 522). Grob vereinfacht bezieht man also gewöhnlich den Antrieb auf die subjektive Zwecksetzung und das Motiv auf die objektive Eruierung der Mittel.

Sartre stimmt dem zu, will aber Antrieb und Motiv stärker aufeinander bezogen wissen. Hier steht er dem näher, was Aristoteles *Phronesis* genannt hat, der praktischen Urteilskraft, die das im Hinblick auf die Situation zu Tuende nach Massgabe des Guten so einschätzt, dass Zweck und Mittel sich wechselseitig motivieren und antreiben. Wer zum Beispiel Angst hat, zu verhungern, misst dem Leben einen bestimmten Wert zu, der sich in der Angst als Antrieb artikuliert und den Betreffenden motiviert, einen Hungerlohn zu akzeptieren, der ihm wenigstens das Überleben ermöglicht (vgl. *SN* 759; *EN* 512). Im Unterschied jedoch zu Aristoteles vollzieht sich das Streben, das sich dieser Wechselbezüglichkeit von Antrieb und Motiv vor dem Hintergrund eines Zwecks verdankt, für Sartre nicht auf dem Boden eines bereits vorgegebenen Ethos, das sich im Polisverband über viele Generationen herausgebildet und zu Werthaltungen geführt hat, die es handelnd je und je zu konkretisieren gilt. Vielmehr legt Sartre der Struktur von Zweck, Antrieb, Motiv und Handlung einen Freiheitsbegriff zugrunde, der vorgängig zu allen individuellen und kollektiven Normsetzungen als handlungs- und seinserzeugendes Prinzip anzusetzen ist. Während bei Aristoteles das Gute als Inbegriff des schlechthin Wünschbaren die Spitze seines Handlungsmodells bildet, will Sartre darüber noch hinausgehen, indem er die Herkunft des Guten aus der Freiheit behauptet. Sartres Diktum, die Existenz gehe der Essenz voraus (*SN* 761; *EN* 513), macht deutlich, dass mit Freiheit ein selbstursprüngliches Geschehen gemeint ist, eine „Spontaneität", die – ohne selbst ein Wesen zu haben – „Grundlage aller Wesenheiten" *ist* (*SN* 761 f.; *EN* 513 f.). Freiheit ist – wiederum Aristotelisch ausgedrückt – gleichsam pure *Energeia*, die sich mittels Zwecksetzungen und Selbst-Entwürfen spezifiziert und konkretisiert, während sie sich zugleich über Antrieb und Motiv situiert, um sich schliesslich in einer Handlung zu manifestieren, die eine neue Wirklichkeit herstellt.

Dass der Mensch frei ist, erfährt er laut Sartre durch seine Handlungen (*SN* 762; *EN* 514), denn um sich in seinem Wesen zu verstehen, ist er genötigt, sich selbst als Urheber dieses Wesens zu begreifen, und dazu muss er Freiheit voraussetzen. „Ich bin verurteilt, für immer jenseits meines Wesens zu existieren, jenseits der Antriebe und Motive meiner Handlung; ich bin verurteilt, frei zu sein“ (*SN* 764; *EN* 515). Aus dieser zirkulären Struktur gibt es kein Entrinnen: Niemand kann die Freiheit negieren, ohne für den Akt der Negation wiederum Freiheit in Anspruch nehmen zu müssen. Diesen Status einer unhintergehbaren Voraus-Setzung teilt die Freiheit mit dem Ego des Descartesschen Cogito, das nicht umhin kann, die Existenz eines Ich als ‚immer schon‘ zu unterstellendes Faktum zur Kenntnis zu nehmen. Analog gilt für die Freiheit: Auch wenn sie an sich selber kein ‚Was‘ hat, ist ihr ‚Dass‘ ein unbestreitbares Faktum, wobei Sartre dieses ‚Faktum‘ in lautere Tätigkeit auflöst, durch die sich der Mensch selber zu dem macht, der er ist. Und auch dieses *ist* hat keinen statischen Seinscharakter, sondern zeigt das „Nichts an Sein“ (*SN* 765; *EN* 516) an, das immer nur auf dem Sprung des Sichmachens zur Existenz gebracht wird. Daher lehnt Sartre die umgekehrte These, dass die Essenz der Existenz vorausgehe, ab, da mit der Annahme fertiger, durch Gott, die Gesellschaft oder die Natur vorgegebener Zwecke die Freiheit aufgehoben würde. Alle Bemühungen metaphysischer Denker idealistischer oder religiöser Provenienz, normativen Wesensbestimmungen die Priorität vor den seinserzeugenden Handlungen zuzuerkennen, hält er für „misslungene Versuche, die Freiheit unter dem Gewicht des Seins zu ersticken“ (ebd.).

Aber welche Rolle spielt der Wille im Kontext der von Sartre entwickelten Handlungsstruktur? Kann man im Sinne jener Tradition, die einen Indeterminismus vertreten hat, noch von Willensfreiheit sprechen? Für Sartre ist der Wille gewissermassen Träger und Vollzugsorgan der Freiheit, aber in dieser Eigenschaft weder der einzige noch der bevorzugte Erfüllungsgehilfe der Freiheit. Sartre geht also nicht von einem Willen aus, dessen „Wesen“ Freiheit wäre, sondern er bestimmt umgekehrt Freiheit als die Bedingung, unter welcher Willensvollzüge möglich sind. Als nächstes zieht Sartre gegen den „psychologischen Determinismus“ zu Felde (*SN* 766; *EN* 517), demzufolge der Wille nur Macht hat über die geistig-seelischen Vollzüge, nicht jedoch über die Leidenschaften und Affekte. Dagegen wendet er ein, dass der Mensch nicht halbierbar ist: „Entweder ist der Mensch völlig determiniert (was unannehmbar ist [...]), oder der Mensch ist völlig frei“ (*SN* 768; *EN* 518). Der Wille ist daher kein übergeordnetes Vermögen, sondern neben den Leidenschaften und Affekten eine „Seinsweise“, die auf Zwecke bezogen ist, ohne diese hervorgebracht zu haben. (*SN* 769; *EN* 518–9). Die Zwecke, durch die sich der Handelnde in seinem Wesen bestimmt, sind letztendlich unableitbare normative Wertsetzungen, die als solche der Freiheit weder vorgegeben noch aus ihr deduzierbar sind. „Die Setzung meiner letzten Zwecke kennzeichnet also mein Sein und ist eins mit dem ursprünglichen Hervorbrechen der Freiheit, die meine ist. Und dieses Hervorbrechen ist eine *Existenz*, es hat nichts von einem Wesen oder von der Eigenschaft eines Seins, das zusammen mit einer Idee erzeugt wäre. So ist die Freiheit, da sie mit meiner Existenz gleichzusetzen ist, Grundlage der Zwecke, die ich, sei es durch den Willen, sei es durch Leidenschaften, zu erreichen suche" (*SN* 770 f.; *EN* 519 f.).

Die Frage nach der Herkunft der Zwecke führt zu einem weiteren Strukturmoment des Handelns, das im Aristotelischen Modell durch den Begriff der Entscheidung benannt wird. Sartre verwendet den Ausdruck *Wahl*, um noch einmal klarzustellen, dass alles, was ein Mensch *ist*, Produkt seiner Freiheit ist. Er hat sich gewissermassen selbst erhandelt und damit als die Person gewählt, die er *ist*. Alle einzelnen Handlungen gehen auf einen Selbst-Entwurf zurück, durch den sich ein Mensch in seinem Wesen festgelegt und zu dem besonderen Individuum gemacht hat, als das er existiert. Wie Aristoteles verbindet Sartre die Wahl mit einer Überlegung. Doch Aristoteles ging wie sein Lehrer Platon davon aus, dass die Wahl der individuellen Lebensform bereits vorentschieden ist durch göttlich oder gesellschaftlich sanktionierte Idealtypen, so dass die Überlegung sich nur darauf richtet, die auf die eigene Person passenden auszusuchen. Während Platon im Schlussmythos der *Politeia* eine Wahl des künftigen Lebens schildert, die darin besteht, aus präfigurierten Mustern eines zu adaptieren, das ethischen Erwägungen genügt (vgl. Platon 1958, 613e ff.), trifft man nach Aristoteles seine Entscheidung über das zu Tuende auf der Basis von Klugheitsüberlegungen, die sich ausschliesslich an dem orientieren, was in der Polis als verbindlich gilt. Sartre hingegen bezieht die Erwägung auf das freie Bewusstsein, „das sich auf seine Möglichkeiten hin entwirft und sich durch diese Möglichkeiten definieren lässt" (*SN* 779; *EN* 526). Zwar sind diese Möglichkeiten nie völlig frei schwebende, beliebige Erfindungen, sondern sowohl auf die Vergangenheit als vorliegende Geschichte des bereits wirklich Gewordenen als auch auf die Person bezogen, zu der man sich durch frühere Antriebe und Motive gemacht hat, aber dies sind trotzdem für Sartre keine deteminierenden Faktoren, weil kein An-sich von sich aus auf den Menschen einwirken kann, es sei denn, das Individuum macht es zu einem Für-sich und *lässt* sich dadurch bestimmen. „Tatsächlich haben Motive und Antriebe nur das Gewicht, das mein Entwurf, das heisst die freie Hervorbringung des Zwecks und der als zu realisierend erkannten Handlung, ihnen verleiht. Wenn ich erwäge, ist das Spiel aus" (*SN* 782; *EN* 527). Was Sartre als Erwägung bezeichnet, ist somit eine nachträgliche

Reflexion auf die von der Freiheit bereits gefällte Entscheidung. Sie ist daher kein vorhergehendes theoretisches Abwägen zwischen verschiedenen Möglichkeiten, sondern ebenfalls ein Mittel, dessen die praktische Vernunft sich bedient, um sich für sich selbst ihre Entscheidung transparent zu machen, indem sie dem Willen reflexive Kraft verleiht und ihn dadurch auf den bereits gesetzten Zweck ausrichtet, ihn also gleichsam intentionalisiert. So wird der Wille zur Erwägung autorisiert, und sein interpretierendes Nachdenken über den Zweck vollzieht sich dann wieder Aristotelisch als Überlegung des für die Erreichung dieses Zwecks geeigneten Mittels.

Nicht der Wille trifft somit die Entscheidung, sondern die Freiheit hat sie je schon getroffen, wenn der Wille mit seiner Entscheidung dem bereits Entschiedenen zustimmt. Die Freiheit hat sich im ursprünglichen Selbstentwurf – dem Initialentwurf – festgelegt, und die in diesem Entwurf als das Wesen der Person mitgesetzten Sinn- und Wertvorstellungen gehen in alle konkreten Realisierungen mit ein, insofern diese Spezifikationen des Globalentwurfs sind. Sartre vertritt die These, dass menschliche Realität qua In-der-Welt-sein durch und durch Wahl ist – und nichts ausserdem. Was immer jemand in einer gegebenen Situation tut, ist Ausdruck seiner Wahl und ihm damit als für seine Handlungen verantwortliche Person zuzuschreiben. Sartre versucht dies an ganz banalen Beispielen zu zeigen: an einem Wanderer, der nach langem Marsch unter seiner Müdigkeit so leidet, dass er sich kurz vor dem Ziel hinsetzt, um sich zu erholen, während sein ebenso müder Begleiter den Weg fortsetzt (vgl. *SN* 787 ff.; *EN* 530 ff.). Beidemale liegt dem Verhalten eine Entscheidung zugrunde, im einen Fall die, eine bestimmte Grenze körperlicher Anstrengung nicht zu überschreiten, im anderen die, sich selbst zu überwinden und über den Körper zu triumphieren. Das Individuum entscheidet sich jeweils in Bezug auf sein Wesen, wobei „mein Wesen das ist, was ich gewesen bin" (*SN* 781; *EN* 527). Aber auch das, was ich gewesen bin, ist Resultat einer Entscheidung gewesen, letztlich jener Grundentscheidung, die den ursprünglichen Selbstentwurf generiert hat.

Obwohl jede Entscheidung die Reihe der vorangegangenen Entscheidungen fortsetzt, kann doch prinzipiell in jedem Augenblick ein anderes Wesen gewählt werden. Erneut unterzieht Sartre den Determinismus einer Kritik, diesmal den Freudschen „vertikalen Determinismus" (*SN* 794 ff.; *EN* 535 ff.), demzufolge alle Handlungen eines Menschen aufgrund ihres affektiven Unterbaus in Gestalt psychophysiologischer Triebe in einem durchgängigen Zusammenhang stehen. Auf diese Weise scheint zwar ein „horizontaler Determinismus", der jede Handlung aus der vorhergehenden erklärt, vermieden, aber insofern Freud in seinen psychoanalytischen Erklärungsmustern menschliche Handlungen im Sinne von *symbolischen* Akten als Resultat psychischer Prozesse auffasst, die auf eine vorgängig existierende Konstellation wie zum Beispiel den Ödipuskomplex zurückführbar sind, „bleibt der vertikale Determinismus Freuds auf einen horizontalen Determinismus ausgerichtet" (*SN* 794; *EN* 535).

Was Sartre daran kritisiert, ist wiederum die jegliche Freiheit aufhebende Unterstellung eines der menschlichen Existenz vorausgehenden Wesens (in diesem Fall eines ‚Komplexes'), durch welches die Freiheit vorherbestimmt und somit aufgehoben ist. Für die Psychoanalyse „existiert die Dimension des Zukünftigen" nicht (*SN* 795; *EN* 536), da alle Handlungen von der Vergangenheit her festgelegt sind: Blosse Auswirkungen eines psychischen Zustands, der – weil er kein ursprünglicher Selbstentwurf war – ein in der Vergangenheit abgeschlossenes Faktum darstellt, das sich in sämtlichen Handlungen unvermeidlich fortzeugt und damit jeden zukunfterschliessenden Überschritt auf ein anderes Selbstkonzept hin verhindert.

Sartre will stattdessen die psychoanalytische Methode „*umgekehrt* anwenden", indem er „den Verständnisakt als eine Rückwendung der Zukunft zur Gegenwart" deutet (*SN* 796; *EN* 536). Auf diese Weise wird die Freiheit gerettet, denn so verstanden ist ihr nichts vorgegeben ausser dem von ihr selbst in Form eines Selbstentwurfs gesetzten Zweckbündel, das sie aber eben selbst hervorgebracht hat und – ausgehend von der bestehenden Mangelsituation – als (noch) nicht vorhandene Wirklichkeit in die Zukunft projiziert sowie durch Reflexion auf die Mittel zu ihrer Herbeiführung auf die Gegenwart zurückbezieht, in welcher der als das Mittel der Wahl bestimmte Weg zum Ziel, das heisst die Vergegenwärtigung ihren Anfang nimmt. Da es Sartre an dieser Stelle nicht um die Genese einer moralischen Handlung als Prototyp einer autonomen Handlung geht, sondern um die Erläuterung der These, dass das Individuum alles, was es ist, selbst aus sich gemacht hat, auch und gerade jene Komplexe, die eher für seine Unfreiheit sprechen, demonstriert er am Beispiel des Minderwertigkeitskomplexes seine Lesart einer existentiellen Psychoanalyse, die nicht nur die positiven, sondern auch die negativen Selbstbilder mitsamt den Misserfolgen, unter welchen ein Mensch leidet, auf eine Selbstwahl und damit auf die Freiheit zurückführt. Wir sind geneigt, für Minderwertigkeitsgefühle äussere Faktoren als Ursachen ausfindig zu machen – etwa andere Menschen, denen alles gelingt, was sie anpacken, während wir es zu nichts bringen, oder die Geringschätzung, mit denen die Mitmenschen uns und unsere Leistungen bedenken –, aber Sartre macht dagegen geltend, dass Minderwertigkeit nicht etwas ist, das uns ohne unser Zutun zugefügt wird, sondern dass wir selbst deren Konstrukteure sind: „Der Minderwertigkeitskomplex selbst ist ein Entwurf meines eigenen Für-sich in der Welt in Anwesenheit des Andern. Als solcher ist er immer Transzendenz, als solcher auch die Art, sich zu wählen" (*SN* 796; *EN* 536). Minderwertigkeit schreibe ich mir demnach im Vergleich mit anderen, die ich als höherwertig einstufe, selbst zu. Es ist meine eigene Wertskala, auf welcher ich mich selbst mit einem „Widrigkeitskoeffizienten" (*SN* 797; *EN* 537) versehe, auch wenn es die kollektive Wertskala ist, die ich verinnerlicht habe und meiner Selbsteinschätzung zugrundelege. Was ich für mich bin, entscheide ich allein, und damit bin ich immer schon „Transzendenz", Entwurf meiner selbst im Hinausgehen über das Gegebene, zu dem ich mich so oder so verhalten kann. Ich kann mich also auch den anderen überlegen fühlen, selbst wenn ich nach deren Massstäben minderwertig bin. Die Möglichkeit, die zu sein ich unter allen Möglichkeiten als die meine gewählt habe, bestimmt mein Selbstverständnis ‚wesentlich', und insofern drückt sich auch in einem Minderwertigkeitskomplex die ursprüngliche Freiheit aus, mit welcher ich mein Wesen – als ein minderwertiges – gewählt habe. Wie der Welt geben wir auch uns selbst die Bedeutung, die wir zuvor hineinprojiziert haben. Nichts hat an sich Bedeutung, sondern immer nur für uns, die wir das, was ist, zu dem machen, was es in Bezug auf unsere Existenz ist.

Damit ist Sartre an jenen Letztpunkt gelangt, an dem wir „den grundlegenden Freiheitsakt gefunden" haben (*SN* 799; *EN* 539). Dieser realisiert sich als Ur-Wahl, in welcher das Individuum gleichsam den Rahmen oder Umriss seines Selbst in globo festlegt, den es im Verlauf seines Lebens mittels einzelner – als solcher unvorhersehbarer – Handlungen konkret füllt. Der Entwurfcharakter der Freiheit bleibt jedoch erhalten, solange ein Mensch existiert. Anders als die von Platon geschilderten Seelen, die nach erfolgter Wahl einen Dämon als Begleiter zugeteilt bekommen, der in ihrem künftigen Leben dafür sorgt, dass sie von der einmal gewählten Lebensform nicht mehr abweichen können, hat das Individuum bei Sartre jederzeit die Möglichkeit, sich völlig neu zu entwerfen, auch wenn man in der Regel aus Gewohnheit oder Bequemlichkeit beim initialen Selbstentwurf bleibt und nur hier oder da gelegentliche Korrekturen vornimmt. Die Frage, wie man sich den Vorgang jener ‚ersten' Wahl vorstellen soll, ob man sie bei vollem Bewusstsein in Kenntnis sämtlicher Möglichkeiten oder eher unbewusst vollzogen hat, weist Sartre ab. Dies hängt damit zusammen, dass sein Handlungsmodell (ebenso wie das Aristotelische) ein Strukturmodell ist, das keinen zeitlichen Verlauf anzeigt, sondern eine Simultaneität der analysierten Teilmomente. Die begriffliche Differenzierung des einen, ungeteilten Freiheitsvollzugs lässt sich zwar durchaus deduktiv von oben nach unten lesen, aber damit ist keine Reihenfolge im Sinne eines empirischen Nacheinanders verbunden.

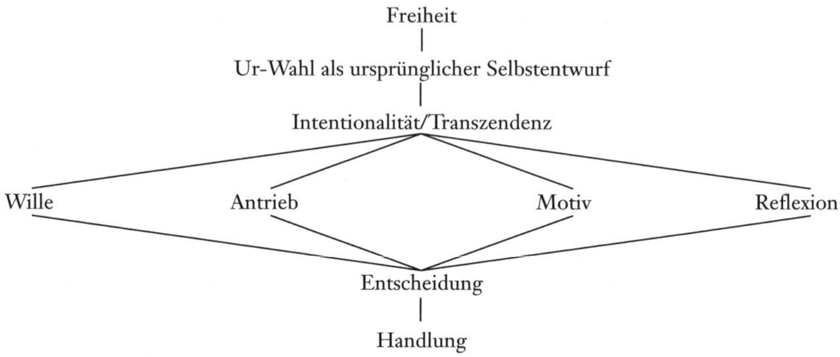

Alle im Modell entfalteten Strukturmomente sind Implikate der Freiheit und insofern gleichursprünglich mit dieser. Über sie wird ein Bedingungsverhältnis expliziert, aus welchem keines der einzelnen Glieder eliminiert oder verabsolutiert werden darf, ohne dass das Verhältnis als Ganzes zusammenbricht und entweder ein Determinismus oder ein Indeterminismus der Beliebigkeit resultiert. Sartre erläutert dies am Beispiel der Liebe: „‚Lieben wollen' und lieben sind eins, denn lieben heisst, sich als liebend wählen und sich dabei bewusst werden, dass man liebt" (*SN* 801; *EN* 540).

Fragt man jedoch, wie das Modell als solches zustandekommt, muss man es unter empirischem Aspekt von unten nach oben lesen. Sartres Methode ist regressiv: Ausgehend von der Erfahrung, wie wir de facto handeln, fragt er nach der Voraussetzung, unter welcher sich das, was wir tun, rekonstruieren lässt, dann weiter nach der Voraussetzung dieser Voraussetzung und so fort, bis er bei der Freiheit als jener Voraussetzung angelangt ist, die keiner Voraussetzung mehr bedarf, da sie nur als Selbstursprung gedacht werden kann und insofern nicht mehr von woandersher begründbar ist. Wer wir sind, können wir also nicht durch einen direkten Zugriff auf die Ur-Wahl als daraus ableitbare Folge erkennen, sondern nur über unsere alltäglichen Gepflogenheiten und individuellen Vorlieben: „Der Wert der Dinge, […] meine Kleidung, […], meine Möbel, die Strasse, die Stadt, in der ich wohne, die Bücher, mit denen ich mich umgebe, die Zerstreuungen, denen ich nachgehe, […] alles das unterrichtet mich selbst über meine Wahl, das heisst über mein Sein" (*SN* 803; *EN* 541). Die Selbstanalyse führt somit auf den ursprünglichen Entwurf des Selbst, der mir begreifbar macht, warum ich die Person bin, die ich bin: Ich habe mich entschieden, so zu sein – nicht an einem datierbaren Zeitpunkt, der biographisch exakt eruierbar wäre, sondern im Verlauf meines Lebens, in welchem sich eine bestimmte Grundhaltung herauskristallisiert hat, die ich mir als die meine zu eigen gemacht habe.

Der als Habitus verfestigte Selbstentwurf kann seinerseits wiederum nur als Produkt der Freiheit verstehbar gemacht werden, denn ich hätte mich anders wählen können, als ich es getan habe. Nachdem ich mich aber einmal festgelegt habe, diese bestimmte Person zu sein, ist es nach Sartre müssig, für jede einzelne Handlung Freiheit zu fordern, weil ich anders hätte handeln können. Auf der Ebene des Handelns bin ich bis zu einem gewissen Grad determiniert durch die in meinem Initialentwurf festgelegte Persönlichkeitsstruktur, die als solche frei gewählt ist, aber ‚nach' der Wahl als bestimmender Faktor in den einzelnen Entscheidungen und Handlungen wirksam wird. Theoretisch hätte ich zwar in jedem einzelnen Fall anders handeln können, aber – so fragt Sartre – *„um welchen Preis?"* (*SN* 804; *EN* 542). Ich hätte anders handeln können, wenn ich mich als eine andere Person gewählt hätte. Würde ich jedoch nicht so handeln, wie ich mich gewählt habe, wäre die Handlung „grundlos" (ebd.), und wollte man auf der Ebene des Handelns grundsätzlich dieselbe Freiheit postulieren wie auf der Ebene des Selbstentwurfs, dann führte dies in eine dualistische Spaltung: Auf der einen Seite befände sich das Selbst als freischwebender Entwurf ohne jede Bodenhaftung, auf der anderen Seite die von ihrem Selbstentwurf abgetrennt handelnde Person, die tut, was ihr beliebt, und damit eine Kette von disparaten Handlungen erzeugt, welchen jeglicher Sinn abgeht, da sie durch keinen ihnen gemeinsamen, sie in eine fortlaufende Geschichte integrierenden Grund zusammengehalten werden.

Von Freiheit in eigentlicher, existentieller Bedeutung kann demnach nur auf der Ebene der Ur-Wahl die Rede sein. Und diese Freiheit ermöglicht auch jederzeit „eine radikale Konversion meines In-der-Welt-seins, das heisst durch eine jähe Metamorphose meines Initialentwurfs, das heisst durch eine andere Wahl meiner selbst und meiner Zwecke" (ebd.) Obwohl eine derartige Veränderung des Selbstentwurfs eher selten ist, bleibt sie immer möglich, weil das Individuum sich in seinem Freiheitsvollzug als kontingent erfährt, wodurch die Absolutheit der Ur-Wahl ständig in Frage gestellt ist. So sieht es sich, anstatt sich mit einem Schlag voll und ganz gemäss seinem Entwurf zu verwirklichen, auf die „drei Ekstasen" (*SN* 806; *EN* 543) der Verzeitlichung verwiesen, die es dazu nötigen, in jedem „Augenblick" Vergangenheit, Gegenwart und Zukunft als einen Sinnzusammenhang zu konstituieren, indem es sich in die Zukunft entwirft und die dabei mitgesetzten Zwecke als Indikatoren für den Sinn betrachtet, den es sowohl seinem Sein als auch seinem Gewesensein zuschreibt. Der durch eine Handlung im Augenblick herbeigeführte Beginn einer Veränderung ist zugleich das Ende des Zukunftsentwurfs, der seinerseits vergangene Zwecksetzungen fortsetzt oder mit diesen bricht. Das Individuum ist „frei und kann machen, dass es eine Welt gibt, weil es *das Sein ist, das im Licht dessen, was es sein wird, das zu sein hat, was es war*" (*SN* 829; *EN* 558).

Man existiert nicht linear, wie Sartre am Beispiel Adams gemäss der Interpretation von Leibniz zu zeigen versucht (*SN* 810 ff.; *EN* 546 ff.). Adam handelt zunächst nicht anders als das Sartresche Individuum entsprechend dem durch sein Wesen festgelegten Habitus, doch mit dem entscheidenden Unterschied, dass Adam sein Wesen nicht selbst gewählt, sondern als von Gott gewähltes übernommen hat und daher auf der Ebene des Initialentwurfs nicht frei ist. Er kann also nicht anders als sein ihm vorgegebenes Wesen in die Zukunft zu projizieren, so dass er gleichsam bei allen seinen Entscheidungen rückwärts in die Zukunft blickt, während Sartres Individuum vorwärts blickt und sich durch seine Entscheidungen rückwirkend umzuschaffen vermag wie der Atheist, der sich bekehrt und damit seinen alten Selbstentwurf negiert, um als gläubiger Mensch zu existieren zu beginnen (vgl. *SN* 808; *EN* 545). Für Sartre und sein Konzept einer „existentiellen Psychoanalyse" (*SN* 830; *EN* 559) ist es unabdingbar, dass die Geschichte eines Menschen keinen notwendigen, sondern einen bloss faktischen Zusammenhang bildet, weil anders der Handelnde nur einen bereits bestehenden Sinn wiederholen, aber keine eigenen Zwecke setzen könnte, und damit die Freiheit, sich in toto und absolut selbst in seinem Wesen zu entwerfen, aufgehoben wäre.

Obwohl Sartre Kierkegaard in diesem Zusammenhang nicht namentlich erwähnt, legt es sich aufgrund der von ihm verwendeten Terminologie nahe, einen kurzen Blick auf die in *Entweder/Oder II* geschilderte ethische Selbstwahl zu werfen, die in ihrer Struktur mit Sartres Konzept der Ur-Wahl übereinstimmt. Wenn es dort heisst, dass es sich um eine „absolute Wahl" handelt, bei welcher man sich aus Freiheit in seiner „ewigen Gültigkeit" wählt und eben dadurch „man selbst" wird (vgl. Kierkegaard 1957, 189, 224), dann erinnert dies an Sartres Beschreibung des Initialentwurfs. Nimmt man noch den Gedanken hinzu, dass der sich Wählende sein Selbst und damit seinen Charakter durch die ethische Bestimmung allererst hervorbringt, wird die Ähnlichkeit beider Handlungsmodelle noch auffälliger. „Der einzelne Mensch wird sich also seiner bewusst als dieses bestimmte Individuum mit diesen Fähigkeiten, diesen Neigungen, diesen Trieben, diesen Leidenschaften, als beeinflusst von dieser bestimmten

Umgebung, als dieses bestimmte Produkt einer bestimmten Umwelt. Indem er aber auf diese Art sich seiner bewusst wird, übernimmt er für alles miteinander die Verantwortung“ (Kierkegaard 1957, 267). Der Selbstentwurf des ethisch sich Wählenden schliesst jenes „Selbst“, das er zuvor gewesen ist, als sein eigenes, unverwechselbares, da von ihm handelnd zur Existenz gebrachtes Wesen mit ein.

Kierkegaards Ethiker entgeht damit dem Vorwurf, den Sartre gegen Kant richtet, dessen Konzept der „Wahl des intelligiblen Charakters“ (*SN* 830; *EN* 559) er kritisiert, weil eine solche Wahl der Verzeitlichung ermangelt und es sich somit um eine nichtphänomenale Wahl handelt, der die geschichtliche Spezifizierung und Konkretisierung fehlt. Kierkegaard betrachtet eine solche Wahl ebenfalls als ein Selbstmissverständnis, das er am Beispiel des Mystikers exemplifiziert: „Der Mystiker wählt sich selbst abstrakt, daher darf man sagen, er wähle sich fort und fort aus der Welt heraus; die Folge davon aber ist, dass er sich selbst nicht wieder in die Welt zurückwählen kann. Die wahre konkrete Wahl ist diejenige, bei der ich mich im gleichen Augenblick, da ich mich aus der Welt herauswähle, wieder in die Welt zurückwähle“ (Kierkegaard 1957, 265) Vermutlich würde Sartre jedoch gegen Kierkegaard als christlichen Denker denselben Einwand vorbringen, den er gegen das Leibnizische Freiheitsverständnis gerichtet hat: Das Individuum sei nicht frei, sein Wesen zu wählen. Adam habe sich nicht als ein Anderer entwerfen können, da ihm sein Wesen von Gott vorherbestimmt worden sei. Für Kierkegaard trifft dies jedoch so nicht zu. Das Individuum ist frei, sich ohne jede Vorgabe selbst in seinem Wesen zu bestimmen. Aber die Freiheit, sich selbst zu wählen, ist noch einmal bedingt durch die göttliche Freiheit. Dieser Freiheitsbegriff ist in einer anderen Hinsicht als der Sartresche „absurd“. Eine bedingte Freiheit scheint in sich selbst widersprüchlich und hat nur in einem Glauben Sinn, in welchem die menschliche Freiheit sich in der göttlichen Freiheit als ihrem Unbedingten gründet. Sartre hingegen macht die „Absurdität der Freiheit“ (*SN* 829 f.; *EN* 559 f.) am Fehlen der Alternative fest: Es gab nicht die Wahl, nicht zu wählen. Freiheit ist „Freiheit zu wählen, nicht aber die Freiheit, nicht zu wählen. Daraus ergibt sich, dass die Wahl Grundlage des Gewählt-seins ist, aber nicht Grundlage des Wählens. Daher die Absurdität der Freiheit“ (*SN* 832; *EN* 561). Insofern sind die Würfel immer schon gefallen: für die Freiheit.

Gegen Sartres Freiheits- und Handlungstheorie wurden verschiedene Einwände und Desiderate vorgetragen, von denen einige, die repräsentativ sind, aufgeführt werden sollen. Simone de Beauvoir hat Sartre vorgehalten, er habe die Dinge, die nicht von uns abhängen, zu wenig berücksichtigt und damit eine reaktionäre Haltung begünstigt: „Ihre Konzeption der Freiheit war im Grunde die stoische Freiheit: Was nicht von uns abhängt, hat keine Bedeutung, und was von uns abhängt, ist die Freiheit; man ist also frei in jeder Situation." Sartre hat daraufhin eingeräumt, dass er „eine etwas einfältige Theorie der Freiheit" vertreten habe, „aber sie entsprach nicht dem, was ich eigentlich sagen wollte [...], dass man für sich verantwortlich ist, selbst wenn die Handlungen durch etwas einem Äusserlichen hervorgerufen werden" (Beauvoir 1983, 451 f.). Klaus Hartmann vermisst bei Sartre die soziale Dimension bzw. ein Konzept pluraler und als solcher aufeinander relativer Freiheiten, das sich im Kontext einer auf der Einzelfreiheit aufgebauten Philosophie nicht situieren lasse (Hartmann 1983, Sozialphilosophie 36). Gerhard Seel konstatiert „eine Reihe unaufgelöster Probleme", darunter die Darstellung der unterschiedlichen Funktionen von Sein, Freiheit und Wert bei der Konstitution von Praxis durch das konkrete Subjekt (Seel 1971, 263). Jürgen Hengelbrock fragt, ob der Mensch bei Sartre nicht letztlich nur frei sei als Zuschauer seines Tuns, der zwar engagiert und bewusst das Spiel auf der Bühne mitverfolge, es aber nicht beeinflussen könne (Hengelbrock 1989, 115). Ulrich Pothast überzeugt Sartres Begründung der Freiheit nicht, da sie das Auftauchen des nichtdeterminierten Subjekts nicht einsichtig mache: „Wie das Bewusstsein dazu kommt, diese und keine anderen Entwürfe zu bilden (diese und keine andere Wahl zu treffen), ist nicht verständlich gemacht – jedenfalls nicht für die ursprüngliche Wahl". Ein Selbstentwurf, der ohne Plan und ohne Handlungserfahrung erfolge, setze entweder „ein allwissendes Vorwegnehmen noch nicht gemachter Erfahrungen" voraus, oder es handle sich dabei um eine irrationale Wahl (Pothast 1980, 98, 101, Anm. 32).

Als unbefriedigend erscheint in der Tat die mit Sartres Apriori der Freiheit verbundene These des Vorrangs der Existenz vor der Essenz, weil sie nicht begreiflich macht, warum wir uns als die Person gewählt haben, die wir sind. Andererseits war es nicht Sartres Anspruch, diese Frage zu beantworten. Im Gegenteil: Er weist ausdrücklich darauf hin, dass wir uns und unsere Wahl als nicht zu rechtfertigendes Faktum wahrnehmen (*SN* 805; *EN* 542), weil auf der Ebene des Selbstentwurfs keine Instanz da ist, der gegenüber wir rechtfertigungspflichtig wären. Vielleicht lösen sich manche Schwierigkeiten, wenn man Sartres Handlungsmodell nicht von oben nach unten liest, sondern sich strikt daran hält, den reduktiven Weg von unten nach oben zu gehen im Sinne einer transzendentallogischen Explikation eines aufsteigenden Bedingungszusammenhangs, der bei einer nicht mehr begründbaren Letztbedingung endet, so wie Kants Rückführung moralischer Handlungen beim Freiheitsprinzip zum Stehen kommt. Wie Kant es als methodisch unzulässig ablehnt, das Sittengesetz aus der Freiheit abzuleiten, und nur den Nachweis führt, dass das Sittengesetz Freiheit notwendig voraussetzt, so schliesst Sartre von den individuellen Handlungen auf einen diesen zugrundeliegenden Selbstentwurf zurück, der Freiheit zur Bedingung hat. Freilich bleiben dabei die Beweggründe, warum sich der eine als Feigling, der andere als schlechten Künstler, ein dritter als Stotterer gewählt hat, im Dunkel, und sie müssen im Dunkel bleiben, weil die reduktiv erschlossenen Strukturelemente des Handelns nicht ihrerseits zur Interpretation von Freiheit herangezogen werden können. Aber daraus ist nicht zu folgern, die Ur-Wahl des Selbst sei irrational. Sie ist vorrational, vorwillentlich und vorreflexiv, was nichts anderes besagt, als dass der individuelle Charakter einer Person – ihr Wesen – begrifflich unableitbar ist.

Die Antwort auf die Frage, wie die differenten Freiheitsentwürfe der Individuen ein kollektives Handeln auf der Basis geteilter Wertüberzeugungen und eines gemeinsamen Ethos ermöglichen, bleibt Sartre in *Das Sein und das Nichts* allerdings schuldig. Für Aristoteles stellte sich diese Frage deshalb nicht, weil das Gute von ihm als das Ensemble der von den Bürgern der Polis fraglos anerkannten Zwecke gedacht wurde, so dass die Entscheidung des einzelnen, diese Zwecke seinem persönlichen Lebensentwurf zugrunde zu legen, durch den Sozialverband mitgetragen war. Diese These ist jedoch für Sartre unannehmbar, da in diesem Handlungsmodell die Essenz der Existenz vorausgeht und das Individuum nicht frei wäre, sich selbst zu wählen. Entwirft es sich jedoch im Sinne Sartres völlig frei und damit ohne jeden Bezug auf andere Individuen, bleibt ungeklärt, wie es sich mit diesen zu einem Kollektiv verbinden kann. Weder die Summe individueller Selbstentwürfe noch nachträgliche Versuche einer Vernetzung der durch die Ur-Wahl isolierten Subjekte ergeben ein Kollektiv, das als gleichursprünglich mit dem Initialentwurf angesetzt werden muss. Freiheit wäre so verstanden ab *ovo* individuelle und kollektive Freiheit, wie Sartre es später in seinem Essay über den humanistischen Existentialismus ausgeführt hat: „Indem wir die Freiheit wollen, entdecken wir, dass sie ganz und gar von der Freiheit der andern abhängt, und dass die Freiheit der andern von der unsern abhängt. Gewiss hängt die Freiheit als Definition des Menschen nicht von andern ab, aber sobald ein Sichbinden vorhanden ist, bin ich verpflichtet, gleichzeitig mit meiner Freiheit die der andern zu wollen, und ich kann meine Freiheit nicht zum Ziel nehmen, wenn ich nicht zugleich die Freiheit der andern zum Ziel nehme“ (*Existentialismus* 138 [32]).

Literatur

Aristoteles 1972: Die Nikomachische Ethik, deutsche Übersetzung von O. Gigon, München, DTV.

Beauvoir, Simone de 1983: Die Zeremonie des Abschieds und Gespräche mit Jean-Paul Sartre, Reinbek, Rowohlt.

Hartmann, Klaus 1983: Grundzüge der Ontologie Sartres in ihrem Verhältnis zu Hegels Logik (1963); Sartres Sozialphilosophie (1965), in: Die Philosophie Jean-Paul Sartres. Zwei Untersuchungen zu L'être et le néant und zur Critique de la raison dialectique, Berlin, Walter de Gruyter.

Hengelbrock, Jürgen 1989: Jean-Paul Sartre. Freiheit als Notwendigkeit. Einführung in das philosophische Werk, Freiburg/München, Karl Alber.

Hill, Charles G. 1993: Jean-Paul Sartre. Freedom and Commitment, Bern, Peter Lang.

Kierkegaard, Søren 1957: Entweder/Oder, 2 Bde., deutsche Übersetzung von E. Hirsch, Bd. 2, Düsseldorf, Eugen Diederichs.

Platon 1958: Politeia, in: Sämtliche Werke, E. Grassi (Hrsg.), Bd. 3, Reinbek, Rowohlt.

Pothast, Ulrich 1980: Die Unzulänglichkeit der Freiheitsbeweise. Zu einigen Lehrstücken aus der neueren Geschichte von Philosophie und Recht, Frankfurt am Main, Suhrkamp (Sartre: 87–105).

Schröder, Gert 1991: „Zur ontologischen Grundlegung des Freiheitsbegriffs in Sartres ‚Das Sein und das Nichts'", in: Das Sartre-Jahrbuch Eins, R. E. Zimmermann (Hrsg.), Münster, 138–46.

Seel, Gerhard 1971: Sartres Dialektik. Zur Methode und Begründung seiner Philosophie unter besonderer Berücksichtigung der Subjekts-, Zeit- und Werttheorie, Bonn, Bouvier.

Turki, Mohamed 1986: Freiheit und Befreiung. Zur Dialektik der philosophischen Praxis bei Jean-Paul Sartre, Bochum, Germinal.

Peter Kampits

Grundlose Freiheit (833–949 und 950–955)

Die ontologische Begründung der radikalen Freiheit, für die Sartre plädiert, steht ausgehend von der Betonung der Ur-Wahl als ursprünglichen Selbstentwurf nunmehr unter der Notwendigkeit verschiedene Einwände gegen diese Freiheitskonzeption zu entkräften. In den folgenden Abschnitten setzt Sartre seinen Hymnus an die Freiheit durch die Einbeziehung der Faktizität und schliesslich durch die Betonung der aus der Freiheit fliessenden Verantwortlichkeit fort. Die in der grundsätzlichen Struktur des Für-Sich-Seins als eines Seins, das „nicht ist, was es ist und das ist, was es nicht ist" ebenso wie die in der Bewusstseinsstruktur angelegte Nichtigkeit der „realité humaine", die Sartre auch als ein Sein bezeichnete, „das sein eigenes Nichts sei" (*SN* 81; *EN* 59), bedeutet für Sartre zugleich, dass es zwischen dem Sein des Menschen und seinem „Freisein" keinen Unterschied gibt, Freiheit mithin weder als eine Eigenschaft, ein Vermögen des Menschen, noch als Willensfreiheit zureichend bestimmt werden kann, sondern eine ontologische Verfassung aufweist. Das daraus folgende „Verurteilt sein zur Freiheit" bedeutet eine Ablehnung jeder Form des Determinismus, verweist aber andererseits auch auf die grundsätzliche Absurdität der Freiheit, da die Freiheit nicht Grund ihres Seins ist. Nicht zuletzt aus dieser Perspektive bricht nun für Sartre das Problem der Beziehung von Freiheit und Faktizität (Geworfenheit) auf, das auf dem Hintergrund der Absurdität der Freiheit näher zu untersuchen ist.

Sartre ist davon überzeugt, dass sich diese Probleme mit jenen konkreten Einwänden (*SN* 833; *EN* 561) treffen, die sich, teils dem „Common-Sense" teils der philosophischen Tradition entstammendend, auf die Beschränktheit unserer Freiheit beziehen.

Sartre hat das Problem der Freiheit im Zusammenspiel von Faktizität und Transzendenz als äusserst wesentlich erachtet. Ohne Bezug auf den „Widrigkeitskoeeffizienten der Dinge“ (*SN* 833; *EN* 561), auf das Gegebensein, würde Freiheit zu einer Abstraktion verkümmern. Freiheit kann nur als „eingesetzt“ in eine Widerstand leistende Welt verwirklicht werden: Darum die grundsätzliche These: „Es gibt Freiheit nur in Situation und es gibt Situation nur durch Freiheit“ (*SN* 845; *EN* 569).

Dies bedeutet zunächst, dass das Common-Sense-Argument bezüglich der Grenzen, das Determinismusargument nicht zählen: Denn erst durch einen freien Akt, durch die Setzung eines Zwecks kann mir etwas als widerständig erscheinen, erst durch eine meinen Zwecksetzungen Widerstand leistende Welt kann es ein freies Für-sich-sein geben.

Ebensowenig darf Freiheit mit der Fähigkeit verwechselt werden, gewählte Ziele auch zu erreichen, ohne dass dies die Widerständigkeit der Dinge oder Gelegenheiten aufweicht.

Entscheidend bleibt nach Sartre für den Begriff der Situation aber die Faktizität der Freiheit selbst, die nicht überschritten werden kann: „Wir sind zur Freiheit verurteilt [...] in die Freiheit geworfen“ (*SN* 883; *EN* 594). Dies heisst weiterhin, dass unsere Freiheit eine faktische ist, die nicht ihr eigener Grund sein kann, dass es eine Faktizität der Freiheit gibt, die sich inhaltlich unter anderem auch dadurch kundtut, dass diese Freiheit nicht frei sein kann, nicht frei zu sein und dass sie zugleich auch nicht frei ist, nicht existieren zu können – etwas, was Sartre die Kontingenz der Freiheit nennt.

Gerade daher aber rührt der für die Freiheit konstitutive Bezug zum Gegebenen, weil diese Freiheit in Form der Nichtung (des Gegebenen) zu sein hat. Diese strukturell-ontologische Beziehung nennt Sartre die Situation, die sich damit als eine Art gemeinsamen Produktes erweist: Der Kontingenz des An-sich und derjenigen der Freiheit, oder einfacher formuliert: Wir begegnen innerweltlich besehen nie einem rohen Faktum, sondern immer im Lichte unserer Freiheitsentwürfe gedeutetem Gegebenen. So kann etwa ein Berg im Insgesamt meines Freiheitsentwurfes ebenso als Hindernis wie als ästhetische Anordnung erscheinen, als Beschränkung und Freisetzung zumal. Damit erscheint das Gegebene, das in der Common-Sense-Argumentation als Beschränkung der Freiheit erscheinen könnte, als etwas, das sich durch die Freiheit im Grunde erst als Gegebenes erhellt und somit umgekehrt zu einem wesentlichen Strukturmoment der Freiheit selbst geworden ist.

Dies versucht Sartre an mehreren, zusammengehörigen Weisen des Zusammenspiels von Freiheit und Gegebenheit zu erhellen, die er als meinen

Platz, meinen Leib, meine Vergangenheit, meine Position bezeichnet – ergänzt durch die Beziehung zum Anderen und dem Tod. Wie so oft, bleibt freilich seine angekündigte Systematik eher fragmentarisch. Für Sartre bedeutet der Platz Kontingenz meines Daseins, näherhin zufällig dort und dort geboren werden, aufzuwachsen, situiert sein. Zugleich enthüllt sich aber hinsichtlich der Freiheit eine Art Antinomie: Ohne „realité humaine" gäbe es weder Raum noch Platz – auf Grund der ontologischen Struktur des Für-sich-Seins – andererseits erhält der Mensch dadurch seinen Platz unter den Dingen ohne im Geringsten darüber bestimmen zu können. Diese Faktizität des Platzes enthält sich mir nur durch die freie Wahl meines Zweckes – was konkret bedeutet, dass an einem bestimmten Ort leben, den ich mir nicht ausgesucht hatte, der mit meinen Wünschen und Sehnsüchten nicht übereinstimmen mag, erst dann als Begrenzung meiner Freiheit auftaucht, wenn ich diese Faktizität deute. Diese „Geworfenheit" meines Platzes kann nur im Lichte meiner Freiheit als solcher ergriffen werden. Denn durch die Entdeckung der Faktizität durch meine Freiheit kann sich etwa dieser mein Platz als Hindernis oder Hemmnis, oder als Ort des Wohlbefindens erweisen. „So kann die Freiheit nur wirklich frei sein, wenn sie die Faktizität als ihre eigene Einschränkung konstituiert" (*SN* 855; *EN* 576). Deshalb kann meine Situation keine Beschränkung meiner Freiheit darstellen, sondern sie ist ebenso auch Ausgangspunkt meiner Wahl und meiner Entscheidungen. Ähnlich verhält es sich auch mit meiner Vergangenheit. Sartre hat in seiner Analyse der Zeitlichkeit, den ekstatischen Charakter der Zeitlichkeit des Für-sich-Seins herausgestrichen, und die darin liegende Verwandlung der Zeitdimensionen Vergangenheit, Gegenwart und Zukunft in Hinblick auf die Nichtsstruktur des Für-sich-Seins herausgearbeitet.

Das daraus resultierende gleichzeitige Sein und Nichtsein der Vergangenheit zeigt diese als „An-sich, das ich bin als *überschritten*" (*SN* 235; *EN* 162). Daraus wieder folgt der Faktizitätscharakter der Vergangenheit, den Sartre hinsichtlich der Zukunft zunächst so charakterisiert, dass wir unsere eigene Vergangenheit zu sein haben, weil wir sie durch den Entwurf auf die Zukunft hin gewissermassen am Leben halten.

Damit versucht Sartre einerseits der Faktizität der Vergangenheit Rechnung zu tragen, anderserseits wiederum diese Faktizität nur im Lichte meines Entwurfes auf die Zukunft hin gleichsam festzuhalten und zu konstituieren: „Die Zukunft entscheidet, ob die Vergangenheit lebendig oder tot ist" (*SN* 862; *EN* 580). Dem Konzept der Ekstase der Zeitlichkeit folgend, lassen sich Vergangenheit, Gegenwart und Zukunft nicht als einsinnige Zeitdimension begreifen – die Vergangenheit reicht plakativ formuliert –

ebenso in die Zukunft hinein, wie umgekehrt die Zukunft die Ekstase der Vergangenheit übernimmt oder negiert. Dies gilt nicht nur für meine individuelle Lebensgeschichte, sondern auch für die Geschichte schlechthin. Der aktuelle (kollektive) Entwurf entscheidet darüber, welchen Sinn historische Ereignisse enthalten, ob sie in einer bestimmten Form der Kontinuität oder als abgebrochene, gleichsam fertige Ereignisse gedeutet werden können. Sartre steht nicht an, die fortwährende Vergeschichtlichung des Für-sich auch als fortwährende Behauptung seiner Freiheit zu deuten (vgl. *SN* 865; *EN* 582). Die Vergangenheit in ihrem Faktizitätscharakter vermag darum weder zu determinieren, noch lässt sie die Entwürfe auf Zukunft hin in einem abstrakten, am Nullpunkt angesiedelten Raum entstehen. Die Vergangenheit kann darum im Lichte gegenwärtiger und damit auch auf die Zukunft ausgerichteter Deutung nur in jener Form existieren, die das Ich, das ich nicht mehr bin (ich war es) zu sein hat. Damit meint Sartre den grundsätzlichen Freiheitsentwurf durch die Vergangenheit zwar bedingt, aber in keiner Weise determiniert zu sehen, weil ich mich etwa zu einer in der Vergangenheit getätigten Entscheidung oder Tat ebenso im Sinne einer Einsicht und eines Eingeständnisses verhalten kann, wie ich anderseits mich davon zu distanzieren vermag, mich etwa darüber schäme. Die Zeitigung der Zeitlichkeit, wie sie Sartre in seiner Analyse der Zeit beschrieben hatte (*SN* 216 ff.; *EN* 150 ff.), durchzieht auch diese auf die Freiheit gemünzte Faktizitätsdimension der Vergangenheit: Das Für-sich ist niemals, es bleibt zeitlich, weil es sich nichtet. Damit scheint auch der Faktizitätscharakter der Vergangenheit Sartres grundsätzliche Thesen zu bestätigen: Ich brauche gewissermassen meine Vergangenheit, um in ihrem Licht meine Freiheit als konkrete, eingelassene, engagierte Freiheit zu realisieren, ohne dass sie damit den grundsätzlichen Freiheitsentwurf gefährden könnte. Dass die Ernstnahme der Vergangenheit gerade für die Freiheit auch die Möglichkeit des Entweichens in die „mauvaise foi“, die Unaufrichtigkeit, enthält, soll nur am Rande angemerkt werden. Der Aufschubcharakter, den die Vergangenheit im Lichte der Freiheit enthält, die ja auch eine endgültige Entscheidung über das Gewicht der Vergangenheit suspendiert, kann zur Gefahr führen, dass die Angst vor der Freiheit zur Entscheidungslosigkeit und zum Sichfreihalten der Existenz führt. Sartre hat dies in der Romantrilogie *Die Wege der Freiheit* illustriert, nicht zuletzt um auch hier die Notwendigkeit der Faktizität der Freiheit zu untermauern. Eine der Hauptgestalten dieser Trilogie, der Philosophieprofessor Mathieu macht im Verlauf des Romans die Erfahrung, dass gerade der Versuch, Freiheit zu bewahren, indem sie sich als Bindungslosigkeit von allem Engagement freihält, die Freiheit letztlich pervertiert, zu einem abstrakten Gespenst macht. Das was Sartre unter dem

Titel „Umgebung“ untersucht, ist der – von Heidegger übernommene – Phänomenkomplex von Zeug, Umwelt, Zuhandenem und Umgehen mit Zuhandenem in der Umwelt. Der von Sartre gewählte Ausdruck der „chose ustensile“ mit ihren eigenen Widrigkeitskoefizienten gesteht dieser Umgebung eine von meiner Freiheit unabhängige Veränderung zu, die zugleich meinen Freiheitsentwurf begrenzen und beschneiden könnte. Sartre verdeutlicht dies an einem Beispiel: Ich möchte so schnell wie möglich mit meinem Fahrrad in die Nachbarstadt gelangen. Dieser Entwurf kann nur durch Umstände durchkreuzt werden, wie schlechtes Wetter, Sturz, Kaputtwerden des Fahrrades etc. Wiederum kann diese „Umgebung“ nur im Horizont meines freien Entwurfes überhaupt aufscheinen und konstituiert werden, auch wenn etwa diese Veränderung der Umgebung, der Umstände meinen ursprünglichen Plan zum Scheitern verurteilt, und mich meine Ohnmacht erkennen zu lassen scheint.

Die Unmöglichkeit – verursacht durch die Modifikation der „Umgebung“ – in meinem frei gewählten Entwurf weiterzumachen ist nach Sartre selbst eine Art freier Konstitution: Sie geschieht den Dingen durch unseren freien Verzicht, statt dass unser Verzicht durch die Unmöglichkeit des anzunehmenden Verhaltens hervorgerufen würde (*SN* 873; *EN* 587–8). Mit anderen Worten: Die Freiheit impliziert die Existenz zu überwindender Hindernisse, zu benutzender Dinge, sie muss die Existenz des Gegebenen als Bedingung ihrer selbst anerkennen, und damit auch das, was man als unvorhersehbare Vorfälle oder Umstände bezeichnen kann (etwa die Reifenpanne, eine Überschwemmung und dergleichen).

Für Sartre bleibt daher wesentlich, dass sich im Widerstand des Zeugkoeffizienten jeder Entwurf von Freiheit als offener Entwurf konkretisiert (*SN* 875; *EN* 588–9), der sozusagen in seiner Struktur die Selbständigkeit der Dinge der Welt impliziert. Darüber hinaus enthüllt sich an dieser Widrigkeit der Dinge die Dimension der Bedeutung, die die Freiheit den Gegebenheiten verleiht, getreu der ursprünglichen Struktur des Für-sich-Seins: Durch seinen Nichtungscharakter „gibt es“ („il y a“) Dinge, von denen wir nur durch unsere Freiheit getrennt sind (*SN* 878; *EN* 590–1), gibt es die Kontingenzfülle, innerhalb derer sich die eigene Kontingenz der Freiheit enthüllt: „So bin ich absolut frei und für meine Situation verantwortlich. Doch deshalb bin ich frei nur in Situationen“ (*SN* 879; *EN* 591). Denn erst durch diese gleichzeitige Kontingenz kann sich die Widrigkeit der Umgebung überhaupt als Situation zeigen. Ähnliches gilt auch für den Anderen, dem Sartre eine umfassende Analyse unter dem Titel des Für-Andere-Seins gewidmet hatte. Im Lichte dieser Analysen, die für Sartre zu einem antagonistischen Konflikt zwischen zwei Freiheiten führen, hatte sich die Unmöglichkeit gezeigt, zu einer gegenseitigen Anerkennung der Freiheiten zu gelangen. Es gibt nur die beiden Möglichkeiten eines Transzendierens der Transzendenz des Anderen oder einer Einverleibung seiner Transzendenz, ohne sie ihres Transzendenzcharakters zu berauben, wobei für Sartre beide Grundhaltungen scheitern müssen.

Unter dem – ein wenig überraschenden – Titel: „Mein Nächster" untersucht Sartre nun, inwieweit eine durch den Anderen geprägte Welt, die vornehmlich mit Bedeutungen, die nicht von meiner Freiheit stammen, versehen ist, meine Freiheit zu begrenzen vermag. Die dabei enthaltene Fragestellung ist eine dreifache: Diejenige nach den schon bedeutenden Utensilien, die Bedeutung, die ich schon als die je meine entdecke, und schliesslich der Andere als Bezugssystem, auf den diese Bedeutungen verweisen (vgl. *SN* 879; *EN* 591–2). Ich finde mich in einer immer schon „bedeutenden" Welt vor, voll von Bedeutungen, die sich meiner Freiheit entziehen, die zumindest nicht von mir stammen. Mit anderen Worten: Die durch andere bestimmte oder vorgeformte Welt fügt dem Widrigkeitskoeffizienten der Dinge einen spezifisch menschlichen Widrigkeitskoeffizienten hinzu. Gebrauchsanweisungen, Verbotsschilder, Anordnungen etwa wenden sich an mich wie an jedermann. Wiederum versucht Sartre zu zeigen, dass auch dies keinen Zustand bedeuten kann, der mir aufgezwungen wird und insofern als eine Beschränkung oder Begrenzung meiner Freiheit erscheinen könnte. Dass die damit sich bekundende Anwesenheit anderer in der Welt ein Faktum darstellen, das aus der ontologischen Struktur des Für-sich-Sein nicht abgeleitet werden kann, verstärkt nur den grundsätzlichen Charakter der Faktizität des Für-sich-Seins. Sartres Umweg über die Erlernung von Techniken scheint zunächst nicht sonderlich ergiebig und läuft darauf hinaus, den Gebrauch, den ich von diesen Techniken mache, als faktische Zugehörigkeit zu vorausbestehenden Kollektiven zu bestimmen. Sprache etwa als Nationalsprache, Methoden, mit Hilfe derer ich mir die Welt aneigne, sollen nur herausstellen, dass diese Techniken, die ich nicht gewählt habe, der Welt ihre Bedeutungen verleihen. Mit anderen Worten: Ich finde mich in einer bürgerlichen, proletarischen, französischen, bretonischen, dörflichen oder städtischen Welt. Die Beziehung zwischen meiner Individualität und meiner Spezieszugehörigkeit versucht Sartre am Beispiel der Sprache zu illustrieren, wobei es ihm wiederum darum geht, zu zeigen, dass die Existenz etwa von Bedeutungen, die nicht vom Für-sich geschaffen sind, keine „äussere Grenzen seiner Freiheit konstituieren kann" (*SN* 895; *EN* 602). Sartre versucht hier eine Skizze sprachtheoretischer Natur, die innerhalb seiner Zielsetzung bleibt, die Vorgegebenheit der Sprache durch ihre Beziehung auf den Sprechenden von ihrem die Freiheit begrenzenden Charakter zu lösen. Das Sprechen ist freier Entwurf, das Verstehen des Sinnes des Satzes nicht als Gegebenheit in sich selbst, sondern als „freies Überschreiten" (*SN* 892; *EN* 600) zu sehen. Damit erweist sich in der Sprache die damit verbundene Vorgegebenheit durch die anderen gegenüber dem Für-sich nicht als Beschränkung: „Wie die Gesetze der Sprache vom freien konkreten Entwurf des Satzes getragen und verkörpert werden, so existiert auch die Spezies Mensch keineswegs vor dem Individuum, das durch sie manifestiert würde" (*SN* 894; *EN* 602). Damit meint Sartre gezeigt zu haben, dass die in der Sprache gegebene Anwesenheit des Anderen keine Grenze der Freiheit des Für-sich zu konstituieren vermag.

Freilich bleibt das schon anlässlich der grundsätzlichen Analyse des Für-andere-Seins aufgetauchte Problem des Subjekt- und Objekt-Anderen bestehen. Das Für-sich taucht, um von dieser Analyse her zu argumentieren – in einer bereits erblickten Welt auf, als Objekt in der Welt. Andererseits erscheint im Akt des Transzendierens oder Verobjektivierens des Anderen dieser als Indikator von Zwecken, die von der Freiheit des Für-sich konstituiert werden: „Das Für-sich ist also dafür verantwortlich, dass sich die Verhaltensweisen des anderen in der Welt als Techniken enthüllen" (*SN* 897; *EN* 604). Dadurch aber wiederum überschreitet es diese Techniken selbst auf einen Zweck hin, übernimmt sie sozusagen in Freiheit.

Eine ähnliche Argumentation entfaltet Sartre hinsichtlich der Bedeutungen oder Bestimmungen, die ich bin, ohne sie gewählt zu haben, Bedeutungen, Wertungen, die mir der Andere zulegt: Jung, alt, schön, edel oder anderes zu sein. Gegebenheiten von denen Sartre sagt, dass sie *„erduldet* [...] ohne existiert *zu werden*" (*SN* 902; *EN* 607). Durch die Bestimmungen, die mir der Andere zulegt, bin ich meiner selbst entfremdet, ich bin etwas, das zu sein ich nicht gewählt habe. Damit – so Sartre – hat sich eine reale Grenze der Freiheit gezeigt, etwas, dass meine Transzendenz transzendiert, mich zu einem An-sich zu verwandeln scheint, mir meine Freiheit zu entziehen droht. Aber auch diese entfremdende Objektivierung, die mich in eine Situation stellt, die vom Anderen bestimmt ist, ist eine solche der Freiheit, wenn auch ihrer Exteriorität. Denn wenn ich auch durch den Anderen verobjektiviert, entfremdet, ja selbst geknechtet werde, könnte ich diese Entfremdung, Verobjektivierung und Verknechtung nicht erfahren, ohne zugleich die Transzendenz des Anderen anzuerkennen. Dies ist aber eine freie Anerkennung der Freiheit des Anderen, oder anders ausgedrückt, eine freie Übernahme meines Für-Andere-Seins. Daraus folgert Sartre, dass die Freiheit hier ihre eigene Grenze gewissermassen übernimmt, oder konkret: Nur indem ich beispielsweise die Freiheit des Antisemiten anerkenne und damit das Judesein auf mich nehme, erscheint dieses Judesein als Begrenzung meiner Freiheit. Wenn ich meinerseits den Antisemiten als Objekt innerhalb meines Freiheitsentwurfes konstituiere, verschwindet mein Judesein: „Die Freiheit des anderen verleiht also meiner Situation Grenzen, aber ich kann diese Grenzen nur erfahren, wenn ich dieses Für-den Anderen-Sein, das ich bin, übernehme" (*SN* 907; *EN* 610). Wiederum kommt die grundsätzliche Nichtungsstruktur des Für-sich-Seins hier in Spiel: Für mich bin ich nie, was ich bin, für mich sind die Bestimmungen, die mir der Andere beilegt unrealisierbar. Ebenso aber wie die Anerkennung des Anderen Bedingung des Feiheitsentwurfes des Für-sich darstellt, erweisen sich diese „Unrealisierbarkeiten" als zu realisieren, indem ich sie übernehme, als etwas, das ich im Grunde aber gar nicht zu realisieren vermag.

Hier taucht nach Sartre zweifellos eine Grenze meiner Freiheit auf, aber diese Grenze kann nur als frei gewählte Grenze der Freiheit erscheinen: „So übernimmt die Freiheit die unrealisierbaren Grenzen und lässt sie wieder in die Situation eingehen, indem sie wählt, durch die Freiheit der anderen begrenzte Freiheit zu sein" (*SN* 912; *EN* 613). Sie sind Grenzen, die sich die Freiheit selbst auferlegt, denen sie allerdings, nach Sartre *„nie begegnet"* (*SN* 914; *EN* 614). Darin liegt im übrigen auch das Argument für die grundsätzliche Endlichkeit, die nach Sartre nicht vom Tod her zu denken ist, sondern von der Freiheit der Wahl aus, die unter verschiedenen Möglichkeiten zu wählen hat (*SN* 938; *EN* 630–1). Sartre ist sich der Paradoxie dieser Überlegung wohl bewusst: Sowohl die Freiheit jenseits meiner Freiheit (nämlich die des Anderen) als auch die Situation jenseits meiner Situation begrenzen meine Freiheit, aber erst auf Grund des Sinnes, den ihnen meine Freiheit verleiht. Dies gilt in der konkreten Inhaltlichkeit dann ebenso für das Übernehmen der Grenzen und Zustände, die mir der Andere beilegt wie auch für die Flucht in die Uneigentlichkeit, in die „mauvaise foi". Denn auch sie ist freie Übernahme dessen, wovor sie flieht. Ähnlich verhält es sich mit der äusseren Grenze der Existenz, dem Tod. Seine Überlegungen sind auch in einem Zusammenhang mehrdimensional und wenig systematisch aufbereitet: Sie haben das Ziel zu zeigen, dass der Tod als kontingentes Faktum kein Argument gegen unsere Freiheit sein kann: „Die Freiheit, die *meine Freiheit* ist, bleibt total und unendlich; nicht weil der Tod sie nicht begrenzt, sondern weil die Freiheit dieser Grenze nie begegnet" (*SN* 941; *EN* 632). Der Grenzcharakter des Todes – als Ereignis des Lebens und als dessen Ende – ist von Heidegger in seiner berühmten existential-ontologischen Definition „des Todes" in besonderer Weise herausgestellt worden. Als „eigenste, unbezügliche, unüberholbare, *gewisse* Möglichkeit" (Heidegger 1986, 258) ist der Tod zugleich auch Signum unserer Endlichkeit. Heideggers „Freiheit zum Tod" (Heidegger 1986, 266) will ja auch unter anderem darauf aufmerksam machen, dass der Tod nicht als blosses zu-Ende-Sein des Daseins adäquat erfasst werden kann, sondern dass umgekehrt das Dasein als Sein-zum-Ende bestimmt werden muss, eben vom Vorlaufen in diese äusserste Möglichkeit des Daseins aus. Demgegenüber besteht Sartre zunächst auf dem Absurdheitscharakter des Todes und nimmt ihn damit wieder auf die Ebene der Kontingenz zurück: „Der Tod ist ein reines Faktum, wie die Geburt; er geschieht uns von draussen und verwandelt uns in draussen. Im Grunde unterscheidet er sich in keiner Weise von der Geburt, und die Identität von Geburt und Tod ist das, was wir Faktizität nennen" (*SN* 937; *EN* 630). Um zu zeigen, dass auch der Tod keine Begrenzung unserer Freiheit darzustellen vermag, versucht Sartre zunächst die Todesauffassung Heideggers zu destruieren. Zum Ersten wendet er sich gegen die von Heidegger behauptete Jemeinigkeit des Todes, der er – nicht ganz überzeugend – eine zirkuläre Argumentation unterstellt: Heidegger würde den Tod individualisieren – als den meinen, den mir niemand abzunehmen vermag – um darauf von hieraus das Dasein selbst zu individualisieren, während Sartre diese Einmaligkeit und Unersetzbarkeit in allen Akten der Existenz sieht – schon aus der Struktur der Subjektivität und des präreflexiven Cogito. Zum Zweiten meint Sartre, dass der Tod nicht als meine Möglichkeit aufgefasst werden könne, sondern im Gegenteil „Nichtung aller meiner Möglichkeiten" (*SN* 923; *EN* 621) wäre, eine Nichtung, die ausserhalb meiner Möglichkeiten läge. Die traditionelle These, dass der Tod als letzte Sinnverleihung für das Leben interpretiert werden kann, wird dabei ebenso zurückgewiesen. Für Sartre nimmt im Gegenteil der Tod dem Leben jedwede Bedeutung: „Wenn wir sterben müssen, hat unser Leben keinen Sinn, weil seine Probleme ungelöst bleiben und weil sogar die Bedeutung der Probleme unbestimmt bleibt" (*SN* 928; *EN* 624). Schliesslich sind Tod und Endlichkeit auseinanderzuhalten. Sartre reklamiert die Endlichkeit als eine von der Freiheit bestimmte Struktur des Für-sich und stellt den Tod als kontingentes Faktum dar. Darum bliebe die „réalité humaine" auch endlich, wenn sie unsterblich wäre, da der Akt der Freiheit und darin das Wählen unter verschiedenen Möglichkeiten Übernahme und auch Schaffung der Endlichkeit sei. Überdies läge es an der Struktur der Zeitlichkeit und ihrer Unumkehrbarkeit, dass auch ein nicht durch den Tod beeinträchtigtes Wesen sich als endlich erwähnen müsste, eine These, die im Übrigen von Simone de Beauvoir im Roman *Alle Menschen sind sterblich* illustriert wurde. Bleibt noch ein weiterer Gesichtspunkt: Die Auffassung, dass der Tod in seiner Endgültigkeit ein Erstarren der Freiheit bedeutet, dass er meinem Leben eine von aussen zu beurteilende Ganzheit verleiht. Dies ist nach Sartre der Triumph des Standpunktes des Anderen, für den mein (totes) Leben nun als Ganzes und endgültig daliegt. Damit erweist sich der Tod, der im „Für-Sich keinen Platz hat" (*SN* 939; *EN* 630) als Faktizität und als Sein für den Anderen. Infolge dieser Beziehung zum Anderen werde ich im Tod zur erstarrten Transzendenz und Freiheit, der Tod wird so besehen zum Triumph des Standpunktes des Anderen. Gerade dies heisst aber für Sartre wiederum, dass wir auf eine äussere, faktische Grenze unserer Subjektivität stossen, der wir nie zu begegnen vermögen: „Die Freiheit, die meine Freiheit ist, bleibt total und unendlich; nicht weil der Tod sie nicht begrenzte, sondern weil die Freiheit dieser Grenze nie begegnet, ist der Tod durchaus kein Hindernis für meine Entwürfe, er ist nur ein anderweitiges Schicksal dieser Entwürfe" (*SN* 941; *EN* 632). Wir sterben, wie Sartre sich auch ausdrückt, immer noch „obendrein". So fragwürdig diese Argumentation auch anmuten mag: Für Sartre zeigt sich abermals, dass unserer grundsätzlichen in der Struktur des Für-sich gelegenen Freiheit nur Grenzen gesetzt sind, denen die Freiheit nicht zu begegnen vermag. Sartres Begriff der Situation kann nun schärfer bestimmt werden: Situation gibt es nur „in Korrelation mit der Überschreitung des Gegebenen auf einen Zweck hin. Sie ist die Art, in der das Gegebene das ich bin, und das Gegebene, das ich nicht bin, sich dem Für-sich entdecken, das ich nach dem Modus bin, es-nicht-zu sein" (*SN* 942; *EN* 633). Die Situation wird damit zu beidem: zur absoluten Faktizität und zur Freiheit. Das „In-Situation-Sein" bestimmt nach Sartre die „réalité humaine". Die wichtigste Konsequenz, die Sartre daraus zieht, liegt in der Auffassung, dass das Gegebene, das Faktische die Freiheit nicht zu ersticken vermag und dass diese Freiheit in jeder Situation frei bleibt, auch in der des Sklaven in Ketten, der nach Sartre frei bleibt, sie zu zerbrechen, selbst um den Preis des Todes. Indem das Für-sich-sein als Überschreitung des Gegebenen seine Zwecke wählt „macht es sich", wie es auch die Situation macht. Dies ist der Hintergrund der plakativen Formel „Der Mensch ist nichts anderes als das, wozu er sich macht" (*Existentialismus* 120–1 [23]), die Sartre in der populären Schrift *Der Existentialismus ist ein Humanismus* formuliert hatte. Innerhalb der grundsätzlichen „Unrealisierbarkeit" wird der andere zu einer besonderen Bedeutung, ohne dass mich das von ihm verliehene objektive Sein festzulegen vermöchte. Sartres ein wenig beliebige Aufzählung der allfälligen Grenzen meiner Freiheit zielt im Grunde nur darauf ab, die Ernstnahme der Faktizität ebenso zu unterstreichen wie die Ernstnahme der Freiheit, wobei gemäss seinem grundsätzlichen ontologischen Konzept die Nichtungsstruktur des Für-sich-Seins beides gewährleistet.

Freiheit und Verantwortung

Aus dieser Konzeption folgt für Sartre auch die Notwendigkeit, diese grundsätzliche Freiheit mit der Verantwortlichkeit zusammenzusehen. Aus der skizzierten Freiheitsverfassung des Für-sich-Seins, aus dem Faktum der Urwahl und der Struktur des Handelns, leitet Sartre zugleich auch eine nahezu überspitzte Verantwortlichkeit ab. Der Mensch, der realisiert, dass er zur Freiheit verurteilt ist, ist nach Sartre nicht allein für sich selbst, sondern auch für die Welt verantwortlich. Dieser nahezu von Dostojewskij entlehnt scheinende Verantwortungsbegriff wird von Sartre jedoch alsbald eingeschränkt: „Wir nehmen das Wort ‚Verantwortlichkeit' in seinem banalen Sinn von Bewusstsein davon, der unbestreitbare Urheber eines Ereignisses oder eines Gegenstandes zu sein" (*SN* 950; *EN* 639). Damit wird zunächst jede Einbindung in einen ethischen Kontext auch gegenüber dem Anderen aufgeschoben. Zwar wird dadurch die Verantwortlichkeit des Für-sich, wie Sartre formuliert, „drückend", aber im Grunde nur für die Individualität des Für-sich-Seins selbst. Alles was mir zustösst, was mir widerfährt, steht nach Sartre unter dem Zeichen der grundsätzlichen Freiheit und Verantwortlichkeit. So gibt es keine Entschuldigungen und Rechtfertigungen, für welche Situation auch immer. Diese ontologische Dimension der Verantwortlichkeit, die unter anderem ja darin besteht, dass das Für-sich in seinen Entwürfen überhaupt eine Welt auftauchen lässt, wird von Sartre unvermittelt mit den Strukturen des Für-sich-Seins kurzgeschlossen. Es gibt keine von „draussen" kommenden Ereignisse, die ich nicht damit übernehmen müsste. Der Krieg beispielsweise, der offenbar ohne jedes Zutun meinerseits ausbricht, ist mein Krieg. Wenn ich mich ihm nicht entziehe – durch Flucht, Desertion, selbst durch Selbstmord – wird er mein Krieg, der Krieg, den ich gewählt habe. Sartre verstärkt dies noch, wenn er diese Verantwortlichkeit sogar auf die Faktizität des Geborenwerdens ausdehnt. Denn obwohl jede meiner Wahlen vollständig von Faktizität affiziert ist, erscheint mir diese Faktizität erst im Lichte meiner Wahl und meiner Freiheit. Darum kann ich mein Geborensein ebenso verwerfen und ablehnen, letztlich durch Selbstmord beenden, wie ich mich darüber freuen und es akzeptieren kann. Überall, so Sartre stosse ich nur auf „mich und meine Entwürfe, so dass letztlich meine Geworfenheit, das heisst meine Faktizität, lediglich darin besteht, dass ich verurteilt bin, vollständig für mich selbst verantwortlich zu sein" (*SN* 955; *EN* 642). Sartre betont nahezu emphatisch diese Verantwortlichkeit in ihrer ganzen Zugeschnittenheit auf die Subjektivität des Für-sich, wenn er nach wie vor darauf insistiert, dass ich ein Sein bin, dem es in diesem Sein um das Sein, also auch um mein Sein, geht – und sonst nichts. Darüber helfen auch die Hinweise wenig hinweg, dass alles, was uns zustösst, als eine Möglichkeit angesehen werden kann, inklusive des Seins anderer, das als erstarrte Transzendenz ebenso zu den Realisierungen der Welt des Für-sich gehört. Ebenso bleibt der Hinweis im Grunde leer, dass wir in eine Verantwortlichkeit gerufen sind, der wir nicht entfliehen können und die wir in der Grundstimmung der Angst auf uns zu nehmen haben. Die hier angedeutete Notwendigkeit zur Entschlossenheit, zur Überwindung der „mauvaise foi" bleibt die einzige Richtschnur einer vielleicht als protoethisch zu verstehenden Maxime. Sartres Begriff der Verantwortung scheint im Sinne der von ihm selbst genannten Urheberschaft einen nahezu schöpferisch-künstlerischen Aspekt aufzuweisen. Abgehoben von jeder moralischen oder ethisch akzentuierten Verantwortung – nirgends ist die Rede von einer Verantwortung für oder vor etwas – stellt sich diese Art der Verantwortlichkeit eher im Sinne der Autorenschaft dar. Sartre hat dies im Rahmen seiner Theorie der Literatur als einer „litterature engagée" auch weiterentwickelt, etwa, wenn er dort Literatur als Appell an die Freiheit interpretiert und damit auf einer eher zunächst ungefährlichen Ebene den Bezug zum Anderen impliziert: Schreiben als Appell an die Freiheit des Lesers. Später wird Sartre diese appellative Funktion des Schriftstellers noch verstärken und das Wollen der eigenen Freiheit auch auf die Freiheit des Anderen ausdehnen: Als freies Subjekt appelliere ich an ein anderes freies Subjekt. Ja, mehr noch: Wenn ich die Freiheit um der Freiheit willen erstrebe, muss ich damit auch die Freiheit der anderen wollen. (*Existentialismus* 138 [32]). Sartres Ausführungen zum Problem der Freiheit und Faktizität sowie zur Frage der Verantwortlichkeit zeigen auf der Ebene von *Das Sein und Nichts* eine extrem subjektivistische Grundhaltung und die Freiheit als unbegrenzt, durch keine Gegebenheiten beschränkt. Freilich ist das Zusammenspiel zwischen Freiheit und Situation entscheidend. Jede Grenze der Freiheit ist eine freigewählte, im Horizont meines Daseinsentwurfes auftauchende Grenze. So sehr Sartres Argumentationen zwingend aus der grundsätzlichen Struktur des Für-sich-Seins als eines Seins das ist, was es nicht ist, und nicht ist, was es ist, hervorgehen, so problematisch bleiben seine Versuche, das Sein des Anderen und auch den Tod als Beschränkungen der Freiheit zu eliminieren. Wohl ist durch die Bezogenheit auf die Situation die Freiheit als blosse Willkür ausgeklammert, ebenso wie sie hinsichtlich der Urwahl ihrem Faktizitätscharakter gerecht wird. Als Für-sich-sein und mithin als Freiheit sind wir nach Sartre uns immer schon vorweg. Dies bedeutet zwar die immer existierende faktische Möglichkeit des Umstosses alles bisherigen, wir sind aber durch die Gebundenheit unserer Entwürfe immer wieder auf die Grundlosigkeit der Freiheit zurückverwiesen. Ob hier eine Verwechslung von Strukturen und Inhalten vorliegt, wie dies etwa Klaus Hartmann behauptet (Hartmann 1983, *Sozialphilosophie* 25), oder ob Sartre hier einfach versucht, gemäss dem Konzept der Realisierung des Unrealisierbaren die Absolutheit der Freiheit zu retten, indem er sie von der Nichtigkeit auf die Seinsstruktur und umgekehrt verschiebt, soll an dieser Stelle nicht entschieden werden. Wesentlicher bleiben die offenen Probleme angesichts der Ausführungen zum Anderen und zum Todesproblem. Lässt sich der Tod tatsächlich, wie Sartre versuchte, aus dem Leben hinausdrängen? Kann der Tod als Frage an die Freiheit mit den von Sartre vorgebrachten Argumenten wirklich aus seiner ständigen Anwesenheit hinausgedrängt werden? Am meisten problematisch bleibt aber die Beziehung der Freiheit zur Freiheit des Anderen. Sartres Position scheint darauf hinauszulaufen, dass der Andere in seinen Handlungen mir ebenso eine Faktizität vorgibt, wie ich umgekehrt ihm in meinen Taten Faktizität vorgebe. Wie ich dabei die Freiheit des Anderen als Freiheit wollen und erstreben kann, bleibt auf Grund der Analysen des Für-Andere-Seins uneinsichtig. Denn ich kann den Anderen ja nie gleichzeitig als Subjekt und als Objekt, als transzendierende und transzendierte Transzendenz erfahren, wir können uns also nie auf dem Boden der Gleichheit begegnen (*SN* 712; *EN* 479). Hier hat Sartre besonders scharf formuliert: „So ist die Achtung vor der Freiheit des Anderen ein leeres Wort; selbst wenn wir uns vornehmen könnten, diese Freiheit zu achten, wäre jede Haltung, die wir gegenüber dem Anderen einnehmen, eine Vergewaltigung dieser Freiheit, die zu achten wir behaupten" (*SN* 714; *EN* 480). Letztlich steht die Freiheit des Anderen unvermittelt neben meiner Freiheit, ich erreiche sie nicht, ich vermag der Freiheit des Anderen allenfalls Situationen zu erstellen, ich kann sie weder lenken noch erreichen, weder vermindern noch steigern. Darum ist der weitere Weg Sartres, dem man als Weg von der Freiheit zu Befreiung bezeichnen könnte, der Weg zu einer Integration des Existentialismus in den Marxismus, in eine Philosophie des Revolutionärs, zunächst von verschiedenen Widersprüchen getragen und belastet. Auch die in Sartres Literaturtheorie vorgetragene Forderung, dass wir die Freiheit des Anderen um so mehr anerkennen, als wir unsere eigene Freiheit empfinden, bleibt appellativ. Ob wir es damit, wie Hartmann formuliert, mit einer ethischen Idee ab extra zu tun haben (Hartmann 1983, *Sozialphilosophie* 34 f.), oder wie Sartre in *Das Sein und das Nichts* formulierte, wiederum mit der Einsicht in die Vergeblichkeit aller normativen Vorgaben (vgl. *SN* 1070 f.; *EN* 721), muss zunächst offen bleiben. Sartres weiterer Weg wird ihn zu einer zunehmenden Ernstnahme jener Grenzen der Freiheit führen, die durch den Anderen auftauchen. Dies ändert aber zunächst und prinzipiell kaum etwas daran, dass Sartre in seinem Versuch, Freiheit und Situation miteinander zu verbinden, in einer nahezu absolutistischen Weise herausgestrichen hat, dass wir uns nur um den Preis des Davonschwindelns in die „mauvaise foi", in die Flucht vor der Authentizität, vor dem Anspruch unserer Freiheit verschliessen können. So bruchhaft und vielleicht auch widersprüchlich seine Argumentationen auch sind, der Appell an die mit unserer Freiheit verbundenen Verantwortung bleibt eine protoethisch zu verstehende Forderung, der wir uns als autonome Wesen nicht zu entziehen vermögen. Oder wie es Sartre im Drama *Die Fliegen* formuliert hatte: „Das schmerzliche Geheimnis der Götter und der Könige: Dass nämlich die Menschen frei sind. [...] Wenn einmal die Freiheit in einer Menschenseele aufgebrochen ist, können die Götter nichts mehr gegen die Menschen. Denn das ist eine Menschenangelegenheit" (*Fliegen* 54, 56 [198, 201]).

Freiheit als Selbstzweck, verbunden mit der Forderung nach Authentizität, bleibt zumindest auf der Ebene von *Das Sein und das Nichts* das letzte Wort Sartres und gibt auch den weiteren Weg zur „individuellen Praxis" im Umfeld von Geschichte und Gesellschaft vor.

Dass dabei Wertperspektiven und ethische Überlegungen zu kurz kommen müssen, hat Sartre schliesslich selbst zugegeben: Denn die Grundstruktur des Für-sich-Seins zeigt uns die „réalité humaine" als eine Passion, die sich entwirft „zugrunde zu gehen, um das Sein zu begründen, und zugleich damit das An-sich-Sein zu konstituieren, das als sein eigener Grund der Kontingenz entgeht, das ens causa sui, das die Religionen Gott nennen" (*SN* 1052; *EN* 708). Wir richten uns allerdings umsonst zugrunde, der Mensch bleibt eine „nutzlose Passion" (*SN* 1052; *EN* 708).

Deshalb kann diese Freiheitsauffassung dem Vorwurf des Dezinionismus ebensowenig entgehen wie der Frage nach ihrer Indifferenz: Alle menschlichen Tätigkeiten sind im Grunde gleichviel wert, sie sind zum Scheitern verurteilt, und ob man sich im Stillen betrinkt oder die Geschichte der Völker lenkt, unterscheidet sich graduell nur nach Bewusstseinsgrad und Authentizität (vgl. *SN* 1071; *EN* 721–2). Die von Sartre angekündigte Moralphilosophie, wie sie in den „Cahiers pour une morale" angedeutet und in seinen letzten Lebensjahren von ihm selbst als „conversion" bezeichnet wurde, mündet in einer Anerkennung der Freiheit des Anderen, der nunmehr als Du begriffen werden soll. Aber dies geht weit über die Konzeption der Freiheit in *SN* hinaus

Diese Kehrseite des Aufrufes zum Bewusstsein von Freiheit und Verantwortung bleibt mit und gegen Sartre zu bedenken.

Literatur

Beauvoir, Simone de 1970: Alle Menschen sind sterblich, Reinbeck, Rowohlt.
Hartmann, Klaus 1983: Grundzüge der Ontologie Sartres in ihrem Verhältnis zu Hegels Logik (1963); Sartres Sozialphilosophie (1965), in: Die Philosophie Jean-Paul Sartres. Zwei Untersuchungen zu: L'Être et le Néant und zur Critique de la raison dialectique, Berlin, Walter de Gruyter.
Heidegger, Martin 1986: Sein und Zeit, Tübingen, Max Niemeyer, 16. Auflage.
Hengelbrock, Jürgen 1989: Jean-Paul Sartre. Freiheit als Notwendigkeit. Einführung in das philosophische Werk, Freiburg/München, Karl Alber.
Kampits, Peter 1975: Sartre und die Frage nach dem Anderen, Wien-München, Oldenbourg.
König, Traugott (Hrsg.) 1988: Sartre. Ein Kongress, Reinbek, Rowohlt.
Rossem, Walter von 1990: Sich verschreiben, Jean-Paul Sartre, Frankfurt am Main, Fischer.

13

Jean-Christophe Merle

Die existentielle Psychoanalyse als moralische Klassifizierung?[1] (956–1572)

1 Ein moralisches Vorhaben

Das erste Kapitel des letzten Teils von *Das Sein und das Nichts* schloss mit kurzen Überlegungen „über Freiheit und Verantwortlichkeit" ab, die „mehr den Moralisten angehen" (*SN* 950; *EN* 598). Mehr als wen? Gemeint ist: Mehr den Moralisten als den Phänomenologen angehen. Dies bedeutet zweierlei.

Erstens ist die eigentliche ontologisch-phänomenologische Untersuchung abgeschlossen. Die Behandlung der Frage nach dem Verhältnis des Menschen zum Sein ist zu der Bilanz gelangt, „dass die menschliche Realität, wie wir nachzuweisen versuchten, sich durch die von ihr verfolgten Zwecke anzeigt und definiert" (*SN* 956; *EN* 602); daher muss die „menschliche Wahrheit der Person [...], wie wir es versucht haben, durch eine ontologische Phänomenologie ausgemacht werden" (*SN* 974; *EN* 613). Diese Wahrheit liegt darin, dass der Mensch Seinsbegierde ist. Was im letzten Kapitel folgt, ist eine „Klassifikation der grundlegenden Begierden oder Personen" (ebd.) mittels einer ‚existentiellen Psychoanalyse'. Hier handelt es sich nicht mehr um den *Menschen* im allgemeinen, sondern um eine Typologie der *Personen*. Die Ergebnisse der ontologischen Untersuchung werden nicht mehr untersucht bzw. kritisch erörtert; sie werden schlechthin als Prinzipien vorausgesetzt (vgl. *SN* 986; *EN* 621); „hier [...] muss die Ontologie enden: ihre letzten Entdeckungen sind die ersten Prinzipien der Psychoanalyse" (ebd.). Darum drängt sich die Frage auf: Sollte dieses Kapitel wirklich zu *Das Sein und das Nichts* gehören? Wenn es überhaupt

1 Ich danke Tim Wagner und Michaela Elkenhans für ihre hilfreichen Bemerkungen.

dazu gehören sollte, warum ist es nicht bloss ein Teil der „Schlussfolgerungen“ wie die „Moralische[n] Perspektiven“? Da dieser Typologie doch kein blosser Ausblick, sondern vielmehr ein eigenes Kapitel gewidmet wird, liegt es nahe, dass dieses Kapitel mehr darstellt als die angeblich blosse Anwendung der phänomenologischen Untersuchung.

Zweitens erhebt die existentielle Psychoanalyse *prima facie* keinen weiteren Anspruch als den, eine „moralische Beschreibung“, „den ethischen Sinn der verschiedenen menschlichen Entwürfe“ (*SN* 1069; *EN* 674) zu liefern. Moralisten haben das ähnliche deskriptive Anliegen, hinter der Vielfalt der Handlungen die tieferen und typischen Beweggründe des Menschen und die wirklichen Normen einer Gesellschaft zu entlarven. Sowohl Moralisten als auch Sartre formulieren keine universelle überpositive Regel bzw. Prinzipien, denn für sie beide ist jedes moralische Ideal ein zu hoch gesetztes Ziel, das *eo ipso* zur Unehrlichkeit führt. Dennoch sollte man nicht übersehen, dass die „Beschreibung“ des Moralisten einen – allerdings nüchternen und bescheidenen – *moralischen Zweck* verfolgt. Wenn man sich seine wirklichen Beweggründe gesteht, ist man immerhin einen Schritt näher, ein zwar moralisch weniger anspruchvolles, dafür haltbares Verhalten zu erreichen. In der Entlarvung der Unaufrichtigkeit besteht die Hauptaufgabe des Kapitels über die existentielle Psychoanalyse: „Das wichtigste Ergebnis der existentiellen Psychoanalyse muss sein, uns auf den Geist der Ernsthaftigkeit verzichten zu lassen“ (*SN* 1069; *EN* 674), dessen Ergebnis wiederum die Unaufrichtigkeit ist. Insoweit ist die existentielle Psychoanalyse – genauso wie die Freudsche Psychoanalyse – eine *Therapie* (vgl. *Situations* IX, 330 u. Heinz 1976, 70).

Das Kriterium für die Ernsthaftigkeit ist die Flucht vor der Verantwortung bzw. vor der situierten Freiheit (vgl. Seel 1988, 280). „Ernsthaftigkeit beweist man, wenn man von der Welt ausgeht und ihr mehr Realität als sich selbst zuschreibt oder, zumindest, wenn man sich in dem Masse Realität verleiht, wie man der Welt angehört“ (*SN* 994; *EN* 626). Diese Definition betrifft sowohl den Determinismus bzw. den – undialektischen – Materialismus, als auch jede Theorie des *ens causa sui*, d. h. jede Theorie, die das Handeln einem Wert (*valeur*) bzw. einem Ideal unterwirft, nach dem es die Welt zu verwandeln hat. „Revolutionäre sind ernsthaft. Sie erkennen sich zunächst selbst von der Welt her, die sie erdrückt, und sie wollen diese sie erdrückende Welt verändern“ (*SN* 994; *EN* 626). Auch religiöse Ideale sind gemeint, die sich schon längst der existentiellen Psychoanalyse als eines „Mittel[s] zur Befreiung und zum Heil“ (*SN* 1070; *EN* 675) bedienen. Die Unaufrichtigkeit droht also von zwei Seiten: Als Verabsolutierung der realen Welt und als Verabsolutierung der idealen Welt.

Die Unaufrichtigkeit lässt sich auf drei Stufen aufspüren, die den drei Abschnitten entsprechen. Mit jedem der drei Abschnitte bewegt sich die Untersuchung der Unaufrichtigkeit eine Stufe tiefer, d. h. einen Schritt näher zu ihrem Ursprung.

1. Nicht erst in den Lebensentwürfen der einzelnen Menschen zeigt sich die Unaufrichtigkeit, sondern schon *in psychologischen Theorien.* Dabei handelt es sich *einerseits* um die Theorien, die den Menschen in materialistische bzw. assoziationistische Modelle auflösen und *andererseits* die Theorien, die den Menschen nur im allgemeinen als nach einem transzendenten An-sich strebend ansehen und sowohl die Situiertheit des Menschen als auch die unterschiedlichen Grundbegierden des Menschen ausser Betracht lassen. Letzere Theorien sind irreführend, weil sie den *Sinn* der menschlichen Begierde – die Begierde nach dem transzendenten An-Sich, das das Sein ist, an dem es dem Menschen mangelt – zum *Gegenstand* der menschlichen Begierde machen: Der Gegenstand der menschlichen Begierde – und nicht nur ihr Sinn – sei, so behaupten diese Theorien, das transzendente An-Sich, d. h. das *ens causa sui* oder Gott. Dagegen zeigt Sartre am Ende des Kapitels, dass der Mensch immer nur *konkrete* Seinsweisen begehrt. Die genannten Theorien sind um so irreführender, da sie sich auf die Ergebnisse von *Das Sein und das Nichts*, nämlich auf die durch die „ontologische Phänomenologie" entdeckte „menschliche Wahrheit der Person" (*SN* 974; *EN* 613) stützen könnten. Schon aus diesem Grund muss das Kapitel über die existentielle Psychoanalyse die ontologisch-phänomenologische Untersuchung ergänzen.

2. Auf der Stufe der *nicht ontologisch gestützten Theorien der Begierde* besteht die Unaufrichtigkeit darin, das Menschliche nach den Kategorien des Handelns, des Habens und des Seins zu klassifizieren. Die Zwecke des Menschen zeigen nicht, auf welche Weise sich seine Handlung auf die Gegenstände seiner Begierde beziehen, sondern vielmehr seine Wahl eines „bestimmten ontologischen Sinn[s] der ‚Qualitäten'" (*SN* 1026; *EN* 645). Der auf unterschiedliche Seinsweisen bezogene Geschmack geht der Handlung voraus.

3. Auf einer dritten, *vorontologischen Stufe* finden wir die Unaufrichtigkeit, die unmittelbar vor der Festlegung eines bestimmten „ontologischen Sinns" – des Klebrigen – (*SN* 1026; *EN* 645) stattfindet. Diese Stufe der *Charakterbildung* ist *vorontologisch*, denn der Beginn der Existenz und der Essenz eines Menschen fallen nicht ineins, vielmehr muss der existierende Mensch sich erst zu einem Wesen bestimmen.

2 Die Kritik an der Psychologie und an der Psychoanalyse

Sartres Kritik an der Psychologie besteht im wesentlichen aus drei Punkten: 1. Sie reduziert die komplexe Persönlichkeit des Menschen auf eine Kombination primärer, allgemeiner und abstrakter Begierden; 2. sie erreicht nicht das wirklich Unreduzierbare, das heisst ein Unreduzierbares, dessen Unreduzierbarkeit für uns evident wäre und 3. dessen Feststellung von einem Gefühl der Befriedigung begleitet wäre. Den Ergebnissen der Psychologie setzt Sartre ein vorontologisches Verständnis entgegen. Bietet aber Sartres Theorie eine überzeugende Alternative zur Psychologie?

1. Bleibt Sartres „ursprünglicher Entwurf" vom Vorwurf der Abstraktion und der Allgemeinheit verschont? Sartre glaubt es: „Jedes Ergebnis wird [...] immer singulär bleiben, das heisst, wir werden [...] keinen abstrakten, allgemeinen Endpunkt erreichen" (*SN* 980 f.; *EN* 617). Dieser Behauptung widerspricht er jedoch an anderer Stelle selbst, wenn er die „gemeinsame Merkmale" zwischen der „Unendlichkeit möglicher Entwürfe, [...] möglicher Menschen" erkennen will und versucht, „sie in grösseren Kategorien zu klassifizieren" (*SN* 968; *EN* 609. Vgl. auch *SN* 985; *EN* 620). Sowohl empirische als auch existentielle Psychoanalyse sind „der Ansicht, dass alle objektiv erkennbaren Manifestationen des ‚psychischen Lebens' Beziehungen zwischen Symbolisierungen und Symbol mit grundlegenden globalen Strukturen unterhalten, die die *Person* tatsächlich konstituieren" (*SN* 976; *EN* 615). Wenn für Sartre die Person *ontologisch* nicht aus einer Kombination besteht, sondern aus einer ursprünglichen Wahl bzw. aus einem Entwurf, so erstrebt Sartres *existentielle Psychoanalyse* dennoch eine Klassifizierung der Menschen mittels einer Kombination gemeinsamer Merkmale und Strukturen. Beides stellt ein Spannungsverhältnis dar. Beides ist nicht widersprüchlich, bestätigt aber zumindest, dass Sartres Projekt einer existentiellen Psychoanalyse nicht mehr zur ontologischen Untersuchung von *Das Sein und das Nichts* gehört. Wenn keine allgemeinen Kategorien für die *psychoanalytische Untersuchung* der grundlegenden Wahl einer Persönlichkeit von Sartre zugelassen werden, so findet doch die *moralische Bewertung* des psychoanalytischen Befunds am Massstab allgemeiner Kategorien statt.

2. Für Sartre geht die existentielle Psychoanalyse auf dem Weg zum Unreduzierbaren einen Schritt weiter als die ‚empirische' Psychoanalyse, die ihrerseits einen Schritt weiter geht als die Psychologie.

Anders als die traditionelle Psychologie haben ‚empirische' und ‚existentielle' Psychoanalyse eine *historische* Methode gemeinsam, nämlich die

Suche nach einer „existentiellen Entdeckung" beim Subjekt (*SN* 983; *EN* 619; ähnlich bei Merleau-Ponty 1966, Teil I, Kap. V, § 26). Sie „suchen beide nach einer grundlegenden Haltung in Situation". Die empirische Psychoanalyse sucht nach einem *Komplex*, die existentielle Psychoanalyse nach der *ursprünglichen Wahl* (*SN* 977; *EN* 615).

Die existentielle Psychoanalyse erhebt nicht den Anspruch, die Freudsche Psychoanalyse zu ersetzen, sie will sie nur relativieren und integrieren. So kann die Libido „bei bestimmten Subjekten eine grundlegende Wahl ausdrücken", die sich jedoch nicht auf sie „reduzieren lässt" (*SN* 981; *EN* 618). Deshalb muss „der Psychoanalytiker [...] jedesmal eine Symbolik für den besonderen Fall erfinden, den er untersucht", so dass sich keine „universale Symbolik konstituieren" lässt (*SN* 982; *EN* 618). Es sind dennoch Zweifel an der angeblichen Unmöglichkeit einer universalen Symbolik angebracht. *Einerseits* sagt Sartre von der Libido und vom Willen zur Macht, „dass sie als besondere Gesamtheiten bei bestimmten Subjekten eine grundlegende Wahl ausdrücken, sein durch Andere entfremdete Sein wiederzugewinnen" (*SN* 981; *EN* 618). *Andererseits* behauptet er, „dass Begierde und Sexualität überhaupt eine ursprüngliche Bemühung des Für-sich ausdrücken, sein durch Andere entfremdetes Sein wiederzugewinnen" (*SN* 981; *EN* 618). Es lassen sich viele Beispiele dafür finden, dass Sartre einzelne Begierden als allgemeingültige Symbole einer bestimmten Seinsweise betrachtet. Das „Klebrige" ist etwa „ein Symbol eines Seins [...], wo das Für-sich durch das An-sich verschluckt wird" (*SN* 1050; *EN* 661). Mehr noch: Sartre bietet selber eine „immense universale Symbolik" (*SN* 1036; *EN* 652) und „ein ontologisches Schema" (*SN* 1045; *EN* 658). Sartre lehnt also keineswegs jede „universale Symbolik" ab, sondern nur diejenigen Symboliken, die der folgenden ähnlich sind: „(Kot = Gold, Nadelkissen = Brust usw.)" (*SN* 982; *EN* 618). Diese Symbolik verbindet nämlich nicht ein empirisches Objekt der Begierde mit einer Seinsweise, sondern einen empirischen Gegenstand mit einem empirischen Objekt der Begierde. Nicht nur bedeutet eine solche Symbolik einen Umweg für die existentielle Psychoanalyse, sondern sie setzt eine Verdrängung der Begierde ins Unbewusste voraus, welche Sartre ablehnt (s. u.).

Sartre muss gestehen: „Soweit die empirische Psychoanalyse mehr taugt als ihre Prinzipien, ist sie oft auf dem Weg zu einer existentieller Entdeckung" (*SN* 983; *EN* 619); ihr kann es sogar gelingen, „die Widerstände des Subjekts" (ebd.) zu brechen und das Subjekt zur evidenten Selbsterkenntnis zu führen. Was Sartre als „Prinzipien" der Freudschen Psychoanalyse bezeichnet, sind nicht die *methodischen Prinzipien* der (Psycho-)Analyse (Sartre übernimmt ausdrücklich Freuds Methode: vgl. *SN* 795, 1030;

EN 503, 648), sondern Freuds *theoretische Annahmen*, die die Deutung der Ergebnisse der psychoanalytischen Untersuchung bestimmen (vgl. *Methode* 47 (69)).

Im vorletzten Kapitel von *Das Sein und das Nichts* sieht Sartre nämlich in Freuds Psychoanalyse einen doppelten Determinismus: Den „vertikalen Determinismus" durch die Libido und den „horizontalen Determinismus" durch die äusseren Umstände (*SN* 794; *EN* 502). *Aus diesem doppelten Determinismus* ergibt sich nach Sartre, dass in der Psychoanalyse die Dimension der Zukunft fehlt und das „Bezeichnete" vom „Zeichen" (*SN* 983; *EN* 619) getrennt und nur dem objektiven Blick eines Beobachters, nicht dem Subjekt zugänglich ist.

Auch bei Sartre lässt sich aber eine derartige Trennung bzw. eine Spannung finden, und zwar zwischen der Forderung, „das Individuelle" und gar „das Instantane" – im Gegensatz zu einem „Zustand" – zu verstehen, und dem Anspruch, „das *Sein selbst* des betrachteten Subjekts" (*SN* 968; *EN* 609) zu erreichen. Sartre spricht von der Suche nach einer „existentiellen Entdeckung", und wird später sogar bei Flaubert, Genet und Baudelaire nur ein *einziges* solches Erlebnis entdecken, das den Charakter dieser Schriftsteller entscheidend und dauerhaft geprägt haben soll. Einerseits muss die Wahl tatsächlich stets widerrufbar sein, wenn man einen Determinismus der Gegenwart durch die Vergangenheit vermeiden will, andererseits will Sartre „einen Menschen" verstehen, was eine Totalität und eine Kontinuität im Mensch voraussetzt. Da nach Sartre jede grundlegende Wahl einer anderen Symbolik entspricht, kann kein Subjekt als eine Totalität untersucht werden, ohne voraussetzen zu müssen, dass das Subjekt nur eine grundlegende Wahl getroffen hat. Andernfalls hätten wir zwar mit *einem* Menschen zu tun, dem aber *mehrere* Subjekte der Psychoanalyse entsprächen. *Methodisch* setzt die psychoanalytische Untersuchung die Einheit eines Charakters voraus. Darüber hinaus entdeckt das Subjekt erst über eine „evidente Intuition" (*SN* 985; *EN* 620), die dank der Psychoanalyse erreicht wird, was seine ursprüngliche Wahl war. Erst dann, d. h. nach Abschluss der Psychoanalyse, ist das Subjekt wirklich imstande, sich eventuell zu verändern, d. h. eine neue grundlegende Wahl zu treffen. Denn von Freuds Psychoanalyse übernimmt Sartre ohne weiteres die Annahme, dass der „Behandlung" die „Untersuchungen" vorausgehen (*SN* 983; *EN* 619). Die einzige Alternative zu dieser Wahl, die erst nach einer langen Psychoanalyse stattfinden kann, ist das existentielle Erlebnis, dass bei Flaubert, Baudelaire und Genet eben nur einmal stattfand. In allen Fällen muss eine besondere Enthüllung des Charakters stattfinden, so dass die grundlegende Wahl des Charakters sehr selten widerrufen wird. In den allermeisten Fällen wird ein *Zustand* untersucht, der allenfalls auf eine ursprüngliche Wahl hinweisen kann. Hier liest Mouillie Sartre allzu unkritisch: „Hier kehrt die Methode der existentiellen Psychoanalyse die psychoanalytische Methode um. Anstatt die Handlung von der Vergangenheit aus zu verstehen, erfasst sie sie vom Zweck aus, den diese Handlung entwirft" (Mouillie 2000, 102). Der spätere Sartre beruft sich auf einen traditionellen Psychologen, Pierre Janet, um von „stereotypen Vorgängen" zu sprechen und zu behaupten: „In Flauberts Fall geschieht alles so, als wenn ein einziger Augenblick genügt hätte, um den Übergang vom normalen zum pathologischen Zustand zu sichern. Die morbide Schöpfung und das fiat (die neurotische Zustimmung zur Neurose) haben sich in einem einzigen Moment […] zusammengestellt" (*Idiot* 1784 f. [25]). Von Baudelaire sagt Sartre, dass sich „dieser Perverse […] ein für allemal die banalste und allerstrengste Moral zu eigen gemacht" hat (*Baudelaire* 15 [17]). Von Genet: „Ein Vorfall hat ihn auf eine Kindheitserinnerung gestossen, und diese Erinnerung ist heilig geworden" (*Genet* 9 [11]). Nicht zuletzt gilt dies auch für den Autor von *Die Wörter* selbst: „Alle Charakterzüge des Kindes, wenngleich verbraucht, verblasst, verlacht, verdrängt, verschwiegen, sind auch noch bei dem Fünfzigjährigen zu finden" (*Wörter* 195 [211 ff.]).

3. Bei Sartre ist die Freiheit der Wahl, also deren Spontaneität mit dem Bewusstsein verbunden, aber doch nicht so, dass die Wahl bewusst ist, wie wir uns eines Gegenstandes bewusst sind, sondern so, dass die ursprüngliche Wahl eins mit dem Bewusstsein ist. Sodann wird das entstandene Bewusstsein die äusseren Umstände als eine Situation verstehen; das Bewusstsein der äusseren Umstände wird also durch die Wahl geprägt, d. h. dass es keine objektive Situation gibt, sondern stets eine subjektiv verstandene Situation: „Die Umwelt kann nur in genau dem Mass auf das Subjekt einwirken, wie diese sie versteht […] Keine objektive Beschreibung dieser Umwelt kann uns also nutzen" (*SN* 982; *EN* 618). Genau wegen dieser Konsequenz der Gleichursprünglichkeit von Wahl und Bewusstsein, die mit Sartres Ablehnung des horizontalen Determinismus übereinstimmt, behauptet Sartre diese Gleichursprünglichkeit. Es sind aber beide Punkte voneinander zu unterscheiden: Bei Kant etwa kann der Mensch durchaus gleichzeitig ein objektives Bewusstsein der äusseren Umstände und eine transzendentale Freiheit haben.

Aber auch, wenn man die Gleichursprünglichkeit des Wollens und des Bewusstseins annimmt, so vermisst man doch bei Sartre eine Unterscheidung zwischen dem Bewusstsein eines bestimmten Gegenstandes und dem Selbstbewusstsein. So kann es durchaus sein, dass ich einen Tisch sehe und mir dieses Tisches bewusst bin, ohne mir dieses Bewusstseins bewusst zu sein, d. h. ohne dass dieses Bewusstsein *eo ipso* zum Selbstbewusstsein wird. Ich kann den Tisch vergessen, d. h. mir dieses Gegenstandes unbewusst werden, ohne dass ich aufhöre, mir meiner selbst bewusst zu sein. Wenn man mich auffordert, mich daran zu erinnern, so tue ich dies oft durch Induktion aus verschiedenen Kenntnissen und aus Gegenständen meines gegenwärtigen Bewusstseins. Wenn ich mir des vergessenen Gegenstandes wieder bewusst werde *und* mir dieses Bewusstseins bewusst werde (d. h. in Sartreschen Termini: Wenn ich diesen Gegenstand „verstanden" habe, denn „was ist denn Verstehen, wenn nicht Bewusstsein davon haben, dass man verstanden hat?", *SN* 984; *EN* 619), so hat doch eine Diskontinuität des Bewusstseins stattgefunden. Die Induktion allein reicht sicherlich nicht aus, um den Tisch *als Erinnerung* wieder bewusst zu machen: Der Tisch muss mir schon einmal bewusst gewesen sein und weiterhin das Subjekt prägen. Nun wird dieser Tisch das Subjekt immer noch prägen, wenn er mit einem traumatischen Ereignis verbunden war, welches das Subjekt per definitionem psychisch mitbestimmt hat. Warum es mit dem Bewusstsein des bestimmten Gegenstandes meiner Wahl anders sein sollte, erklärt Sartre nicht, indem er bloss rhetorisch fragt: „Wenn der Komplex wirklich unbewusst ist, [...] wie könnte das Subjekt ihn *erkennen*? [...] Können wir dagegen sagen, dass das Subjekt als bewusstes das gezeigte Bild erkennt? Aber wie vergliche es dieses mit seiner wirklichen Affektion, wo sie doch unerreichbar ist und es nie von ihr Kenntnis gehabt hat?" (*SN* 983 f.; *EN* 619). Freuds Psychoanalyse leugnet keineswegs, dass der Komplex bzw. das traumatische Erlebnis und die Reaktion darauf zu der Zeit bewusst waren, als sie stattfanden. Sie leugnet auch nicht, dass nur der Patient selber sich dieses Erlebnisses bewusst werden kann, da nur der Patient durch dieses Erlebnis geprägt wurde. Darum – und nicht wegen Sartres These – ist dieses unwillentliche Zeugnis des Subjekts für den Psychoanalytiker wertvoll. Allerdings kann Sartre keine solche Erklärung akzeptieren, weil sie die *deterministische* Annahme enthält, dass das bewusste Ereignis den Patienten weiterhin prägt, ohne dass diese Bestimmung durch die freie Wahl des Patienten stattfindet. Die Kontinuität zwischen dem entscheidenden Erlebnis und der existentiellen Entdeckung kann dennoch nur durch den Determinismus, nicht durch eine durchlaufende Wahl gewährleistet werden. Wäre Sartre konsequent, so müsste er sich zu einer „Wiedereinführung des Determinismus", die Romano (2000, 481) zu Recht nahelegt, bekennen. Das „unwillentliche Zeugnis des Subjekts" spricht jedenfalls nur dann für Sartres These über das Bewusstsein, wenn man Sartres starke antideterministische Position annimmt. Wegen dieser Position versteht Sartre das Freudsche Unbewusste nicht als einen solchen *psychischen Prozess*, sondern er versteht es *geographisch* als einen anderen Teil des Menschen, der grundsätzlich vom anderen – bewussten – Teil getrennt wäre und mit ihm nie zu einer Einheit des Menschen kommen könnte (vgl. Soll 1981, 590; vgl. auch Heinz 1976, 65, Sartre bezieht sich eher auf Jung als auf Freud). Sonst würde Sartre nicht von einem „unbewusste[n] Bewusste[n]" sprechen (*SN* 984; *EN* 619), denn das existentielle Erlebnis ist bei Freud doch nicht gleichzeitig, sondern *sukzessiv* unbewusst und bewusst.

Sartres Versuch, das Unbewusste als Fiktion zu entlarven, ist nicht nur misslungen, sondern führt auch dazu, dass Sartre keine Methode der Psychoanalyse liefern kann. *Erstens* wird, obwohl Sartre gegen Freud für den Patient eine „begünstigte Position" (*SN* 984; *EN* 619) dem Psychoanalytiker gegenüber beansprucht, in den folgenden zwei Abschnitten dieses Kapitels nicht präzisiert, von welchem Standpunkt aus die verschiedenen konkreten Beispiele gewonnen werden. Mehr noch: Diese Beispiele bedürfen nicht des Standpunktes des Patienten. *Zweitens* fragt Sartre: „Wenn der Komplex wirklich unbewusst ist, das heisst, wenn das Zeichen durch eine Schranke [*barrage*] vom Bezeichneten getrennt ist, wie könnte das Subjekt ihn *erkennen*?" (*SN* 983; *EN* 619). Obgleich es bei Sartre die Verdrängung als Schranke nicht gibt, erklärt die Unehrlichkeit die Tatsache, dass sich oft das Subjekt nicht kennt und einer Psychoanalyse bedarf: An die Stelle der Verdrängung bzw. der „Lüge ohne Lügner" (*SN* 126; *EN* 86) tritt die (bewusste) Lüge als Schranke. Es steht zwar dem Menschen zu jeder Zeit frei, plötzlich mit der Lüge bzw. mit der Unaufrichtigkeit aufzuhören. Doch zeigt uns Sartre nur zwei Weisen, dies zu tun. Die *erste*, die wir unten betrachten werden, führt über die Beobachtung der Präferenzen, des Geschmacks, des Verhaltens usw., kurz über einen objektiven Weg, der den anderen Menschen genauso zugänglich ist wie dem Betroffenen selbst. Die *zweite* ist die des existentiell entscheidenden Moments, in dem zwischen dem „Zeichen" und dem „Bezeichneten" die Schranke zusammenbricht. Und dieser Moment wird durch Umstände bzw. durch die „Situation", *d. h. durch keine grundlegende Wahl* bedingt. Insoweit kann man bei Sartre – genauso wie bei Freud – die eigene grundlegende Wahl nur durch Einbruch kennen (vgl. Pontalis 1993, 18 f. [15]), wobei der Patient determiniert wird. Nur erfolgt – *drittens* – dieser Einbruch bei Sartre nicht in der Therapie, sondern in einem unerwarteten und unaufgeforderten „Ereignis" (*Idiot* 11 [1771]). Es fällt in diesem Kapitel auf, dass sowohl die *Beziehung* zwischen dem Psychoanalytiker als einer fremden Person und seinem Patienten als auch jegliche Form einer Selbstpsychoanalyse bzw. einer *Selbstbeziehung* fehlt. Die von Sartre selbst praktizierte existentielle Psychoanalyse stellt sich eher als eine literaturvermittelte ontologische Hermeneutik denn als eine Psychoanalyse dar (vgl. Heinz 1976, 69).

Sobald sich der spätere Sartre für die Psychoanalyse interessiert, beginnt er, seine Position zu revidieren. Von John Huston, für den er ein Drehbuch über Freud schreibt, sagt er sogar: „Das Ärgerliche bei ihm ist, dass er nicht an das Unbewusste glaubt" (vgl. Pontalis 1993, 20 [16]). Allerdings bevorzugt er nun ein anderes Wort als das „Unbewusste", weil letzteres zum Wortschatz der Physiologie und der Biologie gehört (*Situations* X, 105): Sartre spricht von der undurchsichtigen Überfülle des „Erlebten", die bzw. gleichzeitig „Anwesenheit für sich selbst" und „Abwesenheit für sich selbst" ist (*Situations* IX, 108 u. 111). Nicht zuletzt wird Sartre spätestens in seinen literarischen Psychoanalysen und in der *Kritik der dialektischen Vernunft* auf die geschichtliche Wirklichkeit aufmerksam, welche die Versuche des Menschen begrenzt, sich zu verändern (vgl. Jopling 1992, 128 ff.).

3 Die Reduktion des Handelns und des Habens auf das Sein

Der zweite Abschnitt des Kapitels stellt sich weder als eine philosophische bzw. psychoanalytische *Untersuchung* der menschlichen Begierde noch als die *Beweisführung* einer diesbezüglichen These dar. Sartre geht es darum, „die bisher gewonnenen Erkenntnisse [zu] benutzen, um die Grundlagen der existentiellen Psychoanalyse aufzustellen" (*SN* 986; *EN* 621). Die Richtigkeit der *Anwendung* dieser Erkenntnisse wird am Kriterium der o. g. „evidenten Intuition", der eigenen Erfahrung und des Gemeinsinns, nicht durch Beweise und Argumente geprüft: An entscheidenden Stellen kann man etwa lesen: „Man sieht aber leicht" (*SN* 988; *EN* 622); „Einerseits ist abstrakt leicht zu sehen" (*SN* 1020; *EN* 642); „Jeder kann das erkennen, wenn er sich auf seine Erfahrung besinnt" (*SN* 1020; *EN* 642). Die genannten Erkenntnisse aus der Ontologie bestehen ihrerseits 1. aus der Definition der Beziehung zwischen den beiden „Seinsweisen", d. h. zwischen dem „konkreten, kontingenten An-sich oder Gegenstand der Begierde" und dem „An-sich-für-sich oder Ideal der Begierde" (*SN* 1004; *EN* 632), sowie 2. aus der ‚Erklärung' der Beziehung, „die die Aneignung, als Typus eines Bezugs zum An-sich, mit dem Sein selbst als Typus eines Bezugs zum An-sich-für-sich, vereinigt" (ebd.).

Während der erste Punkt schon früher behandelt wurde, wird der zweite erst hier angesprochen. Die o. g. „Aneignung" – das „Haben" im allgemeinen – ist allerdings nur eine der drei „grossen Kategorien" (*SN* 988;

EN 622), unter welche die „Beziehung des Menschen zu einem oder mehreren Objekten in der Welt“ verstanden werden kann und diese Beziehung „manifestiert“ eigentlich die „ganze Welt“ (*SN* 1020; *EN* 642). Warum wird also die „Aneignung“ von Sartre hervorgehoben? Um dies zu verstehen, muss man die Thesen untersuchen, die im zweiten Abschnitt formuliert sind. Es lassen sich vier Thesen finden:

1. Die Reduzierbarkeit der Begierde nach einem Handeln auf die Begierde nach einem Haben (*SN* 988; *EN* 622).
2. Die Reduzierbarkeit der Begierde nach dem Haben eines Gegenstandes auf die Begierde nach einer gewissen Seinsweise des Gegenstands (*SN* 1008; *EN* 635; vgl. auch *SN* 1020; *EN* 642).
3. Die Reduzierbarkeit der Begierde nach dem Sein des Objekts auf die Begierde nach der Welt (*SN* 1022; *EN* 643).
4. Die Untrennbarkeit der Begierde nach dem Sein von der Begierde nach dem Haben (*SN* 1024; *EN* 645).

Die vierte These wird schon am Anfang des Abschnitts vertreten (vgl. *SN* 987; *EN* 621). Der Zugang zum Sein sowie auch der Zugang zur Welt sind ohne Vermittlung des Objekts dem Menschen versperrt. Für diesen Zugang reicht aber der Besitz des Objekts aus, es muss nicht vom Menschen produziert werden. Die Produktion wird dann zum blossen Mittel zum Besitz.

Zumindest für eines der beiden Beispiele der Begierde eines Seins, die Sartre am Anfang des Abschnitts gibt: „Schön zu sein“ (*SN* 988; *EN* 622), gilt die These jedoch offenbar nicht. Sartre räumt sogar ein, dass „sich die Begierde, in der überwältigenden Mehrheit der Fälle, als Beziehung zu einem kontingenten konkreten An-sich“ bestimmt, „dessen Aneignung sie entwirft“ (*SN* 1003; *EN* 632); er muss gestehen: „Ausser in dem besonderen Fall, wo sie einfach Begierde zu sein ist: Begierde, glücklich zu sein, stark zu sein, usw.“ (ebd., Fussnote). Ausserdem kann die Begierde, schön bzw. glücklich bzw. stark bzw. aktiv zu sein, durchaus auf eine Weltanschauung – aber wohl nicht auf unendlich viele einzelne Objekte – verweisen: Die Welt als Harmonie, der Eudämonismus, der Wille zur Macht oder Fichtes Philosophie des Ichs zeugen davon.

Es ist rätselhaft, warum Sartre aus diesem Zugeständnis keine Konsequenzen zieht. Alle diese ‚Ausnahmen‘ betreffen Begierden, deren Objekt einer Reflexion bedarf, also einer Kenntnis der Möglichkeiten; die Begierde nach einem konkreten Gegenstand setzt keine solche Reflexion voraus. Aber bei Sartre gibt es am Anfang nur die Begierde nach einem bestimmten Gegenstand; erst später wird sich der Mensch des ontologischen Sinnes bewusst, den dieser Gegenstand für ihn bedeutet. Dieser Unterschied könnte

Sartres Inkonsequenz erklären, wenn wir ihn auf seine Auffassung der grundlegenden Wahl als einer Wahl ohne Kenntnis von möglichen Optionen beziehen. Bei einer solchen blinden Wahl kann sich das Subjekt der Wahl unmöglich für eine Begierde nach einem Gegenstand entschieden, der eine Reflexion voraussetzt. Dagegen kann die Begierde nach einem konkreten Gegenstand durchaus unmittelbar sein. Wenn Sartre die ‚Ausnahmen' ernst nähme, so liessen sich durchaus manche Begierden nach einem Handeln unmittelbar auf eine Begierde nach einem Sein ohne Vermittlung einer Begierde nach einem Haben zurückführen. Allerdings würde es sich dann nicht mehr um das Sein eines Gegenstandes, sondern um das Sein des Menschen selbst handeln. Die These der Untrennbarkeit von der Begierde des Seins und der Begierde des Habens wäre dann in eine doppelte These der Untrennbarkeit von Haben und Sein einerseits und von Handeln und Sein andererseits. Wenn man bei Sartres Inkonsequenz samt deren Prämisse bleibt, so muss man „die ursprüngliche Art [...], nach der jeder sein Sein wählt" (*SN* 1025; *EN* 645) als die Wahl des Seins eines Gegenstandes durch den Menschen verstehen. Sartre spricht kurz danach von den Qualitäten der Gegenstände, „die symbolisch für uns eine bestimmte Art ausdrücken, in der sich das Sein darbietet, und wir reagieren durch Ekel oder Begierde" (*SN* 1026; *EN* 645). Die Wahl des Seins bedeutet also keineswegs die Wahl von Handelsregeln (missverstanden in Morris 1976, 125), sondern ein Geschmacksurteil, das nach Sartre eine moralische Bedeutung hat. Hier ist Danduks Ansicht abzulehnen, das die Ontologie eine notwendige Voraussetzung der Psychologie ist (Danduks 2002).

4 Geschmacklosigkeit als Symbol der Unaufrichtigkeit

Bevor wir uns Sartres These über die Wahl einer Seinsweise und die moralische Bedeutung der Geschmacksurteile zuwenden, muss ich kurz die ontologische Bedeutung des Beispiels darstellen, das im gesamten letzten Abschnitt sowie in Sartres erstem Roman im Vordergrund steht und mehr als ein Beispiel ist: das Klebrige.

Sartre charakterisiert „den nicht geheuren Charakter" des Klebrigen als einer „Substanz zwischen zwei Zuständen" (*SN* 1039; *EN* 654) auf folgende Weise: „Das Klebrige ist fügsam. Doch im gleichen Moment, in dem ich es zu besitzen glaube, besitzt *es* plötzlich mich in einer merkwürdigen Umkehrung" (*SN* 1041; *EN* 655). Diese Umkehrung wird ontologisch interpretiert: „Nun ist diese Auflösung schon durch sich selbst erschreckend, weil sie Aufsaugen des Für-sich durch das An-sich ist"

(*SN* 1043; *EN* 656). Das moralische Urteil wurde schon im ersten Teil von *Das Sein und das Nichts* getroffen: „Die Aufrichtigkeit sucht die innere Auflösung meines Seins zum An-sich hin zu fliehen, das sie sein müsste und nicht ist. Die Unaufrichtigkeit sucht vor dem An-sich in die innere Auflösung meines Seins zu fliehen“ (*SN* 159; *EN* 105 f.). Die Vorliebe für das Klebrige bedeutet also eine ebensolche Flucht der Unaufrichtigkeit. Nur ist die Unaufrichtigkeit nichts anderes als diese Flucht selbst, und das Urteil, das diese Flucht als „unaufrichtig“ bezeichnet, beruft sich auf kein moralisches Prinzip, auf keine „reine“ Normativität. Unaufrichtigkeit bedeutet nichts mehr und nichts weniger als das Gefallen an der „Auflösung des eigenen Seins“. Das Missfallen daran heisst die Aufrichtigkeit. Anders als etwa in Kants *Kritik der Urteilskraft* (§ 59), in der das ästhetische Geschmacksurteil das sittliche bloss symbolisiert, macht bei Sartre das Geschmacksurteil das ganze moralische Urteil aus, das dann eigentlich nicht spezifisch moralisch ist. Man könnte zwar einwenden, dass das echte moralische Urteil erst in der Missbilligung der Unaufrichtigkeit bzw. in der Billigung der Aufrichtigkeit stattfindet. Diese Missbilligung bzw. diese Billigung setzt aber den Gesichtspunkt der Aufrichtigkeit voraus. Die moralische Haltung besteht bei Sartre tatsächlich im Geschmack. Interessanterweise geben manche Sartre-Interpreten nicht solche ästhetische, sondern ethisch relevante Beispiele für die Aufrichtigkeit, z. B. die Ehrlichkeit einer bestimmten Handlung (siehe z. B. Galle 2009, 27).

Sartres These widerspricht wissentlich dem *common sense*, der das Geschmacksurteil als Projektion eines moralischen Urteils ansieht: „Nach allgemeiner Meinung [*opinion commune*] hätte ich zunächst die Erfahrung gewisser Verhaltensweisen [...] und andererseits die sinnliche Intuition des Klebrigen. Danach würde ich eine Verbindung zwischen diesen Gefühlen und der Klebrigkeit herstellen, und das Klebrige würde als Symbol für eine ganze Klasse von Gefühlen und menschlichen Haltungen fungieren. So hätte ich [...] projiziert“ (*SN* 1034; *EN* 650 f.). Sartre argumentiert gegen die Projektionsthese mit zwei Argumenten.

Nach dem *ersten* Argument unternimmt diese These den vergeblichen Versuch, im Nachhinein eine Verbindung zwischen dem „in seiner qualitativen Reinheit erfasste[n] Gefühl“ bzw. einer „gewisse[n] rein unausgedehnte[n] Disposition“ und einer „gewisse[n] materielle[n] Qualität“ herzustellen (*SN* 1034; *EN* 650 f.). Dabei übersieht Sartre aber, dass sich das moralische Gefühl genauso wenig auf reine Gedanken bezieht, wie der Geschmack, sondern auf konkrete Verhaltensweisen anderer Menschen bzw. auf unsere eigenen Handlungen: Es geht um einen „Händedruck“, um „ein Lächeln oder einen [wohl sprachlich ausgedrückten] Gedanken“, die eine „Art schmieriger Niedrigkeit“ zeigen (*SN* 1045 f.; *EN* 658); anders als z. B. in Kants Moralphilosophie betrifft das moralische Urteil hier ja nicht die Reinheit der Absicht.

Mit dem ersten Argument hängt ein *zweites* Argument zusammen: Geschmacksurteile seien im kleinen Kind schon vorhanden, während es die moralischen Urteile noch zu lernen habe: „Es müsste also so etwas wie ein Erlernen des symbolischen Werts des Klebrigen geben. Die Beobachtung lehrt uns aber, dass schon die kleinsten Kinder angesichts des Klebrigen Widerwillen bekunden“ (*SN* 1035; *EN* 651). Sartres Behauptung darf uns aus zwei Umständen erstaunen: *Erstens* machen sich gerade kleine Kinder bekanntlich gerne mit Klebrigem schmutzig; *zweitens* gibt Sartre selber Beispiele von klebrigen Stoffen, gegenüber denen nicht nur die meisten Menschen gar nicht abgeneigt sind, sondern die auch vom Autor selber positiv bewertet werden, etwa das Beispiel des rosa Kuchens. Sartre schreibt: „Wenn ich einen rosa Kuchen esse, ist sein Geschmack rosa; der leichte zuckrige Duft und die Fettigkeit der Buttercreme *sind* das Rosa“ (*SN* 1051; *EN* 661). Nun schreibt Sartre, dass „das ‚Gezuckerte‘ [...] das Klebrige [...] ausdrückt“ (*SN* 1051; *EN* 661). Und die allermeisten Menschen haben keinen Widerwillen, wenn sie einen (klebrigen) rosa Kuchen sehen. Dabei ist das Klebrige nicht nur ein Beispiel der Unaufrichtigkeit, sondern das Symbol der Unaufrichtigkeit selbst.

Ein erstes Problem, dem Sartre ausgesetzt ist, besteht also darin, dass ihm nicht nur auf der Ebene der Theorie – wie Sartre explizit erkennt –, sondern auch auf der Ebene des Geschmacks der *common sense* widerspricht, auf den er sich beruft: Der *common sense* behauptet die Projektionsthese und weder die kleinen Kinder, noch die Erwachsenen, die mit überwiegender Mehrheit den bei Sartre als „klebrig“ eingestuften Kuchen mögen, den Ekel vor dem Klebrigen – zumindest vor dem Klebrigen im allgemeinen – teilen.

Ein weiteres zugrunde liegendes Problem ist, dass Sartre den Gegenstand des Geschmacksurteils als eine Totalität betrachtet und ihn *gleichzeitig* unter dem einzigen Gesichtspunkt einer bestimmten Qualität – nämlich unter dem ausschliesslichen Gesichtspunkt der Klebrigkeit bzw. der Flüssigkeit oder der Festigkeit – beurteilt. Die einzige Weise, beides miteinander in Einklang zu bringen, besteht darin, zu behaupten, dass alle Qualitäten eines Gegenstandes durch eine einzige vertreten werden, was Sartre tatsächlich – nicht nur im Beispiel des o. g. rosa Kuchens – tut: „Alle Qualitäten, die nicht der eigentliche Geschmack sind, [sind] im Geschmack zusammengefasst, verschmolzen und versenkt, [...] (Dieser Schokoladenbiskuit, der zunächst den Zähnen standhält, dann plötzlich nachgibt und zerbröckelt, sein Widerstand, dann sein Zerbröckeln *ist* Schokolade)“ (*SN* 1051; *EN* 661).

Diese Auffassung ist kontraintuitiv: Das Zerbröckeln des Biskuits ist doch keine Schokolade; genauso wenig zerbröckelt das Stück Schokolade, das in der Hand eines Kindes schmilzt. Ich kann eine Abneigung zum Biskuit und zu den Schokoladentafeln und gleichzeitig eine Vorliebe für den Schokoladenkuchen haben. Wenn Sartre schreibt, dass „den Psychoanalytiker interessiert [...] in erster Linie, den freien Entwurf der einzelnen Person von der individuellen Beziehung her zu bestimmen, durch die sie mit diesen verschiedenen Symbolen des Seins vereinigt wird" (*SN* 1049 f.; *EN* 660), so bedeutet die Verschiedenheit der Symbole keineswegs eine Vielfalt der individuellen Lebensentwürfe. Genauso wie sich Sartre bei den Gegenständen nur für das Flüssigsein, das Feste und das Klebrige, kurz für das Aneignungsverhältnis zwischen An-sich und Für-sich-sein interessiert, betrachtet er ebenfalls in den individuellen Lebensentwürfen nur einen einzigen Charakter: Die Aufrichtigkeit bzw. die Unaufrichtigkeit. Hier zeigt sich wieder, dass es sich bei Sartres existentieller Psychoanalyse weder um eine Psychoanalyse im Freudschen noch in einem anderen Sinne handelt. Dafür fehlt nämlich zweierlei: Die Untersuchung der weiteren Aspekte des psychischen Lebens und die Untersuchung vom Psychischem überhaupt.

Wenn Sartres existentielle Psychoanalyse in Wahrheit keine Psychoanalyse liefert, sondern zu Überlegungen „über Freiheit und Verantwortlichkeit" gehört, die „mehr den Moralisten angehen" (*SN* 950; *EN* 598), so bleibt noch festzustellen, was dieses letzte Kapitel eigentlich zur Moral erbringt. Dies lässt sich m. E. am besten im Vergleich mit dem Autor durchführen, der als erster die symbolische Beziehung des Geschmacksurteils zur Moral systematisch erforscht hat: Kant. In der *Kritik der Urteilskraft* unterscheidet Kant zwei Geschmacksurteile voneinander: das Schöne und das Erhabene. Das Schöne gilt als „Symbol des Sittlichen" (§ 59), weil uns das Gefühl des Schönen auf die Harmonie unserer Vermögen – genauer unseres Verstands und unserer Einbildungskraft – hinweist. Das Erhabene dagegen gilt als Symbol der Pflichterfüllung trotz der Widerstände der Sinnlichkeit (dazu und zum Folgenden, vgl. Merle 1996 u. Merle 2002) und weist uns auf die Ideen der Vernunft hin. Die Pflichterfüllung trotz der Widerstände allein definiert noch keine Moral, weil sie uns weder Grundsätze und Kriterien für die Handlung gibt, noch sie unsere Entscheidung in konkreten Situationen leitet. Die *Pflichterfüllung* trotz der Widerstände setzt vielmehr das moralische Urteil über die gebotene bzw. über die verbotene Handlung voraus. Dieses moralische Urteil fehlt völlig bei Sartre. Anders als das Geschmacksurteil über das Schöne, das uns auf Vorschriften für das moralische Handeln verweist, unterrichtet uns das Geschmacksurteil über das Erhabene über die *Tugend* eines Menschen, und zwar in zwei

Hinsichten, die beide bei Sartre vorhanden sind. 1. *die beurteilten Menschen betreffend:* Ein Mensch, der trotz Widerwärtigkeiten der Umstände bzw. gegen die eigenen Neigungen das Sittliche tut, erweist sich nicht nur als moralgemäss handelnd, sondern auch als erhaben. Das Gegenteil des Gefühl des Erhabenen erweckt im Gegenteil „ein Lächeln oder ein Gedanken", die eine „Art schmieriger Niedrigkeit" ausdrücken (*SN* 1045 f.; *EN* 658). 2. *die beurteilenden Menschen betreffend*: Nicht jeder Mensch ist zum Gefühl des Erhabenen fähig. Manche müssen sich fragen: „Was bin dann ich, wenn ich gegenüber den anderen das Klebrige mag?" (*SN* 1050; *EN* 661). Sartres existentielle Psychoanalyse ist eine auf die Tugend reduzierte Moral, weshalb sie nicht den Moraltheoretiker, sondern nur „den Moralisten" angeht. Dass eine solche Art von Moral für das Handeln unausreichend ist, liegt auf der Hand (vgl. Larmore 1995).

Nicht zuletzt wird die Bedeutung vieler Geschmäcker für den Charakter von Sartre offenbar erheblich überschätzt. Den allermeisten Menschen würde etwa die folgende Behauptung kontraintuitiv erscheinen: „Wenn ich den Geschmack von Knoblauch mag, erscheint es mir irrational, dass andere ihn nicht mögen können" (*SN* 1050; *EN* 661). Sartre schätzt vermutlich den Geschmack von Knoblauch als eine Aneignung des An-sich durch das Für-sich-sein, daher als dem Klebrigen gleichwertig ein. Bekanntlich lässt sich aber über den Geschmack nicht streiten; ebenfalls kontraintuitiv ist Sartres Behauptung, es gebe „keinen Geschmack und keine Neigung, die nicht reduzierbar sind" (*SN* 1052; *EN* 662). Wer zuviel Knoblauch isst, der belästigt allenfalls seine Umgebung; er ekelt sie dennoch nur selten an. Vor allem kann ein solcher Mensch durchaus auch ein tapferer und tugendhafter Mensch sein, der sich keinesfalls durch die äusseren Gegenstände „auflösen" lässt. Die Fragestellung der Sartreschen Psychoanalyse scheint uns grundsätzlich fremd: „Was ist der metaphysische Gehalt des Gelben, des Roten, des Glatten, des Rauhen? [...] Solche Probleme muss die Psychoanalyse lösen, wenn sie eines Tages verstehen will, warum Pierre Apfelsinen liebt und Wasser verabscheut" (*SN* 1033; *EN* 650). Denn nicht der metaphysische Gehalt, sondern das psychische Problem muss untersucht werden, um das Verhalten eines Menschen zu verstehen.

Von der Auffassung des Charakters als einer zu jeder Zeit getroffenen grundlegenden Wahl über die Behauptung des ununterbrochenen Bewusstseins des Erlebten bis zur Reduzierung des moralischen Urteils auf einen Geschmacksurteil und zur Überbewertung unseres Geschmacks, zeigt sich Sartres Überschätzung unserer Verantwortung. Zwischen dem angeblich jede Verantwortung negierenden Determinismus und der moralischen Allverantwortung gibt es doch Platz für eine echte moralische Verantwortung. Der Phänomenologe Merleau-Ponty hat überzeugend eine absolute menschliche Freiheit und das Bild der Freudschen Psychoanalyse als einer „Biologisierung der Psychologie" abgelehnt (vgl. Merleau-Ponty 1966, 189). Die Pflicht mir und den anderen gegenüber lässt es in der Regel durchaus zu, dass ich Orangensaft und klebrig-süssen Schokoladenkuchen im *Café des deux magots* als moralische Adiaphora geniesse. Dass Sartres existentielle Psychoanalyse, die dies problematisiert, keine nennenswerte Wirkungsgeschichte gehabt hat, ist weder verwunderlich noch zu bedauern.

Literatur

Danduk, Alfred 2002: Unaufrichtigkeit: die existentielle Psychoanalyse Sartres im Kontext der Philosophiegeschichte, Würzburg, Königshausen & Neumann.

Galle, Roland 2009: Der Existentialismus, Stuttgart, W. Fink.

Heinz, Rudolf 1976: „Jean-Paul Sartres existentielle Psychoanalyse", in: Archiv für Rechts- und Sozialphilosophie, LXII/1, 61–88.

Jopling, David A. 1992: „Sartre's Moral Psychology", in: Christina Howells (Hrsg.), The Cambridge Companion to Sartre, Cambridge, Cambridge University Press, 103–39.

Kant, Immanuel 1790: Kritik der Urteilskraft, Berlin.

Larmore, Charles 1995: „Ontologie und Ethik bei Sartre", in: Zeitschrift für philosophische Forschung, Bd. 49/3, 441–9.

Merle, Jean-Christophe 1996: „Le tournant de l'esthétique de Kant à Fichte considéré à partir du sublime de la nature", in: Cahiers de la revue de théologie et de philosophie, Heft 18, 557–61.

Merle, Jean-Christophe 2002: „Moralisch/Amoralisch! IV. Deutscher Idealismus", in: K. Barck, M. Fontius, D. Schlenstedt, B. Steinwachs und F. Wolfzettel (Hrsg.), Ästhetische Grundbegriffe. Historisches Wörterbuch, Stuttgart/Weimar, Metzler Verlag, 198-205.

Merleau-Ponty, Maurice 1966: Phänomenologie der Wahrnehmung (1945), deutsche Übersetzung von R. Boehm, Berlin, Walter de Gruyter.

Morris, Phyllis Sutton 1976: Sartre's Concept of a Person. An Analytic Approach, Amherst, University of Massachusetts Press.

Mouillie, Jean-Marc 2000: Sartre. Conscience, Ego et Psychè, Paris, Presses Universitaires de France.

Pontalis, Jean-Bernard 1993: „Vorwort", in: Jean-Paul Sartre, Freud. Das Drehbuch, übersetzt von T. König und J. Klein, Reinbek, Rowohlt, 7–31 (französisch: Le Scénario Freud, Paris, Gallimard, 1984, 9–30).

Renaut, Alain, 1993: Sartre, le dernier Philosophe, Paris, Grasset.

Ricoeur, Paul 1969: Die Interpretation (1965), übersetzt von E. Moldenhauer, Frankfurt am Main, Suhrkamp.

Romano, Claude 2000: „La Liberté Sartrienne ou le Rêve d'Adam", in: Archives de Philosophie, Jg. 63, 476–93.

Seel, Gerhard 1988: „Wie hätte Sartres Moralphilosophie ausgesehen?", in: T. König (Hrsg.), Sartre. Ein Kongress, Reinbek, Rowohlt, 276–93.

Soll, Ivan 1981: „Sartre's Rejection of the Freudian Unconscious", in: P. A. Schilpp (Hrsg.), The Philosophy of Jean-Paul Sartre, La Salle, IL, La Salle (Ill.), Open Court, 582–604.

Auswahlbibliographie

erstellt von Bernard N. Schumacher

Für die Texte von Jean-Paul Satre siehe Zitierweise und Siglen.

Sekundärliteratur

(a) Einführung in die Phänomenologie

Fellmann, Ferdinand 2009²: Phänomenologie zur Einführung, Hamburg, Junius.
Lewis, Michael und Staehler, Tanja 2010: Phenomenology. An Introduction, London, Continuum.
Luft, Sebastian und Overgaard, Søren 2012: The Routledge Companion to Phenomenology, London, Routledge.
Moran, Dermot 2005: Introduction to Phenomenology, London, Routledge.
Schmitz, Hermann 2012: Kurze Einführung in die neue Phänomenologie, Freiburg i. Br., Karl Alber.
Sokolowski, Robert 2007⁸: Introduction to Phenomenology, Cambridge, Cambridge University Press.
Spiegelberg, Herbert 1982: The Phenomenological Movement. A Historical Introduction, The Hague, Martinus Nijhoff.
Ströker, Elisabeth und Janssen, Paul 1989: Phänomenologische Philosophie, Freiburg/München, Karl Alber.
Waldenfels, Bernhard 1983: Phänomenologie in Frankreich, Frankfurt am Main, Suhrkamp.
Waldenfels, Bernhard 2001: Einführung in die Phänomenologie, München, Wilhelm Fink Verlag.
Zahavi, Dan 2007: Phänomenologie für Einsteiger, Paderborn, Fink.

(b) Bibliographien zu Jean-Paul Sartre

Contat, Michel und Rybalka Michel 1976: Les écrits de Sartre. (Chronologie, bibliographie commentée), Paris, Gallimard.
Contat, Michel und Rybalka Michel 1993: Sartre, Bibliographie 1980–1992, Bowling Green State University (Ohio), C.N.R.S./Philosophy Documentation Center.
Gabel, Gernot U. 1992: Sartre. A Comprehensive Bibliography of International Theses and Dissertations, 1950–1985, Hurth-Efferen, Gemini.
Lapointe, Claire und Lapointe, François 1981: Jean-Paul Sartre and his Critics. An International Bibliography (1938–1980), Bowling Green State University (Ohio), Philosophy Documentation Center.
Wilcocks, Robert 1975: Jean-Paul Sartre. A Bibliography of International Criticism, Edmonton, University of Alberta Press.

(c) Einführung in die Philosophie Jean-Paul Sartre und seine Person

Aronson, Ronald und van den Hoven, Adrian (Hrsg.) 1991: Sartre Alive, Detroit, Wayne State University Press.
Bertholet, Denis 2000: Sartre, Paris, Plon.
Biemel, Walter 1964: Jean-Paul Sartre in Selbstzeugnissen und Bilddokumenten, Reinbeck, Rowohlt.
Boschetti, Anna 1985: Sartre et ‚Les temps modernes'. Une entreprise intellectuelle, Paris, Les Editions de Minuit.
Bürger, Peter 2007: Sartre. Eine Philosophie der Als-ob, Frankfurt am Main, Suhrkamp Verlag.
Catalano, Joseph S. 2010: Reading Sartre, Cambridge, Cambridge University Press.
Cohen-Solal, Annie 1989: Sartre 1905–1980, Paris, Gallimard.
Cohen-Solal Annie 1991: Album Jean-Paul Sartre, Paris, Gallimard.
Cohen-Solal, Annie 2005: Jean-Paul Sartre, Paris, Presses Universitaires de France.
Colombel, Jeannette 2000: Jean-Paul Sartre. Un homme en situations, Paris, Le livre de poche.
De Coorebyter, Vincent 2005: Sartre avant la Phénoménologie. Autour de 'La Nausée' et de la 'Légende de la vérité', Bruxelles, Ousia.
Daigle, Christine 2010: Jean-Paul Sartre, London, Routledge.
Danto, Arthur C. 1987: Jean-Paul Sartre, deutsche Übersetzung von U. Enzensberger, Göttingen, Steidl.
Davies, Howard 1987: Sartre and ‚Les Temps modernes', Cambridge, Cambridge University Press.
Flajoliet, Alain 2008: La première philosophie de Sartre, Paris, Honoré Champion.
Flynn, Thomas 2014: Sartre: A Philosophical Biography, Cambridge, Cambridge University Press.
Gerassi, John 1989: Jean-Paul Sartre. Hated Conscience of His Century, volume I: Protestant or Protester?, Chicago, The University of Chicago Press.
Gutting, Gary 2001: French Philosophy in the Twentieth Century, Cambridge, Cambridge University Press.
Hackenesch, Christa (Dargest.) 2007[2]: Jean-Paul Sartre, Reinbek, Rowohlt Taschenbuch Verlag.
Hackenesch, Christa (ausgew.) 2005: Jean-Paul Sartre, ein Lesebuch mit Bilder, Reinbek, Rowohlt Taschenbuch Verlag.
Hayman, Ronald 1986: Writing Against. A Biography of Sartre, London, Weidenfeld and Nicolson.
Hengelbrock, Jürgen 2005 (2. Aufl. vollst. überarb. und erw. Neuausg): Jean-Paul Sartre. Freiheit als Notwendigkeit. Einführung in das philosophische Werk, Freiburg, K. Alber.
Hunstein, Stefan und Sucher, C. Bernd 2007: Jean-Paul Sartre, eine Einführung in Leben und Werk, Berlin, Argon-Verlag.
Jeanson, Francis 1955: Sartre par lui-même, Paris, Seuil.
Jeanson, Francis 1966: Sartre, Paris, Desclée de Brower.
Jeanson, Francis 1974: Sartre dans sa vie, Paris, Seuil.
Kamber, Richard 2000: On Sartre, Belmont, Wadsworth.
Kampits, Peter 2004: Jean-Paul Sartre, Beck, München.
Lévy, Bernard-Henri 2000: Le siècle de Sartre. Enquête philosophique, Paris, Grasset.
Linsenbard, Gail 2010: Starting with Sartre, London, Continuum.
Macho, Thomas H. 1995: Sartre, München, Diederichs.
Manser, Anthony 1966: Sartre. A Philosophic Study, London, The Athlone Press.
Meyer, Martin 1981: „Jean-Paul Sartre", in: O. Höffe (Hrsg.), Klassiker der Philosophie, 2. Band, München, Beck, 433–51.

Möbuss, Suzanne 2000: Sartre, Freiburg, Herder.
Moravia, Sergio 1973, 1993: Introduzione a Sartre, Roma, Laterza.
Morris, Katherine J. 2008: Sartre, Malden (MA), Blackwell.
Murphy, Julien S. 1998: Feminist Interpretations of Jean-Paul Sartre, University Park (PA), Pennsylvania State University Press.
Noudelmann, François 2008: Le toucher des philosophes. Sartre, Nietzsche et Barthes au piano, Paris, Gallimard.
Noudelmann, François, und Philippe, Gilles 2004: Dictionnaire Sartre, Paris, Honoré Champion.
Petit, Philippe 2000: La cause de Sartre, Paris, Presses Universitaires de France.
Rampnoux, René 2011: Sartre, Paris, Ellipse.
Rizk, Hadi 2011: Comprendre Sartre, Paris, Armand Colin.
Schilpp, Paul Arthur 1981: The Philosophy of Jean-Paul Sartre, Carbondale (Il.), Open Court.
Scriven, Michael 1999: Jean-Paul Sartre. Politics and Culture in Postwar France, London/ New York, MacMillan/St. Martin Press.
Sicard, Michel 1989: Essais sur Sartre. Entretiens avec Sartre, Paris, Éditions Galilée.
Suhr, Martin 2001[4]: Jean-Paul Sartre zur Einführung, Hamburg, Junius.
Theau, Jean 1977: La philosophie de Jean-Paul Sartre, Ottawa, Editions de l'Université d'Ottawa.
Verstraeten, Pierre 1987: Sur les écrits posthumes de Sartre, Editions de l'Université de Bruxelles, Bruxelles.
Wald Lasowski, Aliocha 2011: Jean-Paul Sartre, une introduction, Paris, Pocket.
Warnock, Mary 1965: The Philosophy of Sartre, London, Hutchinson University Library.
Wildenburg, Dorothea 2004: Jean-Paul Sartre, Frankfurt am Main, Campus.

(d) Das Sein und das Nichts

Adloff, Jean Gabriel 1981: Sartre. Index du Corpus philosophique. I. L'Être et le Néant; Critique de la raison dialectique, Paris, Klincksieck.
Aquila, Richard E. 1977–78: „Two Problems of Being and Nonbeing in Sartre's Being and Nothingness", in: Philosophy and Phenomenological Research, 38, 167–86.
Aronson, Ronald 1987: Sartre's Second Critique, Chicago, University of Chicago Press.
Aschenberg, Heidi und Reinhold 1998: „Probleme der philosophischen Übersetzung. Bemerkungen in Beziehung auf die deutsche Versionen von Sartres *L'Être et le Néant*", in: Archiv für das Studium der neueren Sprachen und Literaturen, 235, 77–109.
Bellinghausen, Peter 1976: Der Materiebegriff in Sartres ‚L'Être et le Néant', Dissertation Universität zu Köln.
Biemel, Walter 1958: „Das Wesen der Dialektik bei Hegel und Sartre", in: Tijdschrift voor Philosophie, 20, 269–300.
Boudier, Henk Struyker 1983: „Le sadomasochisme. Remarques au sujet de la philosophie sartrienne des relations concrètes dans ‚L'Être et le Néant'", in: Revue Philosophique de Louvain, 81, 63–81.
Bubner, Rüdiger R. 1964: Phänomenologie, Reflexion und Cartesianische Existenz. Zu Jean-Paul Sartres Begriff des Bewusstseins, Dissertation, Heidelberg.
Busch, Thomas W. 1990: The Power of Consciousness and the Force of Circumstances in Sartre's Philosophy, Bloomington, Indiana University Press.
Cannon, Betty 1991: Sartre and Psychoanalysis. An Existentialist Challenge to Clinical Metatheory, Lawrence (KA), University Press of Kansas.

Catalano, Joseph S. 1980: A Commentary on Jean-Paul Sartre's Being and Nothingness, Chicago, University of Chicago Press.

Catalano, Joseph S. 1990: „Successfully Lying to Oneself. A Sartrean Perspective", in: Philosophy and Phenomenological Research, 50 (4), 673–93.

Catalano, Joseph S. 1996: Good Faith and Other Essays: Perspectives on Sartrean Ethics, Boston, Rowman & Littlefield.

Catalano, Joseph 2008: Reading Sartre, Cambridge, Cambridge University Press.

Cavaciuti, Santino 1969: L'ontologia di Jean-Paul Sartre, Milano, Marzorati.

Caws, Peter 1979: Sartre, London, Routledge.

Craib, Ian 1976: Existentialism and Sociology. A Study of Jean-Paul Sartre, Cambridge, Cambridge University Press.

Damast, Thomas 1994: Jean-Paul Sartre und das Problem des Idealismus. Eine Untersuchung zur Einleitung in ‚L'Être et le Néant', Berlin, Akademie Verlag.

Desan, Wilfrid 1954: The Tragic Finale. An Essay on the Philosophy of Jean-Paul Sartre, Cambridge (Mass.), Harvard University Press.

Detmer, David 1988: Freedom as Value. A Critique of the Ethical Theory of Jean-Paul Sartre, La Salle (Il.), Open Court.

Detmer, David 2008: Sartre Explained Form Bad Faith to Authenticity, Chicago (Il.), Open Court.

Dinan, Stephan A. 1971: „Intentionality in the Introduction to Being and Nothingness", in: Research in Phenomenology, 1, 91–118.

Fell, Joseph P. 1965: Emotion in the Thought of Sartre, New York, Columbia University Press.

Fell, Joseph P. 1979: Heidegger and Sartre. An Essay on Being and Place, New York, Columbia University Press.

Flynn, Thomas 2002: „Jean-Paul Sartre (1905–1980), Being and Nothingness. The Prodigious Power of the Negative", in: J. Gracia, G. Reichberg, B. Schumacher (Hrsg.), *Classics of Western Philosophy*, Oxford, Blackwell.

Fretz, Leo 1984: Het individualiteitsconcept in Sartres filosofie, Delft, Delft University Press.

Fry, Christopher 1988: Sartre and Hegel. The Variations of an Enigma in ‚L'Être et le Néant', Bonn, Bouvier.

Gardner, Sebastian 2010: Sartre's "Being and Nothingness": A Reader's Guide, London, Continuum.

Grimaldi, Nicolas 1987: „Sartre et la liberté cartésienne", in: Revue de Métaphysique et de Morale, 92, 67–88.

Gutwirth, Rudolf 1970: La phénoménologie de J.-P. Sartre. De ‚L'Être et le Néant' à la ‚Critique de la Raison dialectique', Bruxelles/Toulouse, Editions Scientifiques Erasme/Editions Privat.

Joannis, David G. 1997: Sartre et le problème de la connaissance, Sainte-Foy, Les Presses de l'Université de Laval.

Hana, Ghanem-Georges 1965: Freiheit und Person. Eine Auseinandersetzung mit der Darstellung Jean-Paul Sartres, München, Beck.

Hartmann, Klaus 1983: Die Philosophie Jean-Paul Sartres. Zwei Untersuchungen zu ‚L'Être et le Néant' und zur ‚Critique de la raison dialectique', Berlin, Walter de Gruyter: Grundzüge der Ontologie Sartres in ihrem Verhältnis zu Hegels Logik. Eine Untersuchung zu ‚L'Être et le Néant' (1963); Sartres Sozialphilosophie (1965).

Haug, Wolfgang F. 1965: Jean-Paul Sartre und die Konstruktion des Absurden, Dissertation, Freie Universität Berlin.

Herpers, Marianne 1965: Die ganzheitliche Struktur des Fürsichseins. Ein Beitrag zur Untersuchung des ontologischen Subjektbegriffs Jean-Paul Sartre, Dissertation, Universität zu Bonn.

Hill, Charles G. 1993: Jean-Paul Sartre. Freedom and Commitment, Bern, Peter Lang.
Kampits, Peter 1975: Sartre und die Frage nach dem Anderen. Eine sozialontologische Untersuchung, Wien/München, Oldenbourg.
Kremer Marietti, Angèle 2005: Jean-Paul Sartre et le désir d'être. Une lecture de L'être et le néant, Paris, L'Harmattan.
König, Traugott (Hrsg.) 1988: Sartre. Ein Kongress, Reinbek, Rowohlt.
Lilar, Suzanne 1967: A propos de Sartre et de l'amour, Paris, Gallimard.
Lutz-Müller, Marcos 1976: Sartres Theorie der Negation, Bern, Peter Lang.
McCulloch, Gregory 1994: Using Sartre. An Analytical Introduction to Early Sartrean Themes, London, Routledge.
Marcuse, Herbert 1965: „Existentialismus. Bemerkungen zu Jean-Paul Sartres ‚L'Être et le Néant'", in: Aufsätze und Vorlesungen 1948–1969, Frankfurt am Main, Suhrkamp, 7–40.
Michelini, Dorando Juan 1981: Der Andere in der Dialektik der Freiheit. Eine Untersuchung zur Philosophie Jean-Paul Sartres, Bern, Peter Lang.
Mirvish, Adrian 1987: „Gestalt Mechanisms and Believing Beliefs. Sartre's Analysis of the Phenomenon of Bad Faith", in: Journal of the British Society for Phenomenology, 18, 245–62.
Möller, Joseph 1959: Absurdes Sein? Eine Auseinadersetzung mit der Ontologie J.-P. Sartres, Stuttgart, Kohlhammer.
Morris, Katherine J. 1988: „Actions and the Body: Hornsby versus Sartre", in: Philosophy and Phenomenological Research, 48, 473–88.
Morris, Katherine J. (Hrsg.) 2009: Sartre on the Body, London, Palgrave MacMillen.
Morris, Phyllis Sutton 1976: Sartre's Concept of a Person. An Analytic Approach, Amherst, University of Massachusetts Press.
Morris, Phyllis Sutton 1985: „Sartre on the Transcendence of the Ego", in: Philosophy and Phenomenological Research, 46, 179–98.
Morris, Phyllis Sutton 1992: „Sartre on the Self-Deceiver's Translucent Consciousness", in: Journal of the British Society for Phenomenology, 23 (2), 103–19.
Mouillie, Jean-Marc 2000: Sartre. Conscience, Ego et Psychè, Paris, Presses Universitaires de France.
Natanson, Maurice 1951: A Critique of Jean-Paul Sartre's Ontology, Lincoln, University of Nebraska Press.
Neu, Jérome 1988: „Divided Minds. Sartre's ‚Bad Faith' Critique of Freud", in: Review of Metaphysics, 42, 79–101.
Philonenko, Alexis 1981: „Liberté et mauvaise foi chez Sartre", in: Revue de Métaphysique et de Morale, 86, 145–63.
Philonenko, Alexis 1987: „Sartre et la logique transcendantale classique: les essences et les normes", in: Revue de Métaphysique et de Morale, 92, 503–25.
Presseault, Jacques 1970: L'être-pour-autrui dans la philosophie de Jean-Paul Sartre, Paris/Montréal, Desclée de Brouwer/Bellarmin.
Rouger, François 1986: Le monde et le moi. Ontologie et système chez le premier Sartre, Paris, Klincksieck.
Santoni, Ron 1995: Bad Faith, Good Faith, and Authenticity in Sartre's Early Philosophy, Philadelphia, Temple University Press.
Santoni, Ronald E. 1978: "Bad Faith and 'Lying to Oneself'," Philosophy and Phenomenological Research, vol. 37, nr. 3, 384–398.
Santoni, Ronald 2003: Sartre on Violence: Curiously Ambivalent, State University Press, University Park, Pennsylvania.

Santoni, Ronald E. 2008: "Camus on Sartre's 'Freedom': Another 'Misunderstanding'," The Review of Metaphysics, vol. 61, June, 785–813

Schilpp, Paul A. 1981: The Philosophy of Jean-Paul Sartre, La Salle (Il.), Open Court.

Schumacher, Bernard N. 2001: „La mort sous l'angle de la structure de l'être-pour-autrui", in: Etudes phénoménologiques, nr. 33–34, 163–95.

Schumacher, Bernard N. 2004: Der Tod in der Philosophie der Gegenwart, Darmstadt, Wissenschaftliche Buchgesellschaft.

Schumacher, Bernard N. 2011: Death and Mortality in Contemporary Philosophy, Cambridge, Cambridge University Press.

Schuppener, Bernd Martin 1980: Phänomenologie und Dialektik in Sartres ‚L'Être et le Néant'. Seins- und werttheoretische Untersuchungen zum Problem der Reflexioninitiation, Dissertation, Johannes Gutenberg-Universität Mainz.

Seel, Gerhard 1995: La dialectique de Sartre, deutsche Übersetzung von E. Müller, Ph. Muller und M. Reinhardt, durchgesehen und erweitert vom Autor, Lausanne, L'Âge d'Homme.

Seel, Gerhard 1971: Sartres Dialektik. Zur Methode und Begründung seiner Philosophie unter besonderer Berücksichtigung der Subjekts-, Zeit- und Werttheorie, Bonn, Bouvier.

Simont, Juliette und Coorebyter, Vincent de (Hrsg.) 2004: Retour critique sur l' Être et le Néant, Bruxelles, Ousia.

Sotelo, Ignacio 1965: Das Problem der dialektischen Vernunft bei Jean-Paul Sartre, Dissertation, Universität zu Köln.

Stack, George J. und Plant, Robert 1982: „The Phenomenon of ‚The Look'", in: Philosophy and Phenomenological Research, 42, 359–73.

Theunissen, Michael 1977: Der Andere. Studien zur Sozialontologie der Gegenwart, Berlin, Walter de Gruyter.

Theunissen, Michael 1991: „Sartres negationstheoretische Ontologie der Zeit und Phänomenologie der Zeitdimensionen", in: Negative Theologie der Zeit, Frankfurt am Main, Suhrkamp, 131–93.

Töllner, Uwe 1996: Sartres Ontologie und die Frage einer Ethik. Zur Vereinbarkeit einer normativen Ethik und/oder Metaethik mit der Ontologie von ‚L'Être et le Néant', Bern, Peter Lang.

Varet, Gilbert 1948: L'ontologie de Sartre, Paris, Presses Universitaires de France.

Webber, Jonathan (Hrsg.) 2010: Reading Sartre: On Phenomenology and Existentialism, London, Routledge.

Wider, Kathleen 1987: „Hell and the private Language Argument. Sartre and Wittgenstein on Self-Consciousness, the Body, and Others", in: Journal of the British Society for Phenomenology, 18, 120–32.

Wider, Kathleen 1993: „The Failure of Self-Consciousness in Sartre's ‚Being and Nothingness'", in: Dialogue, 32 (4), 737–56.

Wider, Kathleen 1997: The Bodily Nature of Consciousness. Sartre and Contemporary Philosophy of Mind, Ithaca, Cornell University Press.

Zaner, Richard M. 1964: The Problem of Embodiment. Some Contributions to a Phenomenology of the Body, La Haye, Martinus Nijhoff.

(e) Andere Sekundärliteratur über Jean-Paul Sartre

Aboulafia, Mitchell F. 1986: The Mediating Self. Mead, Sartre and Self-Determination, New Haven, Yale University Press.

Anderson, Thomas C. 1979: The Foundation and Structure of Sartrean Ethics, Lawrence (KS), Regents Press.
Anderson, Thomas C. 1993: Sartre's Two Ethics. From Authenticity to Integral Humanity, Chicago (Il.), Open Court.
Anderson, Thomas C. (Hrsg.) 1996: Jean-Paul Sartre (special issue), in: American Catholic Philosophical Quarterly, LXX, nr. 4.
Aronson, Ronald 1980: Jean-Paul Sartre. Philosophy in the World, London, New Left Books.
Aronson, Ronald 1987: Sartre's Second Critique, Chicago, University of Chicago Press.
Aronson, Ronald und Hoven, Adrian van den (Hrsg.) 1991: Sartre Alive, Detroit, Wayne State University Press.
Bardt, Ulrike (Hrsg.) 2008: Jean-Paul Sartre, ein Philosoph des 21. Jahrhunderts?, Darmstadt, Wissenschaftliche Buchgesellschaft.
Barnes, Hazel E. 1981: Sartre and Flaubert, Chicago, University of Chigaco Press.
Bell, Linda A. 1989: Sartre's Ethics of Authenticity, Tuscaloosa, University of Alabama Press.
Boni, Sylvain 1982: The Self and the Other in the Ontologies of Sartre and Buber, Lanham, University Press of America.
Boulé, Jean-Pierre und O'Donohoe, Benedict (Hrsg.) 2011: Jean-Paul Sartre, Mind and Body, Word and Deed, Newcastle upon Tyne, Cambridge Scholars Publishing.
Cabestan, Philippe 2009: Dictionnaire Sartre, Paris, Ellipses.
Cabestan, Philippe und Zarader, Jean-Pierre 2011 (Hrsg.): Lectures de Sartre, Paris, Ellipses.
Catalano, Joseph S. 1986: A Commentary on Jean-Paul Sartre's 'Critique of Dialectical Reason', Volume I, Chicago, University of Chicago Press.
Catalano, Joseph 1988: „Sartre. On Action and Value", in: Man World, 21, 417–31.
Coorebyter, Vincent de 2000: Sartre face à la phénoménologie. Autour de ‚L'intentionnalité' et de ‚La transcendance de l'Ego', Bruxelles, Ousia.
Contat, Michel 1997²: Pourquoi et comment Sartre a écrit "les Mots", Paris, Presses Universitaires de France.
Contat, Michel 2005: Sartre. L'invention de la liberté, Paris, Textuel.
Contat, Michel 2008: Pour Sartre, Paris, Presses Universitaires de France.
Churchill, Steven und Reynolds, Jack (Hrsg.) 2013: Jean-Paul Sartre, Key Concepts, Durham, Acumen.
Dornberg, Martin 1989: Gewalt und Subjekt. Eine kritische Untersuchung zum Subjektbegriff in der Philosophie Jean-Paul Sartres, Würzburg, Königshausen und Neumann.
Ebinger, Thomas 2010: Verkehrte Freiheit? Jean-Paul Sartres Freiheitslehre aus christlicher Sicht, Tübingen, Mohr Siebeck.
Frank, Manfred 1991: Selbstbewusstsein und Selbsterkenntnis. Essay zur analytischen Philosophie der Subjektivität, Stuttgart, Reclam.
Flynn, Thomas R. 1984: Sartre and Marxist Existentialism. The Test Case of Collective Responsibility, Chicago, University of Chicago Press.
Flynn, Thomas R., Kampits, Peter und Vogt, Erik M. (Hrsg.) 2005: Über Sartre. Perspektiven und Kritiken, Wien, Turia + Kant.
Gisi, Martin 1979: Der Begriff Spiel im Denken Jean-Paul Sartre, Meisenheim, Anton Hain.
Grene, Marjorie 1983: Sartre, Washington, Center for Advanced Research in Phenomenology and University Press of America.
Glynn, Simon (Hrsg.) 1987: Sartre. An Investigation of Some Major Themes, Aldershot, Avebury.
Görland, Ingtraud 1978: Die konkrete Freiheit des Individuums bei Hegel und Sartre, Frankfurt am Main, Klostermann.
Guigot, André 2007: Sartre. Liberté et histoire, Paris, Vrin.

Haarscher, Guy 1985: „Sartre et Heidegger. A propos d'un malentendu", in: Revue Internationale de Philosophie, 39, 56–71.

Hendley, Steve 1991: Reason and Relativism. A Sartrean Investigation, Albany, State University of New York Press.

Holz, Hans Heinz 1951: Jean-Paul Sartre. Darstellung und Kritik seiner Philosophie, Meisenheim/Glan, Anton Hain.

Hombach, Dieter 1980: Die Grundlegung der Dialektik. Jean-Paul Sartre als Initiator einer freien Praxis, Bern, Peter Lang.

Howells, Christina 1988: Sartre. The Necessity of Freedom, Cambridge, Cambridge University Press.

Howells, Christina (Hrsg.) 1992: The Cambridge Companion to Sartre, Cambridge, Cambridge University Press.

Jameson, Fredric (Hrsg.) 1985: Sartre after Sartre, New Haven, Yale University Press.

Jeanson, Francis 1965: Le problème moral et la pensée de Sartre, Paris, Seuil.

Jolivet, Régis 1965: Sartre ou la théologie de l'absurde, Paris, Fayard.

Judaken, Jonathan 2006: Jean-Paul Sartre and the Jewish Question: Anti-antisemitism and the Politics of the French Intellectual, Lincoln (NE), University of Nebraska Press.

Judaken, Jonathan 2008: Race After Sartre, Albany (NY), State University of New York Press.

Kampits, Peter 2004: Jean-Paul Sartre, München, C.H. Beck.

Klockars, Kristian 1998: Sartre's Anthropology as a Hermeneutics of Praxis, Aldershot, Ashgate.

Knecht, Ingbert 1975: Theorie der Entfremdung bei Sartre und Marx, Meisenheim am Glan, Anton Hain.

König, Traugott 1988: „Sartre übersetzen", in: Neue Zürcher Zeitung, 23./24. Juli.

Krosigk, Friedrich von 1969: Philosophie und politische Aktion bei Jean-Paul Sartre, München, Beck.

Lévy, Benny 2007: Pouvoir et liberté. Cahiers établis, présenté et annoté par Gilles Hanus, Legrasse, Verdier.

Lévy, Bernard-Henri 2002: Sartre. Der Philosoph des 20. Jahrhunderts (aus dem Französischen von Petra Willim), München, C. Hanser.

Louette, Jean-François 1996: Sartre contra Nietzsche, Grenoble, Presses Universitaires de Grenoble.

McBride, William L. 1991: Sartre's Political Theory, Bloomington, Indiana University Press.

McBride, William L. (Hrsg.) 1997: Sartre and Existentialism, 8 vols, New York, Garland Publishing.

McMahon Joseph H. 1971: Human Being. The World of Jean-Paul Sartre, Chicago, University of Chicago Press.

Merleau-Ponty, Maurice 1945: Phénoménologie de la perception, Paris, Gallimard.

Morris, Katherine J. 2010: Sartre on the Body, Basingstoke, Palgrave Macmillan.

Münster, Arno 2005: Sartre et la praxis. Ontologie de la liberté et praxis dans la pensée de Jean-Paul Sartre, Paris, L'Harmattan.

Münster, Arno 2007: Sartre et la morale, Paris, L'Harmattan.

Natanson, Maurice 1972: A Critique of Jean-Paul Sartre's Ontology, Den Haag, Nijhoff.

Neudeck, Rupert 1975: Die politische Ethik bei Jean-Paul Sartre und Albert Camus, Bonn, Bouvier.

Noudelmann, François (Hrsg.) 2013: Dictionnaire Sartre, Paris, H. Champion.

Olafson, Frederick A. 1967: Principles and Persons. An Ethical Interpretation of Existentialism, Baltimore (MD), The Johns Hopkins University Press.

Priest, Stephen 2000: The Subject in Question. Sartre's Critique of Husserl in The Transcendence of the Ego, London, Routledge.

Regenbogen, Arnim 1969: Sartres Theorie der Intersubjektivität, Dissertation, Freie Universität Berlin.

Renaut, Alain 1993: Sartre, le dernier philosophe, Paris, Grasset.

Salzmann, Yvan 2000: Sartre et l'authenticité. Vers une éthique de la bienveillance réciproque, Genève, Labor et Fides.

Santoni, Ronald E. 2003: Sartre on Violence: Curiously Ambivalent, University Park (PA), Pennsylvania State University Press.

Schaff, Adam 1966: Marx oder Sartre? Versuch einer Philosophie des Menschen, Frankfurt am Main, Fischer.

Schroeder, William R. 1984: Sartre and his Predecessors. The Self and the Other, London, Routledge.

Scriven, Michael 1984: Sartre's Existential Biographies, New York, St. Martin's Press.

Scriven, Michael 1993: Sartre and the Media, London, St. Martin's Press.

Silverman, Hugh J. und Elliston, Frederick A. (Hrsg.) 1980: Jean-Paul Sartre. Contemporary Approaches to his Philosophy, Pittsburgh (Penn.), Duquesne University Press.

Simon, Juliette 1987: "Autour de Conference de Sartre à Cornell," in Sur les écrits posthumes de Sartre, Bruxelles, Editions de l'Université de Bruxelles.

Simont, Juliette 1998: Jean-Paul Sartre. Un demi-siècle de liberté, Bruxelles, De Boeck Université.

Simon, Juliette 2001: Ecrits posthumes de Sartre, II, Paris, Vrin.

Sorg, Ute 1989: Freiheit und Entfremdung. Die Philosophie Jean-Paul Sartres und deren Bedeutung für die Pädagogik, Zürich, Zürich ADAG Administration und Druck.

Soubra, Leena 1997: A Portrait of the Political Agent in Jean-Paul Sartre. Views on Playing, Acting, Temporality and Subjectivity, Jyväskylä, University of Jyväskylä.

Stal, Isabelle 2006: La philosophie de Sartre. Essai d'analyse critique, Paris, Presses Universitaires de France.

Stewart, John (Hrsg.) 1998: The Debate between Sartre and Merleau-Ponty, Evanston (Il.), Northwestern University Press.

Turki, Mohamed 1986: Freiheit und Befreiung. Zur Dialektik philosophischer Praxis bei Jean-Paul Sartre, Bochum, Germinal.

Verstraeten, Pierre 1972: Violence et éthique. Esquisse d'une critique de la morale dialectique à partir du théâtre politique de Sartre, Paris, Gallimard.

Verstraeten, Pierre 2001: « La Huitième Hypothèse du *Parménide*, Genèse du concept de sérialité », in Ecrits Posthumes de Sartre, II, Hrsg. Juliette Simon, Paris, Vrin.

Wang, Stephen 2009: Aquinas & Sartre. On Freedom, Personal Identity, and the Possibility of Happiness, Washington D.C., Catholic University of America Press.

Weibel, Violet und Kampits Peter (im Erscheinen): Fichte and Sartre, New York, De Gruyter.

Wider, Kathleen 1990: „The Role of Subjectivity in the Realism of Thomas Nagel and Jean-Paul Sartre", in: Journal of Speculative Philosophy, 337–53.

Wider, Kathleen 1992: „The Desire to Be God: Subjective and Objective in Nagel's ‚The View From Nowhere' and Sartre's ‚Being and Nothingness'", in: Journal of Philosophical Research, 17, 443–63.

Wilcocks, Robert (Hrsg.) 1988: Critical Essays on Jean-Paul Sartre, Boston, G. K. Hall.

Zehm, Günter Albrecht 1964: Historische Vernunft und direkte Aktion. Zur Politik und Philosophie Jean-Paul Sartres, Dissertation, Johann-Wolfgang-Goethe-Universität zu Frankfurt am Main.

Personenregister

Sachregister

Hinweise zu den Autoren

Peter Caws ist Philosophieprofessor an der George Washington – Universität in Washington D. C. Bevor er diesen Lehrstuhl 1982 übernahm, lehrte er hauptsächlich an der City University von New York (1965–82) und an der Universität von Kansas (1957–62). Nach dem Abschluss eines Physikstudiums an der Universität von London hat er seinen Ph. D. in Philosophie an der Universität von Yale erworben. Er ist Autor von sieben Büchern – darunter: Sartre. The Argument of the Philosophers (1979, 2010^2), Structuralism. A Philosophy for the Human Sciences (1988, 1997^2), Yorick's World. Science and the Knowing Subject (1993), Reason and Hope (2007), Religious Upbringing and the Casts of Freedom (2010) – sowie von über hundert wissenschaftlichen Artikeln.

Thomas R. Flynn ist Samuel Candler Dobbs-Professor für Philosophie an der Emory Universität von Atlanta, Georgia. Er ist Spezialist in kontinentale Philosophie. Veröffentlichungen, unter anderem: Sartre and Marxist Existentialism: The Test Case of Collective Responsibility (1984); Sartre, Foucault and Historical Reason vol. 1. Toward an Existentialist Theory of History and vol. 2 A Poststructuralist Mapping of History (1997 and 2005); Existentialism: A Very Short Introduction (2006); Sartre: A Philosophical Biography (2014). Mitherausgeber von drei Bücher und Autor von über hundert Beiträge. Er war im Vorstand von der American Philosophical Association (Eastern Division), The Society for Phenomenology and Existential Philosophy, und North American Sartre Society. Er war President der American Catholic Philosophical Association (1993–1994) und der Metaphysical Society of America (2010–2011).

Leo Fretz. 1936–2003. Studium der Germanistik und der Philosophie an den Universitäten von Utrecht und Leiden; Promotion in Philosophie an der Universität Groningen. Germanistischen Seminar der Universität Amsterdam (1962–68). Direktor der Internationalen Schule für Philosophie in Leusden (Amersfoort) in den Niederlanden (1968–72). Lehrtätigkeit an der Technischen Universität Delft (1972–98) und seit 1985 als Professor für Politische Philosophie und Sozialethik. Zahllose internationale Publikationen in Ethik und politische Philosophie. Wichtige Sartre-Publikationen wie zum Beispiel: Het individualiteitsconcept in Sartres filosofie (1984), „Knappheit und Gewalt. Kritik der dialektischen Vernunft" in T. König (Hrsg.), Sartre ein Kongress (1988, S. 247–64), „Individuality in Sartre's Philosophy", C. Howells (Hrsg.), Cambridge Companion to Sartre (1992), 67–99.

Axel Honneth. Geboren 1949. Studium der Philosophie, Soziologie und Germanistik in Bonn, Bochum und Berlin. 1982 Promotion, 1990 Habilitation, 1991–92 Professor für Philosophie an der Universität Konstanz, 1992–96 Professor für politische Philosophie an der FU Berlin, ab 1996 Professor für Sozialphilosophie an der J. W. Goethe-Universität Frankfurt am Main, ab 2001 zudem Geschäftsführender Direktor am Institut für Sozialforschung in Frankfurt am Main und Jack C. Weinstein Professor für Humanities im philosophischen Department der Columbia Universität. Gastprofessor an der McGill University (1985), Kyoto University (1987), New School (1995–96), University of Amsterdam (1999). Zahlreiche Veröffentlichungen, unter anderem: Kritik der Macht. Reflexionsstufen einer kritischen Gesellschaftstheorie (1985), Die zerrissene Welt des Sozialen (1989), Kampf um Anerkennung. Zur moralischen Grammatik sozialer Konflikte (1992), Desintegration. Bruchstücke einer soziologischen Zeitdiagnose (1994), Das Andere der Gerechtigkeit (2000), Leiden an Unbestimmtheit (2001). Unsichtbarkeit. Stationen einer Theorie der Intersubjektivität (2003), Umverteilung oder Anerkennung (gemeinsam mit Nancy Fraser, 2003), Disrespect: The Normative Foundations of Critical Theory (2007), Reification: A New Look at an Old Idea (2008), Pathologies of Reason: On the Legacy of Critical Theory (2009, The Pathologies of Individual Freedom: Hegel's Social Theory (2010), Das Recht der Freiheit (2011), The I in the We (2012).

Paul Janssen. Geboren 1934. Studium der Philosophie, Germanistik und Geschichte an der Universität zu Köln. 1967 Promotion, 1976 Habilitation, 1986 Professor für Philosophie an der Universität zu Köln. Arbeitsschwerpunkte: Husserl, Heidegger, Phänomenologie nach Husserl in Deutschland und Frankreich, Weiterentwicklung von Phänomenologie und Hermeneutik. Zahlreiche Veröffentlichung, unter anderem Edition von Husserls Formaler und transzendentaler Logik (1974), Edmund Husserl, Einführung in seine Phänomenologische Philosophie (1976), Phänomenologische Philosophie (1989), Darstellung und Gegenstand, in: Philosophie der Un-Verbindlichkeit (1995), Er-Schöpfungen. Philosophie im 20. Jahrhundert in ihrem Verhältnis zur Kunst (1996), Edmund Husserl, Werk und Wirkung (2008), Vom zersprungenen Weltwerden (2011), Zeitlichkeit als Element von weltbildung (2011).

Peter Kampits. Geboren 1942 in Wien. Studium der Philosophie, Psychologie und Geschichte an der Universität Wien, 1965 Promotion, 1974 Habilitation, 1977 Professor für Philosophie an der Universität Wien, 1987–91 und 2001–2004 Vorstand des Instituts für Philosophie, 2004–2008 Dekan der Fakultät für Philosophie und Bildungswissenschaften der Universität Wien. Seit 2007 stellvertretender Leiter der Bioethikkommision des Bundeskanzleramtes. Seit 2013 Professor für Ethik in der Medizin an der Donau-Universität Krems und Leiter des gleichnamigen Zentrums. Hauptarbeitsgebiete: Gegenwartsphilosophie, Ethik (besonders Fragen der Medizinethik). Zahlreiche Veröffentlichungen zu den genannten Themen, darunter sechs Bücher, z. B. Sartre und die Frage nach dem Anderen (1975), Gabriel Marcels Philosophie der zweiten Person (1975), Jean Paul Sartre (2004), mit Thomas Flynn und Erik M. Vogt, Über Sartre (2003), Wer sagt was Gut und Böse ist (2012). Zahlreiche Aufsätze zur französischen Gegenwartsphilosophie.

Jean-Christophe Merle. Geboren 1964; Promotion 1993 (Freiburg/Schweiz); Habilitation (Tübingen) 2005. Professor für Philosophie an der Universität Vechta. Honorarprofessor an der Universität des Saarlandes in Saarbrücken. Autor von: Justice et Progrès (1997), Strafen aus Respekt vor der Menschenwürde (2007, englisch 2009). Herausgeber: Fichte. Grundlage des Naturrechts (2001), Globale Gerechtigkeit (2005), Die Legitimität von supranationalen Institutionen (2012). Mitherausgeber: Weltrepublik (2002), Direito e Legitimidade (2003), Modelle politischer Philosophie (2003), L'Amitié (2005), Leviathan Between the Wars (2005), Figures du communautarisme (2006), A Moral e o Direito em Kant (2006), Staat und Religion in Frankreich und Deutschland (2008), Spheres of Global Justice (2013), Fichte. System der Sittenlehre (im Druck).

Annemarie Pieper. Geboren 1941. Studium der Philosophie, Anglistik und Germanistik an der Universität des Saarlandes in Saarbrücken. 1967 Promotion, 1972 Habilitation, 1972–81 Universitätsdozentin/Professorin für Philosophie an der Ludwig-Maximilians-Universität München, 1981–2001 ordentliche Professorin an der Universität Basel. Zahlreiche Veröffentlichungen, unter anderem: Geschichte und Ewigkeit bei Søren Kierkegaard (1968), Sprachanalytische Ethik und praktische Freiheit. Das Problem der Ethik als autonomer Wissenschaft (1973), Pragmatische und ethische Normenbegründung (1979), Albert Camus (1984), Ethik und Moral (1991), Einführung in die Ethik (2007[6]), Aufstand des stillgelegten Geschlechts. Einführung in die feministische Ethik (1993), Gut und Böse (2008[3]), Selber denken (2008[6]), Søren Kierkegaard (2000), Glückssache. Die Kunst, gut zu leben (2007[4]).

Alain Renaut. Geboren 1948. Professor für politische und zeitgenössische Philosophie an der Sorbonne-Universität in Paris. Er hat fünfzehn Bücher veröffentlicht, darunter: Sartre. Le dernier philosophe (1993, Taschenbuchausgabe 2000). Seine zuletzt erschienenen Werke sind: Kant aujourd'hui (1997), Alter ego. Les paradoxes de l'identité démocratique (zusammen mit S. Mesure) (1999, Taschenbuchausgabe 2002), Histoire de la philosophie politique (als Herausgeber), fünf Bände (1999), La libération des enfants. Contribution philosophique à une histoire de l'enfance (2002), Que faire des universités? (2002), Encyclopädie de la culture politique contemporaine (2008), Quel avenir pour nos universités? (2008), Un humanisme de la diversité (2009), Quelle éthique pour nos démocraties? (2011) Un monde juste est-il possible? (2013).

Ronald E. Santoni ist Professor und Maria Theresa Barney Chair Emeritus für Philosophie an der Universität Denison und ist Mitglied auf Lebenszeit von Clare Hall, Universität Cambridge. Er ist auch Associate Fellow am Berkely College, Universität Yale. Veröffentlichungen, unter anderem: Bad Faith, Good Faith, and Authenticity in Sartre's Early Philosophy (1995), Sartre on Violence: Curiously Ambivalent (2003, 2004), Mitherausgeber: Religious Knowledge and the Problem of Religious Language (1968), Social and Political Philosophy (1963). Er hat ausserdem Beiträge für 16 Bücher geschrieben und über 160 Artikel, Kommentare und Rezensionen publiziert, inklusiv viele Beiträge über Sartre's Philosophie. An der Universität Cambridge las er 1990 als Gastprofessor über Sartre's Philosophie. Er war auch Visiting Fellow in Philosophie in Cambridge und an der Universität Yale. Er war für viele Jahre im Vorstand der North American Sartre Society und Koordinator des Sartre's Circle.

Bernard N. Schumacher ist Lehr- und Forschungsrat in Philosophie und leitet den Forschungsbereich ‚Alter, Ethik und Rechte' am Interdisziplinäres Institut für Ethik und Menschenrechte, Universität Freiburg. Doktorat (1994) und Habilitation (2000) in Philosophie. Gastprofessor an der University of Chicago (Illinois, USA), Providence College (Rhode Island, USA), Universität Wien, Lugano und Toulouse. Er war Visiting Scholar in Tübingen, Notre-Dame University (Indiana), CUA (Washington D.C., USA), Madrid und Buenos Aires. Veröffentlichungen, unter anderem: Quand cesse-t-on de vivre? Pour une définition de la mort humaine (2011), Death and Mortality in Contemporary Philosophy (2011), Der Tod in der Philosophie der Gegenwart (2004), Rechenschaft über die Hoffnung (2000), Mitherausgeber: A. Cosmopolitan Hermit. Modernity and Tradition in the Philosophy of Josef Pieper (2009), Der Mensch und die Person (2008), Figures du communautarisme (2006), L' amitié (2005), Classics of Western Philosophy (2003), Betrachtungen zum Thema Mensch und Wissenschaft (1996).

Michael Theunissen. Geboren 1932. Studium der Philosophie, Germanistik und Fundamentaltheologie an den Universitäten Freiburg im Breisgau und Bonn. 1955 Promotion, 1964 Habilitation. Ordentlicher Professor an der Universität Bern (1967–71), Heidelberg (1971–80), Freie Universität Berlin (1980–98, seitdem emeritiert). 1995 Ehrendoktor der Universität Kopenhagen. 2001 Lucas-Preis der Universität Tübingen. Autor von zahlreichen Veröffentlichungen, unter anderem: Der Begriff Ernst bei Søren Kierkegaard (1958, 1982^3), Der Andere. Studien zur Sozialontologie der Gegenwart (1965, 1977^2, amerikanische Ausgabe 1984), Gesellschaft und Geschichte. Zur Kritik der kritischen Theorie (1969, 1981^2), Hegels Lehre vom absoluten Geist als theologisch-politischer Traktat (1970), Die Verwirklichung der Vernunft. Zur Theorie – Praxis – Diskussion im Anschluß an Hegel (1970), Sein und Schein. Die kritische Funktion der Hegelschen Logik (1978, Taschenbuchausgabe 1980, 1994^2), Negative Theologie der Zeit (1991, 1992^2), Das Selbst auf dem Grund der Verzweiflung (1991), Der Begriff Verzweiflung (1993), Vorentwürfe von Moderne. Antike Melancholie und die Acedia des Mittelalters (1996), Dialektik vor dem Hintergrund des sie unterlaufenden Denkens/La dialettica a confronto con un pensiero che vuole eluderla (1999), Pindar. Menschenlos und Wende der Zeit (2000, 2008^3), Reichweite und Grenzen der Erinnerung (2001), Schicksal in Antike und Moderne (2004).